O PENSAMENTO MESTIÇO

SERGE GRUZINSKI

O pensamento mestiço

Tradução
Rosa Freire d'Aguiar

COMPANHIA DAS LETRAS

Cet ouvrage, publié dans le cadre du programme d'aide à la publication, bénéficie du soutien du Ministère français des affaires Etangères.

Este livro teve o apoio do programa de auxílio à publicação do Ministério francês das Relações Exteriores.

Título original
La pensée métisse

Capa
Ettore Bottini sobre
Os guerreiros indígenas de Ixmiquilpan,
convento agostiniano de Ixmiquilpan,
Hidalgo, México (© G. Mernet)

Preparação
Eliane de Abreu Santoro

Índices
Régis Merida Giampersa

Revisão
Cláudia Cantarin
Beatriz de Freitas Moreira

Dados Internacionais de Catalogação na Publicação (CIP)
(Câmara Brasileira do Livro, SP, Brasil)

Gruzinski, Serge
O pensamento mestiço / Serge Gruzinski ; tradução de Rosa Freire d'Aguiar — São Paulo : Companhia das Letras, 2001.

Título original: La pensée métisse
ISBN 85-359-0192-2

1. América Latina – Civilização 2. Mestiçagem – América Latina I. Título.

01-4924 CDD-980.21

Índice para catálogo sistemático:
1. América Latina : Civilização : História 980.21

[2001]

EDITORA SCHWARCZ LTDA.
Rua Bandeira Paulista 702 cj. 32
04532-002 — São Paulo — SP
Telefone (11) 3846-0801
Fax (11) 3846-0814
www.companhiadasletras.com.br

Para Thérèse

Sumário

Introdução 13

PRIMEIRA PARTE

MISTURAS, CAOS, OCIDENTALIZAÇÃO

1. AMAZÔNIAS 23
   Algodoal, agosto-setembro de 1997 23
   As mestiçagens da Amazônia 29
   Os índios de Cassel, setembro de 1997 35

2. MISTURAS E MESTIÇAGENS 39
   Um idioma planetário 40
   Incertezas e ambigüidades da linguagem 42
   O desafio das misturas 43
   Berlim, 1992. Pensar o intermediário 47
   O desgaste de uma categoria 51
   "Um homem distinto é um homem misturado" 52
   O peso do etnocentrismo 55

A ordem e o tempo 57
O modelo da nuvem 60
As pistas do passado 61

3. O CHOQUE DA CONQUISTA 63
Mundos derrubados 64
Imagens de catástrofes e chaves milenaristas 67
A desordem das coisas 70
"Zonas estranhas": conquista e instabilidade crônica . . . 73
Mestiçagens 77
Do Peru das revoltas ao Brasil dos mamelucos 80
A perda das referências 82
Os percalços da comunicação 87
Sobrevivência, adaptação e mestiçagens 90

4. OCIDENTALIZAÇÃO 93
A réplica do Velho Mundo 94
Uma outra cristandade 97
A cópia indígena: produção e reprodução 100
Mimetismo e comunicação 104
Copiar ou interpretar 105
Caos, ocidentalização e mestiçagens 108

SEGUNDA PARTE

AS MESTIÇAGENS DA IMAGEM

5. O MACACO E A CENTAURA 113
A "desordem dos estilos" 114
The Pillow Book 115
O macaco, a flor e a centaura 118
Os centauros de Ixmiquilpan 121
Combates rituais do México e da península 125
As metamorfoses de Ovídio 128

6. OVÍDIO MEXICANO 132
Da Europa ao Novo Mundo 133
Ovídio e os índios 137
A captura de Ovídio 141
As mestiçagens das formas e do pensamento 142
Passado pagão, presente cristão 145
Fábula e pensamento híbrido 149
A fábula e os índios 151
"O último dos mundos" 153
Sobre o bom uso da fábula 155

7. A INVASÃO DOS GROTESCOS OU A IMAGEM EM MOVIMENTO . . 158
Imagens em movimento e hibridação 160
A arte dos grotescos 163
Da Espanha às Américas 165
A liberdade dos grotescos 170
México, Parma e Florença 172
Receitas simples 176
Criar e conceber o híbrido 178

8. A LINGUAGEM DOS GROTESCOS E DOS GLIFOS 184
Os grotescos de Parma 185
A linguagem dos grotescos e dos glifos 188
Dos grotescos às *Metamorfoses* 191
Da hibridação à mestiçagem 193
Um atraidor? 196
De Ovídio a Plínio, o Velho 198

TERCEIRA PARTE

A CRIAÇÃO MESTIÇA

9. O LOBO, A CHUVA E O ARCO-ÍRIS 205
Os palácios maneiristas dos "imperadores astecas" . . . 206

Cholula, "*A Tale of Two Cities*" 208
Um bicho numa triste pose 215
A criação 218
A selva das invenções 223

10. A TRAVESSIA DO MAR 227
Índios no mar 229
Os *Cantares* mexicanos 231
As chaves da tempestade 232
O olhar dos monges 236
O irredutível não é o irracional 242

11. A COLONIZAÇÃO DO CÉU 244
A casa do imperador 245
O imperador do céu 247
A Roma indígena 249
A caça às borboletas 253
Um além luminescente 257
A conquista dos céus 258
"A árvore florida na casa de Deus" 261
São João e Tonatiuh 263
Atraidores indígenas 268
Metamorfoses indígenas 270
O laboratório mexicano 273

12. A GRUTA DAS SIBILAS 277
A caça às misturas 278
Substituição e reemprego 282
Mestiçagem ou reciclagem cristã? 284
Mascaradas e festas coloniais 286
Deslizes e reativações 289
Ocidentalização e acomodamentos 294
O controle das mestiçagens 297

A instabilidade das misturas 300
O impossível retorno 301

CONCLUSÃO
HAPPY TOGETHER 305
O cinema de Hong Kong 306
Hibridação e mestiçagens 309
Sociedades coloniais e criações mestiças 313
A "cultura do desaparecimento" 315

Notas 321
Agradecimentos 371
Bibliografia 373
Índice onomástico e de personagens 389
Índice geográfico 395

Introdução

JANEIRO DE 1896, ACOMA, NOVO MÉXICO

Um padre celebra a missa na igrejinha de Acoma, terra dos índios hopis do Novo México. Entre os assistentes, um visitante alemão, Aby Warburg, um dos pais fundadores da história da arte, eminente especialista do Renascimento e filho de uma riquíssima família de banqueiros instalada dos dois lados do Atlântico. Warburg observa as pinturas murais de origem indígena: "Durante a missa, fiquei impressionado com o fato de que as paredes estavam cobertas de símbolos cosmológico-pagãos".[1]

Aliás, numa fotografia feita pelo historiador reconhece-se "um motivo muito antigo e universal para representar a geração, o crescimento e a degenerescência do movimento da natureza".[2] Outra foto mostra o interior da igreja: índias vestidas de preto, como as camponesas da Espanha, rezam na frente de um altar barroco repleto de estátuas de santos cuja policromia se pode perceber.

Warburg não viajara tão longe para se interrogar sobre a

transformação das crenças indígenas ou sobre sua "contaminação".[3] Em compensação, descobrira a existência de um vínculo secreto entre a "cultura primitiva" dos índios e a civilização do Renascimento. "Sem o estudo da cultura primitiva deles, eu nunca teria tido condições de dar uma base mais ampla à psicologia do Renascimento."[4]

Durante sua temporada nos Estados Unidos, para assistir ao casamento do irmão Paul com uma das filhas do banqueiro Loeb, e entediado com a boa sociedade da costa leste, Warburg se lançara numa exploração da "América pré-hispânica e selvagem", numa pesquisa comparativa entre a indianidade eterna e a imaginação mítica.[5] E, evidentemente, encontrou-as. A distância que percorrera de Hamburgo ao Novo México parecia-lhe tão grande como a que separava seu século do século do Renascimento, embora ele não ignorasse que a modernidade estava gestando "destruidores fatídicos da noção de distância".[6]

Assim, Warburg não hesitou em cruzar as pistas da antropologia e da história da arte. E, inclusive, se transformou num homem de pesquisas de campo e trabalhou com informantes indígenas, como faziam Franz Boas — que ele encontrou em Nova York — e os especialistas do Smithsonian Institute que o haviam recebido tão bem em Washington. Warburg era um pioneiro e continuou a sê-lo, amplamente. A tal ponto que ainda hoje surpreende o anacronismo de sua iniciativa: estamos pouco habituados a tratar do mesmo modo o passado ameríndio e o século XVI, e menos ainda a procurar no universo indígena as chaves para melhor compreender o mundo do Renascimento.

Um século depois, é inevitável que se deseje retomar a pesquisa do ponto em que Warburg a abandonou, partindo, desta vez, de uma série de indícios que o historiador nos deixou involuntariamente: a fotografia do retábulo barroco, as referências, em suas notas, às "camadas hispano-indígenas" e o recorte do jornal *Saint Louis Daily Globe*, datado de 14 de dezembro de 1895, que relata o aparecimento milagroso do esqueleto do santo padroeiro da igreja de Isleta. Obviamente, todos esses detalhes remetem a algo que vai além da "América pré-hispânica e selvagem". Incitam-nos a indagar se a intuição de Warburg não teria também bases históricas, se o vínculo entre os índios e o Renascimento não passaria por outros caminhos que não aquele de seu imaginário, caminhos poeirentos do Sul que outrora foram trilhados por missionários vindos do México como portadores de uma arte e de uma fé das quais essa região dos Estados Unidos ainda conserva inúmeros testemunhos. E se as "culturas primitivas" que Warburg acreditava observar fossem culturas já impregnadas de elementos europeus? E se fossem culturas "mestiças"? É o que nos ensina a história do Novo México, resultado de quatro séculos de enfrentamentos entre invasores europeus e sociedades indígenas, nos quais se misturaram colonização, resistências e mestiçagens.

A viagem de Warburg à terra dos hopis coincide com os temas que percorrem este livro do início ao fim: os mundos ameríndios, a Itália do Renascimento, a procura na América de chaves para compreender a Europa, mas também o contexto da mundialização — da qual a família Warburg é uma das grandes figuras emblemáticas no fim do século XIX — e a dificuldade, que continua a ser nossa, de "enxergar" as mestiçagens e, mais ainda, de analisá-las.

Com o triunfo do econômico em sua versão estadunidense — o que Geminello Alvi chama "século americano"[7] —, ou diante do que se denomina, mais discretamente, mundialização ou globalização,[8] proliferam fenômenos que embaralham nossas referências habituais: mistura das culturas do mundo, multiculturalismo, recuos identitários sob formas que vão desde a defesa das tradições locais até as expressões mais sanguinárias de xenofobia e purificação étnica.

À primeira vista, as divisões são claras. À fragmentação do Estado-nação enfraquecido pelo sistema global se oporia a reafirmação de identidades étnicas, regionais ou religiosas, assim como demonstram os movimentos de etnicização ou de reidentificação que afetam as populações indígenas, minoritárias ou imigradas. Ocasionalmente, o vínculo entre crise local e globalização é até mesmo reivindicado de forma expressa — como no México, onde os zapatistas de Chiapas não param de proclamar sua rejeição à globalização econômica.

Volta e meia associam-se mestiçagens, uniformização e globalização. Acelerando as trocas e transformando qualquer objeto em mercadoria,[9] a economia-mundo teria acionado circulações incessantes que alimentam um *melting-pot* agora planetário. As produções mestiças ou exóticas divulgadas pela World Culture constituiriam uma manifestação direta da globalização, um filão sistematicamente explorado pelas indústrias culturais de massa. Aliás, elas se adaptam tanto às tendências *new age*, que pretendem que tudo é "fusão", como ao cosmopolitismo multicultural exibido pelas novas elites internacionais.[10] Assim, tendemos a contrapor mestiçagens e identidades: a mestiçagem seria a extensão — calculada ou suportada — da globalização no campo cultural, ao passo que a defesa das identidades se ergueria contra o novo Moloch universal.

Na verdade, a paisagem é bem mais complexa. Nem todas as reivindicações identitárias são formas de rejeição à nova ordem mundial. Muitas reagem ao desmantelamento de uma ordem anterior, de tipo nacional, neocolonial ou socialista, como assistimos nas guerras iugoslavas. Além disso, vários interesses sensíveis à questão identitária estão longe de ser adversários do liberalismo triunfante e do Império americano. A recente indigenofilia de Hollywood demonstrou que a preocupação em respeitar e exaltar o índio pode encher os cofres dos produtores. Veja-se *Five Hundred Nations*, o documentário histórico feito por Kevin Costner. Por fim, ninguém ignora que os turiferários do *political correctness* e dos *cultural studies* desenvolvem a concepção de um mundo rígido formado por comunidades estanques e autoprotegidas, ao abrigo das cidadelas universitárias do Império americano.[11] Em suma, a imposição de uma matriz universal, a uniformização do mundo, o esmagamento da realidade reduzida a uma mercadoria e a uma abstração de redes financeiras e ligações eletrônicas se adaptariam perfeitamente à pluralidade imaginária, à ilusão de diversidade mantida contra tudo e todos, e até mesmo a tradições construídas ou reconstruídas de forma artificial.

Inversamente, se certas misturas fazem o jogo do neoliberalismo, oferecendo-lhe novas fontes de lucros ou enfraquecendo as resistências que ele pode encontrar, outras estão francamente na contramão da globalização. É o caso das mestiçagens localizadas que, por todo lado, transbordam as recuperações orquestradas pela World Culture. A maioria das invenções sincréticas dos subúrbios de Los Angeles, dos bairros pobres do México ou de Bombaim escapa à recuperação comercial e à divulgação na mídia. Não é por isso que as melhores produções do rock mexicano ou russo permanecem desconhecidas dos públicos de Londres ou Paris?

A mistura de culturas cobre, pois, fenômenos díspares e situações extremamente diversas que podem se inscrever tanto no caminho da globalização como em margens menos estritamente vigiadas. Mas esse processo — que visivelmente ultrapassa as fronteiras do cultural — gera outra questão, tão evidente que volta e meia acabamos nos esquecendo de formulá-la: por intermédio de qual alquimia as culturas se misturam? Em que condições? Em que circunstâncias? Segundo quais modalidades? Em que ritmo?

Essas perguntas pressupõem que as culturas sejam "miscíveis", o que parece óbvio se, junto com A. L. Kroeber, consideramos que todas as culturas "podem" se misturar quase sem limites.[12] Mas isso já não é tão evidente quando relemos as conclusões que Claude Lévi-Strauss apresentava em seu seminário sobre a identidade: "Entre duas culturas, entre duas espécies vivas tão vizinhas quanto se queira imaginar, há sempre uma distância diferencial, e [...] essa distância diferencial não pode ser superada".[13]

Para tratar desses assuntos pegarei caminhos oblíquos, tão afastados da sociologia da cultura como da antropologia. Tentarei enfocar a questão como historiador, mas como historiador convencido de que não se deve confundir a história com uma perícia superficial das coisas contemporâneas e do passado imediato, e atendo-me a um período que mantém relações particulares com o mundo contemporâneo. Se fosse mais bem conhecido, o século XVI da expansão ibérica — que nem é o da Noite de São Bartolomeu, nem o dos castelos do Loire — nos proibiria evocar a globalização como uma situação inédita e recente. Os fenômenos de misturas ou de rejeição que atualmente observamos por todo lado em escala planetária tampouco têm esse caráter de novidade que costuma lhes ser atribuído. Desde o Renascimento a expansão ocidental não parou de provocar mestiçagens nos quatro cantos do mundo e reações de rejeição, sendo o fechamento do Japão, no início do século XVII, apenas o exemplo mais espetacular. As primeiras mestiçagens de projeção planetária aparecem, assim, estreitamente ligadas às premissas da globalização econômica iniciada na segunda metade do século XVI, um século que, visto da Europa, da América ou da Ásia, foi por excelência o século ibérico, assim como o nosso se tornou o século americano.[14]

Essa volta ao passado é apenas um modo de falar sobre o presente, pois o estudo das mestiçagens de ontem levanta uma série de indagações que permanecem atuais. Genericamente, eis algumas delas: as misturas resultantes da expansão ocidental expressam uma reação à dominação européia? Ou são uma repercussão inelutável desta, e até mesmo uma forma astuciosa de enraizar nossos costumes no seio das populações subjugadas? Até que ponto uma sociedade ocidental pode tolerar a eclosão proliferante de expressões híbridas? Em que momento ela procura freá-las, a que preço consegue dominar o fenômeno e transformá-lo na base de sua supremacia? Que sentido, que limites e que ciladas se escondem na metáfora tão cômoda da mistura? Por último, como se desenvolve — se é que ele existe — um pensamento mestiço?

Antes de tratar dessas questões e de recuar no tempo, há que se interrogar sobre os obstáculos que entravam nossa compreensão das mestiçagens. Alguns são próprios à experiência comum, outros decorrem de hábitos intelectuais e automatismos de pensamento dos quais as ciências sociais têm por vezes dificuldade em se livrar.

PRIMEIRA PARTE

Misturas, caos, ocidentalização

1. Amazônias

Sou um tupi tangendo um alaúde
Mário de Andrade

ALGODOAL, AGOSTO-SETEMBRO DE 1997

O verso de Mário de Andrade por muito tempo rondou meu espírito. Como se devesse me ajudar a esclarecer os sentimentos que me inspiram certas regiões da América. Tal como essa ilha perdida, ao sul do delta do Amazonas, descoberta graças ao acaso de uma viagem universitária.

A quietude do lugar era propícia ao sonho e à reflexão. Só o ar parecia tomado por um movimento incessante. No céu, entre as palmeiras vergadas pelas borrascas, o olhar cruzava as nuvens, que só corriam mais lentas na hora do crepúsculo. O vento que soprava sem trégua mal ameaçava o torpor do vilarejo de Algodoal, onde eu havia parado. Algodoal, plantação de algodoeiros: pronunciado pelos nativos, o nome da aldeia revestia-se de sonoridades afro-indígenas que me seduziram antes mesmo que o barco me deixasse em sua margem.

A aldeia correspondia ao que eu esperava. Carcaças de barcos corroídas pelo sal, alguns casebres de tábuas, uma eletricidade parcimoniosamente distribuída compunham uma paisagem "preservada", cujo exotismo me lembrava o meu primeiro México, aquele, já distante, dos anos 70. O dia se passava num ritmo regular. De manhã, carrocinhas puxadas a burros transportavam mercadorias e mantimentos. De vez em quando barcos desbotados vinham abandonar na ilha jovens sem um tostão, atraídos pela imensa praia oceânica.

A orla estendia-se a perder de vista, mais além das grandes dunas brancas que ficavam no alto do canal. Na maré alta, só era possível alcançá-la dando uns berros para chamar uma canoa, a não ser que se corresse o risco de atravessar a nado um canal estreito de águas barrentas. No pôr-do-sol, grupos de adolescentes de pele escura e seminus se dedicavam, na praia do vilarejo, a uma luta ritual, a capoeira. Seus gestos respondiam ao som lancinante do berimbau, instrumento rudimentar de música, feito de um arco de madeira e uma corda de metal esticada que atravessa um coco pintado em cores vivas. Ao longe, perseguida pelo montante da maré, uma boiada atravessava a praia a passos rápidos, escoltada por um vaqueiro a cavalo, cuja silhueta mal se podia enxergar na bruma rosada do crepúsculo. Chegando a noite, as constelações do hemisfério sul incendiavam o céu. Na terra, o clarão tremeluzente das velas iluminava algumas varandas onde redes balançavam. Ao longe, os compassos do carimbó deixavam-se abafar pelos bocejos do vento.

Mas esse quadro idílico não passava de um engodo, pois escamoteava tudo o que destoava nesse vilarejo que eu gostaria que mal tivesse saído do século XIX. Toda noite, o telejornal da Rede Globo despejava suas imagens de sangue, riqueza e escândalo. Naquele início do mês de setembro de 1997, a morte da princesa Diana alimentava os sonhos dos insulares, deixando-os em uníssono com o resto do globo. As avenidas mortais da capital parisiense me agarravam em Algodoal, cercadas, para os insulares, de um exotismo tão prestigioso quanto fúnebre. A miragem de areia fina e de miséria ensolarada devia se adaptar à lembrança da princesa.

Inúmeros lugares da América, como Algodoal, continuam pertencendo ao passado — pelo menos é assim que denominamos tudo o que nos parece arcaico e rústico —, embora imersos cotidianamente nos imaginários planetários. Para repararmos nesses contrastes — em que é fácil enxergar contradições —, contentamo-nos, via de regra, em contrapor os estragos do progresso e as contaminações da Civilização[1] às resistências da Tradição. Como explicar esse reflexo, essa inclinação irresistível que nos impele a procurar o arcaísmo em todas as suas formas, a ponto de ignorarmos, voluntariamente ou não, o que toca de perto ou de longe a modernidade? É como se sentíssemos um perverso prazer em fabricar diferenças.[2]

Por mais que eu tivesse refletido, parecia-me que a televisão de Algodoal destoava, como destoam uma calculadora entre os índios de Chiapas ou óculos ray-ban no nariz de um iacute da Sibéria. Mas ela fazia parte dessa realidade insular, tanto quanto os barcos bichados e de cores corroídas pelo mar oceânico.

Igualmente impossível opor essa aldeia "fora do tempo" à modernidade da cidade grande. Com seus dois milhões de habitantes, Belém, a capital da Amazônia ocidental, é uma mistura de cidade colonial construída no século XVIII por um arquiteto italiano, de Paris da *belle époque* e de modernidade caótica cercada de favelas. Os palacetes neoclássicos do bolonhês Landi, as casas em ruínas do início do século XX, os prédios de classe média e os bairros de tábuas curvadas sobre os esgotos ao ar livre compõem um conjunto tão inclassificável quanto heterogêneo. No meio da praça da República, o Teatro da Paz — uma sala de ópera que não fica nada a dever à de Manaus — surge como o vestígio estranho de uma civilização dos anos 1900, rico escombro perdido em terra amazônica.

Como abordar esses mundos mesclados? Primeiro, talvez, aceitando-os tais como nos aparecem, em vez de nos apressarmos em desarrumá-los e submetê-los a triagens que supostamente localizariam, e depois isolariam, os elementos que formam o conjunto. A dissecção — que chamamos de análise — não tem apenas o inconveniente de fazer a realidade explodir; no mais das vezes, ela projeta filtros, critérios e obsessões que só existem em nossas visões de ocidentais. Freqüentemente, se não sempre, o arcaico é um engodo. Vários traços característicos das sociedades indígenas da América provêm da península Ibérica, e não do distante passado pré-hispânico a que o etnólogo nostálgico se apressa em ligá-los.

"Sou um tupi tangendo um alaúde"... Em Algodoal, os acordes de uma harpa "primitiva" ritmavam as evoluções dos rapazes dançando capoeira na praia. Mas a toada do cantor reproduzia uma música tocada nas ondas das rádios brasileiras, e que falava de "cultura brasileira" e "cultura nacional", expressões que devem mais à vulgarização do vocabulário das ciências sociais do que a obscuras tradições afro-brasileiras. O que tive de admitir, com uma ponta de tristeza.

Aceitar em sua globalidade a realidade mesclada que temos diante dos olhos é um primeiro passo. Mas o esforço costuma resultar numa constatação que leva a uma espécie de impasse angustiante. A mistura estaria, invariavelmente, sob o signo da ambigüidade e da ambivalência. Tais seriam as maldições que pairariam sobre os mundos mesclados. Disso os escritores tiraram os mais belos efeitos.

Macunaíma, o herói do romance de Mário de Andrade, é

"um personagem ambivalente, indeciso, dividido entre dois sistemas de valores".[3] A história dessa criatura de múltiplas facetas, arquétipo do brasileiro e do latino-americano, dividido entre opções antagônicas — o Brasil ou a Europa —, oscilando entre as culturas, mas pertencendo simultaneamente a todas, é exemplar desse corte. Não surpreende que o universo de Macunaíma seja, do início ao fim, dividido. "Na verdade, é um homem degradado que não consegue harmonizar duas culturas muito diferentes."[4] No fundo, a obsessão por uma fratura entre os mundos atravessa tanto Mário de Andrade como seu herói Macunaíma. Em cada capítulo do livro e quase em cada verso a fissura é recorrente, detectável e quase palpável, "os temas se organizam quase sempre aos pares".[5]

O desfecho cheio de surpresas de *Macunaíma* ilustra a impossibilidade de escapar às contradições e aos dilemas da dupla vinculação. Em busca de uma esposa, o herói hesita entre os dois mundos: escolhe, uma após outra, uma portuguesa, e depois uma índia, dona Sancha. Mas sua escolha não resolve nada. Se, finalmente, é atraído pela nativa, é porque a mãe da moça, Vei, a Sol, lhe dá a aparência de uma européia. Macunaíma caiu na cilada que Vei lhe armara.

O equívoco do herói exprime a complexidade das situações que nascem do confronto dos mundos. Mas, olhando mais de perto, as decisões contraditórias de Macunaíma não se anulam. As duas escolhas sucessivas, "as duas seqüências não deixam de formar um todo perfeitamente orgânico dentro da estrutura do relato".[6] Em Macunaíma, os elementos antagônicos apresentam-se como "as duas faces de uma mesma moeda". Impossível, portanto, dissociá-los. Como os moradores de Algodoal, Macunaíma sente plenamente a atração do universo ocidental. Pois faz parte desse universo, tanto quanto eles. O verso, já citado, de Mário de Andrade resume vigorosamente a indissociação:

"Sou um tupi tangendo um alaúde"...

É possível ser tupi — portanto, índio do Brasil — e tocar um instrumento europeu tão antigo, tão refinado como o alaúde. Nada é inconciliável, nada é incompatível, mesmo se a mistura é por vezes dolorosa, como lembra *Macunaíma*. Não é porque o alaúde e os tupis pertencem a histórias diferentes que eles não podem se encontrar na pena de um poeta ou no meio de uma aldeia indígena administrada pelos jesuítas.[7]

Na verdade, assim como o diagnóstico das origens costuma resultar em atribuições contestáveis, as constatações de incompatibilidade projetam, em amálgamas de aparência desconcertante, interpretações que procedem mais de nossas maneiras de ver do que da própria realidade. Isso complica mais ainda a abordagem dos mundos miscigenados, que tanto associam como opõem os elementos dos quais são o produto. E não é só.

Os processos literários sofisticados que o autor de *Macunaíma* aplica interessaram a crítica brasileira,[8] mas não são exclusivamente a expressão de um imenso talento ou de um dilema identitário. A arte de Mário de Andrade não consiste apenas em expressar "o grande dilaceramento [...] em todos os planos do relato".[9] As formas que ele inventa permitem explorar uma realidade polimorfa, composta de identidades múltiplas e de constantes metamorfoses. Ele consegue isso jogando com a indeterminação provocada pela superposição e pela fusão dos personagens. Em *Macunaíma*, Rainha da Floresta será, uma após outra, a "Imperatriz do Mato Virgem", uma amazona, uma índia icamiaba... Nada de contraditório nem de incoerente nisso. O texto de Mário de Andrade nos convence de que o que assume as aparências da incoerência pode perfeitamente ter um significado, e que é no coração da metamorfose e da precariedade que se aloja a verdadeira continuidade das coisas.

Na ilha de Algodoal, o verso de Mário de Andrade — "Sou um tupi tangendo um alaúde" — me servia de antídoto às imagens e aos fantasmas que eu projetava nas pessoas e também nos lugares. Era, menos que uma chave para me explicar o que eu via, uma espécie de proteção contra o filtro sedutor, mas redutor, do exotismo.

O exotismo não é apenas um fornecedor de clichês. Na melhor das hipóteses (ou seja, quando as terras e os nativos escapam por milagre à colonização, à exploração ou à evangelização) é a maneira pela qual o Ocidente costuma, por toda parte, imprimir sua marca. "*Evidentemente, il mondo era nostro.*"[10] Se a Amazônia mantém relações privilegiadas com essa categoria, é porque a nossa mania de largar o que está perto para desencavar o que está longe e essa busca de arcaísmos e alteridades aí encontraram um terreno favorável. A imensa floresta é um dos reservatórios onde há muito tempo se alimenta nossa sede de exotismo e de pureza. Muitos se deixam levar por isso, e não tenho a pretensão de haver escapado.

Tudo conspira para isso. Na foz do Amazonas, as bodas da Terra e do Oceano confundem nossos pontos de referência e tornam o terreno quase impenetrável. As ondas encrespadas têm a doçura da água dos rios que se misturam com o Atlântico. No interior, o mar de vegetação que sobrevoamos horas a fio lembra inevitavelmente a virgindade de uma natureza ainda preservada da civilização e de suas poluições. Diferentemente dos Andes e do México, cujas populações se mestiçaram muito cedo, a Amazônia parece oferecer a muralha de suas florestas gigantescas e de seus rios intermináveis a uma humanidade durante muito tempo isolada do resto do continente, e que, imaginávamos, só há pouco tempo teria sido entregue à cobiça dos brancos.

Como se tudo isso não bastasse, desde o Renascimento os mistérios da grande floresta excitaram todos os imaginários, fossem eles espanhóis, portugueses, franceses, ingleses ou italianos: ali os primeiros exploradores procuraram Amazonas, eldorados e jardins das Hespérides.[11] A isso se acrescentam as lembranças escolares, toda vez que as desgraças dos nativos reavivam em nós o mito do bom selvagem cultivado pela França humanista, literária e estudantil desde Jean de Léry e Michel de Montaigne. Por último, as ameaças que hoje pairam sobre essa região do globo introduzem uma tensão dramática que a torna ainda mais atraente. A Amazônia está se transformando num paraíso perdido, se é que já não se transformou.

Como não se deixar fantasiar sobre esse mundo longe da história? Freqüentemente a Amazônia serviu para se imaginar a criação indígena em termos de sobrevivência e para se pensar no homem, em geral, como "o sintoma de um inquietante conservadorismo", e de uma forma tão abstrata a ponto de esvaziar a singularidade das situações.[12] Escritores, poetas, cineastas não pararam de explorar esses clichês para transformá-los em sonhos destinados a um público cada vez mais ávido de mundos primitivos e perenidade. Hollywood e os meios de comunicação, exibindo um humanismo de circunstância, se substituíram a eles, com o sucesso que se conhece.

Nem sempre a ciência moderna eliminou tais fantasmas e preconceitos. Fazendo pouco-caso das mudanças históricas e pré-históricas que as populações amazônicas conheceram, minimizando suas capacidades de inovação e difusão, ignorando as federações que reuniam as tribos em unidades maiores, subestimando o impacto das circulações em grande escala que animavam a floresta, os antropólogos alimentaram a imagem de sociedades imóveis na tradição.[13] Ora, de tanto privilegiar a adaptação do grupo a seu ambiente natural, acabaram esquecendo as interações entre os povos e, em especial, as repercussões da presença européia.

Assim, a antropologia estruturalista fez da Amazônia o conservatório do "pensamento selvagem", multiplicando monografias e teorias eruditas. Ninguém duvida de que esses pesquisadores — estando Claude Lévi-Strauss no primeiro nível deles — tenham dado uma contribuição essencial às ciências humanas do século XX. Mas a contribuição tem seu preço. De tanto contraporem "sociedades frias", que supostamente deviam resistir às transformações históricas, a "sociedades quentes", que viveriam da mudança,[14] criaram um mito que confortou os clichês que acabamos de evocar, assim como desencorajou o estudo de uma pré-história que, agora se sabe, estende-se por mais de dez milênios. Foi também por essa razão que outras Amazônias, mais misturadas, mais expostas às influências ocidentais, ficaram à sombra; Amazônias "contaminadas", onde, hoje, os arquivos nos permitem recuar até o século XVII, e mesmo ao finalzinho do século XVI.[15]

Meio ambiente, demografia, organização social e política, cosmologias, tudo se modificou no correr das eras. Como lembra Anna Roosevelt, "a desestabilização das estruturas políticas indígenas durante a conquista, bem como a deculturação e a dizimação ocorridas durante as missões modificaram profundamente a cultura indígena e as formas de povoamento".[16] Se os índios da Amazônia não eram "tupis que tangiam alaúde", cedo, porém, tiveram nas mãos mercadorias européias, facões franceses ou fuzis holandeses, e foram mais depressa ainda atacados pelos micróbios. Desde o Renascimento, europeus desciam o Amazonas e, já na primeira metade do século XVII, percorriam-no nos dois sentidos: partindo de Belém em 1637, a expedição de Pedro Teixeira subiu o rio e seus afluentes até Quito, voltando, dois anos mais tarde, a seu porto habitual.

Nessa época, europeus começaram a freqüentar o coração

da grande floresta — a Amazônia do rio Negro — e a estabelecer laços comerciais e políticos com as elites indígenas. Mas os objetos do Velho Mundo os haviam precedido. Sem esperar a chegada dos brancos, rotas comerciais de vários milhares de quilômetros tinham aberto a floresta aos objetos holandeses, espanhóis e franceses. Por toda parte, os escravos serviam de moeda de troca: ao longo de todo o século XVII, os índios do rio Negro podiam tanto praticar o trato de escravos como, por sua vez, tornarem-se escravos dos holandeses ou portugueses.[17] Em certos anos os portugueses conseguiam apresar, depois de verdadeiras razias, um bom milhar de nativos, que eram encaminhados em condições horrorosas para Belém e Grão-Pará, no extremo oriental da grande floresta. Os sobreviventes se misturavam com as populações locais em miscigenações que se acentuaram ao longo dos anos.

No século XVIII, a política esclarecida da Coroa portuguesa organizou a militarização do centro da Amazônia. O rio Negro, nos confins do Brasil português com o Império espanhol, ocupava uma posição estratégica: era também uma via de acesso para os holandeses estabelecidos na Guiana. A militarização se traduziu em construções militares e numa influência crescente dos europeus; provocou a deportação de populações, que foram submetidas ao trabalho forçado, e resultou numa primeira urbanização. Até mesmo uma capital administrativa, Barcelos, foi inteiramente criada em torno do burgo de Mariuá. Ela recebeu arquitetos, desenhistas, cientistas e funcionários encarregados de estudar os aspectos físicos e humanos da região. Ali era possível encontrar personalidades do porte do arquiteto bolonhês Landi, e também os membros das comissões hispano-portuguesas cuja missão era estabelecer a linha de demarcação entre os dois impérios. Em 1753, com a chegada do governador do Pará, Mendonça Furtado, cunhado do todo-poderoso ministro Pombal, a jovem capital conheceu uma animação sem precedentes.

A intensificação da presença portuguesa teve inúmeras conseqüências para a Amazônia. Nas várzeas alagáveis do baixo Amazonas, os missionários criaram um novo grupo étnico, os tapuias. No centro da Amazônia, a colonização acelerou a miscigenação das populações nativas: índios dos rios Içana, Xié e Vaupés foram forçados a ir para Barcelos, onde trabalharam para os portugueses; enquanto uns construíam a cidade, outros plantavam mandioca e colhiam salsaparrilha para os colonizadores.

As autoridades portuguesas tiveram então as maiores dificuldades para proibir que esses índios voltassem à floresta, "para ali viverem em suas palhoças à maneira dos brutos que eles eram outrora". Ao mesmo tempo que impediam os índios de se fixar, essas circulações incessantes expunham o interior da floresta às influências veiculadas por todos os que retornavam do mundo dos brancos. A dezena de vilarejos que já se seguiam ao longo do rio Negro eram focos ativos de penetração. Os pequenos grupos de soldados e comerciantes mestiços que ali moravam não perdiam uma ocasião de se embrenhar na floresta para explorar os índios.

A partir dos anos 1760, a construção de novos fortins e a multiplicação das implantações da ordem dos carmelitas aumentam mais ainda a pressão européia sobre o meio amazônico. É dessa época que data a difusão das festas católicas, como a de são Joaquim, no alto rio Negro. Presas entre as ambições dos espanhóis e dos portugueses, as populações nativas são submetidas aos maus-tratos dos soldados e às empreitadas dos missionários, e são atraídas pelos pequenos vilarejos cheios de mercadorias européias e imagens cristãs. As que permanecem fora do tempo e da história dos brancos são cada vez mais escassas.

É então que começam a se fazer sentir os efeitos da mestiçagem biológica. Desejando eliminar as reações de hostilidade e reter os nativos nas aldeias cristãs, as autoridades portuguesas incitam os soldados destacados para a floresta a se casarem com as filhas dos chefes indígenas, "para que os índios se interessem mais em viver nas aldeias".

Não vamos deduzir que a Amazônia já esteja colonizada. Os portugueses do século XVIII não têm os meios dos barões da borracha da *belle époque* nem os das multinacionais de hoje. Em compensação, é inegável que zonas cada vez mais extensas sofrem uma série de influências, penetrações e choques que repercutem até o mais profundo da floresta. Como em tantos outros lugares do continente americano, essa primeira colonização se passa sob o signo do caos e da mestiçagem. Basta percorrer a obra *Viagem filosófica ao rio Negro*, do brasileiro Alexandre Rodrigues Ferreira, para avaliar a instabilidade e a insegurança que reinavam então na região do rio Negro: desconfiança e suspeita impregnavam as relações entre os grupos, a impunidade era generalizada, mestiços e portugueses burlavam ainda mais facilmente as leis que proibiam a escravidão dos índios na medida em que o espaço era mais ou menos incontrolável.

Se a Amazônia tem uma velha história, foi só bem recentemente que os historiadores e os arqueólogos começaram a exumá-la e descrevê-la.[18] Paradoxalmente, as extensões gigantescas da grande floresta despertaram muito cedo a atenção dos europeus, de modo que as fontes são abundantes. Exploradores, administradores e missionários, em busca de almas a salvar, de eldorados a conquistar ou de escravos a apresar, deixaram inúmeros testemunhos. A questão da demarcação das fronteiras entre o Império espanhol e o Império português, por si só, mobilizou muitas energias. Como a solução do litígio exigia um reconhecimento dos locais e das populações, as duas burocracias multiplicaram as pesquisas no centro da região amazônica, e os maços de documentos se acumularam, mais ainda porque o conflito ia se eternizando.

Portanto, não é o silêncio dos arquivos que explica, até data recente, as lacunas ou as falhas das pesquisas,[19] mas uma tendência a esquecer a história de certas regiões do globo, ou a lhe conferir apenas uma parcela desprezível no destino dessas regiões. Ocultando a história, somos privados de uma profundidade essencial e ignoramos os efeitos da colonização ocidental em todas essas paragens e, por conseguinte, as reações que aí se desencadearam. Recusamo-nos a ver as mestiçagens que se desenvolveram ou — quando estas se tornaram dominantes e, portanto, irrecusáveis — apressamo-nos em assimilá-las a "contaminações" ou "interferências".

OS ÍNDIOS DE CASSEL, SETEMBRO DE 1997

A história não tem o monopólio da desmistificação. É freqüente que a arte contemporânea a preceda nesse caminho. O acaso dos convites universitários iria, em poucos dias, me lançar da Amazônia brasileira às fronteiras da ex-Alemanha Oriental, a Cassel, essa cidade média invadida a cada quatro anos pela arte contemporânea durante a Documenta. Outro acaso — mas seria mesmo um acaso, dentro de uma manifestação dedicada às questões maiores de nosso meio século? — quis que a exposição dedicasse grandes espaços ao Brasil e à Amazônia, justapondo objetos e fotografias.

As obras do fotógrafo alemão Lothar Baumgarten[20] têm virtudes corrosivas. O artista apresentava aspectos da vida cotidiana dos índios ianomâmis sem que seu olho de fotógrafo jamais se confundisse com o olhar analítico do antropólogo ou com o voyeurismo do turista. As fotos estavam expostas de modo a compor um álbum pessoal que relataria um diário íntimo. Com notável senso de eficácia, Baumgarten neutralizava o exotismo que, em geral, provoca o espetáculo de índios nus na floresta. Não procurava imobilizá-los numa totalidade orgânica. Mas, sim, provocar uma sensação de proximidade e familiaridade com as criaturas fotografadas.

Não era a primeira vez que Baumgarten mostrava a que ponto nosso olhar e nossa sensibilidade se deixam facilmente enganar. Entre 1973 e 1977, inspirando-se num mito indígena tuyi, ele realizara o filme *The Origin of the Night*, que durante duas horas mergulhava o espectador na selva amazônica, ou melhor, num cenário que tinha todo jeito de ser a selva. No final do filme, a platéia, fascinada, ficava sabendo que ele apenas explorara a floresta renana.

Alguns anos antes, quando estudava com Joseph Beuys, Baumgarten já brincara com o olhar preguiçoso dos espectadores. Fizera uma série de fotografias da floresta tropical, dando a cada uma o nome de uma nação indígena da América do Sul. Essa enciclopédia erudita não passava, na verdade, de uma seqüência de composições confeccionadas com brócolis! Realizadas nos suportes mais diversos, as produções de Baumgarten recorrem à caçoada ou à brincadeira para aprofundar um projeto ao mesmo tempo estético e intelectual: escrutar as formas de interação entre a civilização ocidental e as sociedades distantes sem sacrificar suas identidades respectivas.

A exposição da Documenta X apresentava outras obras também ligadas ao Brasil. Ao lado de Lothar Baumgarten, propunha uma retrospectiva da obra de Hélio Oiticica,[21] cuja produção dos anos 60 se liga às preocupações do movimento "antropofágico". Para essa corrente modernista dos anos 20 — a que se vincula Mário de Andrade —, cabe ao homem colonizado — aqui, ao artista brasileiro — digerir a cultura do colonizador para melhor fundi-la com as culturas nativas. Partindo desses princípios, Oiticica recuperava e reciclava materiais populares para decapá-los de seu verniz exótico ou folclórico e conferir-lhes um alcance universal. É o que mostram seus grandes parangolés, essas fantasias destinadas a ser usadas pelos brasileiros que dançam durante os desfiles de escolas de samba. Trapos de tecidos em tons multicoloridos, os parangolés tornam-se para ele esculturas vivas que prestam homenagem a grandes figuras, tão populares como Pelé. São tamanhas a estilização e as metamorfoses que a mistura das formas gera objetos inéditos e inclassificáveis. Em *Tropicália*, labirinto montado em 1967, Oiticica encena as divergências e as dualidades da sociedade brasileira, produzindo uma indeterminação que impede que o sentido se fixe: suas imagens fragmentárias escapam às recuperações do consumo e do mercado.[22]

O que me impressionava em Cassel não era que um fotógrafo e um escultor se interessassem pelo exotismo manejando o humor e a ironia.[23] Era ver como um trabalho de criação, a partir de processos técnicos e escolhas estéticas, convidava a refletir sobre os clichês do exotismo. O modo como Lothar Baumgarten neutraliza o componente exótico, o modo como Hélio Oiticica o sublima misturando os objetos informam-nos tanto sobre as engrenagens do exotismo quanto sobre os meios que permitem neutralizá-las: o deboche, no caso do alemão, ou a realização de uma obra brasileira, portanto mestiça, no caso de Oiticica. Suas criações não se limitavam a criticar um estado de fato, mas desmontavam suas engrenagens e em seguida exploravam seu conhecimento íntimo para inventar outras montagens que rompiam com os estereótipos.

É pelas manipulações de materiais inesperados, de efeitos de composição ou de ângulos imprevistos, jogando com as armadilhas da percepção, que Baumgarten ou Oiticica, ao rejeitarem o exotismo, questionam categorias do conhecimento e inventam os meios de libertar nosso olhar. Partindo de outros processos, a obra de Mário de Andrade os precedera no mesmo caminho.

Será o caso de dizer que, nos campos que aqui nos interessam — o estudo e a compreensão das misturas —, a criação estética, concebida na forma de um pensamento figurativo ou poético, tem tanto a nos ensinar quanto as ciências sociais, freqüentemente atoladas nos caminhos batidos do discurso e da teoria?

2. Misturas e mestiçagens

"Mistura eclética de punk rock e world music — um raga-rock mundialista, digamos —, o terceiro disco desses ingleses de origem indiana, que agora funcionam em dupla, é o antídoto perfeito da 'espiritualidade' fajuta de conjuntos como o Kula Shaker. Tjinder Singh, líder e *songwriter*, explora aqui uma trama de múltiplas influências, desde um *Brimful of Asha* fantasticamente pop que vê Cornershop reencarnado de repente numa espécie de Beatles-Tandori, até o funk 70's *cheap*, passando por escapadas tecno mais *cheap* ainda, alguns quilos de hip-hop perfumado de canabis e o folk do norte da Índia."[1]

Essa crítica musical, como as que hoje podemos ler em vários jornais, distingue-se tanto pelo estilo e pelas idéias que encadeia em alta velocidade como pela matéria que aborda. Nada nos é poupado. A cascata de termos técnicos, os vaivéns entre o francês e o inglês, a pitada de mundialismo, a insistência nos híbridos ("esses ingleses de origem indiana"; "uma espécie de Beatles-Tandori") alimentam uma prosa que imita a música por ela comentada. O acúmulo de vocábulos dissimula mal a incapacidade de definir o disco de *Cornershop*: o comentário evoca apenas a "mistura", o "ecletismo", a "trama de múltiplas influências". O exemplo é revelador da pobreza das representações e dos discursos provocados pela aceleração e a intensificação das misturas em nosso planeta.

UM IDIOMA PLANETÁRIO

Que o "híbrido" e o mestiço possam coexistir, ao mesmo tempo que o étnico, no nosso cotidiano e nas telas de nossos televisores não passa de um indício da confusão que reina nos espíritos. O fenômeno também demonstra o aparecimento de um "idioma planetário".

Por trás de seu caráter aproximativo, esse discurso, que vai se banalizando, não é tão neutro nem tão espontâneo como parece. Nele é possível enxergar a linguagem de identificação das novas elites internacionais, que, desenraizadas, cosmopolitas e ecléticas, apelam para todo tipo de empréstimo às "culturas do mundo". Tal linguagem corresponderia a um fenômeno social e a uma tomada de consciência desses ambientes acostumados a consumir tudo o que o globo lhes oferece,[2] e para os quais o híbrido parece estar desbancando o exótico. Uma nova maneira — a não ser que aí se veja uma variante do velho cosmopolitismo europeu — de se distanciar do meio de origem e de se distinguir do resto da população.[3] Um modo também de pôr no mercado novos produtos revestindo-os de uma aura sedutora. Os publicitários do perfume "Jungle pour homme", lançado por um grande costureiro japonês, assumem tons messiânicos para descrever um novo paraíso terrestre "pululante de cores": "Ele é urbano, é 'pichado', mestiço. Ele é distante, poético, idealizado e muito pacífico [...]. É o mundo de amanhã, uma autêntica mestiçagem". Trata-se apenas, é claro, do mundo dos clientes de Kenzo.

Tal idioma planetário é também a expressão de uma retórica mais elaborada que deseja ser pós-moderna e pós-colonial,[4] e na qual o híbrido permitiria se emancipar de uma modernidade condenada por ser ocidental e unidimensional.[5] Seus porta-vozes localizam em espaços intermediários, situados entre o Ocidente e suas antigas possessões, a emergência de "quadros conceituais híbridos que produzem novos modos de conhecimento".[6] Essas idéias prosperam nos campos universitários dos Estados Unidos e nos meios intelectuais dos territórios outrora colonizados pela Europa ocidental.[7] O elogio à "crioulidade" nas Antilhas francesas oferece uma versão disso que salienta o "agregado interacional ou transacional dos elementos culturais caribenhos, europeus, africanos, asiáticos ou levantinos que o jugo da História reuniu no mesmo solo".[8]

Convém levar em conta esse "idioma planetário", pelo menos para se diferenciar da linguagem na moda ou de ideologias que ocupam espaço crescente. Seja como for, apesar de seus excessos, a crítica pós-moderna às vezes acerta o alvo,[9] e muitos criadores, artistas e escritores, projetam nas misturas do mundo novas luzes que nem sempre as ciências sociais fornecem. A obra de Edouard Glissant, para citar só essa, é um exemplo notável.[10]

Efeito de moda ou não, do Brasil a Paris, da Cidade do México a Londres, o fenômeno das misturas é objetivamente incontestável. Mesmo reconhecendo que todas as culturas são híbridas e que as misturas datam das origens da história do homem, não podemos reduzir o fenômeno à formulação de uma nova ideologia nascida da globalização. O fenômeno é a um só tempo banal e complexo. Banal porque o encontramos em escalas diversas ao longo de toda a história da humanidade e porque, hoje, ele é onipresente. Complexo, porque parece impalpável quando pretendemos ir além dos efeitos de moda e da retórica que o cercam.

INCERTEZAS E AMBIGÜIDADES DA LINGUAGEM

Ainda relativamente pouco explorada e, portanto, pouco familiar aos nossos espíritos, a mistura dos seres humanos e dos imaginários é chamada de mestiçagem, sem que se saiba exatamente o que o termo engloba, e sem que nos interroguemos sobre as dinâmicas que ele designa. Misturar, mesclar, amalgamar, cruzar, interpenetrar, superpor, justapor, interpor, imbricar, colar, fundir etc., são muitas as palavras que se aplicam à mestiçagem e afogam sob uma profusão de vocábulos a imprecisão das descrições e a indefinição do pensamento.

A idéia a que remete a palavra "mistura" não tem apenas o inconveniente de ser vaga. Em princípio, mistura-se o que não está misturado, corpos puros, cores fundamentais, ou seja, elementos homogêneos, isentos de qualquer "contaminação". Percebida como uma passagem do homogêneo ao heterogêneo, do singular ao plural, da ordem à desordem, a idéia de mistura carrega, pois, conotações e *a prioris* dos quais convém fugir como o diabo da cruz. O mesmo acontece com o termo "hibridismo".

Tais ressonâncias encontram-se na noção de mestiçagem. E as distinções que em geral se introduzem entre "mestiçagem biológica" e "mestiçagem cultural" apenas aumentam nosso embaraço. A mestiçagem biológica pressupõe a existência de grupos humanos puros, fisicamente distintos e separados por fronteiras que a mistura dos corpos, sob a influência do desejo e da sexualidade, viria pulverizar.[11] Assim, ativando circulações e intercâmbios, provocando deslocamentos e invasões, a história poria um termo ao que a natureza teria delimitado originária e biologicamente. Pressuposto constrangedor para todos os que tentam se livrar da noção de raça. Quanto à noção de "mestiçagem cultural", ela implica ambigüidades ligadas ao próprio conceito de cultura — voltaremos a isso.

Tampouco são claras as relações entre mestiçagem biológica e mestiçagem cultural: o nascimento e a multiplicação de indivíduos mestiços é um fato; o desenvolvimento de formas de vida misturadas, procedendo de fontes múltiplas, é outro, não necessariamente ligado ao anterior. Ademais, ao pormos o assunto nesses termos, eliminamos a questão das relações entre o biológico e o cultural com o social e o político. Se a isso acrescentamos a banalização da palavra "mestiçagem", compreendemos que toda essa confusão incita certas pessoas a rejeitarem uma noção de conotação tão pesada.

O DESAFIO DAS MISTURAS

O fato é que o fenômeno da mistura se tornou uma realidade cotidiana, visível nas ruas e nas telas de cinema e televisão. Multiforme e onipresente, ele associa criaturas e formas que, *a priori*, nada deveria aproximar. A interpenetração dos estilos e das diversas cidades em Belém não é um exemplo isolado. Hoje, é possível em poucas horas passar das misturas de Moscou, onde os *outdoors* de Calvin Klein escoltam as estátuas de Lenin, às da Cidade do México, onde as índias das ruas perambulam entre os arranha-céus do passeio de La Reforma, e às de Tourcoing, onde, no bairro de minha infância, uma população franco-magrebina se acomoda tanto com os vestígios das vilas operárias como com a carcaça arrogante e deslocada de uma escola de arte contemporânea. Essas vizinhanças e presenças — que, por toda parte, nos espantam e, algumas delas, nos constrangem — subvertem nossas referências. Um mundo moderno, homogêneo e coerente teria repentinamente dado lugar a um universo pós-moderno, fragmentado, heterogêneo e imprevisível?

As ciências sociais começam a nos fornecer pistas e luzes sobre a questão. Uma antropologia livre enfim de seu fascínio pelos povos selvagens e uma sociologia sensibilizada pela mistura dos modos de vida e imaginários têm muito a nos ensinar sobre o alcance e o sentido das mestiçagens que se desenvolvem por toda parte diante dos nossos olhos. A obra pioneira de Jean-Loup Amselle, *Logiques métisses* [Lógicas mestiças], mostrou o que a experiência africanista pode trazer para um debate cujos termos ela contribuiu amplamente para esclarecer.[12] Mais perto de nós, um especialista da área caribenha, Michel Giraud, fez uma reflexão paralela sobre essa região do mundo.[13] François Laplantine e Alexis Nouss, por sua vez, lembraram a importância da mestiçagem na história das sociedades humanas e assinalaram as singularidades do que é ao mesmo tempo um campo de observação e uma área do pensamento.[14] Carmen Bernand e eu, há alguns anos, resolvemos reler a história do Novo Mundo centrando nosso procedimento nos fenômenos de mestiçagens, dos quais fizemos um primeiro inventário.[15]

Mas uma disciplina pode, por si só, esgotar a questão das mestiçagens? Para tanto seriam necessárias ciências "nômades", preparadas para circular do folclore à antropologia, da comunicação à história da arte.[16] A demografia histórica, a genealogia e a história da família, a história social, enfim, também têm tanto a ver com a questão quanto a história das religiões ou a lingüística. Os cruzamentos de disciplinas ainda estão para acontecer, e muito deve ser feito, mas as contribuições da antropologia cultural e da antropologia religiosa estão longe de ser desprezíveis.[17]

A primeira lembrou que "as culturas podem se misturar quase sem limites e não apenas se desenvolver, mas igualmente se perpetuar".[18] Interessando-se pela problemática da "mudança cultural", da difusão, da assimilação e da aculturação,[19] antropólogos anglo-saxões fizeram a tipologia dos modos de contato — "o roçar, a penetração, o ajustamento..." — e dos modos de difusão — "a disseminação, a dispersão..." — e elaboraram uma série de categorias que permitem melhor delimitar as condições e as modalidades da mistura, na falta de aclarar seus mecanismos.

Mas é ao antropólogo mexicano Gonzalo Aguirre Beltrán que devemos a idéia de pôr em relação mestiçagem e aculturação. Ao final de uma notável análise histórica do "processo de aculturação" no México colonial e contemporâneo, ele mostrou que as mestiçagens são resultado da "luta entre a cultura européia colonial e a cultura indígena. [...] Os elementos opostos das culturas em contato tendem a se excluir mutuamente, eles se enfrentam e se opõem uns aos outros; mas, ao mesmo tempo, tendem a se interpenetrar, a se conjugar e a se identificar".[20] Foi esse enfrentamento que permitiu "a emergência de uma cultura nova — a cultura mestiça ou mexicana —, nascida da interpenetração e da conjugação dos contrários. Essa cultura desenvolveu-se à custa de um sem-número de vicissitudes que levaram a uma consolidação definitiva com o triunfo da revolução de 1910".[21] Ao evidenciar a elaboração da medicina mestiça, Aguirre Beltrán descreve de modo concreto a emergência de um sistema coerente de idéias e práticas.[22]

Um tipo particular de mistura suscitou inúmeros trabalhos: a mestiçagem das crenças e dos ritos, ou, caso se prefira, o sincretismo religioso. A própria expressão tem uma longa história, que data, pelo menos, de Plutarco. No campo da antropologia religiosa, ele fez a felicidade dos especialistas das religiões afro-brasileiras.[23] Estas constituem um terreno privilegiado, pois reúnem as influências cruzadas dos cultos africanos, ameríndios e cristãos. Uma pesquisa recente enumera nada menos que 150 livros sobre o sincretismo religioso.[24] Alguns viram no sincretismo do Brasil uma máscara destinada a disfarçar sobrevivências. Outros, uma verdadeira estratégia de resistência à cristianização, visando salvar, se não os anéis, pelo menos alguns "dedos" do paganismo local. Outros, ainda, desmontaram seus mecanismos e o apresentaram como um remendo, um *patchwork* ou um "amálgama indigesto".[25] Para melhor isolar a especificidade desses fenômenos no universo afro-brasileiro, também foram invocadas noções controvertidas como a de cisão (Roger Bastide).

A leitura desses estudos revela que o termo "sincretismo" possui significados múltiplos, até contraditórios, e que pode se aplicar a situações extremamente díspares: junção de práticas e crenças, paralelismo, mistura, fusão... Na verdade, todas as diferenciações terminológicas traduzem mal a complexidade das situações e sua variabilidade. É realmente possível propor categorias globais se "cada caso é único"?[26] Aliás, um mesmo fenômeno pode assumir formas distintas: o culto afro-brasileiro que, em São Luís do Maranhão, é chamado Tambor de Mina, e que se passa na Casa da Mina, apresenta sincretismos que analisaremos em termos de paralelismo, mas também, às vezes, em termos de convergência. Olhando mais de perto, diversos rituais sincréticos parecem manifestar uma espécie de "equilíbrio instável", embora durável, entre tradições diversas, e não tanto estados definidos e facilmente repertoriáveis.

No caso mexicano, a proliferação das definições e categorias elaboradas pelos pesquisadores também nos deixa perplexos.[27] O sincretismo é qualificado, sucessivamente, de processo consciente ou inconsciente, objetivo ou subjetivo, permanente ou transitório. Pode se referir tanto a elementos incompatíveis quanto a estruturalmente análogos. As conclusões dos especialistas coincidem com as apresentadas no Brasil: falam da "natureza fluida e dinâmica, em constante mutação, das diferentes realidades indígenas e mestiças".[28] "Longe de resolver as ambigüidades que existem, a negociação (e eventualmente o conflito) que se instaura entre grupos portadores de modelos diferentes não pára de criar novas [ambigüidades]." Mas, se é incontestável que o sincretismo deve ser relacionado a situações que se movem e são contraditórias, ainda assim é preciso dispor dos meios de apreender esses contextos e essas relações que não seja apenas qualificando-os de "fluidos e dinâmicos".

A extensão do termo a outros campos além da religião apenas complicou o quadro. Na medicina, na literatura, na filosofia, na ciência e nas artes, descobriram-se múltiplas formas de sincretismo. De resto, noções como as de agenciamento aproximativo (Balandier) ou de dupla causalidade (Bastide) incitam a considerar sincrética qualquer situação. Tudo bem pesado, sincrético não seria, pois, o conjunto do real? E isso tornaria tão geral o conceito de sincretismo que ele passaria a ser supérfluo.

Portanto, não surpreende que a própria idéia de sincretismo pareça problemática, até mesmo inútil.[29] Condenada por uma parte dos antropólogos, acusada de redutora ou impressionista,[30] freqüentemente carregada de conotações negativas, ela acaba designando um fenômeno confuso e artificial, sinônimo de promiscuidade, impureza e contaminação.[31] Os termos "mistura", "mestiçagem" e "sincretismo" provocam uma sensação idêntica de confusão, quando não suscitam a dúvida ou a rejeição. Como explicá-lo?

BERLIM, 1992. PENSAR O INTERMEDIÁRIO

As dificuldades para se pensar a mistura não são próprias do campo das ciências sociais. Até um fenômeno físico aparentemente tão simples[32] como a mistura dos fluidos — a que evitaremos reduzir a mestiçagem dos corpos e das culturas — permanece, na opinião dos cientistas, "um processo imperfeitamente compreendido".[33]

A complexidade do universo social e histórico não é o único motivo responsável por nosso embaraço. A compreensão da mestiçagem choca-se com hábitos intelectuais que levam a preferir os conjuntos monolíticos aos espaços intermediários. Com efeito, é mais fácil identificar blocos sólidos do que interstícios sem nome. Preferimos considerar que "tudo o que parece ambíguo só o é na aparência, e que a ambigüidade não existe".[34] Os enfoques dualistas e maniqueístas seduzem pela simplicidade e, quando se revestem da retórica da alteridade, confortam as consciências e satisfazem nossa sede de pureza, inocência e arcaísmo.

Assim, é possível resumir a história da conquista da América a um enfrentamento destruidor entre os bons índios e os malvados europeus, com a convicção e a boa-fé a que outrora se recorria para contrapor os selvagens da América aos conquistadores civilizadores. Esse modo de ver as coisas imobiliza e empobrece a realidade, eliminando todo tipo de elementos que desempenham papéis determinantes: as trocas entre um mundo e outro, os cruzamentos, mas igualmente os indivíduos e grupos que fazem as vezes de intermediários, de passadores, e que transitam entre os grandes blocos que nós nos contentamos em localizar. Na verdade, esses espaços de mediação tiveram um papel essencial na história, como lembramos a respeito da colonização do Novo Mundo: "Nos espaços *in between* criados pela colonização aparecem e se desenvolvem novos modos de pensamento cuja vitalidade reside na aptidão para transformar e criticar o que as duas heranças, ocidental e ameríndia, têm de pretensamente autêntica".[35]

O interesse que hoje suscita a questão da fronteira corresponde em parte a essas preocupações. Como demonstram inúmeros exemplos, uma fronteira costuma ser porosa, permeável, flexível: desloca-se e pode ser deslocada. Mas temos as maiores dificuldades em pensá-la, de tal forma ela parece a um só tempo real e imaginária, intransponível e escamoteável. Um pouco como o limite, quase invisível, que em dezembro de 1992 ainda dividia as duas Berlim. Em algum ponto entre Kreuzberg e Mitte, seguindo pela rua Heinrich-Heine, o Muro — mesmo destruído três anos antes — continuava a separar modos de andar, olhar, gesticular, combinar as roupas. A passagem instantânea de um universo a outro — de uma calçada a outra, de uma rotina a outra — só proporcionava uma sensação física, um sentimento de estranheza. As partes outrora separadas pareciam de novo soldadas, sem ainda terem se tornado uma peça inteira.

A sensação de inacabado — em relação a que modelo de referência? — talvez não passasse de ilusão, fruto de uma incapacidade para imaginar os entre-dois-mundos. Havia uma dinâmica híbrida em gestação sob o aparente triunfo do Ocidente? Que intermediários, que passadores circulavam entre as duas cidades e suas heranças monstruosas? Onde situar, por exemplo, os vendedores asiáticos cujos tabuleiros cobertos de neve entulhavam o metrô de Schönhausen Allee? Onde situar os ciganos que mendigavam debaixo da estação de metrô de Alexanderplatz? Em Berlim, o empilhamento das épocas acrescenta outras fronteiras: o pedestre que se demorava diante dos vestígios da estação de Anhalt, outrora a maior e mais famosa da cidade, não ignorava que ela fora destruída em 1943, fechada pelos soviéticos em 1957, dinamitada pelo Senado de Berlim ocidental em 1961 e reduzida ao aspecto mumificado de uma ruína da Antiguidade. A complexidade é ao mesmo tempo uma questão de espaços e de temporalidades.

Um filme evocou fantasticamente essa situação meio lá, meio cá: *Europa*. Lars von Trier aí revelava o caos de uma sociedade exangue, recém-saída de um regime totalitário, uma Alemanha devastada pela guerra e atirada no desconhecido, transformada na presa de um futuro sem nome. A Alemanha de *Europa*, a de 1945, é uma "zona estranha" segundo a expressão de Lars von Trier. É emblemática dos mundos intermediários, que brotam logo em seguida às catástrofes, perdidos entre um sistema em derrocada e a recomposição brutalmente imposta por um Ocidente triunfante.

Desses confins incertos, as ciências duras nos fornecem imagens: as passagens entre as cores oferecem, assim, gradações de uma complexidade indescritível.[36] Toda vez que duas cores parecem prestes a se juntar e se fundir, uma terceira irrompe entre elas. O exame do conjunto de Mandelbrot — essa coleção de pontos formando um embaralhamento de formas contornadas e filamentos —, considerado "o objeto mais complicado das matemáticas", revela que uma fronteira aparentemente lisa se rejunta numa cadeia de espirais assim que a observamos um pouco ampliada.[37] A biologia molecular também mostra que os limites que separam o vivo do inerte, o morto do vivo, o vivo humano do vivo não humano, são altamente problemáticos.

Fronteiras podem oscilar antes de parar em posições definitivas, como podem passar por etapas transitórias ou aleatórias. Algumas continuam a se deslocar num ciclo quase infinito, como, na América colonial, as fronteiras que separavam os diferentes grupos étnicos. No século XVIII, as misturas de populações de origem européia, indígena e africana atingiram tamanho grau de diversidade que se sentiu a necessidade de diferenciar toda uma série de grupos e subgrupos. Os quadros das *castas* tinham a pretensão de mostrar essa variedade aos europeus. Formaram um gênero novo, que exprime um esforço inconcluso para delimitar categorias ultrapassadas pela realidade e, de fato, ignoradas na vida cotidiana pelos próprios interessados.

Para apreender as misturas, é preciso começar desconfiando do termo "cultura", gasto até a sola por gerações de antropólogos, sociólogos e historiadores. Progressivamente dotado dos sentidos mais diversos, retomado pelos filósofos,[38] adotado por historiadores volta e meia menos preocupados do que seus colegas antropólogos com os conteúdos que eles lhe dão, o termo acabou invadindo a mídia e os corredores governamentais. Aplicado na origem aos mundos pré-modernos e primitivos, estendeu-se em seguida às sociedades da modernidade e às realidades contemporâneas, tornando-se uma espécie de vocábulo polivalente cada vez mais difícil de se entender. Não que seja fácil livrar-se dele:[39] o termo gruda em nossas idéias e nada garante que nestas páginas conseguiremos sempre evitá-lo. Ora, ele alimenta a crença — confessada, inconsciente ou secreta — de que existiria um "conjunto complexo", uma totalidade coerente, estável, de contornos tangíveis, capaz de condicionar os comportamentos: a cultura. Seja qual for a época ou o meio, só restaria definir seu conteúdo, destacar suas "lógicas", atualizar suas funções e virtualidades, tomando-se o cuidado de descobrir seu núcleo duro e inalterável. Mas a *démarche* "culturalista" leva a imprimir à realidade uma obsessão pela ordem, pelo recorte e pela formatação, que na verdade é típica da modernidade.[40] Insistindo nas especificidades e diferenças, em detrimento do que liga cada cultura a outros conjuntos, próximos ou distantes, logo se chega às retóricas da alteridade e, depois, às do multiculturalismo, o qual defende "a coabitação e a coexistência de grupos separados e justapostos, decididamente voltados para o passado, que convém proteger do encontro com os outros".[41] Ora, basta examinar a história de qualquer grupo humano para perceber que esse arranjo de práticas e crenças, admitindo-se que possua uma autonomia qualquer, mais se aparenta a uma nebulosa em perpétuo movimento do que a um sistema bem definido.[42]

A categoria de cultura é o exemplo perfeito de como uma noção ocidental é aplicada a realidades que ela transforma ou faz desaparecer. Seu emprego rotineiro minimiza o que essas realidades comportam, de forma inevitável e irreversível, em matéria de "contaminações" estrangeiras, influências e empréstimos vindos de outros horizontes. Ele incita a considerar as mestiçagens processos que se propagariam aos confins de entidades estáveis, denominadas culturas ou civilizações. Ou como sendo uma espécie de desordem que de súbito atrapalhasse conjuntos impecavelmente estruturados e tidos como autênticos.[43]

"UM HOMEM DISTINTO É UM HOMEM MISTURADO"

Mas outra cilada espreita o pesquisador: a noção de identidade que atribui a cada criatura ou a cada grupo humano características e aspirações igualmente determinadas, supostamente fundadas num substrato cultural estável ou invariante. Essa definição pode tanto vir dos interessados como de um reflexo condicionado do observador e reduzir-se na linguagem corrente a uma etiquetagem sumária que logo vira caricatura.

A história da América, privilegiando o enfrentamento entre astecas e espanhóis, demonstra isto: ao valorizarmos categorias artificiais, negligenciamos os grupos múltiplos, móveis ou estratificados a que se ligavam os protagonistas dessa história. Os espanhóis eram também — e sem dúvida mais ainda — indivíduos oriundos da Andaluzia, de Castela, da Extremadura, de Aragão ou do País Basco. Dentro de cada região, esses "espanhóis" definiam-se primeiramente pela *patria* e pela cidade de onde eram: sabe-se com que obstinação os conquistadores oriundos da cidade de Medellín — sob o comando de Hernán Cortés — opuseram-se aos clãs vindos de outras cidades vizinhas. Em escala mais modesta, o fato de pertencer a uma linhagem — que englobava todos os descendentes de um ancestral comum originário de uma casa conhecida (*solar conocido*) — freqüentemente pesava tanto quanto a extração social, a terra onde se tinha nascido, a cidade ou a "nação" que cada um se atribuía. Entre os "índios", na medida em que as fontes permitem enxergar com clareza, detectamos a mesma diversidade de afiliações e posições sociais. Ora, por rotina ou ignorância, continuamos a chamar de astecas — termo que designa exclusivamente os ancestrais míticos dos fundadores da Cidade do México — todos os povos do México central.

Cada criatura é dotada de uma série de identidades, ou provida de referências mais ou menos estáveis, que ela ativa sucessiva ou simultaneamente, dependendo dos contextos. "Um homem distinto é um homem misturado", dizia Montaigne.[44] A identidade é uma história pessoal, ela mesma ligada a capacidades variáveis de interiorização ou de recusa das normas inculcadas. Socialmente, o indivíduo não pára de enfrentar uma plêiade de interlocutores, eles mesmos dotados de identidades plurais. Configuração de geometria variável ou de eclipse,[45] a identidade define-se sempre, pois, a partir de relações e interações múltiplas. Foi o contexto da Conquista e da colonização da América que incitou os invasores europeus a identificarem seus adversários como índios e, assim, a englobá-los nessa apelação unificadora e redutora.

Identidade e cultura: o que as duas palavras cobrem pode, portanto, a todo instante ser fetichizado, reificado, naturalizado e elevado a um nível absoluto,[46] às vezes deliberadamente, com as conseqüências políticas e ideológicas que conhecemos, mas também, como é freqüente, devido à inércia do espírito, ou à desatenção diante dos clichês e estereótipos. Na verdade, se essas categorias impregnam tanto a nossa visão das coisas e parecem dar um quadro de explicação satisfatório, é porque decorrem de maneiras de pensar profundamente arraigadas.

Tais hábitos atravessam todo o raciocínio histórico e, por todo lado, procedem da mesma maneira.[47] Levam-nos a evocar uma "América barroca" ou uma "economia de Antigo Regime", como se se tratasse de realidades homogêneas e coerentes, das quais só restasse estabelecer os caracteres originais. Ou então estudaremos as "religiões pré-hispânicas" sem nos preocuparmos com a validez do quadro que escolhemos, quando na verdade esse é apenas um decalque das noções e práticas do Ocidente cristão. Mostramos de que modo, partindo de analogias mais ou menos discutíveis, os cronistas do século XVI e seus sucessores dividem em rubricas e sub-rubricas ocidentais — religião, deus, panteão, santuário, sacrifício, mito — características por eles arrancadas, arbitrariamente, de seu contexto ameríndio. Ora, tal visão supõe que existiria um modelo subjacente, universal e intemporal, embora definido no Ocidente, chamado religião, composto de referências idênticas e independentes das épocas, regiões e sociedades.

Esse processo, de origem aristotélica,[48] leva os especialistas a debater os conteúdos sem se interrogar sobre a existência ou o grau de realidade, até mesmo de pertinência do envelope que pretendem rechear. Hugues Neveux forneceu exemplos convincentes disso no estudo dedicado às revoltas camponesas.[49] Especialistas da história econômica, por sua vez, também denunciaram o fetichismo latente das categorias e propuseram "interrogar os conceitos utilizados pelos historiadores (sobre a formação dos preços, a moeda, os laços entre economia e demografia etc.)" para melhor evidenciar "sua relativa intemporalidade e, portanto, a dificuldade de construir por meio deles um tempo especificamente histórico".[50]

Em suma, precisaríamos submeter nossas ferramentas de

historiador a uma crítica severa e reexaminar as categorias canônicas que organizam, condicionam e, com freqüência, compartimentam nossas pesquisas: economia, sociedade, civilização, arte, cultura etc. A crítica ultrapassa os limites deste trabalho, mas é bom tê-la em mente quando embarcamos nas águas da "cultura", das identidades e das mestiçagens. Se estas resistem tão fortemente à análise, é porque nossas rubricas habituais — sociedade, religião, política, economia, arte, cultura — levam-nos a separar o que não pode sê-lo e a passar ao largo de fenômenos que transpõem as divisões clássicas.[51]

O PESO DO ETNOCENTRISMO

As imprecisões do vocabulário, os obstáculos acumulados por nossas maneiras de pensar não explicam tudo. Falando francamente, a história não costumava levar em conta as mestiçagens. Se ela se interessou pelos movimentos nacionalistas, pelo nascimento das identidades, pelas relações entre cultura popular e cultura erudita, raramente abordou de frente os fenômenos de misturas com os mundos extra-ocidentais e as dinâmicas que os provocaram. Em geral, o historiador europeu privilegiou a história do Ocidente em detrimento da história do resto do mundo, a história da Europa em detrimento da ocidental, e, ainda mais amiúde, a história nacional em detrimento da história de seus vizinhos. Sejam quais forem as razões desse etnocentrismo, ele pouco estimulou a exploração das misturas.

A antropologia histórica seria uma exceção? Nascida nos confins da história e da etnografia, a antropologia histórica nos ensinou a abandonar o discurso eurocêntrico do colonizador e privilegiar a "visão dos vencidos" — tema ilustrado pelos trabalhos de Miguel León-Portilla e Nathan Wachtel. Isso nos permitiu descobrir a riqueza de formas de pensamento e modos de expressão que tinham se desenvolvido na América antes da invasão dos europeus.

Mas era possível exumar a "visão dos vencidos", desmontar suas engrenagens complexas, sem indagar o alcance das interpretações da realidade e das construções intelectuais que esses mundos estrangeiros haviam oposto à experiência ocidental? Hoje não é mais possível imaginar o enfrentamento intelectual entre os cronistas do Renascimento e os mundos ameríndios como um duelo sem perdão entre as verdades da razão e os erros dos mundos primitivos. E devemos reconhecer que as sociedades da América antiga desenvolveram modos de apreensão do tempo (ou, mais exatamente, do que nós chamamos tempo) tão sofisticados como o nosso, ou seja, tão complexos e eficazes como o que ainda hoje nos serve para escrever a história.

Só por sua presença, ou pelos numerosos traços que deixaram, esses edifícios conceituais questionam a pretensa universalidade de nossa visão das coisas, pois destacam "formas de temporalidade e historicidade" irredutíveis às nossas.[52] A confrontação elucida a parte de etnocentrismo e de artificialidade que implica a noção de cultura e sua freqüente inadequação às realidades extra-européias.[53] No caso mexicano, os testemunhos indígenas revelam que a idéia de uma cultura naua, ou de uma cultura mesoamericana, é uma construção do observador ocidental.[54] Não se deveria varrer com um canetada um questionamento desses, sob o pretexto de que ele é retomado pelos defensores da pós-modernidade e dos *post-colonial studies.*[55] As misturas planetárias que invadem nosso cotidiano nos lembram que não estamos sozinhos no mundo das idéias e que certamente o ocidental não é mais o universal. Portanto, precisamos aprender a relativizar nossos modos de pensamento, praticando, segundo os termos do antropólogo italiano Ernesto de Martino, um "etnocentrismo crítico".[56]

Para compreender a "visão dos vencidos", a pesquisa enfocara, logicamente, a parte ameríndia, sua persistência e suas resistências à colonização, mostrando como os empréstimos ao Ocidente eram absorvidos pela tradição indígena. Retomada e amplificada pelos *cultural studies*, essa posição levou por vezes a fechar a sociedade indígena num quadro puramente autóctone e exageradamente homogêneo, excluindo do campo de observação — e de modo sistemático — as mestiçagens. Um quadro idealizado, no sentido de que certos defensores da "*political correctness*" e da "*Indian voice*" colocam o pensamento ameríndio, que eles mesmos exumaram, acima da razão ocidental, reduzida a ser apenas um instrumento de dominação a serviço das nações européias.[57]

Ora, dar a primazia ao ameríndio e não ao ocidental apenas inverte os termos do debate, em vez de deslocá-lo ou renová-lo. Além do mais, a denúncia ao eurocentrismo dissimula mal o novo imperialismo veiculado por certo pensamento acadêmico elaborado nas melhores universidades dos Estados Unidos. Se essa corrente ostenta de bom grado suas distâncias com respeito à Europa, ainda assim continua a ser, na forma e na substância, fundamentalmente ocidental. Mas, sobretudo, o pensamento indígena que enfrenta a dominação européia está longe de ter o contorno nítido, a "pureza" ou a autenticidade que lhe são atribuídos. É raro que não esteja misturado com características de origem ocidental e que não tenha dado lugar a visões do mundo mais ou menos mestiçadas.

A ORDEM E O TEMPO

Outras concepções também atrapalham nossa compreensão das misturas e mestiçagens. A complexidade desses fenômenos adapta-se mal a uma herança positivista que alimenta uma visão do tempo baseada na linearidade. A noção de cultura nasceu numa ótica evolucionista,[58] que por muito tempo impregnou a história. Com freqüência os historiadores tenderam a ler as épocas passadas como fruto de um movimento linear, de uma evolução, até mesmo de uma progressão ou de um progresso. Como se, a cada vez, uma nova etapa devesse supostamente desenvolver forças que estariam contidas, em gestação, nas etapas anteriores. Assim é que o Renascimento sucede à Idade Média e inaugura os Tempos Modernos. Esse tempo linear carrega a sempiterna questão das origens, que, por sua vez, implica a idéia de uma autenticidade ou de uma pureza passada a ser reencontrada. E isso deve incitar-nos a redobrar a prudência quando procuramos identificar no século XVI ibérico as primícias de fenômenos que hoje parecem ocupar o primeiro plano da cena planetária: mestiçagens e globalização.

Ora, as mestiçagens quebram essa linearidade. Surgindo na América do século XVI, na confluência de temporalidades distintas — as do Ocidente cristão e dos mundos ameríndios —, elas as colocam brutalmente em contato e as imbricam umas nas outras. Aqui, deixa de valer a metáfora do encadeamento, da sucessão ou da substituição, que serve de base à interpretação evolucionista, pois não apenas o tempo dos vencidos não é automaticamente substituído pelo dos vencedores, como pode coexistir com ele séculos a fio. Ao juntar abruptamente humanidades há muito separadas, a irrupção das misturas abala a representação de uma evolução única do devir histórico e projeta luz nas bifurcações, nos entraves e nos impasses que somos obrigados a levar em conta.[59]

A idéia de um tempo linear acompanha-se em geral da convicção de que existiria uma ordem das coisas. Custamos a nos livrar da idéia de que todo sistema possuiria uma espécie de estabilidade original a que ele tenderia inexoravelmente. Foi assim que a história econômica baseou-se muitas vezes em "hipóteses implícitas, fortes como a de uma evolução em termos de equilíbrio: cada movimento corresponderia a um desequilíbrio momentâneo superado no quadro do movimento de comprimento superior".[60] Portanto, não surpreende que a complexidade e a mobilidade das misturas e a interpenetração das temporalidades lembrem a imagem da desordem. Ora, quando relegamos a mistura ao campo do desequilíbrio e da perturbação, nós a transformamos num fenômeno transitório ou secundário, em princípio infinitamente menos revelador do que as estruturas em que ela se desenvolveria.[61]

A realidade já não corresponde a essa visão das coisas. Em vez de enfrentar as perturbações ocasionais baseando-se num fundo de ordem sempre pronto a se impor, a maioria dos sistemas manifesta comportamentos flutuantes entre diversos estados de equilíbrio, sem que exista necessariamente um mecanismo de retorno à "normalidade".[62] Ao contrário, a longo prazo a reprodução de estados aparentemente semelhantes ou vizinhos acaba criando situações novas. Quanto mais as condições são perturbadas, mais ocorrem oscilações entre estados distintos, provocando a dispersão dos elementos do sistema, que ficam oscilando em busca de novas configurações. Os movimentos do sistema flutuam entre a regularidade absoluta e a irregularidade absoluta, mantendo uma margem importante de imprevisibilidade.[63]

Nessa perspectiva, misturas e mestiçagens perdem o aspecto de uma desordem passageira e tornam-se uma dinâmica fundamental. A nosso ver, tal interpretação adapta-se melhor à complexidade das misturas e à importância das mestiçagens. Contudo, é também o que dificulta o estudo delas, pois se choca não só com a rigidez de nossas categorias mas igualmente com nossa concepção corrente do tempo, da ordem e da causalidade. Na verdade, as mestiçagens pertencem a uma classe de objetos diante dos quais o historiador parece bastante desarmado.

Prigogine, em *Les Lois du chaos*, cita Popper, que "fala de relógios e nuvens. A física clássica interessava-se antes de tudo pelos relógios; a física de hoje, mais pelas nuvens".[64] Ele explica que a precisão dos relógios continua a obcecar nosso pensamento, levando-nos a acreditar que se pode atingir a precisão dos modelos particulares, e praticamente únicos, estudados pela física clássica. Mas o que predomina na natureza e no nosso ambiente é a nuvem, forma desesperadamente complexa, imprecisa, mutável, flutuante, sempre em movimento. As mestiçagens se encaixam nessa ordem de realidade.

O MODELO DA NUVEM

A preocupação em apreender a realidade em sua complexidade obriga a tomar distância do positivismo e do determinismo rasteiros herdados do século XIX, e portanto de um estado da ciência hoje amplamente ultrapassado. O modelo da nuvem supõe que toda realidade comporta algo de irreconhecível e sempre contém uma dose de incerteza e de aleatório. Para o historiador da sociedade, a incerteza é a que vivem os atores, incapazes de prever tanto seu destino como os acidentes que os atingem. O aleatório é conseqüência da interação dos inúmeros componentes de um sistema.[65] Se, com a ajuda de um microscópio, observamos um grão de poeira em suspensão dentro da água, descobrimos que ele é animado por movimentos incessantes em todas as direções. Esse movimento decorre da agitação térmica das moléculas de água, tão numerosas e invisíveis que é impossível prever a trajetória do grão de poeira: a trajetória parece-nos aleatória. O aleatório não está ligado à multidão de elementos presentes.

Encontramo-lo também nos sistemas mais simples, ou seja, formados por um número limitado de elementos observáveis.[66]

Nem sempre a incerteza e o aleatório são levados em conta pelo historiador. No entanto, o papel deles é essencial em situações como a descoberta da América, em que mundos que tudo separava encontram-se brutalmente confrontados. É a presença do aleatório e da incerteza que confere às mestiçagens seu caráter impalpável e paralisa nossos esforços de compreensão. Será que a diversidade e a multiplicidade das mestiçagens poderiam se reduzir ao jogo das causalidades clássicas? Poderíamos aí enxergar "lógicas" que, ao se revelarem, provocariam misturas de todo tipo? O termo não conferiria aos pesos ou às regularidades o caráter implacável e automático de uma lei?

Complexidade, imprevisto e aleatório parecem, pois, inerentes às misturas e às mestiçagens. Partiremos da hipótese de que possuem, como vários outros fenômenos sociais ou naturais, uma dimensão caótica. Por isso é que nossas ferramentas intelectuais, herdadas da ciência aristotélica e elaboradas no século XIX, não nos preparam a enfrentá-los. Assim, a questão das mestiçagens não é só uma questão de objeto: as mestiçagens existem? O estudo das mestiçagens também envolve, antes de mais nada, um problema de instrumental intelectual: como pensar a mistura?

AS PISTAS DO PASSADO

Diante desses obstáculos e desafios em série, o que pode fazer o historiador? Enfocaremos as mestiçagens e seus mecanismos intelectuais escolhendo um cenário histórica e geograficamente delimitado: a Europa do Renascimento e a América da Conquista, mais exatamente o México espanhol. Explicamos acima as razões disso; as primeiras vagas de mestiçagens planetárias são contemporâneas da instalação, entre 1570 e 1640, da primeira economia-mundo.[67] Em alguns decênios, espanhóis e portugueses conseguiram dominar a Europa ocidental, grande parte da América e as costas da África, afirmando também suas ambições nas Filipinas, em Nagasaki, em Macau, nas costas da China, em Cochin e Goa, no oceano Índico.

Empregaremos a palavra "mestiçagem" para designar as misturas que ocorreram em solo americano no século XVI entre seres humanos, imaginários e formas de vida, vindos de quatro continentes — América, Europa, África e Ásia. Quanto ao termo "hibridação", aplicaremos às misturas que se desenvolvem dentro de uma mesma civilização ou de um mesmo conjunto histórico — a Europa cristã, a Mesoamérica — e entre tradições que, muitas vezes, coexistem há séculos. Mestiçagem e hibridação dizem respeito tanto a processos objetivos, observáveis em fontes variadas, como à consciência que têm deles os atores do passado, podendo essa consciência se expressar tanto nas manipulações a que eles se dedicam, como nas construções que elaboram ou nos discursos e condenações que formulam.[68]

3. O choque da conquista

Quando se via o país por nossa visão interior, ele aparecia cheio de grandes trevas, mergulhado na confusão das transgressões e numa desordem absoluta.

Motolinia, *Memoriales*

As mestiçagens desencadeadas pela conquista do Novo Mundo[1] parecem indissociáveis de dois outros fenômenos maiores na América do século XVI: de um lado, o que costuma se chamar "o choque da Conquista", e, de outro, o que chamei de ocidentalização, essa empreitada multiforme que levou a Europa ocidental, no rastro de Castela, a fazer a conquista das almas, dos corpos e dos territórios do Novo Mundo.[2] O fato de as mestiçagens americanas terem se inscrito numa fase de expansão da Europa e num contexto de colonização impede que sejam reduzidas a um fenômeno cultural. Se queremos compreendê-las, não podemos abstrair seus laços com a Conquista e a ocidentalização que as acompanham. Resta esclarecer a natureza desses laços.

Em geral, as mestiçagens dos tempos modernos dão-se em águas turvas, em leitos de identidades quebradas. Se nem todas as mestiçagens nascem necessariamente de uma conquista, as desencadeadas pela expansão colonial na América iniciam-se invariavelmente sobre os escombros de uma derrota.

Em 1521, esse "ano triste e pavoroso...",[4] a Cidade do México cai nas mãos de conquistadores espanhóis e seus aliados indígenas. Devemos a melhor descrição do período a um monge franciscano que os índios haviam apelidado de Motolinía, "O Pobre". Um capítulo de sua crônica descreve as repercussões da queda da Cidade do México, no início dos anos 1520:

> Deus castigou esta terra com dez pragas muito cruéis por causa da dureza e obstinação de seus moradores, e por reterem prisioneiras as filhas de Sião, isto é, suas próprias almas sob o jugo do Faraó [...]. A primeira dessas pragas foi que, num de seus navios, veio um negro atacado de varíola, uma doença que nunca se tinha visto nesta terra.[5]

Uma epidemia de tamanha virulência espalhou-se entre os índios, e regiões inteiras perderam a metade de seus moradores. Então, muitos morreram de fome: "Como todos adoeciam ao mesmo tempo, não podiam cuidar uns dos outros e não havia ninguém para preparar a comida". Em vários lugares, famílias inteiras foram dizimadas, "e para acabar com o fedor, já que eles não podiam enterrá-las, mandaram derrubar as casas em cima dos mortos, dando-lhes seus lares como sepultura". Essa doença foi chamada "a grande lepra", "pois dos pés à cabeça eles se cobriam de feridas de varíola que os faziam parecer leprosos". A exemplo do que ocorrera no Egito, onde as águas, as nascentes e os rios tinham se transformado em torrentes de sangue, "esta terra tornou-se sangue de morte". A doença matou crianças e adultos. Foi assim que Deus castigou as atrocidades passadas: a prática do sacrifício humano, entenda-se. "Nesta terra reinara uma imensa crueldade, e o sangue que se derramava era oferecido a Satanás, o anjo demoníaco."

A segunda praga arrastou os combatentes indígenas para a morte:

> A água lamacenta da lagoa da Cidade do México deu rãs, em vez de peixes. Os mortos boiavam, inchados, ingurgitados de água, tinham os olhos exorbitados como as rãs, sem pálpebra nem sobrancelha, olhando em direções opostas, sinal que mostra a dissolução do pecador...

Os cadáveres atulham as águas dos lagos como peixe podre, envenenando o ar e os alimentos. Os testemunhos indígenas corroboram a visão aterradora:

> E ossos quebrados jazem nos caminhos. Os cabelos são esparsos; as casas têm seus telhados afundados e suas paredes avermelhadas. Nas ruas, nas praças os vermes proliferam, enquanto em cima dos muros estendem-se os miolos. A água está avermelhada como água que tivesse sido tingida. Beberam-na tal como estava. Bebeu-se até água salobre. [...] Valíamos todos a mesma coisa, jovem, padre, moça ou criança.[6]

À hecatombe segue-se a fome: "A fome faz sofrer cruelmente, estica e torce o estômago e as tripas até que venha a morte [...]. Dessa grande fome muitos morreram entre os pobres e as pessoas de pouco".[7] Fome, guerra, epidemia, os três cavaleiros do

Apocalipse dedicam-se a riscar os índios da terra onde eles viviam.[8]

À desorganização da produção causada pelas destruições e pelo abandono dos trabalhos agrícolas somam-se os estragos do novo sistema de exploração e a punção dos impostos. Contramestres e escravos negros tiranizam os índios como os "opressores egípcios que faziam o povo de Israel sofrer". "Eles envenenam e corrompem tudo, fedorentos como carne atacada por moscas, em razão de seus maus exemplos." Invasores que, na Espanha, não passavam de camponeses julgam-se senhores e começam a dar ordens aos senhores "naturais" do México; negros "se fazem servir e temer mais do que se fossem os senhores dessa gente".[9] A desagregação das hierarquias sociais acompanha outros fenômenos igualmente incontroláveis. A febre do ouro joga os espanhóis "nos laços e nas correntes do demônio, de quem não escapam sem sofrer ferimentos cruéis".

A Cidade do México, antiga capital dos mexicos e que se tornou a "cabeça da Nova Espanha", está no centro do turbilhão. A reconstrução da cidade é uma tarefa gigantesca, "da qual durante os primeiros anos participa mais gente que na edificação do Templo de Jerusalém, na época de Salomão". Mobilizou formigueiros de homens extenuados com as cargas que lhes eram impostas: "Enquanto trabalhavam, uns recebiam vigas, outros caíam no vazio ou eram arrastados pela queda das construções demolidas aqui para serem refeitas ali". Como no Apocalipse, num furacão de trovões e raios a cidade foi dividida em três e entregue "à cobiça da carne, à dos olhos e à arrogância dos vivos". É assim que a pena de Motolinía denuncia a vaidade dos vencedores loucos para construir para si mesmos casas gigantescas com que suas linhagens jamais poderiam sonhar.

Milhares de índios são reduzidos à escravidão. Pais vendem os filhos para pagar o tributo. Atormentam-se os nativos para extorquir seus bens; trancam-nos em masmorras de onde só saem para morrer, "pois os espanhóis os tratavam de maneira bestial e faziam deles menos caso que de seus animais e seus cavalos".[10] Por todo lado, gigantescos rebanhos humanos convergem para a Cidade do México, onde são marcados com ferro em brasa. É a oitava praga, e não a menor delas. A nona é ainda pior. É o trabalho forçado nas minas. A descrição do monge dispensa comentários:

> Quanto aos escravos mortos nas minas, o fedor deles era tamanho que provocou uma pestilência, em especial nas minas de Huaxyacac. Lá, a meia légua ao redor e em boa parte do caminho só se andava sobre cadáveres e ossos. Os abutres e os corvos que vinham devorar os corpos dos mortos e se refestelavam com essa cruel carnificina eram tão numerosos que faziam sombra ao sol.[11]

Enquanto isso, as aldeias se despovoavam e os índios se refugiavam nas montanhas. Foi a época das "trevas pavorosas e opacas".

A crise não poupou as fileiras dos vencedores. As rivalidades entre os conquistadores geraram tumultos: "dissensões e facções" arrastaram o país à beira da guerra civil. Por isso é que as pragas do México foram piores que as do Egito: duraram mais tempo, causaram mais mortes, resultaram mais da crueldade e da cobiça dos homens do que da manifestação da ira divina.[12]

IMAGENS DE CATÁSTROFES E CHAVES MILENARISTAS

O monge tira suas imagens e interpretações do Êxodo e do Apocalipse. Sua retórica da catástrofe e do castigo destina-se, em primeiro lugar, a fixar os acontecimentos da Conquista numa perspectiva metafísica e providencialista. A lembrança das pragas do Egito, a evocação do segundo, do sexto e do sétimo anjos do Apocalipse conferem ao relato um alcance universal e ressaltam a singularidade do acontecimento. Águas pútridas, rios de sangue, espíritos imundos surgindo da goela do dragão e da Besta, raios e trovões, paralelos históricos com a queda de Jerusalém e sua destruição por Tito: tudo é lembrado para traduzir a confusão dos tempos, pintar os estragos da doença e da guerra, descrever a perversão das relações sociais e o reino irrestrito do ouro e da prata.

Desde a Idade Média, textos e imagens de tradição apocalíptica fornecem os meios para se imaginar a desordem e visualizar suas repercussões aterradoras. As paredes da Capella Nuova da catedral de Orvieto são uma prova. Foi lá, nos últimos anos do século XV, que Luca Signorelli representou o reino do Anticristo, longamente comentado pelos historiadores de arte.[13] Os afrescos de Orvieto ou o texto de Motolinía são um modo cristão de descrever e explicar os transtornos do mundo. Para Motolinía, a crise do México da Conquista, submetido a mutações espetaculares e calamidades inauditas, só pode ser expressa pelas formas extremas do relato apocalíptico.[14]

Não é a inflexão milenarista que nos interessa aqui, mas o modo de Motolinía interpretar uma situação imprevisível.[15] As referências ao Apocalipse e ao Velho Testamento fornecem-lhe um modelo para as catástrofes geradas pela Conquista, embora ele reconheça seu aspecto aproximativo: "Olhando bem, há fortes diferenças entre essas pragas e as do Egito". O monge esforça-se em estabelecer uma relação entre a série de acontecimentos por ele escolhidos. Longe de ser arbitrária, a sucessão de pragas que se abatem sobre o México forma um repertório detalhado dos fatores da crise: epidemia — estragos da guerra — fome — tirania dos intermediários — extorsões de todo tipo — busca desenfreada de ouro — reconstrução da Cidade do México à custa de muitas mortes — escravidão — trabalho nas minas — divisões entre os vencedores. Às repercussões imediatas da Conquista, identificadas nas três primeiras pragas, acrescentam-se os efeitos desestabilizadores da dominação espanhola. A instalação dos recém-chegados provoca uma precariedade geral: os maus-tratos e a edificação da infra-estrutura colonial esgotam a mão-de-obra indígena. A escravização de grande parte dos vencidos esmaga as velhas estratificações sociais, enquanto os confrontos entre conquistadores arrastam o país para a beira do abismo:

> As revoltas e as pragas destruíram tão bem o país que muitas casas foram inteiramente abandonadas. Não houve nenhuma que ignorasse a dor e as lágrimas, e isso durou anos.[16]

Na pena de Motolinía, a desagregação se caracteriza pelo ritmo acelerado e pelos descontroles: "Era grande o afã com que nos primeiros anos os espanhóis fizeram escravos [...], a pressa que impunham aos índios". O monge toma o cuidado de diferenciar os choques exógenos — militares ou epidêmicos —, diretamente ligados à invasão, das perturbações endógenas causadas pelo estabelecimento dos espanhóis. A instabilidade crônica domina a paisagem social nos primeiros decênios da colonização.

Por último, em vez de se ater a uma explicação providencialista — Deus castiga os índios —, o monge reintroduz a responsabilidade dos homens na engrenagem das catástrofes que eles provocam. E os homens de quem fala são tanto os espanhóis como os índios. Se a epidemia, assim como a guerra, aparece como um castigo divino dirigido contra as diferentes camadas da população indígena, outros males fustigam vencidos inocentes, impotentes ou aterrorizados. Desde a terceira praga, o alvo do monge passa a ser outro. Ele compara os conquistadores espanhóis aos "opressores do Egito que afligiam o povo de Israel", a carrascos que tratam os índios como animais, a adoradores do Velocino de Ouro que caíram nas redes do demônio. Agora só se trata de "atribulações e provações que se abateram sobre os índios". A "visão dos vencidos" se substituiu à dos vencedores.

Mas, na conclusão, Motolinía volta a questionar essa percepção das coisas. O capítulo se encerra com a constatação do caos social: divididos e prestes a se matarem uns aos outros, os espanhóis são cercados pelos índios, por sua vez dispostos a investir contra seus vencedores.[17] Afastando as interpretações dualistas ou maniqueístas, o monge restitui a instabilidade e as perturbações de um mundo que ele pudera observar nos anos 1520. À diferença das versões hispanófilas ou indigenófilas da Conquista, ambas igualmente redutoras, seu testemunho é um convite a captar o passado em sua desordem e complexidade, mas sem que o monge abdique um só instante de suas convicções profundas. Dessa representação do passado — que não deve ser confundida com a realidade que designa —, reteremos que um monge do Renascimento não estava mais mal equipado que nós para descrever o choque da Conquista.

A DESORDEM DAS COISAS

Por volta de 1530, olhando a Cidade do México do alto das ruínas ainda maravilhosas da pirâmide do Templo Mayor, teríamos descoberto uma espécie de monstro urbano, uma arquitetura heterogênea feita de vestígios de desabamentos e de edifícios sendo construídos. A guerra e, depois, as obras para se construir uma cidade à espanhola quebraram as linhas regulares da cidade pré-hispânica. Mas esta não se tornou um burgo de Castela, cujas raízes teriam se fincado no centro dos palácios destruídos. O horizonte urbano junta ou justapõe e, no mais das vezes, superpõe um amontoado heterogêneo de restos abandonados, edifícios indígenas recuperados ou demolidos, casas fortes dotadas de torres e muralhas denteadas à castelhana. Hispano-indígena e medievo-renascentista, a nova cidade desenvolveu-se nesse "meio lá, meio cá" indefinível que separa a aglomeração vencida, a *altepetl* pré-hispânica, os modelos imaginários dos conquistadores, as ambições urbanas das novas linhagens e as capacidades efetivas de reconstrução. A composição de sua população também é surpreendente: nobres indígenas, escravos e criados índios, conquistadores vindos de toda a Espanha, negros da África vivem lado a lado nas ruas, nas residências e nos edifícios públicos, misturando corpos, odores e vozes.

À confusão dos espaços soma-se o desregulamento das referências temporais resultante das diversas temporalidades que se enfrentam. Nos anos de conquista, as temporalidades aparecem como elas são, ou seja, como construções próprias a cada universo, representações da passagem do tempo, expressas por instituições, ritos e técnicas de medição. A sociedade pré-hispânica dava a maior importância à "conta dos tempos", que ocupava um lugar fundamental na cosmologia. Calendários elaborados mediam o passar do tempo para indicar a sucessão ininterrupta das festas que ritmavam o ano indígena. As celebrações ofereciam aos sacerdotes nauas a possibilidade de agir sobre os ciclos do tempo, que eles sabiam acelerar ou retardar de acordo com as circunstâncias. As corridas desenfreadas que organizavam entre as cidades do vale precipitavam o seu ritmo; as lentidões calculadas da vítima que galgava os degraus da pirâmide antes de sucumbir sob a faca de obsidiana adiavam temporariamente o instante da morte. A orgia de oferendas e vítimas contribuía para prolongar a vida dos deuses que se alimentavam do sangue jorrado generosamente pelos sacrifícios humanos.

A chegada dos espanhóis e a abolição das grandes festas — proibidas, assim como foi proibido o sacrifício humano, ou, doravante, irrealizáveis por falta de homens, recursos e liberdade de ação — mergulharam as massas indígenas num vazio crescente. Em poucos anos, elas se viram privadas dos meios de marcar a passagem do tempo e de exercer sobre ele uma influência qualquer. O Tempo — ou, mais exatamente, o que lhe correspondia entre os índios — se pulverizava.

Ora, o tempo dos cristãos não podia se substituir de imediato aos tempos indígenas.[18] Instalou-se um período estranho, perturbado pelas aparições dos antigos deuses e as do novo demônio. Se é difícil analisar a estranheza dessa situação intermediária, é ainda mais complicado imaginar o mal-estar que ela difundiu.

Arrisquemo-nos ao anacronismo e voltemos ao filme *Europa*, de Lars von Trier. Não ocorreria a ninguém aproximar a derrota da Alemanha hitlerista e a queda do México indígena. Mas, na maneira de Lars von Trier filmar, descobre-se a vontade, plenamente bem-sucedida, de evocar em imagens a interpenetração apocalíptica de dois universos que se enfrentam. Uma seqüência alucinante ilustra o choque das memórias e dos tempos. A bordo de um trem que se lança na noite alemã por entre os escombros de um país derrotado, surgem perfis saídos do universo dos campos de concentração, imagens monstruosamente familiares de esqueletos dentro de seus andrajos de deportados, amontoados sobre estrados superpostos. O imediato pós-guerra e o passado nazista engatam-se um no outro como os vagões do trem de *Europa*, instaurando continuidades inconcebíveis.

No México, o caos da vida urbana e a confusão do tempo acentuaram a desordem política e social. Ao longo de todo o decênio de 1520, a falência das soluções implantadas pelo novo poder aumentou a balbúrdia geral. Impotentes, ou indiferentes, diante da hemorragia demográfica que dizimava a população indígena, os dirigentes espanhóis tiveram de improvisar uma sociedade para a qual não dispunham de nenhum precedente, a não ser que a colonização antilhana e a catástrofe que se seguiu fossem consideradas uma antecipação da ocupação do México. Como livrar a Cidade do México do destino dos povoados das Antilhas, que, mal foram fundados, acabaram desertados, tornando-se às vezes refúgios de fantasmas que aterrorizavam os visitantes de passagem?

"ZONAS ESTRANHAS": CONQUISTA E INSTABILIDADE CRÔNICA

No México, assim como em todas as frentes do Novo Mundo, a chegada dos europeus foi, primeiro, sinônimo de desordem e caos. Gerou zonas de altas turbulências, tanto no Caribe (1493-1520) como nos Andes (1532-55), ou no Brasil dos portugueses. Não se pode compreender a evolução da colonização nem as misturas provocadas pela conquista espanhola se esquecemos esses dados iniciais.

"Alterações e discórdias", anota o cronista Fernández de Oviedo.[19] Abaladas pelas dissensões, revoltas ou guerras civis, agitadas por um questionamento radical dos aparelhos políticos e das hierarquias ancestrais, essas "zonas estranhas", para retomar a expressão de Lars von Trier, tornam-se em poucos anos o teatro de uma fratura das sociedades locais e de uma metamorfose acelerada do corpo social. Elas enfrentam todo tipo de flutuações e perturbações, que na maioria escapam à influência dos homens. É o caso dos estragos causados pela morte e pela doença em populações autóctones desprovidas de defesas imunitárias capazes de barrar as patologias européias. As epidemias introduzidas pelos europeus mataram as gerações e as memórias com mais eficácia do que as espadas de aço ou os canhões ensurdecedores de cheiro nauseante.

No rastro da Conquista, surgiram "zonas estranhas" nas ilhas antilhanas, no México, e depois no Peru e no Brasil. A expressão "sociedade colonial" é imprópria para qualificá-las, pois supõe certo grau de realização e uma estabilidade relativa que só serão atingidos após um ou vários decênios, sem falar da morte de milhões de criaturas. Em vez disso, distinguimos o aparecimento de "agregados" tão indefiníveis quanto incertos a respeito de seu futuro. Motolinía conta que, a todo instante, os índios poderiam ter liquidado com a presença espanhola se Deus não os tivesse mantido num "estado de cegueira" e de milagrosa passividade. É verdade que as relações de forças foram por muito tempo reversíveis, se bem que a ilusão retrospectiva da fatalidade, segundo a expressão de Raymond Aron, nos faça enxergar a Conquista como um fato irremediável. Esses agregados passam por fases de turbulências mais ou menos acentuadas, mais ou menos longas; estas, às vezes, se intensificam, provocando catástrofes humanas — os três milhões de mortos nas Antilhas, entre 1494 e 1508[20] — e guerras contínuas (no Peru), ou então terminam numa estabilização progressiva, como no México.

Tais agregados correspondem à justaposição brutal — e depois à imbricação forçada — de sociedades e grupos que a Conquista atirou numa instabilidade crônica. A precariedade e a impotência não poupam os invasores. Desde a chegada às Antilhas, quando os primeiros colonos, furiosamente apegados a seu estatuto de *hidalgos*, recusam-se a pôr a mão na massa, a doença enfraquece e desorganiza o meio profissional em que repousava a construção dos novos estabelecimentos: em sua maioria os artesãos "estavam doentes, magros e famintos, e pouco podiam porque lhes faltavam as forças".[21] No México, os invasores europeus constituem uma escassa legião cortada de suas bases insulares —

Cuba, Hispaniola etc. — e separada de suas raízes ibéricas — Extremadura, Andaluzia, País Basco.

"Como é possível que tenha havido sobreviventes entre todos os que foram se estabelecer em terras tão distantes de suas pátrias, deixando para trás todas as comodidades a que tinham sido acostumados desde a infância, exilando-se longe de seus parentes e de seus amigos?" (Oviedo) Dia após dia, eles afundam no desconhecido e no imprevisível. Imprevisível da descoberta: tendo desembarcado em abril de 1519 na costa tropical de Veracruz, os invasores acham-se, em novembro, numa paisagem de montanhas nevadas, diante de uma aglomeração monstruosa, que provavelmente é então a maior cidade do mundo, México-Tenochtitlán. Imprevisível da Conquista: as dissensões no campo espanhol seguramente deixaram Cortés e seus partidários em perigo tanto quanto as reações dos indígenas.

Atacadas, aterrorizadas e derrotadas, as sociedades indígenas são politicamente mutiladas, socialmente fraturadas, dizimadas pela guerra e pelas epidemias. Os mexicas e seus aliados perderam a hegemonia que pretendiam exercer na maior parte do México central. Mas os colaboradores indígenas dos espanhóis, tampouco mais favorecidos, logo tomam consciência da precariedade de sua situação e da incerteza que os espreita.

As relações entre vencedores, vencidos e colaboradores — todos saídos de universos com trajetórias tão diferentes — e as conseqüências disso são de uma complexidade sem precedente. Sem precedente porque as hibridações da Ibéria medieval são processos diferentes das mestiçagens da Conquista. Se a história da península foi por muito tempo feita de trocas e conflitos, de misturas e coexistências entre três mundos, o cristão, o judeu e o muçulmano, os contatos se estenderam no tempo — os habitantes da Espanha se "freqüentavam" havia séculos — e se desenvolveram sobre um fundo comum: o paganismo antigo e o monoteísmo.

Na América, o choque é tão brutal como imprevisto. Não se resume a uma questão de simples defasagem, nem à colisão de dois sistemas estáveis, em que um tivesse de repente sido perturbado pelo surgimento do outro. O ambiente em que vivem os conquistadores não tem nada de um bloco monolítico. Os invasores se vêem socialmente como um aglomerado de "diferentes espécies de gente";[22] a se crer em seus cronistas, são quase sempre indivíduos pouco recomendáveis: "Naqueles inícios, se passava um homem nobre e de sangue ilustre, vinham dez mal-educados e outros de linhagens obscuras e baixas".[23] Inúmeros delinqüentes e desenraizados afluem às Índias espanholas; outros do mesmo tipo formarão o grosso dos portugueses que povoam o Brasil.[24] Disparidades regionais somam-se às diferenças sociais: castelhanos, bascos e extremadurenhos detestam-se cordialmente e têm a maior dificuldade para se entender.

A diversidade dos protagonistas indígenas e europeus — religiosa, lingüística, física, social etc. — e as tensões que os opõem introduzem uma heterogeneidade ainda mais acentuada pelo choque da derrota e pelas deficiências do quadro político. Os poderes locais tradicionais, derrotados militarmente e privados de sua aura ancestral, sofrem uma crise de legitimidade, ao passo que as novas autoridades hispânicas penam para se definir e se impor. É que a Conquista minou toda e qualquer autoridade. É limitada, para não dizer inexistente, a influência do novo poder soberano, encarnado no imperador Carlos V, que reina ora na Espanha ora nos Países Baixos. As distâncias oceânicas e continentais atrasam a transmissão das ordens e informações.

Para Motolinía, esse afastamento torna o México, pura e simplesmente, ingovernável:

> Não se pode bem governar de tão longe um país tão grande; uma coisa tão separada de Castela e tão distante não pode ser mantida

sem se expor a uma grande desolação e sem desabar dia após dia, na falta de um rei e de um chefe à sua frente.[25]

A corrupção é generalizada. Os costumes são relaxados, a Inquisição espanhola tem pouca influência e os mais fortes só fazem o que lhes dá na telha.[26] A guerra civil ameaça estourar a qualquer momento entre os conquistadores divididos em "ligas e cabalas", "facções", "partidos", "clãs", arrastados por suas paixões e ambições tirânicas, formando tantos grupos de pressão que são acusados de querer imitar os *comuneros* de Castela.[27]

Os imaginários estão igualmente perturbados. Os mexicas tiveram a maior dificuldade em situar os invasores, e só mais tarde, após um paciente trabalho de releitura, maquiagem e seleção dos fatos, assimilariam a chegada de Cortés ao retorno do deus Quetzalcoatl.[28] Quanto aos conquistadores, logo perceberam que os vencidos não eram judeus nem muçulmanos, e que a realidade que descobriam era mais desnorteante do que haviam imaginado de início. As imagens saídas dos romances de cavalaria — que bem no começo serviram para que interpretassem o que, por si só, não conseguiam explicar — mais adiante se revelaram de pouca valia, quando tiveram de começar a governar aquela terra estranha e diabólica. Por algum tempo sonharam com as *sierras* da Dama de Prata e com seu palácio de metal precioso, antes de se deixarem embalar pelas notícias fabulosas que chegavam do Peru ou que descreviam, longe, ao norte, as Sete Cidades de Cibola, essa versão norte-americana do Eldorado amazônico.[29]

MESTIÇAGENS

As relações entre vencedores e vencidos também assumiram a forma de mestiçagens, alterando os limites que as novas autoridades procuravam manter entre as duas populações. Desde os primeiros tempos, a mestiçagem biológica, isto é, a mistura de corpos — quase sempre acompanhada pela mestiçagem de práticas e crenças —, introduziu um novo elemento perturbador.

Em sua esmagadora maioria, os primeiros emigrantes europeus eram homens: soldados, funcionários, comerciantes, aventureiros de todo bordo. Solteiros ou separados das esposas (que ficaram em Castela ou nas ilhas antilhanas), os europeus arrogaram-se as prerrogativas de qualquer vencedor. Comportaram-se com ainda mais liberdade por estarem em terra pagã, praticamente fora do controle da Igreja. Por muito tempo o clero europeu esteve reduzido à mais estrita expressão, e os poucos padres que acompanhavam os conquistadores nem sempre procuravam refrear os excessos. As índias eram presas fáceis dos invasores, que mantiveram com essas mulheres relações quase sempre violentas e efêmeras, sem se preocupar com as jovens criaturas que deixariam atrás de si. Estupros, concubinagens, mais raramente casamentos, geraram uma população de tipo novo, de estatuto indefinido — os mestiços —, a respeito dos quais não se sabia muito bem se deveriam ser integrados ao universo espanhol ou às comunidades indígenas. Em princípio, os mestiços não tinham lugar numa sociedade juridicamente dividida em uma "república dos índios" e uma "república dos espanhóis". *A fortiori*, quando se tratava de mulatos nascidos de negras e espanhóis, ou de negros e índias.[30]

Por todas essas razões, índios, negros e espanhóis tiveram de inventar, dia após dia, modos de convívio ou, especialmente os primeiros, soluções de sobrevivência. Em todos os campos, a improvisação venceu a norma e o costume. Foi nesse quadro conturbado que se iniciou o processo de ocidentalização. Daí as incessantes "derrapagens" e os impulsos assassinos que Las Casas denunciou em sua *Historia de las Indias*. O dominicano Betanzos, outra grande figura da época, não tem palavras suficientemente violentas para incriminar "os sofrimentos, as experiências, as mudanças e as novidades" que por pouco não puseram um ponto final na questão indígena.[31] A rapacidade dos invasores, combinada com a ausência absoluta de *know-how* colonial, provocou o irreparável: a febre do ouro, a imperícia, o desperdício, os objetivos de curto prazo, misturados com boa dose de indiferença e desprezo, precipitaram a exploração desenfreada da mão-de-obra indígena, que eles nem sequer pensavam em alimentar. Seguiu-se um genocídio "sem premeditação",[32] que os paliativos impostos às pressas só fizeram intensificar e que desencadeou a importação maciça de escravos da África.

O México conheceria o mesmo destino? Uma fórmula lapidar exprime a desordem reinante no México dos anos 1520: "A terra está perdida", "tudo já está perdido e cada dia se perderá mais".[33] A expressão aplica-se tanto às disputas armadas que jogam os conquistadores uns contra os outros, como à má conduta das mulheres dos funcionários régios e ao impudor das prostitutas ou ao destino dos espanhóis crivados de dívidas, atirados numa prisão ou condenados a vagar de ilha em ilha. As conseqüências dessa "perdição" para as novas gerações indígenas são igualmente desastrosas:

> Os jovens de dezoito a vinte anos são tamanhos vagabundos, são tão descarados, bêbados, ladrões, têm tantas amantes, são assassinos, celerados desobedientes, mal-educados, insolentes e glutões.[34]

Como descrever essas perturbações em cadeia? A dificuldade de apreendê-las não decorre apenas do número de variáveis que implicam, da imprevisibilidade de trajetórias que se cruzam, da disparidade de heranças que se chocam. Decorre também da indefinição dos conjuntos que se enfrentam: onde começa o mundo indígena, onde termina o dos conquistadores? Os limites entre um e outro são a tal ponto imbricados que se tornam indissociáveis. Na verdade, é impossível descrever simples ou univocamente situações tão diferentes como as trocas entre um espanhol e os índios que o cercam, as relações entre as duas comunidades na Cidade do México, ou os vínculos que ligam as duas populações no país inteiro. Um mesmo grau de indeterminação, precariedade e improvisação caracteriza essas diferentes situações, que não deveríamos nos contentar em analisar em termos de aculturação e de deculturação.

DO PERU DAS REVOLTAS AO BRASIL DOS MAMELUCOS

No Peru, a desordem foi mais profunda, espetacular e duradoura. Como em outras partes, a irrupção dos conquistadores nos Andes provocou um choque social, político e religioso. Mas dois assassinatos acentuaram a instabilidade política e a incerteza sobre o futuro do país: Diego de Almagro morreu decapitado em 1538 e, três anos depois, Francisco Pizarro foi assassinado. Levantes em série alimentaram um clima de guerra civil atiçado pela participação das facções incas divididas entre partidários e adversários dos espanhóis. Esses acontecimentos contribuíram para atrasar a instalação de um poder colonial forte e respeitado. O Peru parece, assim, ter concretizado todos os temores que a experiência mexicana despertara, num clima de crise das nobrezas autóctones, mortalidade das populações indígenas, desenraizamento e autodestruição dos invasores.

Foi preciso esperar até meados do século XVI para que a situação começasse a se estabilizar e, mais ainda, esperar a chegada do vice-rei Toledo para que a Coroa impusesse definitivamente sua regra a todos os partidos. Ainda assim, as repercussões dos distúrbios e da Conquista pesam de modo irreversível. No início do século XVII, o cronista índio Guaman Poma de Ayala descreve uma visão aterrorizada da cidade de Lima às voltas com a confusão entre os grupos e os sinais distintivos:

> Ele viu a cidade cheia de índios ausentes de suas aldeias e circulando como bem queriam, tendo se tornado criados ianaconas ou instalados como artesãos, quando na verdade eram enviados para trabalhar nas minas; índios tributários de baixa extração portavam um cabeção e uma espada, vestiam-se como os espanhóis; outros cortavam o cabelo para não pagar tributo nem servir nas minas. É o mundo pelo avesso [...]. Da mesma maneira, o autor viu enormemente índias putas carregadas de pequenos mestiços e mulatos, todas com saias, botinas e toucas; ainda que sejam casadas, vivem com os espanhóis e os negros, e o mesmo acontece com outras que não querem se casar com índios nem sair da cidade para não abandonarem sua vida de puta.[35]

Essa longa série de turbulências, acompanhadas de resistências nitidamente mais marcadas entre as populações indígenas, confere às mestiçagens peruanas características distintas das encontradas no México.

A colonização do Brasil apresenta um outro quadro, que ignora tanto as guerras civis peruanas como o choque dos impérios. Se as hesitações da política colonial e a dizimação dos índios nas guerras parecem aparentar a situação brasileira à dos Andes e à do México, a fraca presença portuguesa impõe ritmos mais lentos e, ao mesmo tempo, deixa margem de manobra maior aos grupos de interesses e aos indivíduos estabelecidos na terra nova. Estes são em parte os degredados, ou seja, delinqüentes portugueses condenados ao exílio do outro lado do Atlântico, e em parte aventureiros europeus. Daí os comportamentos que valerão à Terra de Santa Cruz uma reputação corrosiva e a proliferação de mestiçagens, cujo testemunho será uma população numerosa o suficiente para receber um nome: os mamelucos. Mais que nos Andes e no México, as fronteiras entre as populações — europeus, mestiços, índios convertidos, índios da floresta — são movediças e pouco nítidas. Mas a ausência de um sólido enquadramento imposto pela Coroa também confere, e por muito tempo, toques selvagens e brutais a essa ocupação, sobretudo quando ele se traduz na escravização das populações autóctones e depois na importação maciça de negros da África.[36]

A PERDA DAS REFERÊNCIAS

A era perturbada que a Conquista inaugurou influenciaria de forma duradoura o modo de vida das sociedades da América ibérica. Os adversários abandonam, pela força das circunstâncias, ou perdem, sob o efeito da derrota, parte de suas referências. O desmoronamento ou o enfraquecimento das dinastias indígenas, os estragos das epidemias, a interrupção dos sistemas de ensino tradicionais, a proibição das formas públicas de idolatria e a exploração desenfreada de que são vítimas deixam as populações indígenas desorientadas ou prostradas. Também são evidentes os tormentos dos escravos negros arrancados de sua terra africana e exportados à força para o México, o Peru e o Brasil, terras ainda mais desnorteantes que as metrópoles ibéricas.

Mas o desenraizamento tampouco poupa os conquistadores, que tinham cortado todos os vínculos diretos com a terra dos ancestrais, a *casa solariega*, a cidade, o ciclo das festas locais, os protetores sobrenaturais cujo culto era mantido pelas confrarias ibéricas. Uma sensação de distanciamento obceca esses espanhóis "tão longe de Castela, sem receber socorro nem ajuda, salvo a que lhes vem da grande misericórdia de Deus".[37] As estações do ano e os alimentos americanos, o convívio diário com índios e índias abalam os costumes e impõem esforços constantes de adaptação e interpretação. "A todo instante semeia-se e colhe-se", nota o franciscano Pierre de Gand, que não esquecia os invernos rigorosos de sua Flandres natal. A evolução dos quadros de vida e das tradições, que na Europa era lenta e passava quase despercebida, sofre de súbito uma aceleração com aprendizados e experiências novas. Negros e europeus estão em luta contra contextos que transformam irremediavelmente o sentido das coisas e das relações entre os homens.

Para todos, inclusive os índios, deu-se, em todos os sentidos da palavra, um fenômeno de distanciamento, físico e psíquico. Pela força das circunstâncias, cada um teve de "recuar" de seu meio de origem, fosse esse os campos andaluzes, as costas da África ou as do México anterior à Conquista. Outros fenômenos parecidos tiveram efeitos igualmente perturbadores. Vários elementos dos universos tradicionais ou da Europa ocidental perderam o sentido que lhes era atribuído originalmente. Os objetos que transitavam de um mundo a outro acabavam cortados da memória de que eram portadores; sua circulação entre os grupos dissociava-os da tradição e, às vezes, do poder que continham. O mesmo aconteceu com todos os tipos de práticas e crenças. Como os índios poderiam interpretar as imagens pintadas ou gravadas, vindas de uma Europa a respeito da qual não tinham a menor idéia? De que mecanismos dispunham para captar seu conteúdo, analisar suas formas, compreender o que os europeus entendiam por imagem e representação?

A "descontextualização" também não poupava as práticas e crenças locais. Ocasionalmente, tomava a forma extrema do desencantamento, que acarretava a um só tempo a perda de sentido e a perda de legitimidade. Criaturas e coisas estavam privadas de sua aura ou de sua força, pois os laços que as uniam à concepção global, por assim dizer metafísica, da vida e do cosmo se desfaziam. A derrota e a humilhação das aristocracias indígenas questionaram concepções que lhes atribuíam de forma quase orgânica parcelas de divindade.[38] A destruição dos ídolos teve um alcance mais imediato ainda: o aniquilamento material do objeto deixava apenas cinzas e fragmentos mutilados, e sua fundição fazia desaparecer para sempre as preciosas formas metálicas. Ao quebrarem os ídolos e demolirem as pirâmides, os invasores ministraram a prova da impotência radical dos antigos deuses. Ainda que o gesto não bastasse para demonstrar sua inexistência, o choque era duro. Isso foi apenas o início brutal da dessacralização dos seres e das coisas, mas acelerou ainda mais a desorientação dos índios, na medida em que se deu junto com a interrupção definitiva dos grandes ciclos cerimoniais.

Às agressões espetaculares acrescentavam-se a dificuldade de compreender as novas realidades coloniais e os desafios lançados pelo confronto com outros seres e outras técnicas. A adoção forçada do cristianismo questionava inúmeros comportamentos e crenças, mas as mudanças se estendiam a muitos outros campos. Uma inovação técnica como a substituição dos códices antigos pela escrita alfabética, o manuscrito e o livro introduziu nova relação com a informação, ou com aquilo que, para os índios, fazia as vezes de informação. A adoção de um suporte material de surpreendente eficácia rivalizava com a forma como eram dispostos glifos e cores de conotações múltiplas. O uso da escrita alfabética também modificou a seleção e a montagem das informações, impondo o ritmo de uma narração linear. Mais determinante ainda, enquanto as "pinturas" dos índios tornavam as forças divinas presentes e quase palpáveis, as técnicas importadas pelos europeus limitavam-se a representar realidades situadas em outro tempo ou em outros lugares. Nesse sentido, a conquista espanhola "secularizou" a informação.[39]

Em outros campos, as pesquisas feitas pelos missionários, administradores e médicos espanhóis projetavam no ambiente indígena esquemas de interpretação que o resumiam às proporções de uma "natureza" desencantada, de uma "fauna" ou de uma "flora" expurgadas de qualquer presença pagã de origem ameríndia. Com raríssimas exceções, as dimensões "metafísicas" atribuídas pelos índios ao mundo que os cercava eram censuradas, ignoradas ou desprezadas pelos europeus. Aliás, preocupados em desviar a curiosidade invasora de seus poderosos interlocutores, os informantes indígenas se habituaram a silenciá-las ou minimizá-las.[40] Mas a obrigação de fornecer respostas adaptadas às exigências formuladas pelos letrados europeus constituía um exercício desnorteante e, volta e meia, acrobático. E o exercício repetiu-se quando os pintores índios foram chamados a realizar, para os vencedores, centenas de mapas de aldeias indígenas. Mais uma vez os especialistas locais, instados a conseguir para os novos senhores uma informação legível, inventaram uma cartografia e um espaço parcialmente adaptados ao olhar europeu.[41]

Os estragos das grandes epidemias, por suas proporções inauditas, também perturbaram os espíritos da população e desarmaram os *curanderos* mexicanos. Não podendo continuar a explicá-las pela intervenção das divindades indígenas, as vítimas que interrogavam as autoridades espanholas terminaram associando-as a causas sociais e políticas. O choque das doenças e a imposição de novos modelos de vida levaram os informantes indígenas a esboçar raciocínios sociológicos *avant la lettre* e a inventar explicações materialistas. Que essas declarações tenham ou não refletido o sentir profundo dos índios, o fato é que revelam a pressão constante exercida pelos novos tempos sobre as representações das populações vencidas. Assim, o desencantamento podia enveredar por caminhos — o saber médico, a cartografia, a escrita — na aparência mais indolores e infinitamente mais sutis do que a demolição dos santuários.

Todavia, a pressão colonial também se manifestou, de modo mais brutal e generalizado, na integração forçada da mão-de-obra indígena ao mercado, à mina, à oficina, submetendo-a a novos ritmos e relações de produção, mas igualmente a uma concepção do trabalho desvinculada das tradições locais e cosmologias antigas.

No entanto, a distanciação, a descontextualização, o desencantamento e a perda de sentido não eram vivenciados apenas por índios e negros. Os vencedores também passavam por essa experiência, se bem que de modo infinitamente menos dramático e quase sempre menos consciente. Os espanhóis que haviam se habituado a comer milho estavam longe de imaginar a carga cósmica que esse cereal divino tinha para os índios. Se quisessem imaginar, teriam de penetrar no campo das crenças dos índios, tidas como idolátricas. Teriam então aproximado o milho indígena do trigo de Castela, observando que, por uma astúcia do diabo, os dois cereais ocupavam uma função central nos cultos e nas representações. O cacau e o tabaco tiveram destino semelhante. Também se esvaziaram das presenças divinas que os impregnavam. Privilégio reservado à nobreza indígena antes da conquista espanhola, o consumo de ambos oferecia aos homens o meio de manter um intercâmbio com o mundo divino. Na época colonial, tendo passado ao estatuto de simples mercadorias, esses produtos acabaram se tornando o foco de uma sociabilidade profana, e, no caso do chocolate, às vezes feminina. Começou-se a consumi-los imaginando "rituais" requintados que haviam perdido toda a dimensão religiosa para serem apenas sinais de riqueza e *status* social. O prazer dos sentidos e o luxo dos objetos — foram criados serviços de mesa para o chocolate e o tabaco — suplantaram qualquer busca de um além sobre-humano.[42]

O choque da Conquista não conseguiu secularizar a maneira de ver o mundo. Mas foi suficiente para abalar certos hábitos arraigados no tempo, semeando a dúvida, a ambigüidade e a indecisão. Perda de referências e perda de significado modificaram as condições e o conteúdo da comunicação entre indivíduos e grupos repentinamente postos na presença um do outro. Essas perdas resultaram num déficit constante nas trocas que podiam se estabelecer, pois não eram "culturas" se encontrando, mas fragmentos de Europa, América e África. Fragmentos e estilhaços que, em contato uns com outros, não ficavam intactos por muito tempo.

Multiplicando os fenômenos de desorientação e distorção,[43] a Conquista imprimiu à comunicação entre as pessoas um tom, uma dinâmica e constrangimentos muito singulares. Ela é fundamentalmente "caótica", no sentido de que todas as trocas que aí se dão têm um aspecto fragmentado, irregular e intermitente:[44] os interlocutores aparecem e desaparecem, os arranjos da véspera não valem mais no dia seguinte. Todas as etapas da comunicação, desde a emissão até a recepção, são constantemente perturbadas. As interpretações se desenvolvem ao acaso das situações e, volta e meia, fora das normas e dos quadros fixados pelas diferentes tradições. Assim, a maneira como os espanhóis representavam sua conquista — a Nova Espanha — não parou de evoluir em função da origem de seus informantes e do tipo de informação que eles conseguiam captar.

A indeterminação e a confusão impunham-se com mais freqüência do que nossas fontes admitem.[45] O cronista Fernández de Oviedo conta um episódio que opôs, a respeito da questão das imagens, um juiz espanhol, o *licenciado* Zuazo, e índios da Cidade do México. Estabelecido na cidade em 1524, quando Cortés estava em campanha em Honduras, o juiz recebeu um grupo de personalidades indígenas, "quatro homens entre os mais qualificados e os mais sábios destas províncias", que haviam ido se queixar da destruição de seus ídolos. Não sem razão, eles argumentaram que os espanhóis também praticavam a idolatria: "Os cristãos também tinham os mesmos ídolos e as mesmas imagens".[46] A afirmação deixou Zuazo embaraçado, e por meio de intérpretes ele explicou a posição dos cristãos: "Nós não adoramos as imagens pelo que são, mas aqueles que elas representam e que se encontram lá no céu e de quem nos vêm a vida, a morte, o bem e tudo o que nos diz respeito neste mundo". Ao dizer essas palavras, ele pegou uma estampa de são Sebastião pendurada em cima de sua cama e rasgou-a diante dos índios, "dando-lhes inúmeras outras explicações sobre este assunto para desiludi-los e tirá-los de seu paganismo; e ele lhes disse não acreditar que nós adorávamos imagens como o faziam". A reação dos índios não se fez esperar:

> Vendo isso, um deles deu um sorriso para o intérprete e disse que eles não acreditavam que o juiz os considerasse gente tão tola; bem sabiam que eram os *amantecas* — os mestres-artesãos — que fabricavam essas imagens, assim como eles faziam também as deles; e não as adoravam como imagens, mas — assim como os espanhóis — por causa do sol, da lua, dos luminares e das influências que havia no céu e dos quais provinha a vida.

Aparentemente, a réplica era inapelável. O *licenciado* Zuazo "ficou um pouco confuso e pediu interiormente a Deus que lhe desse as palavras para defender sua causa". É provável que o embaraço do juiz não tenha sido um caso excepcional. Por isso, ele foi levado a fazer gestos iconoclastas dos quais poderia se inquietar uma Igreja sempre à espreita de quebradores de imagens.

No final de suas discussões com o juiz, os índios pediram uma imagem da Virgem, "porque não compreendiam muito bem

Deus e sua imagem". Zuazo acatou o pedido, sem desconfiar dos mal-entendidos que o presente podia gerar. Vários índios imaginavam que Deus e a Virgem eram um só: "Dizendo Maria ou santa Maria, estes pensavam que nomeavam Deus, e chamavam de santa Maria todas as imagens que viam". Em outro lugar, Michoacán, os crucifixos é que eram assimilados a Deus. Essa confusão entre a Virgem, as representações cristãs e a divindade distorceram fortemente a recepção das imagens cristãs em terra indígena. Se o relato das conversas entre Zuazo e os índios não nos revela toda a extensão dos mal-entendidos que havia entre a Espanha e seus interlocutores — seus argumentos são traduzidos e interpretados em termos ocidentais —, traduz o tipo de dificuldades criadas pela menor discussão, mesmo "civilizada".[47]

Os percalços da comunicação decorrem da barreira das línguas e da impossibilidade de fazer coincidir palavra por palavra universos conceituais e memórias que tudo separava. Mediremos a amplidão do obstáculo enumerando os esforços lingüísticos feitos pelas populações de língua náuatle para designar conceitos e objetos novos introduzidos pelos invasores.[48] No Brasil, a perplexidade e as explicações embaraçadas resultantes da *santidade* de Jaguaripe — um movimento messiânico de origem indígena que nasceu na região de Salvador —, tanto quanto o modo sumário como os adeptos da seita interpretarem o cristianismo, demonstram uma confusão da mesma ordem.[49] O que não quer dizer que os obstáculos da comunicação tenham sido apenas de ordem conceitual; eles foram amplificados pela brutalidade e pelo desprezo dos europeus, que mais freqüentemente se preocupavam em rebaixar seus interlocutores indígenas do que em valorizar seu patrimônio intelectual.

Tais deficiências de comunicação, que constituirão um fenômeno durável, são indissociáveis das mestiçagens. Se revelam a persistência da onda de choque da Conquista, também prefiguram nossos modos de abordar as realidades plurais que hoje compõem nosso universo. O esforço que fazemos para juntar os fragmentos que nos chegam ininterruptamente de todos os cantos do globo tornou-se um exercício planetário, que na verdade intensifica práticas inauguradas no México do Renascimento. Com a pequena diferença de que, na América do século XVI, essa espécie de *zapping* instaura-se num contexto de conquista, choque e violência física que nunca se deve perder de vista. Para os negros, como para grande parte da população indígena, ter suas próprias referências é questão de sobrevivência, quando não de vida e de morte. Porém, mesmo para os espanhóis, a faculdade de adaptação ao novo ambiente americano representa um trunfo decisivo, por vezes vital: a incapacidade de se enraizar no México recém-conquistado incitou muitos deles a tomar o caminho de outras terras, que imaginavam mais hospitaleiras e mais ricas.

O imperativo de sobrevivência ou de adaptação explica que os grupos mais diretamente implicados na Conquista tenham aprendido, a partir de então, a contar apenas com os saberes locais e parciais. Os vencedores dos mexicas tomaram o poder num país do qual tudo ignoravam. Da mesma forma, o Império espanhol era enigmático para os índios, agora tributários de um poder misterioso emanando de uma parte do universo que, nas palavras dos antigos, só era ocupado pela água primordial. Quem poderia dizer quantos espanhóis, nos primeiros tempos, uma vez satisfeitas suas exigências materiais e religiosas, tentaram adquirir familiaridade real com os mundos indígenas?

Como os prisioneiros de um labirinto, atores ameríndios e

europeus avançam pé ante pé, resolvendo progressivamente as dificuldades e as escolhas que se oferecem a eles. A complexidade, o imbricamento, a imprevisibilidade das situações fazem da sobrevivência, para uns, e da adaptação, para outros, um exercício de miopia.[50] Há que resolver tanto as questões mais vitais como as mais triviais: saber inventar rituais indígenas sem sacrifício humano — visto que agora estão proibidos — e combinar a carne de porco, uma novidade da Europa, com molhos e condimentos indígenas. Desde o alto das pirâmides até o fundo das cozinhas, adaptações, compromissos e mudanças se sucedem. O impensável torna-se moeda corrente e tolerada quando, no início da Conquista, por motivos táticos, os espanhóis aceitam as práticas antropofágicas de seus aliados indígenas, até conseguirem os meios de proibi-las.

Deduzir, inventar, aprender... Embora na exploração dos labirintos só se disponha de uma visão parcial da situação global, a necessidade de avançar obriga a multiplicar as proezas de astúcia e habilidade. E requer uma mobilização constante das capacidades intelectuais e criativas. Indivíduos e grupos devem criar analogias mais ou menos elaboradas, mais ou menos superficiais entre os vestígios, fragmentos e estilhaços que eles conseguem recolher. Cada um é condenado a construir seu palimpsesto pessoal a partir das impressões, imagens e noções que ele captou, dando-lhes significados e valores novos. Na falta de se poderem decodificar de modo linear as informações recebidas de toda parte, obtêm-se saberes ou práticas que, de tanto justaporem de maneira ocasional e aleatória os dados e as impressões assim recolhidos, formam conjuntos jamais fechados em si mesmos.

Isso explica que, mesmo multiplicando os desvios, as incompreensões e as situações aproximativas, a realidade imposta pela Conquista não seja de todo estéril e destruidora. Ela estimula capacidades de invenção e improvisação, exigidas pela sobrevivência num contexto extremamente perturbado, heterogêneo (indo-afro-europeu) e sem precedente. Tal limitação molda nos sobreviventes uma receptividade particular, a flexibilidade na prática social, a mobilidade do olhar e da percepção, a aptidão para combinar os fragmentos mais esparsos.[51]

Partindo daí, compreende-se melhor que a tônica de antropólogos como G. M. Foster tenha sido no período inicial. Os primeiros decênios foram o tempo das decisões rápidas, das escolhas imediatas, individuais e coletivas, conscientes ou inconscientes a respeito de inúmeras questões.[52]

O choque da Conquista obrigou os grupos ali presentes a se adaptarem a universos fragmentados e fraturados, a viverem situações precárias, instáveis e imprevisíveis, a se contentarem com intercâmbios quase sempre rudimentares. Essas características marcaram fortemente as condições em que se desenvolveram as mestiçagens da América espanhola, criando, em todos os sentidos da palavra, um ambiente caótico, sensível à menor perturbação. Mas outro processo também desempenhou um papel igualmente apreciável.

4. Ocidentalização

O universo te batiza,
E a gente se desenraíza.
O mundo simpatiza
E oi, que se movimente
E oi, o Ocidente.
Guesch Patti, *La Marquise*

Se os conquistadores da América espanhola se preocuparam, primeiro, em anexar pelas armas territórios que se estendiam da Flórida à Terra do Fogo, das Pequenas Antilhas às costas do Pacífico, as autoridades civis e eclesiásticas trabalharam obstinadamente, em seguida, para aí implantar os quadros e os modos de vida que a Europa ocidental elaborara no correr dos séculos. Quiseram até transformar em cristãos os "naturais" que povoavam esse novo mundo.

A ocidentalização cobre o conjunto dos meios de dominação introduzidos na América pela Europa do Renascimento: a religião católica, os mecanismos do mercado, o canhão, o livro ou a imagem. Assumiu formas diversas, quase sempre contraditórias, às vezes até em franca rivalidade, já que foi a um só tempo material, política, religiosa — caso da "conquista espiritual" — e artística. Mobilizou instituições, grupos — monges, juristas, conquistadores etc. —, mas também famílias, linhagens e indivíduos. Uma vez na América, uns e outros empenharam-se em edificar réplicas da sociedade que haviam deixado para trás. Em sua versão castelhana, a ocidentalização operou, em vagas sucessivas entre os séculos XVI e XIX, a transferência para o outro lado do Atlântico dos imaginários e das instituições do Velho Mundo. Foi uma empreitada colossal. Sob outras aparências, com outros conteúdos, objetivos e ritmos, a ocidentalização prosseguiu até os dias de hoje, ganhando progressivamente o conjunto do globo.[1]

A RÉPLICA DO VELHO MUNDO

Ao longo de todo o século XVI, a ocidentalização instaurou novas referências materiais, políticas, institucionais e religiosas destinadas a controlar os distúrbios induzidos pela Conquista. A construção sistemática do território e da sociedade colonial realizou-se como uma duplicação. É desse ângulo que convém examinar a reconstituição ou a transferência das linhagens ibéricas para a América, sempre que famílias de conquistadores e suas clientelas se lançavam na conquista do Novo Mundo. É também pensando nisso que se deve analisar o surgimento de uma infraestrutura de tipo europeu, com a construção de cidades, portos, estradas, fortalezas e arsenais; a criação das universidades; as gigantescas campanhas de obras que cobriram de igrejas, catedrais, claustros, capelas e hospitais uma parte do continente americano. Assim nasceram a Nova Espanha (isto é, o México), a Nova

Galícia, a Nova Castela e tantos outros reinos de nome tão familiar, duplicatas evocadoras das províncias da península.

A reprodução das instituições européias teceu redes que se estenderam depressa ao conjunto das possessões espanholas. Como na Castela longínqua, as cidades foram comandadas por poderosas municipalidades, os *cabildos*. Bispados e arcebispados multiplicaram-se ao ritmo da expansão da jovem cristandade. O crescimento das instituições hispânicas ocorreu na medida da imensidão americana. Nada parecia ser capaz de freá-lo, nem mesmo o imenso oceano Pacífico, já que os espanhóis fizeram a descoberta e a conquista do arquipélago das Filipinas, esforçando-se para transformar Manila numa cidade castelhana da Ásia, e depois se interessaram por Nagasaki, em prelúdio à conquista — na verdade jamais encetada — do Japão e da China.

Essa extensão irresistível foi acompanhada de uma política de uniformização da língua e da lei. Da Flórida ao Chile, o castelhano foi o instrumento da administração, a língua dos vencedores, dos mestiços, negros e mulatos, e também a das elites indígenas. Na introdução de *Política indiana*, o legista Solorzano y Pereyra exalta esse "império que reúne tantos reis, tão variadas, ricas e poderosas províncias, a monarquia mais extensa que se viu no mundo, pois contém verdadeiramente um outro mundo".[2] Decretos destinados a uma região da América eram aplicados em todo o império. As famosas "leis das Índias", compiladas a partir do século XVII, foram fruto da transplantação das leis de Castela para um continente e dois hemisférios. Das Califórnias a Buenos Aires, o direito castelhano — ou melhor, o direito castelhano nas Índias (*Derecho indiano*) — regia a vida cotidiana, definia as relações do indivíduo e do grupo com o Estado, impunha a noção de propriedade privada e legitimava o lucro. O jesuíta José de Acosta resumia essa uniformização do direito da seguinte maneira:

> A multidão de índios e espanhóis forma uma só e mesma comunidade política, e não duas entidades distintas uma da outra; todos têm o mesmo rei e são sujeitos às mesmas leis, um único tribunal os julga, e não há direito diferente para uns e para outros, mas o mesmo para todos.[3]

A América espanhola era uma réplica da Castela real ou ideal, da Europa imperial e romana, como lembra o título de César que Carlos V recebia na correspondência vinda do Novo Mundo. A bem da verdade, essa América inovava, pois não precisava levar em conta, como na Europa, os obstáculos herdados do passado medieval, e adaptava-se livremente ao que subsistia dos substratos indígenas. Criava cidades com um traçado de tabuleiro de xadrez, das quais a mais bela realização foi a cidade imperial de México-Tenochtitlán. Cruzadas por ruas regulares formando um ângulo reto, cidades e vilas ofereciam uma fôrma de ordem perfeita, em que a sociedade colonial teria apenas de se encaixar. Por toda parte, nos centros das cidades erguiam-se os símbolos da supremacia dos vencedores: a igreja, a sede da prefeitura e do representante do rei, a fonte na praça principal. Criadas inteiramente do nada, cidades como Puebla, no México, e Lima, no Peru, prefiguraram as fundações mais recentes do continente americano: foram as "Brasílias" do Renascimento. Essa política urbanística materializava a vontade imperial de inscrever na paisagem americana o triunfo do poder e da fé.

Iriam os espanhóis se contentar em erguer um cenário europeizado, destinado a reproduzir na América a Castela medieval e renascentista, burocrática e conquistadora? A réplica do Velho Mundo não excluía a população indígena. Melhor ainda, não podia dispensá-la. Juridicamente, os vencidos constituíam um dos dois corpos e dos dois pilares da sociedade colonial: a "república dos índios" diante daquela dos espanhóis. Institucionalmente eles formavam comunidades inspiradas do modelo castelhano.

A um só tempo, a Coroa espanhola separava e juntava: cristalizava as sociedades vencidas numa posição de alteridade, mas esta era um decalque do universo hispânico. Por toda parte as elites indígenas serviram de intermediárias forçadas — e muitas vezes interessadas — entre europeus e massas ameríndias. Estas forneceram os contingentes de mão-de-obra necessários aos inúmeros canteiros de obras que se abriram na América Central, nos Andes e no México. Foram elas que produziram os víveres exigidos pelos vencedores, fabricaram inteiramente um novo quadro de vida para eles e arrancaram ouro e prata das entranhas da terra. Atraídas pelo ganho ou pela novidade, mas no mais das vezes submetidas e laçadas em armadilhas, as populações autóctones confrontaram-se com outros modos de trabalhar, ao mesmo tempo que se projetavam numa nova economia mercantil que ligava seus destinos à economia européia.

UMA OUTRA CRISTANDADE

"Os naturais eram o motor e o objetivo de todos os projetos empreendidos pelas ordens mendicantes."[4] Trabalhadores, escravos de direito ou de fato, criados, consumidores ou colaboradores, os índios não só tiveram seu lugar nos reinos do Novo Mundo como despertaram o interesse apaixonado e prioritário do círculo dos recém-chegados mais preparados intelectualmente: a Igreja dos missionários. A integração dos índios à sociedade colonial dependia de uma condição imperativa: os derrotados tinham de abjurar suas crenças. Todos eram considerados "idólatras", fossem vítimas do diabo ou os esquecidos da Revelação. Por conseguinte, todos foram forçados à conversão, como haviam sido os mouros de Granada.

A cristianização dos índios da América repetiu a dos mouriscos.[5] Mas também procurou reproduzir a cristandade primitiva, apresentando-se como uma nova versão do Velho Testamento, em sua luta contra a idolatria, ou da Tebaida egípcia, em sua busca de ascetas e novos desertos. Um funcionário da Coroa espanhola, grande leitor de Luciano e do humanista Thomas More, e futuro bispo de Michoacán, afirma que via "nesta Igreja do Novo Mundo, primitiva, nova e renascendo, a sombra e a forma da primitiva Igreja de nosso mundo, no tempo dos santos apóstolos".[6]

Mas a conversão seria apenas uma questão de salvação? Para o europeu do Renascimento, religião e política misturavam-se inextricavelmente. A integração política dos povos indígenas exigia sua cristianização, pois a fé era o único denominador comum dos súditos de Carlos V, que incluíam tanto os flamengos de Gand como os mouros de Granada e os bascos de Bilbao. Aliás, o cristianismo do Renascimento era mais um modo de vida do que um conjunto bem definido de crenças e rituais: englobava a educação, a moral, a arte, a sexualidade, as práticas alimentares, as relações de casamentos, ritmava a passagem do tempo e os momentos fundamentais da vida. Por todas essas razões, a cristianização foi um elo essencial da ocidentalização do Novo Mundo.

Os instrumentos da conversão revelam a diversidade das estratégias desenvolvidas pelos monges para submeter os vencidos à sua lei e torná-los cristãos. Se o urbanismo à européia já significava uma ruptura física e uma substituição — legíveis para as populações indígenas —, a igreja, por si só, já materializava esse programa. A construção nova visualizava uma supremacia espiritual e técnica, que casava com as formas da arquitetura européia. Reproduzida em centenas de exemplares, nos Andes e mais ainda no México, a abóbada era motivo de estupefação e fascínio para os índios, que ignoravam tudo desse processo de construção. Tal técnica audaciosa contribuiu para comprovar o advento de um novo império, simbolizando espetacularmente a ordem terrestre e celeste que a Igreja reivindicava para si.[7] A proliferação dos conventos-fortalezas, com muralhas de ameias, deu um aspecto francamente militar a essa presença, sem que hoje se saiba ao certo contra qual inimigo — índios ou espanhóis? — os franciscanos procuravam se proteger.[8]

"Casca protetora da nave e do claustro, prodígio da abóbada, majestade do pórtico, quadriculado das ruas que se cruzavam por uma praça dominada pela casa de Deus (ou *teocalli*) dos cristãos":[9] administradores e promotores da conquista espiritual obstinavam-se em balizar o território americano com novas referências que os índios tinham permanentemente diante dos olhos.

Mas o cenário e a réplica estilizados de um modelo europeu só teriam pleno sentido se as populações recebessem a formação cristã capaz de extirpar as raízes da idolatria. A chegada dos primeiros franciscanos ao solo do México foi o lance inicial de uma empreitada de educação fortemente inspirada no humanismo da primeira metade do século XVI. Multiplicaram-se as escolas nos mosteiros; os filhos da nobreza indígena aprenderam a ler e escrever; os melhores tiveram o privilégio de se formar na Cidade do México, no colégio de Santa Cruz de Tlatelolco, onde se familiarizaram com o latim, a tipografia e os grandes clássicos da Antiguidade. O humanismo de filiação erasmiana e nutrido das idéias de Thomas More presidiu à formação de uma *intelligentsia* indígena que quase chegou a ser admitida no sacerdócio e ajudou com eficácia a salvar parte dos saberes pré-hispânicos. Aliás, essa ocidentalização de alto nível, calcada num modelo do Renascimento, despertou a preocupação dos leigos espanhóis, descontentes de verem chefes índios dominando a escrita, tão bem e talvez melhor que eles.

À conquista dos espíritos acrescentou-se a conquista dos corpos, destinada a submeter a família, o casamento e os hábitos mais íntimos às normas universais da Igreja. Desde fins dos anos 1520, a difusão maciça do casamento cristão pareceu o meio mais eficaz de se obter uma cristianização profunda e rápida da população indígena. Durante os decênios posteriores à Conquista, e sem esperar pelo Concílio de Trento, os monges definiram e adaptaram o sistema de valores, ritos e comportamentos que devia reger o casamento e a vida conjugal dos derrotados. Código único e uniforme, válido em todos os lugares, fossem quais fossem o grupo de origem e o estatuto social, baseado na tradição e no direito escritos, a monogamia cristã participava, em todos os sentidos da palavra, da replicação das formas de vida ocidentais. Por último, o controle das almas também passava pelo da carne e dos prazeres mais secretos, como revelam os manuais de confissão escritos em língua indígena.[10]

A CÓPIA INDÍGENA: PRODUÇÃO E REPRODUÇÃO

Reproduzir o Ocidente era também reproduzir suas técnicas.[11] Tal projeto acompanhou desde sempre os progressos da evangelização, pois a cristianização concebida nos moldes do Renascimento supunha importar um modo de vida ocidental. Assim, as exigências do clero e as necessidades dos conquistadores implicavam uma transferência de técnicas para a população indígena. As condições dessa transferência e dessa aprendizagem distinguem-se pela parte crescente da iniciativa indígena e pela qualidade da cópia indígena.[12]

O ritmo da adaptação surpreende tanto quanto seus aspectos voluntaristas, já que os artesãos indígenas mais expostos às pressões dos invasores se apropriaram, sempre que tiveram a possibilidade, das técnicas européias, e muitas vezes superaram em habilidade os mestres espanhóis. Os índios não apenas tentaram reproduzir por todos os meios as artes do Velho Mundo, como queimaram etapas. Foi o que ocorreu com o aprendizado para a preparação do ouro usado em trabalhos de douração. Em vez de passarem oito anos aprendendo — era o tempo que um mestre espanhol considerava necessário —, os índios "observaram todos os detalhes do ofício, contaram as marteladas, olharam onde o mestre batia, como ele virava e revirava o molde, e antes de um ano produziram ouro batido; e para conseguir isso pegaram um pequeno livro do mestre, sem que este percebesse".[13] A espionagem dos menores gestos,[14] a decomposição meticulosa das etapas de fabricação e sua memorização, e até a utilização de um livro de magia, tudo servia para descobrir o segredo dos espanhóis.[15]

O uso do tear de Castela também teve um êxito fulgurante. Os índios copiavam roupas, móveis e até instrumentos musicais, que depois fabricavam em série:

> Eles fizeram *vihuelas* e harpas [...]. Fizeram flautas que soam afinadas, com todas as vozes exigidas para a missa e o canto polifônico. Também fabricaram flautas e fundiram trombones de vara de qualidade.[16]

Bartolomeu de las Casas ficou perplexo com a qualidade dos instrumentos musicais que saíam das mãos dos índios.[17]

No entanto, havia inúmeros obstáculos. A fabricação dos primeiros órgãos — instrumento sem equivalente na sociedade indígena e para o qual os índios tinham criado em náuatle um neologismo complicado[18] — esbarrou em muitas dificuldades. Neste caso, a cópia foi precedida pela invenção de substitutos:

"No lugar de órgãos, eles organizam um concerto de flautas cuja música parece a dos órgãos de madeira, de tão numerosas são essas flautas".[19] Em outros casos, os índios praticaram a bricolagem e a reutilização: "De um candelabro eles fazem um trombone de vara".[20] A fabricação de instrumentos musicais e a difusão rápida da música ocidental — "a música tomou pé neste país" — propiciaram a ocasião para se fazer uma avaliação global das capacidades miméticas dos índios: "Essas pessoas são como macacos, o que umas fazem as outras copiam logo". A figura do macaco designa na retórica medieval a capacidade de imitação.

Os índios deram provas do mesmo talento reprodutor em matéria de construção e arquitetura:

> Desde a chegada dos talhadores de pedra da Espanha, os índios fabricam tudo o que viram nossos operários fazer, tanto arcos [...] como pórticos e janelas, que exigem muito trabalho; realizam todos os ornamentos com as figuras grotescas e os monstros que eles viram, assim como belas igrejas e casas para os espanhóis.

Uma historinha divertida ilustra a extensão e até os excessos do mimetismo indígena. Um artesão índio encontrou um espanhol usando o boné pontudo, o *sambenito*, dos condenados pela Inquisição. Intrigado com que imaginou ser uma roupa usada durante a quaresma, logo começou a fabricar *sambenitos* e a vendê-los nas ruas gritando: "¿Ticohuaznequi benito?" ("Quer comprar um *benito*?"). Os moradores da cidade acharam graça na história, que inspirou até mesmo um ditado. Era tal o frenesi de copiar que às vezes levava os produtores indígenas a fabricar qualquer coisa.[21]

Essa pequena história levanta outra questão: a da relação dos índios com o mercado colonial. Sua extraordinária capacidade mimética era mais que uma demonstração gratuita de virtuosismo ou de engenhosidade inesgotável.[22] A fabricação de objetos de estilo europeu respondia à demanda de uma clientela, indígena ou espanhola, ávida por conseguir esses produtos pelo menor preço. A cópia indígena teve repercussões imediatas na concorrência a que se lançavam artesãos espanhóis e índios. Permitiu aos nativos quebrar o monopólio dos artesãos espanhóis, oferecendo mercadorias de qualidade aos consumidores da cidade e do campo. Aqui, mimetismo e acesso ao mercado parecem andar juntos.

O mimetismo teve efeitos ambivalentes. Precipitou a inserção dos índios no universo econômico e técnico de origem ocidental. Entretanto, ao mesmo tempo que estabeleceu laços de dependência — dos copistas em relação ao modelo, do México indígena em relação à península Ibérica —, deixou o campo livre para os trabalhadores indígenas. Para os índios mais qualificados abriu-se uma margem de manobra e invenção que eles logo aproveitaram.

Mas tal margem bastava para salvar as crenças e os gestos antigos? A multiplicação das cópias operava-se num quadro desritualizado, que perdera o sentido atribuído pela tradição autóctone ao trabalho dos homens. Esse desencantamento também era explicado pelo lugar crescente que a máquina européia ia ocupando. Se os tecidos de tipo espanhol eram idênticos aos modelos hispânicos é porque eram produzidos em teares de origem peninsular e segundo uma organização protocapitalista da produção. A reprodução acelerada, em escala e em quantidade pré-industrial, resultava da intervenção da máquina européia. Isso era mais verdadeiro ainda para os livros e as gravuras saídos das prensas das gráficas. Mercado, máquina e mimetismo pareciam sócios.

A partir do teatro e da ritualização dramática, a reprodução do imaginário ocidental criou uma nova dimensão para o processo mimético.[23] Os missionários utilizaram o teatro para explicar e difundir o conteúdo da fé cristã. Obras edificantes "representaram", ou seja, mostraram os episódios da história sagrada, das grandes figuras do panteão cristão e da geografia sagrada do Ocidente. Mais uma vez, os índios tiveram nisso uma participação direta. O roteiro do espetáculo era inspirado pelos monges mas realizado pelos próprios índios.[24] Estes fabricavam e montavam os cenários, encarregavam-se da parte musical e cantada, representavam todos os personagens e, com freqüência, interpretavam seus próprios papéis. A qualidade e a fidelidade da representação indígena impressionaram os observadores espanhóis. As expressões "imitar" (*contrahacer*) e "de aparência natural" (*al natural*) se repetem em seus textos para elogiar a perfeição de realizações que se aproximavam tanto do modelo proposto que acabavam se confundindo com ele. Para o dominicano Bartolomeu de las Casas, "são anjos ou monstros entre os homens".[25] Dessa vez, a habilidade mimética deixa de lembrar a imagem caricatural do macaco e sua animalidade, e convoca o exemplo de criaturas — anjos ou monstros — cujas capacidades superavam as do ser humano.

O mimetismo também operava no culto católico. Motolinía conta como ficou admirado e achou graça em visita a uma aldeia. Antes de sua chegada, os índios haviam convocado os fiéis para a missa, recitado o catecismo e dito as orações; e até tocaram os sinos como se fosse o momento do ofertório e da consagração, "e isso se pratica há mais de seis anos". Que o zelo dos recém-convertidos possa causar boas surpresas à Igreja não parece esfriar o entusiasmo do franciscano.[26] Essa surpreendente disposição se explica pela formação que os índios haviam recebido nos conventos franciscanos. À leitura e à escrita tinham se somado a música, o desenho, a caligrafia e a pintura. Os jovens índios aprendiam a reproduzir a imagem européia ao mesmo tempo que penetravam em outro universo de comunicação gráfica e sonora.[27]

É importante que o aprendizado da escrita, da música e do desenho tenha sido feito simultaneamente. "Muitas crianças de onze ou doze anos, que sabem ler e escrever, entoam o cantochão e o canto gregoriano e podem até anotar os cantos, sozinhas." Na verdade, os três modos ocidentais de expressão baseiam-se no mesmo princípio: sinais alfabéticos, notas e "imagens", encarregados de reproduzir a palavra, o som ou a visão. A cada vez os alunos índios eram confrontados com concepções e técnicas inéditas para eles.[28] É provável que a coerência do sistema europeu tenha facilitado a tarefa dos monges professores. Seus discípulos mexicanos podiam se dar conta de que a arrumação das figuras num espaço de três dimensões obedecia aos mesmos princípios de ordem seguidos pela composição escrita ou pela distribuição dos sons numa harmonia hispano-flamenga.[29]

COPIAR OU INTERPRETAR

O envolvimento direto dos índios nas representações teatrais explica a eficácia do espetáculo e seu impacto no público, que por sua vez era convidado a participar da ação. Mas a intervenção indígena marca também os limites e as ambigüidades do mimetismo cênico. Embora os monges não tivessem consciência, a representação indígena tendia a se desviar do modelo hispânico original, pois estava sujeita ao enfoque indígena da interpretação e do palco. Ator e personagem confundiam-se no espírito dos índios, que durante séculos tinham atribuído a mesma denominação — *ixiptla* — à vítima do sacrifício, ao deus que ela encarnava e ao sacerdote que usava seu nome. O mimetismo imposto pelo Ocidente prestava-se, assim, a desvios que prosperavam sob as aparências enganosas da cópia fiel. Resultado paradoxal, mas típico de inúmeras situações em que se confrontam ocidentalização e reações indígenas.

Na verdade, desde os primeiros tempos a noção de cópia revelou-se extremamente elástica, variando da reprodução exata e da cópia fiel à interpretação inventiva. No plano técnico o aprendizado da escrita começou pela realização de cópias tão perfeitas que a distância entre original e réplica era imperceptível. É significativo que o primeiro exercício de escrita tenha sido o de mandar um índio de Texcoco copiar uma bula pontifical. O resultado pareceu de um realismo impressionante, "a cópia era tão fiel". Os discípulos indígenas também eram excelentes em caligrafia: "Eles imitam tão bem [as letras] que ninguém consegue ver a diferença entre a amostra e a cópia que fazem dela". Las Casas conta que um monge franciscano mostrou-lhe um livro escrito por um índio e que, por instantes, ele pensou se tratar de uma obra impressa, de tal forma a qualidade da tipografia aproximava o trabalho manuscrito de uma obra saída das prensas ocidentais.[30] Las Casas cita ainda o exemplo de uma carta que lhe fora enviada pelos índios da Cidade do México e que ele pôs diante dos olhos do Conselho das Índias. Os conselheiros ficaram perplexos, incapazes de determinar se se tratava de um texto impresso ou escrito à mão. Os índios haviam se tornado mestres calígrafos, rivalizando com o trabalho da máquina (no caso, a prensa para imprimir). Raramente um mimetismo terá sido tão perfeito.

Em matéria de pintura, a constatação também é inequívoca. Desde os anos 1540, os pintores *tlacuilos* tornaram-se excelentes copistas segundo as normas européias:

> Desde a chegada dos cristãos, apareceram grandes pintores; desde que chegaram os modelos e as imagens de Flandres e da Itália, que os espanhóis trouxeram [...], não há retábulo nem imagem, por mais notável que seja, que eles não consigam copiar e imitar, em especial os pintores da Cidade do México, pois é aí que chega tudo o que vem de bom de Castela.[31]

Bartolomeu de las Casas, pelo visto inspirado por Motolinía, também faz elogios. Os "progressos" são particularmente notórios em matéria de representação humana e animal.[32] Na sua "história verdadeira" da conquista do México, Bernal Díaz del Castillo, que em geral é implacável com os índios, desdobra-se em elogios ao talento dos pintores mexicanos.[33]

Entretanto, evitemos imaginar a cópia antiga a partir do nosso emprego da fotografia, do scanner e da fotocopiadora, pois estamos muito acostumados à exatidão da reprodução mecânica. No século XVI, o único campo, em princípio, em que a cópia podia ser tecnicamente perfeita, o único registro em que era praticamente um puro produto da intervenção da máquina, era o da gravura e da impressão gráfica. Em todos os outros casos, com exceção dos dogmas, a concepção européia da reprodução deixava um campo considerável à interpretação. Em especial no registro artístico. Mesmo se o modelo europeu continuava a ser, por essência, a manifestação da superioridade dos vencedores, o direito à invenção na cópia era reconhecido aos índios. Las Casas se refere explicitamente a isso quando louva "as maneiras tão sofisticadas e tão novas que eles inventam", e acrescenta: "Tudo lhes oferece matéria para ornar e aperfeiçoar as peças que pretendem representar".[34]

A pintura européia procurava antes de tudo evocar um tema com a ajuda de uma gama restrita de elementos absolutamente indispensáveis, sempre tirados de um repertório conhecido da grande maioria das pessoas.[35] A margem deixada ao artista coincidiu com o despreparo dos pintores mexicanos. Estes não possuíam nenhuma noção de história da pintura européia nem de evolução dos estilos, e as formas que se aplicavam em reproduzir eram novas demais para que se sentissem interiormente tolhidos. O desconhecimento e a distância foram, ao mesmo tempo, um *handicap* técnico e uma fonte de relativa liberdade.[36]

CAOS, OCIDENTALIZAÇÃO E MESTIÇAGENS

Processos semelhantes ocorreram nos Andes, embora com defasagens decorrentes das guerras civis e das variações ligadas às particularidades das ordens religiosas e das populações subjugadas.[37] No hemisfério norte como no hemisfério sul, a cristalização da situação colonial deu-se no quadro de um vasto empreendimento de reprodução — a ocidentalização — que primeiro tomou a forma de um enxerto brutal dos modos de vida europeus, e em seguida se renovou, no correr do tempo, pois as transformações sucessivas que ocorriam na Europa ocidental foram repercutidas e adaptadas na América espanhola.

As dinâmicas[38] miméticas da ocidentalização, que se manifestaram em ambientes conturbados, imprevisíveis e incertos, progressivamente canalizaram as desordens da Conquista. Multiplicaram efeitos de convergência, equilíbrio e inércia, que por sua vez produziram novas formas de vida e expressão. Traços de todas as origens — institucionais, religiosos, artísticos, jurídicos ou econômicos — aglutinaram-se, então, para formar pólos estabilizadores. É o caso do culto às imagens marianas; primeiramente a da Virgem de Guadalupe,[39] que ocupou lugar de destaque na sociedade colonial.[40]

Se, no caso da América espanhola, a ocidentalização aparece como uma empreitada de duplicação das instituições do Velho Mundo, de reprodução das coisas do Ocidente e de representação dos imaginários europeus, isso também é verdade no caso da Nova França, da Nova Holanda ou da Nova Inglaterra. Mas, ao contrário das experiências inglesa, holandesa e até francesa, a conquista espanhola fez do índio um dos protagonistas da reprodução. Para o bem e para o mal: "Quem edificou todas as igrejas e os mosteiros que os monges possuem na Nova Espanha, senão os índios com suas próprias mãos e seu próprio suor?".[41] Essa diferença fundamental — fora da América castelhana, o índio terminou sendo inelutavelmente marginalizado, excluído ou exterminado — explica que o mimetismo possa se tornar automaticamente fonte de invenções ou de mestiçagens. Como a reprodução na versão indígena sempre se desdobra numa interpretação, ela desencadeia uma avalanche de combinações, justaposições, amálgamas, interpenetrações, em que se produzem os fogos cruzados do mimetismo e das mestiçagens.

Por certo, a ocidentalização esbarrou em resistências que tomaram diversas formas, desde a rebelião aberta até todo tipo de hostilidade larvar. Os "idólatras" recusavam o cristianismo.[42] Os índios que fugiam das "congregações", esses ajuntamentos forçados de populações, os que escapavam para as florestas do Petén[43] ou que simplesmente sabotavam o trabalho nas minas, expressaram sua rejeição aos modos de vida que a Coroa e a Igreja pretendiam lhes impor. Mas tais atitudes jamais questionam de fato a dominação espanhola, salvo em suas fronteiras. E, sobretudo, sempre coexistem com outras formas de reações diretamente induzidas pela ocidentalização e que aproveitam a margem de manobra, por menor que seja, deixada às populações vencidas pela cristianização ou pela introdução de técnicas européias.

Portanto, é neste contexto global — caos da América invadida, nos primeiros tempos da Conquista, ocidentalização imposta em escala continental, mimetismo exercido pelos próprios índios — que convém analisar as mestiçagens da América hispânica. Estudadas no triplo contexto da Conquista, da ocidentalização e do mimetismo, as mestiçagens aparecem primeiro como reação de sobrevivência a uma situação instável, imprevista e amplamente imprevisível. A esse título, correspondem bastante ao estado de fragmentação. Mas essas "bricolagens" são também efeito da ocidentalização quando resultam da replicação e da apropriação, pelos índios, de elementos europeus.

Assim, há que se imaginar as mestiçagens americanas a um só tempo como um esforço de recomposição de um universo desagregado e como um arranjo local dos novos quadros impostos pelos conquistadores. Os dois movimentos são indissociáveis. Nem um nem outro escapam ao ambiente profundamente perturbado que descrevemos.

SEGUNDA PARTE

As mestiçagens da imagem

O Centauro. *Igreja de Ixmiquilpan, Hidalgo, México* (G. Mermet).

Peter Greenaway. The Pillow Book (*M. Guillaumot/Stills Press*).

Peter Greenaway. Prospero's Books (*M. Guillaumot/Stills Press*).

Painel grotesco. *Escola de Antuérpia, século* XVI *(coleção do autor).*

A crucificação. *Convento de Acolman, México* (*coleção do autor*).

Cristo em majestade. *Mosaicos de plumas, Tepotzotlán, Museu Nacional do Vice-Reinado, México* (*foto INAH*).

O Filho do Homem e os sete candelabros. *Afresco de Juan Gerson, convento de Tecamachalco, México* (G. Mermet)

Borboletas mexicanas. *Bernardino de Sahagún, Códice de Florença* (coleção do autor).

5. O macaco e a centaura

Uma curiosa mistura de elegância, estrangeira e chinesa, de uma beleza ao mesmo tempo impressionante e perturbadora.
Peter Greenaway, *The Pillow Book*

No México do Renascimento as mestiçagens invadiram praticamente todos os campos da vida. Por via de regra, na ausência de fontes ou de método, elas se prestam mal a explorações sistemáticas. A imagem é exceção. Os manuscritos pintados e os afrescos dos conventos formam um fantástico conjunto tão acessível como imenso (as áreas pintadas se estendem por quase 300 mil metros quadrados). Com freqüência os historiadores de arte os relegaram ao capítulo das curiosidades, como se essas obras desprovidas do prestígio do Renascimento ou do "fascinante mistério" da arte pré-colombiana os constrangessem.[1]

A "DESORDEM DOS ESTILOS"

É possível explicar o impacto da imagem ocidental em terras recém-conquistadas apresentando razões funcionais: desenho, gravura, quadro, afresco ou tela pintada, a imagem respondeu às exigências da luta contra a idolatria e às da evangelização, permitiu minorar o obstáculo das barreiras lingüísticas e conceituais, mobilizou capacidades de assimilação preparadas por séculos de práticas picturais e pictográficas[2] e pouco a pouco tomou o lugar dos antigos códices. As ordens religiosas, em especial a dos franciscanos, deram um impulso decisivo ao que pareceu, desde os primeiros tempos, uma guerra de imagens cristãs contra ídolos indígenas.[3]

A difusão da imagem ocidental coloca-nos na presença de uma das manifestações mais cabais de mimetismo. Ela serviu para reproduzir, no ambiente conquistado, elementos essenciais do cenário visual e dos imaginários europeus. Também muito cedo, a imagem vinda da Europa suscitou cópias cuja execução foi entregue a *tlacuilos* índios, originários de outras tradições. Esses artistas mexicanos descobriram formas novas que saíam de moldes surpreendentemente variados, pois a arte européia difundida na América era um amálgama de maneiras e estilos espanhol e flamengo, italiano e germânico, medieval e renascentista. Os artistas indígenas observaram, copiaram e reinterpretaram múltiplos modelos, com ainda mais liberdade de ação na medida em que, ao contrário de seus colegas europeus, escapavam à pressão das tradições, das escolas ou dos critérios estilísticos do Velho Mundo. Donde a profusão de achados e estilos, que constituem a manifestação mais brilhante do Renascimento indígena no México.[4]

Mas a arte surgida de suas mãos seria apenas uma "infinita desordem de estilos", misturando sem pudor o românico ao gótico, o renascente ao hispano-mourisco, o ameríndio ao ibérico e ao flamengo? Ou, ao contrário, expressaria sofisticadas alianças inventadas para se apropriar de formas dissociadas de seu ambiente histórico, tão invasoras e desenraizadas como as pessoas que se instalaram na América? Como se operou a mistura, e com que fins?

Antes de procurar responder às perguntas, um desvio pela criação cinematográfica nos ajudará a entender a extensão do fenômeno, pois os cineastas são os criadores de imagens que, provavelmente, têm tanto a nos ensinar quanto a história da arte ou a história cultural.

THE PILLOW BOOK

As imagens do filme de Peter Greenaway criam um universo em que se entrelaçam épocas e civilizações. Não é a primeira vez que o cineasta inglês joga com as referências históricas, mas até aqui elas pertenciam, majoritariamente, ao campo europeu. O ponto de partida de *The Pillow Book* é asiático. No caso, um clássico japonês do gênero Sôshi, ou "escritos íntimos", muito popular no século X. Do livro de cabeceira de Sei Shônagon, Greenaway extrai uma série de textos e imagens que acompanham o desenrolar da intriga:

> Nos anos 70, em Kioto, um calígrafo comemora o aniversário de sua filha Nagiko, escrevendo delicadamente seus votos no rosto e assinando a mensagem na nuca da menina. Tornando-se mulher, Nagiko sai em busca do amante-calígrafo ideal, que usará todo o seu corpo em vez e no lugar do papel. Seu encontro com um jovem intérprete permite-lhe inverter os papéis, ter acesso à escrita e realizar sua ambição literária, tornando-se, por sua vez, escrito-

ra-calígrafa nos corpos masculinos. Por meio de treze livros, a paixão fatal de Nagiko desenrola-se nos corpos pintados.[5]

As imagens do cineasta compõem marchetarias "de uma beleza impressionante e, ao mesmo tempo, perturbadora": cenas da corte japonesa no século X, reproduzidas do cinema japonês dos anos 50, desfile de moda contemporâneo numa Hong Kong de fim de século. As seqüências são incrustadas, telas sobre a tela, e dialogam com a cena principal, criando um desenrolar tão homogêneo que o olhar do espectador já não consegue dispensar essa segunda visão. Textos e imagens interpenetram-se de modo físico: o texto pintado no rosto ou traçado no corpo humano torna-se livro animado; ou, como luz num campo de sombras, ele se projeta nas paredes que cercam os personagens. Sendo simultaneamente textos e imagens, os corpos se transformam em verdadeiros ideogramas vivos. As sexualidades se cruzam,[6] as músicas do mundo se sucedem. Melodias chinesas ocidentalizadas acompanham um rock japonês; os estranhos minuetos de Guesch Patti se casam com músicas rituais tibetanas que, por sua vez, fazem eco a um canto de casamento afegão e a músicas contemporâneas. Mistura das massas: "O público é um misto de chineses, japoneses e europeus".[7]

Tais variações contínuas sobre o Oriente e o Ocidente contrastam com o olhar que, em geral, a Europa lança sobre a Ásia. Em *Tokio Ga*, Wim Wenders contentava-se em interrogar, como visitante e europeu, a imagem do Japão. Filmes de ocidentais sobre a Ásia exploraram por muito tempo, despudoradamente, os clichês do exotismo oriental,[8] enquanto a cinematografia japonesa produzia visões ocidentalizadas o suficiente para serem conhecidas e apreciadas nas salas do Ocidente. As obras de Kurosawa oferecem alguns exemplos disso. Mais recentemente, diretores chineses seguiram seus passos, jogando com uma estetização da imagem destinada a seduzir Hollywood.

Mas, entre a produção de clichês exóticos e a ocidentalização da tradição local, surgiram novas opções. A circulação acelerada das formas gera linguagens heterogêneas, imaginários comuns feitos de sons e imagens saídos dos universos mais díspares.[9] Isso esmaece as referências habituais. *The Pillow Book* filma um mundo — o Japão, Hong Kong — onde o enfrentamento Oriente/Ocidente transformou-se radicalmente, onde as noções de exotismo, centro, periferia e modernidade perderam sua nitidez outrora tão tranqüilizadora. A câmera trata das relações entre Oriente e Ocidente sem mais se preocupar com a questão do Outro; ela explora a mistura dos mundos que Greenaway declina em todas as formas. É seu modo de descrever — filmando-a — e pensar — provocando-a — uma mestiçagem em geral muito difícil de se apreender. O resultado é desconcertante. Mas não seria justamente essa a marca da mestiçagem? *The Pillow Book* é um filme ocidental à japonesa ou um pastiche parodístico? Greenaway tenta exotizar o Japão ou deixou-se absorver pela Ásia? A visão sob influência é japonesa ou inglesa? A mestiçagem não nos autoriza respostas definitivas. Se Greenaway tira suas imagens do mais profundo — século X — de uma sociedade não ocidental, sua relação com o passado japonês nada tem de arqueológico: ele se apresenta, logo de saída, na forma de uma apropriação e de uma recriação.

Para conseguir isso, Greenaway recorre a múltiplos meios. Seleciona e combina três telas diferentes: um formato cinemascope, em cores, relatando a vida de Nagiko em Tóquio — a câmera é posta no chão, como nos filmes de Ozu; uma tela de dimensões menores, que conta em preto e branco o início e o fim dessa japonesa; e, por último, janelas de pequenas dimensões e cores sofisticadas. As imagens incrustadas ilustram as citações tiradas de *Anotações de cabeceira*, de Sei Shônagon, tal qual miniaturas animadas que tivessem saído de uma época muito distante. Em vez de se fundirem na imagem principal, esses quadros preciosos coexistem com a imagem, e a associação que aí se forma cria uma série de efeitos visuais que transfiguram a intriga. A justaposição das épocas esclarece e legitima os projetos de Nagiko, enquanto as cores sofisticadas do passado realçam ou corrigem o cinzento da modernidade.

De outro modo, mas com o mesmo objetivo, Greenaway apodera-se dos recursos da caligrafia para criar um universo visual que não pára de se renovar, ao ritmo das línguas e dos alfabetos.[10] As escritas e as línguas — estas são quase vinte — se entrelaçam. A caligrafia abandona sua dimensão puramente decorativa para dar corpo ao espaço em que os personagens transitam. A distorção do ornamental abre a tela a empréstimos de todo tipo, que inscrevem no corpo dos atores os caracteres da antiga Roma, os ideogramas da China, os saberes da Índia e do Islã. A relação singular que Greenaway estabelece entre texto e imagem torna-se, assim, a trama de mestiçagens planetárias cujos componentes jamais perdem sua singularidade.

The Pillow Book não nos dará a chave para as imagens mestiças do México do Renascimento. Mas, como *Europa*, a obra sensibiliza nosso olhar para fenômenos, processos e mecanismos — captura, apropriação, imbricação, sintonização — que, em geral, nos escapam.

O MACACO, A FLOR E A CENTAURA

A "Casa do decano" — ou *Casa del Deán* — é o edifício mais antigo da cidade mexicana de Puebla, bastante rica em lembranças da época colonial. Como seu nome indica, a casa pertenceu a um eclesiástico, Tomás de la Plaza, que foi, de 1564 a 1589, o terceiro decano da igreja de Puebla. Sabe-se muito pouco sobre esse personagem, que teve o bom gosto de fazer de sua residência uma das maravilhas do Renascimento mexicano.[11]

A visita à suntuosa residência reserva muitas surpresas. Num dos dois salões luxuosos apresentam-se os *Triunfos* de Petrarca.[12] No outro, uma procissão de elegantes amazonas cruza um cenário hispano-flamengo: são as sibilas. Desde a Idade Média, a arte cristã dera uma segunda vida a essas profetisas da Antiguidade, que teriam anunciado a chegada do Messias. Pintores, tapeceiros e também escultores muitas vezes se inspiraram no tema.

O desfile das sibilas se passa entre dois frisos que exibem um cenário vegetal onde brincam criaturas surpreendentes: entre elas, centauras de peito generoso e que oferecem flores a macacos de brincos e cabelo escovinha. Os casais de macacos e centauras animam cenas tão divertidas quanto enigmáticas.

Os macacos não são novos na pintura européia. Desde a Idade Média eles brincam nas margens dos manuscritos, entre malabaristas e camponeses, e os que se divertem nas molduras floridas das *Horas Spinola*[13] ou estão cuidadosamente pintados numa tapeçaria mil-flores do Museu do Louvre são primos, sem tirar nem pôr, de nossos macacos de Puebla. A figura do macaco é repleta de significados simbólicos, e seu exotismo o coloca naturalmente ao lado dos bichos estranhos ou fantásticos. Cerca de vinte anos antes da feitura dos afrescos de Puebla, Pieter Bruegel, o Velho, pintou um pequeno óleo sobre madeira, hoje conservado na Gemäldegalerie de Berlim. Vemos uma arcada sob a qual estão encolhidos dois macacos, um de frente e outro de perfil. Ao fundo, atrás dos animais acorrentados, o rio Escaut e o porto de Antuérpia. Pensou-se que ali haveria uma alegoria simbolizando a escravidão nos Países Baixos na época do domínio espanhol.

Mas os brincos que os macacos de Puebla usam lhes conferem um jeito irresistivelmente mexicano. Esses bichos ocupavam lugar importante no México antigo. Os índios os domesticavam facilmente e se divertiam com a predileção deles pelas senhoras.[14] Os pintores do *Códice de Florença* deixam-nos a imagem de criaturas brincalhonas, de olhar pensativo e divertido, e com uma fácies quase humana.[15] Os macacos também estavam presentes nos mitos e rituais. Os antigos mexicanos acreditavam que uma das primeiras comunidades humanas havia se transformado em macacos depois de um furacão: a lembrança disso se conservara nas crônicas indígenas e mestiças da segunda metade do século XVI.[16]

O macaco também era uma das vinte figuras do calendário divinatório. Com o nome de *ozomatli*, ele correspondia ao signo do décimo primeiro dia.[17] As representações clássicas são enfeitadas com brincos e um corte de cabelo escovinha, tal como seus congêneres de Puebla.[18] Os nauas associavam o macaco *ozomatli* à boa fortuna, à alegria e, na sua acepção negativa, à vida libertina. Os homens nascidos sob esse signo estavam destinados a ser cantores, pintores ou dançarinos, viveriam cercados de numerosos amigos, seriam íntimos dos senhores e dos príncipes; quanto às mulheres, teriam charme, voz e levariam uma vida leviana — "nem muito honesta nem casta".[19] Os azarentos — pois o signo podia ser nefasto — padeceriam de morte prematura.[20]

Os dois outros elementos — a flor e a centaura — também são intrigantes. A centaura provém, visivelmente, da Antiguidade clássica. Resta saber por que caminho chegou à América. Quanto à flor, que vemos desabrochada ou murcha, parece pertencer à flora mexicana: trata-se talvez da *poyomatli* ou *puyomate* — que floresce num arbusto de nome lúgubre, o *Quararibea funebris* — ou, mais provavelmente, da *ololiuhqui* (*Turbina corymbosa*). Essas plantas — o detalhe tem importância — são poderosos alucinógenos.[21] A presença de insetos no afresco viria corroborar a hipótese, já que o mundo ameríndio os utilizava na composição de ungüentos que provocavam visões.

Mas o macaco, a centaura e a flor não estão aqui reunidos arbitrariamente. As atitudes misteriosas da centaura e do macaco formam uma cena repetida diversas vezes, de modo invertido, no friso. Como interpretar o gesto da centaura que inclina a haste para que o macaco possa pegar as flores ou cheirá-las? Por si só, a presença do macaco, figura repleta de reminiscências pagãs, e da flor alucinógena tem tudo para nos surpreender. Como explicar sua aparição nos aposentos de um prelado da Igreja católica, que, ainda por cima, é familiar do Santo Ofício, e numa época em que se afirma por toda parte a ortodoxia tridentina? O peito nu das centauras dá mais um toque de indecência a essa demonstração de superstições indígenas e só faz aumentar nossa perplexidade.[22] Quando Peter Greenaway se apropria de parcelas da tradição japonesa, seus textos e o conjunto de sua obra cinematográfica esclarecem as imagens mestiças que ele filma. Em Puebla, nada se compara a isso. Na ausência de fontes, ignoramos as intenções dos pintores. No máximo, sabemos que os artistas, muito provavelmente, são índios, e que intervieram em meados dos anos 1580. Pertenciam talvez às turmas de pintores de *romanos* (enfeites à romana, ou seja, os grotescos*) que percorriam o centro do México desde meados do século.

OS CENTAUROS DE IXMIQUILPAN

É mais fácil encontrar centauros do que pintores indígenas no campo mexicano, mesmo se para isso tenham de se percorrer

* Figuras fantásticas e caricaturais que imitam os ornamentos descobertos nos séculos XV e XVI nas ruínas — as chamadas *grotte*, "grutas" — de monumentos antigos italianos. (N. T.)

várias centenas de quilômetros. Os afrescos que enfeitam a igreja agostiniana de Ixmiquilpan oferecem alguns belos exemplos.[23] Situado a menos de duzentos quilômetros a noroeste da cidade do México, o vilarejo indígena de Ixmiquilpan[24] — "o lugar onde crescem as *quelites*, ou beldroegas" — é hoje uma cidadezinha de aparência próspera na estrada para o Texas e os Estados Unidos. Sua praça principal fervilha de gente nos dias de mercado, e a agitação das alamedas com toldos contra o sol que cega, onde se misturam o perfume das flores e os eflúvios das *fritangas*, contrasta com o torpor da esplanada que leva à igreja.

Dentro do santuário, quando o olho ofuscado pelo sol do altiplano e pelo azul metálico do céu se acostuma com a penumbra local, descobre-se de cada lado da nave um afresco comprido, de dois metros de altura, que se estende por dois mil metros quadrados. Seu conteúdo é tão surpreendente como o dos frisos de Puebla. Índios guerreiros, nus ou vestidos com peles de onça ou coiote, enfrentam-se, enquanto outros lutam contra centauros no meio de um cenário de animais fantásticos e imensas guirlandas vegetais que enlaçam índios feridos ou agonizantes. Vários combatentes brandem cabeças cortadas. O espetáculo lembra uma demonstração de artes marciais, como mostram os filmes de kung-fu, cujos cartazes estão expostos nas redondezas da praça do mercado. O conjunto é mais surpreendente ainda na medida em que ornamenta o interior de uma igreja católica, onde se celebra o sacrifício da missa há mais de quatro séculos. Em geral, as únicas cabeças cortadas dignas de serem exibidas aos fiéis são as dos mártires da fé.[25]

Elementos europeus e índios formam uma trama estranha, fascinante e inextricável. Atribuiremos ao Renascimento as guirlandas vegetais enfeitadas de acantos, os capitéis carregados de granadas (?), os rostos agressivos, apavorados ou angustiados dos combatentes, os perfis careteiros, grotescos e pontudos, a nudez dos jovens guerreiros exibindo nádegas carnudas, os centauros, os hipogrifos e as criaturas monstruosas de espécie fitomorfa. As poses dos guerreiros vencidos e agonizantes são inspiradas em modelos europeus, tal como a tensão dramática que marca as cenas e os personagens. Curiosamente, a iconografia cristã está mais ou menos ausente do afresco principal, excetuando-se as três flechas brandidas pelo centauro, nas quais se reconhece o emblema da ordem dos agostinianos, fundadores da igreja e do convento.

Em contrapartida, atribuiremos ao mundo ameríndio a ausência de profundidade, a cor uniforme do fundo — que em várias cenas se tornou alaranjada —, a figuração estereotipada dos atores — cabeças representadas de perfil, peito em visão frontal —, o cromatismo e os pigmentos. A cor azul-turquesa ou *xihuitl*, quase sempre degradada pelo tempo, conota a beleza preciosa e sagrada da divindade. Ela realça as guirlandas vegetais, os enfeites de penas e os ornamentos. O rosa da aurora colore as faixas e a base dos grandes penachos de plumas verdes. Glifos de origem pré-hispânica aparecem aqui e ali: volutas significando o canto e a palavra, topônimos assinalando a aldeia de Ixmiquilpan.

O armamento e a roupa dos guerreiros são de origem ameríndia. Nos afrescos de Ixmiquilpan eles lutam com maças, espadas de obsidiana e escudos enfeitados à antiga. Os homens estão nus ou cobertos com peles de onça, coiote e penas de águia. Vários usam tapa-sexo.[26] Os guerreiros exibem faixas tradicionais. O diadema dos senhores, o *copilli*, continua a cobrir a cabeça dos "cavaleiros-tigres". Os pés estão calçados com sandálias indígenas — as *cactli*.

Idêntica filiação ameríndia na gesticulação, que reproduz comportamentos "clássicos": os guerreiros que capturam prisioneiros se assemelham, a ponto de nos confundir, aos que aparecem no *Códice Mendoza*. Todos esses personagens pertencem, obviamente, à aristocracia naua, que dominava a região de Ixmiquilpan antes da chegada dos espanhóis. Após a Conquista, durante as novas festas católicas, esse grupo continuou a cultivar a lembrança de dois corpos de elite famosos por sua coragem e excelência, os "cavaleiros-tigres" e os "cavaleiros-águias".[27]

Outros empréstimos feitos à fauna e à flora do altiplano enraízam esses afrescos na cosmologia indígena. A representação do jaguar e da águia encarna o par da noite e do dia.[28] A grande ave de rapina evoca o sol Tonatiuh, e o pêlo pintado do jaguar representa a escuridão noturna. A flor que prolifera nos afrescos seria a do tabaco, cujos usos rituais eram múltiplos.[29] Acrescentemos a presença da figueira-da-barbaria, evocadora da fundação de México-Tenochtitlán, e a do magüey, do qual se extraía um suco fermentado, o *pulque*, que era a bebida dos homens, dos deuses e das vítimas dos sacrifícios.

Esse inventário sumário valoriza a natureza heterogênea da obra. Mas de tanto separarmos as peças que a constituem, acabamos perdendo de vista a singularidade e a estranheza das combinações. É um centauro, e não um índio guerreiro, que está com os pés calçados de sandálias indígenas. Guerreiros anteriores à Conquista brotam de corolas de flores gigantescas. Por que motivos? As três flechas dos centauros possuem uma particularidade. Em princípio, as que fazem parte do emblema da ordem dos agostinianos estão sempre apontadas para baixo e enfiadas num coração, ao passo que as dos centauros estão dirigidas para cima, como as flechas do deus Tezcatlipoca no *Códice Borgia*.[30] Trata-se de símbolos cristãos ou pagãos? Ou de sinais cristãos cujo significado foi distorcido e indianizado? Ou ainda de elementos perfeitamente ambivalentes? Nossa perplexidade cresce quando se pensa que o coração representado no emblema agostiniano podia ser interpretado como uma referência ao sacrifício humano dos antigos mexicanos.[31] Inúmeros detalhes do afresco associam tão intimamente os dois mundos que atribuir tais detalhes a um ou outro traz o risco de escamotear seu aspecto heterogêneo e polissêmico.

A unidade dos afrescos deve-se essencialmente à sua temática guerreira. A presença das cenas de combate num santuário católico é perturbadora. Sua aparência, explicitamente autóctone, incita-nos a buscar uma primeira explicação no lado mexicano. A conquista espanhola não pôs um termo, do dia para a noite, a todas as manifestações da civilização mexicana. As novas autoridades civis e eclesiásticas permitiram aos índios conservarem algumas de suas danças, contanto que já não tivessem um caráter ostensivamente pagão. Durante as grandes festas católicas, os nobres dançavam enfeitados com suas roupas de "cavaleiros-águias" e "cavaleiros-tigres". Cantavam os feitos militares dos guerreiros mortos em combate e representavam cenas de batalhas.

As festas se passavam na esplanada da igreja, mas podiam prosseguir dentro do santuário, apesar das proibições eclesiásticas. Seu aspecto espetacular e folclórico, *avant la lettre*, não desagradava os espectadores espanhóis, ávidos de novas distrações. Ainda assim, perpetuavam concepções incompatíveis com o cristianismo dos invasores. Os "cavaleiros-tigres" que podiam ser vistos, em meados do século XVI, fazendo evoluções na praça de Tlatelolco, eram os herdeiros de uma elite militar outrora dedicada ao culto do deus Huitzilopochtli. Os religiosos espanhóis não ignoravam que, na época pré-hispânica, as danças deles encenavam lutas cósmicas travadas entre as forças da luz e das trevas.

Nos afrescos de Ixmiquilpan, a vegetação exuberante associada a cenas de guerra evoca inevitavelmente a noção indígena de "guerra florida", uma forma ritual de combate destinada a capturar os prisioneiros que depois seriam sacrificados aos deuses. "Os que tinham feito um cativo não o matavam, contentavam-se em levá-lo como tributo, contentavam-se em transformá-lo em oferenda."[32] É a guerra pré-hispânica por excelência, a mesma que o cristianismo pretende acabar de vez. Os afrescos chegarão ao ponto de representar cenas de sacrifício humano ou de glorificação do deus Tezcatlipoca? É um passo que hesitamos em dar. A busca obsessiva de elementos pré-colombianos pode induzir a sobreinterpretações que acabam empobrecendo a obra, ao esvaziá-la de suas outras dimensões.[33] Mas é bem verdade que os afrescos estão repletos de reminiscências pré-hispânicas que remetem à cosmologia antiga: só o movimento ondulante da imensa guirlanda que atravessa o friso de um lado a outro pode muito bem significar o movimento giratório das forças do cosmo antigo.[34] Diversos detalhes de origem européia podem perfeitamente ser lidos como glifos mexicanos.[35] Logo em seguida à conquista espanhola, o passado pagão, ainda tão presente no espírito dos índios, entrou em concorrência com uma prática nova que vinha do outro lado do Atlântico: a festa dos *Moros y cristianos*. Acostumados havia séculos a lutar contra os muçulmanos, os habitantes da península Ibérica e do Mediterrâneo ocidental tinham imaginado enfrentamentos festivos e rituais que opunham figurantes vestidos de mouros e de cristãos. Esses combates se concluíam invariavelmente pelo esmagamento do Islã e pela conversão ao cristianismo.

No México, os evangelizadores não pararam de inculcar aos novos conversos o ódio aos muçulmanos e o ideal da cruzada. Para lograrem seus objetivos, difundiam onde fosse possível a festa dos *Moros y cristianos*. Desde os anos 1530, representações espetaculares organizadas na Cidade do México e em Tlaxcala impressionaram duradouramente as memórias.[36] Sob o impulso dos monges — e com a colaboração das elites indígenas — surgiram versões mexicanizadas de *Moros y cristianos* que se espalharam pelos campos do México. À dupla ibérica do mouro e do cristão — provavelmente exótica demais para o público autóctone — sucedeu a dupla do índio convertido e do índio selvagem, o "chichimeca". A fé lutava contra a barbárie e sempre vencia, numa vitória inapelável. Acrescentemos, e o detalhe tem sua importância, que a igreja de Ixmiquilpan é consagrada a um dos chefes dos exércitos divinos, o arcanjo são Miguel, representado, como reza a tradição, brandindo uma espada contra o demônio que ele está matando. O tema das guerras da fé associava o santo padroeiro do santuário aos combatentes indígenas que se enfrentavam nos muros da nave.

A mexicanização dos *Moros y cristianos* impôs-se tão facilmente porque se encaixava num molde pré-hispânico e na atualidade.[37] O precedente pré-hispânico dava-lhe uma dimensão cósmica — a do enfrentamento do Sol e das trevas —, ao mesmo tempo que lhe concedia uma dimensão histórica, pois os índios jogavam de novo com o antagonismo secular dos sedentários contra os nômades. A memória indígena estava repleta de migrações de índios que desciam do Norte e de ataques contra grupos sedentários que acabavam sendo despojados de seu poder. Esses nômades usavam o nome temido e prestigioso de chichimecas.

Mas o índio nômade, selvagem e agressivo também era uma figura obsessiva na sociedade colonial do século XVI. A expansão espanhola para o Norte encontrou populações indígenas que lhe opunham uma resistência bem mais feroz que a dos índios do centro do país. Movimentando-se, aproveitando os recursos de um deserto que lhes oferecia refúgio, os bandos preferiam pilhar as mercadorias dos recém-chegados a se submeter ao rei e à Igreja. Essa resistência foi mais preocupante ainda porque, a partir de 1546, a descoberta das ricas minas de prata encorajou a corrida maciça dos espanhóis para o Norte. A segurança dos mineiros e das caravanas de abastecimento era permanentemente ameaçada pelos ataques de índios que conheciam a fundo as regiões desérticas.

Situado na fronteira do mundo chichimeca, Ixmiquilpan vi-

via sob a ameaça das incursões indígenas, num clima obsidional cujos ecos são de imediato perceptíveis nos afrescos. Os pamas, um dos grupos chichimecas mais temidos, rastreavam a região. Ao serem capturados, eram executados ou condenados aos trabalhos forçados nas explorações mineiras dos arredores de Ixmiquilpan.

Nesse contexto conturbado os otomis cristãos corriam, tanto quanto os espanhóis, o risco de ser massacrados. Os chichimecas matavam os homens, escalpelavam as vítimas, destruíam as colheitas e levavam consigo mulheres e crianças. A região parecia tanto mais exposta na medida em que Ixmiquilpan se tornara uma das grandes escalas da rota da prata. Carregamentos de armas, milho, roupas e ferramentas transitavam pela aglomeração antes de pegarem a estrada para Zacatecas e as minas do Norte. Toda essa circulação explica a prosperidade da cidade e a importância da colônia espanhola que ali se fixara.[38]

AS METAMORFOSES DE OVÍDIO

A atualidade local, as novas festas cristãs e as reminiscências pré-hispânicas justificam a importância dada pelos *tlacuilos* de Ixmiquilpan ao tema da guerra e dos combates. Ainda assim, era preciso dar aos confrontos uma interpretação cristã e alegórica, de luta entre o bem e o mal. Só desse modo se explica a presença das pinturas dentro da nave, num espaço exposto aos olhares de todos e destinado, em geral, a transmitir mensagens edificantes inspiradas na história sagrada. Mas como o material indígena conseguiu se transformar em alegorias ou em imagens moralizadas? Quem concebeu e realizou tal adaptação?

Ainda não mencionamos uma série de elementos desnorteantes, como a participação dos centauros nesses combates. Armadas de escudos, arcos e flechas, essas criaturas careteiras não pertencem ao mundo pré-hispânico em que o cavalo não existia. Seriam um empréstimo decorativo feito ao paganismo antigo? Representariam os chichimecas, que haviam adotado com tanta facilidade o cavalo europeu a ponto de parecerem formar um só corpo com suas montarias? Ou designavam os invasores europeus que os índios pensaram, de início, estar aparafusados em seus cavalos? Essa interpretação audaciosa explicaria que os centauros brandissem as flechas da ordem dos agostinianos como se pertencessem ao campo dos europeus e da Igreja.

É possível que as duas leituras — chichimeca e européia — sejam compatíveis, se considerarmos que chichimecas e espanhóis pertencem, ambos, ao campo dos adversários de nossos guerreiros. Seja como for, a presença dos centauros leva a indagar a origem dessas criaturas monstruosas e sua razão de ser nos afrescos. O "acréscimo", se é que há acréscimo, poderia se explicar por um capricho dos índios pintores ou do europeu que lhes fazia as encomendas: um monge ou um *tlacuilo* teria copiado de uma gravura européia uma figura ornamental para introduzi-la nas cenas indígenas. Mas a inclusão do centauro nas representações de combate é infinitamente elaborada para que fiquemos com essa hipótese puramente decorativa.

Uma série de detalhes parece coincidir e indicar uma mesma pista. Os centauros que travam a batalha trazem ao espírito, de imediato, o famoso combate dos Centauros contra os Lápitas, que as métopas do Partenon imortalizaram. Mas duas outras cenas também intrigantes atraem nossa atenção na mesma direção: é o orgulhoso guerreiro brandindo uma cabeça cortada, da qual ele desvia o olhar, e a cabeça de onde surge uma planta cactóide.

O gesto do guerreiro é incompreensível se nos limitarmos à tradição ameríndia, pois os participantes da "guerra florida" não matavam os adversários, mas "tentavam sempre pegá-los vivos para sacrificá-los".[39] Se abstrairmos os costumes indígenas, a atitude do guerreiro lembra a façanha de Perseu, o vencedor da Górgona que agarra a cabeça eriçada de serpentes e a utiliza como arma contra seus adversários: "Ele mesmo se desviando estendeu-lhe a face repelente de Medusa".[40] A representação de uma cabeça vista de face, de cabeleira comprida e desgrenhada, sobre o escudo de um dos combatentes, parece uma alusão suplementar à Górgona, que usava "serpentes misturadas no meio dos seus cabelos".[41] Na iconografia clássica, a cabeça cortada de Medusa enfeitava o escudo de Atena.

Quanto à cabeça, remeteria à história de Dafne: "Seus cabelos se alongam em folhagem, seus braços em ramos...". O penacho de plumas de quetzal, reconhecível em outros personagens e em outras criaturas monstruosas, transformou-se aqui num magüey de folhas aceradas. Portanto, o louro da fábula teria sido substituído pela planta sagrada dos índios, da qual se extraía o *pulque*, bebida divina.

Perseu, a Górgona, Dafne, Centauros e Lápitas, todos esses episódios são descritos em *As metamorfoses*, ou numa das inúmeras compilações que a obra-prima de Ovídio inspirou. O poema estaria na origem de empréstimos que os *tlacuilos* teriam "indianizado", elaborando uma obra mestiça de extremo requinte. A indianização é mais incontestável ainda porque podemos flagrar esse processo em outros afrescos da igreja. O gesto do "cavaleiro-tigre" brandindo sua maça e agarrando um cativo pelos cabelos é a roupagem mexicana de um motivo dos frisos da sacristia: ali, é um *putto* agarrado num galho que pega a cabeleira vegetal de um monstro fitomorfo. Nada de indígena, salvo a feitura. Em contrapartida, no grande afresco da nave uma pele de jaguar e um tapa-sexo mexicano esconderam a nudez do *putto*, ao passo que o monstro recebeu um corpo de guerreiro e um escudo.

A interpretação pode parecer incongruente ou audaciosa.

Não combina muito bem com a imagem que cultivamos dos índios da América, divididos entre os esplendores das civilizações pré-colombianas e a decadência inapelável que teria se sucedido. Mas tampouco corresponde aos clichês que transformam os conquistadores em espanhóis brutamontes, sanguinários e incultos, vindos para destruir sociedades milenares. Por que caminhos os pintores indígenas chegaram a se inspirar nas obras do grande poeta latino? Pergunta que se desdobra em outra, ainda mais embaraçosa: que uso podiam fazer d'*As metamorfoses*?

6. Ovídio mexicano

Um esforço consciente para pôr em harmonia dois universos separados por séculos.

Jean Seznec, *La Survivance des dieux antiques*

Mas, em primeiro lugar, como Ovídio chegou ao México? De navio, nas bagagens dos monges e nas encomendas dos livreiros. Só em 1576, nada menos que nove exemplares de *As metamorfoses* chegam à Cidade do México.[1] No final do século XVI, lê-se o poeta tanto nos Andes como no Brasil dos portugueses, tanto em Lima como na região da Bahia.[2] A presença de Ovídio na América nada tem de misteriosa. Nossa surpresa — ou nosso ceticismo — só resulta do desconhecimento do século XVI e da distância crescente que nos separa do convívio com os clássicos latinos. Para os letrados do Renascimento e para um público europeu mais amplo do que se imagina, a obra de Ovídio, ao mesmo tempo clássica e "best-seller", fazia parte de uma bagagem de conhecimentos elementares. Era "um dos livros então mais editados, comentados, traduzidos e imitados".[3]

DA EUROPA AO NOVO MUNDO

A Idade Média não esquecera Ovídio. Ao contrário, ela o recopiara, transmitira e glosara. Com o advento da imprensa e o Renascimento, a obra de Ovídio conheceu difusão ainda maior. Encontramo-la em todas as bibliotecas, em todos os gabinetes, e papas como Pio II não hesitam em elogiar *As metamorfoses*.[4] Nicolò Agostini, Ludovico Dolce (1553) e Giovanni Andrea del Anguillara (1563) o traduzem para o italiano. Edições abreviadas e ilustradas tornam Ovídio acessível a leitores e artistas de toda a Europa. A Espanha não fica atrás. Dois anos depois da descoberta da América, Barcelona oferece uma primeira tradução catalã da obra, ao passo que a versão dataria de 1466.[5] A tradução de Jorge de Bustamante é de 1542, e publicada seis anos depois de *Myrrha*, uma tragédia de Vilalón inspirada no Livro X d'*As metamorfoses*. O teatro espanhol explora fartamente o seu fundo mitológico, como demonstram as peças de Juan de la Cueva, repletas de reminiscências ovidianas e virgilianas.[6]

A vulgarização intensifica-se na segunda metade do século XVI e assume novas formas. Os eruditos oferecem então aos poetas em busca de inspiração receitas e fórmulas prontas para serem usadas. O processo é descrito por Tritônio em 1560: "Esforcei-me em reunir exemplos fabulosos tirados dos quinze livros d'*As metamorfoses* e em reescrevê-los na forma de lugares-comuns que possam ser adaptados a praticamente tudo o que é escrito em poemas".[7] Resultado: pilhagens e cópias. Por exemplo, o médico Alonso Pérez, que produz a segunda parte de *Diana*, "uma história cheia de pedantismo e imitações evidentes de Sannazza-

P. OVIDII NASONIS
TAM DE TRISTIBVS
QVAM DE PONTO.

DVLCE. TVVM NOSTRO
FIGAS IN PECTORE NOMEN
TVO CONSTAT
NOMINE NOSTRA SALVS:

VNA CVM ELEGANTISSI-
mis quibusdam carminibus diui
Gregorij Nazianzeni.

MEXICI.
In Collegio Sanctorum Petri & Pauli.
Apud Antonium Ricardum.
M. D. LXXVII.

Tam de Tristibus quam de Ponto, de Ovídio, publicado no México por Antonio Ricardo em 1577. (Coleção do autor.)

ro e de Ovídio", e que é lida até nas costas brasileiras.[8] Todos os artistas europeus têm à sua disposição "edições abreviadas que nada mais são do que uma série de imagens".[9]

Em outras palavras, Ovídio está por toda parte e sob formas cada vez mais acessíveis. Portanto, não é nada estranho que cronistas, letrados, monges, jesuítas e administradores o façam cruzar o oceano.[10] Ele é transportado, lido e, melhor ainda, impresso. É no México, em 1577, que, pela primeira vez na América, são publicadas as coletâneas *De tristibus* e *De ponto*.[11] Desde essa época Ovídio figura na maioria das antologias publicadas no México.[12] Acrescentemos que a figura do poeta, do intelectual exilado nos confins do mundo conhecido, tinha tudo para seduzir as centenas de funcionários condenados a passar o resto de suas vidas na América, a milhares de léguas da pátria e entre bárbaros que não ficavam nada a dever aos povos do mar Negro.

Eis o que explica a presença de Ovídio nas bibliotecas novíssimas da Nova Espanha. E provavelmente em Ixmiquilpan, pois, se essa aldeia de fronteira era uma escala freqüentada da rota da prata, era também a sede de um convento agostiniano (1548) e, desde 1572, de um centro de estudos que formava jovens monges em teologia, latim e humanidades. Fundada apenas quarenta anos antes, plantada num cenário de faroeste, a aglomeração se impunha como um respeitabilíssimo posto de vanguarda da civilização ocidental.

Quanto aos espanhóis que freqüentavam o lugar, nem todos eram burocratas ignaros, aventureiros desonestos ou mineiros incultos. O riquíssimo Alonso de Villaseca, que fizera fortuna com o comércio do cacau, passava temporadas em Ixmiquilpan. Para se avaliar a envergadura do personagem, convém saber que esse mecenas espanhol financiou a expansão da universidade da Cidade do México e depois apoiou a instalação dos jesuítas. É a Villaseca que se deve a vinda ao México de seu primo Cervantes de

Salazar, primeiro titular da cátedra de latim na universidade e cronista de talento. Se acrescentamos ao "rei do cacau", a seu círculo e a um punhado de monges cultos alguns altos funcionários preocupados com um mínimo de *status* intelectual e alguns caciques hispanizados, o perfil dos fiéis que freqüentavam a igreja é diferente do que se esperaria numa aldeia povoada de índios otomis, mestiços e escravos negros. Os europeus que acompanhavam a missa tinham provavelmente um verniz de estudos clássicos, *a fortiori* os monges, que ministravam os cursos em Ixmiquilpan. Ovídio era sem dúvida mais familiar a muitos deles do que a nós.

Além disso, não era lido como hoje o lemos: desde a Idade Média a obra do grande poeta latino era mais uma coletânea de morais edificantes do que um receptáculo de histórias fabulosas e lendas pagãs mais ou menos escabrosas. Tinha se aprendido a ler Ovídio nas entrelinhas, e esse "Ovídio moralizado" destilava, sob os ouropéis dos deuses antigos, verdades profundas e exemplos a ser seguidos. Oficinas condensavam num formato cômodo o essencial das histórias contadas pelo poeta e ofereciam versões morais e edificantes. Cada canto tornava-se uma alegoria, acompanhada por um texto que propunha decifrá-la.

Ouçamos um dos especialistas da época, Ludovico Dolce, evocar uma figura que tivemos a impressão de reconhecer nas paredes de Ixmiquilpan: "Perseu denota o homem de valor que, armando-se de prudência e sabedoria, sabe vencer todos os obstáculos".[13] Como ele explica, "sob a casca dessas amáveis ficções acha-se contido todo o suco da moral e da teologia".[14] O exercício também se difundira na península Ibérica, onde as edições castelhanas dos *Diálogos de amor* de León Hebreo contribuíram fortemente para a interpretação alegórica da mitologia.[15] Para voltar à fábula de Perseu, Léon lia nesse texto a expressão alegórica de uma psicomaquia, de um combate entre as forças do céu e as da terra, entre a inteligência e a matéria.[16]

Resta que os pintores dos afrescos não eram europeus, mas *tlacuilos* próximos da nobreza indígena, cujos usos e sinais distintivos eles conheciam. É incontestável que os monges deram sua aprovação ao projeto e acompanharam sua realização: não podia ser diferente, já que a igreja pertencia a eles. É igualmente incontestável que o resultado não lhes desagradou. As alusões a um Ovídio indianizado tinham tudo para divertir os religiosos, que, de um jeito ou de outro, apreciavam e liam o poeta pelo filtro do cristianismo — esse Ovídio moralizado que acabamos de evocar. Por último, a feitura dos afrescos inscrevia-se num estilo então em voga: a pintura de grotescos, cultivada pelo conjunto do mundo ocidental.

O domínio manifestado pelos índios na adaptação e no arranjo dos temas emprestados à fábula* tem tudo para surpreender. Mas se explica quando levamos em conta a formação que pintores e nobres indígenas receberam após a conquista espanhola. Eles foram expostos a obras e imagens saídas, diretamente ou não, do paganismo da Antiguidade. Desde os anos 1530, os filhos da aristocracia mexicana aprenderam latim, e os mais brilhantes tornaram-se notáveis latinistas, podendo, por hipótese, rivalizar com os autores antigos. Os da capital e do vale eram formados num estabelecimento de ensino superior, fundado antes mesmo da universidade da Cidade do México: o colégio de Santa Cruz de Tlatelolco. A biblioteca dessa instituição punha à disposição deles, além de um lote considerável de obras cristãs, Catão, Cícero, Juvenal, Plutarco, Saluste, Sêneca, Virgílio, Tito Lívio, Flávio Josefo.[17] Desse estabelecimento, mas também dos colégios da província, saíram nobres latinistas com noções de humanis-

* O conjunto dos relatos mitológicos. (N. T.)

mo. Na mesma época, sobressaíam-se pintores e músicos, inclusive indígenas, cujo talento deixava perplexos espanhóis tão exigentes como o velho conquistador Bernal Díaz del Castillo. Desde os anos 1540, o ensino do latim teve tal sucesso que certos espanhóis se alarmaram, convencidos de que "a leitura e a escrita são tão prejudiciais como o diabo". "Há cada dia mais índios que falam um latim tão elegante como o de Cícero [...]. É admirável ver o que escrevem em latim em matéria de cartas e colóquios, e o que dizem [nessa língua]."[18]

Don Pablo Nazareo é um produto puro desse sistema educacional. Cerca de dez anos antes da primeira impressão das obras de Ovídio no México, em março de 1566, esse príncipe índio de Xaltocan cita Ovídio numa longa carta em latim enviada a Filipe II:

> Munera, crede mihi, capiunt hominesque deosque: Placatur donis Jupiter ipse datis
>
> Quid sapiens faciet? Stultus munere gaudet. Ipse quoque accepto munere mitis erit.[19]

A citação surpreende mais ainda por ser tirada de uma obra pouco edificante e menos difundida que as poesias ou *As metamorfoses*: *A arte de amar*. Don Pablo conhece tão bem seu Ovídio que dá, inclusive, a referência do livro que utilizou: "ut ait Ovidius ille livro tercio de arte".[20] O exemplo de Júpiter, tão pouco católico na pena de um parente do imperador Moctezuma, não é um exercício de estilo ou um floreio. Deve suscitar a generosidade do rei da Espanha, que don Pablo compara ao deus Febo.[21] Tradutor incansável das Sagradas Escrituras — lembra don Pablo ao rei da Espanha, insistentemente —, o sábio indígena circula com igual desembaraço no universo mitológico de seus vencedores: as musas e Minerva lhe são familiares, e o epíteto — tirado de Horácio — de *Deus Olympicus Optimus Maximus* brota naturalmente em seus textos para denominar o deus cristão. O tom, as alusões, as variações neoplatônicas diferenciam radicalmente essas páginas daquelas redigidas pelos monges do México, mas não provocam a menor censura. Nos anos 1560, desde que se tenham origem nobre e apoios na Igreja, é possível ser índio, cristão, latinista e humanista, e até se permitir certas frivolidades para transpor para a língua erudita da Europa renascente a elegância requintada do náuatle da corte mexicana.

Aliás, don Pablo não é um exemplo isolado, mesmo se aqui evocamos uma elite intelectual. Os dons de outro aluno e professor do colégio de Santa Cruz — Antonio Valeriano — deixaram seus contemporâneos perplexos, pois "mesmo nos últimos anos de sua vida ele falava latim *ex tempore* com tanta elegância e pertinência que parecia ser Cícero ou Quintiliano".[22] Sua formação e suas relações valeram-lhe governar os índios da Cidade do México até morrer, em 1605.

Mas os índios nobres tinham outros meios de se familiarizar com os deuses do mundo greco-latino. A tradução era uma das vias de acesso privilegiadas aos clássicos da Antiguidade: a das fábulas de Esopo em náuatle revela a que ponto os índios eram capazes de penetrar no texto antigo, adaptá-lo aos esquemas de pensamento e às realidades do México e, até, indicar de modo explícito — por um "não sei por quê" — aquilo que se chocava com o entendimento deles e lhes parecia incompreensível.[23]

A imagem pública também tinha seu papel na difusão da mitologia. Durante as exéquias solenes de Carlos V, celebradas em 1559 no grande convento de San Francisco, na Cidade do México, o arquiteto Claudio de Arciniega erigiu um grandioso cenotáfio à memória do imperador.[24] O monumento era de sóbria elegância. Estava ornamentado com inscrições e quadros cuja simples enumeração nos faz percorrer a fábula antiga: o Labirinto de Dédalo, Apolo, Júpiter, Teseu, as Eumênides figuravam em lugar de destaque. Também se admirava um "Hércules lutando contra a Hidra de Lerna, de onde saíam inúmeras cabeças. Essa figura significava que César havia golpeado e derrotado a heresia luterana, fonte de diversos erros".[25]

Mas as figuras da fábula não estavam isoladas. Os pintores do cenotáfio tinham inextricavelmente associado Moctezuma, Atahualpa, Júpiter, Cortés, César, Febo, Faetonte, Huitzilopochtli, o papa Alexandre VI, Fernando, o Católico, a Fama, e vários outros. Se as massas indígenas que se espremiam dentro do convento de San Francisco tiveram muita dificuldade para captar as alusões mitológicas dessas pinturas efêmeras, os nobres educados em Santa Cruz de Tlatelolco tiveram o prazer de remexer em sua memória de estudante ou de interrogar os monges que os haviam formado.

Muito cedo o convívio com a Antiguidade levou os índios nobres a conclusões nem sempre favoráveis aos espanhóis. Desde os anos 1540, de tanto ler os livros em latim sobre a origem de seus invasores, os latinistas mexicanos não ignoravam mais que os castelhanos tinham sido vencidos e convertidos ao paganismo pelos romanos, e que só mais tarde é que haviam recebido o batismo. Portanto, descobriram que os espanhóis tinham, como eles, sido pagãos, e espantavam-se que sua cristianização milenar não os houvesse transformado em cristãos exemplares.[26]

Em meados do século, os índios letrados sabiam o suficiente sobre a Antiguidade pagã — seus textos, crenças, deuses, seu papel na educação renascentista — para integrá-la em suas reflexões. Nessas circunstâncias, é possível resumir os afrescos dos artistas *tlacuilos* de Ixmiquilpan a um simples exercício de virtuosismo pictural feito sob a batuta de mentores agostinianos? Esses pintores não copiaram passivamente os modelos que lhes eram entregues. Adaptaram motivos clássicos de modo a dar às cenas indígenas um aspecto antigo, mais do que a transformá-las em imagens cristãs. A julgar pela aparência e pelo conteúdo dos afrescos, é difícil imaginar que tenham sido sugeridos, de fio a pavio, pelos agostinianos: a predominância esmagadora dos motivos indígenas limitava o campo de uma intervenção européia, e as referências ao paganismo antigo, em detrimento de toda iconografia cristã, não combinam com a missão de evangelização. Por fim, o casamento sutil dos motivos ovidianos e dos motivos indígenas sugere um esforço de imaginação e reflexão fora do alcance de um espírito europeu. Mas por que tantos esforços?

A CAPTURA DE OVÍDIO

Se a indigenização de um Ovídio moralizado tinha tudo para satisfazer aos agostinianos de Ixmiquilpan e, ao mesmo tempo, apaziguar os espíritos desconfiados, ela provavelmente dissimulava intenções menos ortodoxas. Tudo indica que os pintores índios aproveitaram as circunstâncias favoráveis para se apossarem de Ovídio e, graças a ele, maquiarem as inúmeras reminiscências pagãs que seus afrescos encerram, sem nada sacrificar de seu caráter espetacular. As inserções diretas (os centauros) ou indigenizadas (Perseu) desviavam o olhar dos vestígios suspeitos de idolatria. Eles criavam imagens mestiças cuja estranheza submergia as alusões antigas em meio a citações da Antiguidade e a exuberância decorativa. Os empréstimos feitos à mitologia eram a contrapartida de uma iconografia indígena onipresente.[27] Ovídio indigenizado seria, pois, uma espécie de engodo. Ou um disfarce destinado tanto a dissimular mensagens ameríndias como a fazer esquecer que a imagem pré-hispânica não é uma aparição no sentido europeu da palavra, e sim uma presença física produzida pelos pintores *tlacuilos.* Basta interpretarmos o fundo alaranjado das cenas como sendo a evocação do céu solar — *tonatiuhi-*

lhuicatl — e os afrescos nos mergulham diretamente no mundo celeste e glorioso dos índios mortos em combate. Mas se os guerreiros que exibem as cabeças cortadas dos adversários são apenas dançarinos, então o gesto deles aparenta-se ao dos índios que se apresentavam após o sacrifício da vítima oferecida ao deus Xipe Totec:

> Os que estavam lá, os sacerdotes, as personalidades e os senhores de escravos começavam a dançar [...] em volta da pedra onde os cativos tinham sido executados; dançando e cantando, os senhores dos cativos portavam as cabeças (das vítimas) segurando-as, com a mão direita, pelos cabelos; o nome dessa dança era *motzontecomaitotía*.[28]

Como fazer uma opção entre as interpretações sugeridas pelos elementos pré-hispânicos reunidos nos afrescos? Vamos nos limitar a avançar hipóteses, pois só as imagens pintadas preservam, hoje, a lembrança desses antigos conteúdos. Por outro lado, podemos supor que, no século XVI, esse modo de expressão possuía uma contrapartida local, apoiada, como na era pré-hispânica, em textos cantados e dançados, semelhantes aos do vale do México, dos quais algumas transcrições foram conservadas. Nesse caso específico, várias chaves de interpretação deviam se introduzir nos cantos, freqüentemente herméticos, que combinavam cristianismo e paganismo.[29]

AS MESTIÇAGENS DAS FORMAS E DO PENSAMENTO

Assim, no pincel dos artistas de Ixmiquilpan, a mitologia antiga teria servido para reintroduzir a mitologia ameríndia. Esse passe de mágica não é um caso isolado. A origem ovidiana de parte das cenas observadas nessa igreja fornece uma pista para identificar as centauras de Puebla. O sexo dessas criaturas facilita sua identificação, pois as fêmeas eram muito mais raras que os machos.

Duas centauras distinguem-se n'*As metamorfoses*. Uma, "a mais graciosa das mulheres", tem o nome de Hilonomé, "aquela que vive nos bosques".[30] A designação grega corresponde exatamente à maneira como o franciscano Bernardino de Sahagún define no *Códice de Florença* o macaco *ozomatli*: "aquele que vive nos bosques".[31] A outra centaura é Ocirhoé. Filha do centauro Quíron, ela "revelava os segredos do destino".[32] Ficaremos tentados a reter essa segunda candidata, pois várias coincidências nos incitam a isso: seu compadre, o macaco, é tirado de um calendário divinatório, as sibilas que caracolam acima dele figuram entre as maiores profetisas do paganismo antigo, e o afresco principal anuncia os episódios da vida de Cristo. Logo, por três vezes o tema da profecia está no centro da imagem.

A presença dessas criaturas da mitologia antiga poderia ser explicada da mesma maneira que em Ixmiquilpan. O recurso à fábula serviria de máscara a componentes indígenas, contribuiria para "fazer passar" figuras e crenças banidas pelo cristianismo. Aqui, uma centaura serviria de álibi antigo ao décimo primeiro signo do calendário divinatório dos antigos mexicanos. Mas a interpertação é um pouco sumária, pois o macaco não passa de uma figura isolada, enxertada num quadro nitidamente mais ocidentalizado. E se, no final das contas, o animal de brinco na orelha fosse apenas um empréstimo aplicado ali, e sem nenhum significado? Apenas uma imagem exótica, decorativa e "desencantada"? Porém a hipótese de uma simples camuflagem cria outra dificuldade: não leva em conta a presença da flor e do duplo laço que une esse vegetal ao macaco e à centaura.

Ora, essa flor nos dará provavelmente uma resposta se aceitarmos que se trata do *ololiuhqui* ou do *puyomate*, alucinógenos poderosos que os índios consumiam antes e depois da Conquista. Longe de desaparecer com a cristianização, o uso dessas plantas se espalhou entre os mestiços e mulatos. Apesar das repetidas condenações, a Igreja jamais conseguiu erradicar o consumo das plantas alucinógenas e muito menos confiná-lo ao mundo indígena. Desde o final do século XVI, mestiços, negros e brancos descobriam os paraísos indígenas e não se constrangiam em perguntar às novas plantas mágicas qual seria o futuro deles.[33] Devido ao interesse generalizado, os alucinógenos podiam se inserir entre criaturas dos dois mundos e associá-las numa mesma tarefa. Assim, o friso encena a conivência entre a semideusa do paganismo antigo e o deus ameríndio. Ambos estão se dedicando a um ritual divinatório: a centaura Ocirhoé inclina a haste da planta para o macaco *ozomatli*, que, talvez tocado por um cheiro inebriante, prevê o futuro.[34]

Diferentemente dos afrescos de Ixmiquilpan, o friso de Puebla só ocupa uma parte mínima do espaço pintado. Não é possível isolar essas imagens de outras, pois há o risco de empobrecer seu signifigado. De tanto contemplar o friso, esqueceríamos as suntuosas sibilas ao alto. Como na tela de Peter Greenaway, a justaposição dos planos não é arbitrária. As centauras e os macacos que escoltam o desfile das sibilas manteriam com elas relações exclusivamente decorativas? Ou viriam acrescentar um significado, até mesmo revelar o significado do conjunto assim realizado?[35]

Lembramos que as belas amazonas anunciam, cada uma delas, um episódio da vida de Cristo, representado nos medalhões dispostos acima de suas cabeças. Portanto, o tema da profecia é comum ao conjunto da obra, que superpõe níveis estranhamente simétricos: a sibila se ergue entre o paganismo antigo e o cristianismo, assim como o alucinógeno faz o elo entre o paganismo antigo — a centaura — e o paganismo ameríndio encarnado pelo macaco *ozomatli*. A aproximação do macaco e da centaura não só coloca o universo ameríndio no mesmo nível do universo antigo, como também instaura, por intermédio de figuras pagãs, sibilas e centauras, uma relação indireta entre crenças ameríndias e o cristianismo.

Assim, o recurso à Antiguidade teria, aqui, um sentido diferente do que possui em Ixmiquilpan. Já não se trataria de dissimular crenças antigas, e sim, num gesto mais afirmativo e num discurso mais elaborado, de reabilitá-las, ilustrando sua continuidade com o cristianismo. O exemplo das sibilas, profetisas pagãs recicladas na história da Revelação, indicava o caminho. Por que não lançar pontes entre o paganismo ameríndio e o cristianismo dos invasores, assim como os europeus da Idade Média lançaram pontes entre sua religião e a dos latinos? Nada seria tão imprescindível, pois as elites indígenas desejavam transpor o abismo insustentável criado pela conversão ao cristianismo e ligar, por todos os meios, o passado pré-hispânico ao presente do México cristão.

Assim, em Puebla como em Ixmiquilpan, os *tlacuilos* da época colonial repensam a relação que têm com o passado, explorando materiais antigos postos à sua disposição pela arte do Renascimento. E essa experiência leva-os a inventar imagens mestiças que traduzem um pensamento figurativo de surpreendente complexidade.

PASSADO PAGÃO, PRESENTE CRISTÃO

O uso tão singular da fábula antiga impõe um desvio pela Europa do século XVI. O destaque dado pelos meios letrados e artísticos do Renascimento à obra de Ovídio demonstra a intimidade que mantinham com a Antiguidade. Aliás, esta podia ser vista tanto como um mundo pré-cristão quanto como um mundo pagão. Mesmo longe no tempo, os letrados não tinham a sensação de uma ruptura com o período, pois a Idade Média fora sua herdeira direta e desabrochara como seu prolongamento.

Apesar da desconfiança de certos setores da Igreja, os autores antigos continuavam a ser copiados, glosados e citados. Por mais que espíritos radicais como Savonarola, monges camáldulos e dominicanos esbravejassem contra os demônios dos pagãos,[36] prevaleceu a abertura. Os eruditos do Renascimento sempre sentiram a necessidade de se vincular ao mundo antigo, e essa preocupação gerou "um esforço consciente para pôr em harmonia dois universos separados por séculos".[37] A lembrança dos deuses antigos permanecia viva. Preservada e transmitida ao longo de toda a Idade Média, a fábula está por todo lugar, pintada e talhada em objetos preciosos, encenada em espetáculos principescos, esculpida nos jardins: Ovídio inspira os cenários dos parques das grandes vilas italianas em Tivoli, Pratolino, Bomarzo e Caprarola.

As reações hostis que pontuaram o século XVI nascem mais de um excesso de Antiguidade que de uma rejeição radical aos deuses antigos. É certo que alguns papas decretaram a caça aos deuses pagãos: Pio V expulsa do Vaticano os ídolos, Sisto V pretende restringir a presença das antigas divindades. Alguns artistas juntam-se aos protestos: em 1582, Bartolommeo Ammannati considera que "fazer por todo lado estátuas nuas, sátiros, faunos e coisas desse gênero é um erro grandíssimo e gravíssimo". Depois do concílio de Trento, multiplicam-se as advertências e os avisos. Em seu *Discorso intorno alle imagini sacre e profane* (Bolonha, 1584), o cardeal Paleotti censura o costume que consiste em "pôr as imagens dos deuses bem à vista": aconselha guardá-las discretamente e só tolerá-las na medida em que contribuam para o conhecimento da Antiguidade.[38]

Os partidários da Antiguidade retrucam com argumentos de todo tipo. Os artistas lutam para que se reconheça a inocuidade das representações, insistindo em que se faça a diferença entre conservar e adorar. Seus argumentos são financeiros e técnicos: como escapar à pressão dos que lhes fazem as encomendas e que são apaixonados por histórias pagãs? Como evitar inspirar-se na fábula quando se deseja dispor de um repertório variado e erudito, adaptado à complexidade dos programas decorativos? Mas a melhor defesa deles consiste em apresentar um diploma de moralidade. Às críticas que denunciam a "inconveniência" e a impropriedade das imagens, os artistas argumentam que as representações pagãs têm uma dimensão alegórico-moral. Possuem virtudes edificantes e até mesmo uma capacidade de expressão simbólica que as habilitam a representar os vícios e as virtudes.[39]

Na segunda metade do século XVI, os deuses continuam a enfeitar os palácios dos príncipes e dos prelados. Nem as polêmicas nem os decretos do Concílio de Trento conseguiram que as imagens antigas desaparecessem. Os letrados que fazem as encomendas ou imaginam os projetos são eclesiásticos. Isso é o que acontece nos palácios Farnese de Roma e Caprarola. Isso é o que acontece na Espanha, onde Juan Pérez de Moya publica sua *Philosophia secreta donde debajo de historias fabulosas se contiene mucha doctrina provechosa a todos los estudios, con el origen de los ídolos o dioses de la gentilidad* (1585).[40] Mas isso é o que também acontece entre os agostinianos de Ixmiquilpan ou com o decano da catedral de Puebla, que aceitam ver criaturas mitológicas em suas residências e igrejas. O patrimônio antigo é onipresente, de modo que é impossível e inconcebível eliminá-lo.

A onipresença passa pela escola, que não pode evitar os autores antigos. Aprender latim em Florença ou no México, numa universidade espanhola ou no colégio indígena de Santiago de Tlatelolco, exige consultar textos pagãos. Estes remetiam a um passado não cristão que continuava a gozar de prestígio considerável. Como os europeus, os índios estudantes eram confrontados com essa realidade paradoxal que se exibia nas prateleiras das bibliotecas e nos afrescos dos conventos. No mosteiro agostoniano de Atotonilco, a leste de Ixmiquilpan, em uma parede inteira os índios podiam admirar os retratos dos grandes filósofos da Antiguidade. Em Acolman, na igreja agostiniana, efebos e sibilas decoravam as alturas da nave.

A exemplo dos europeus, os índios letrados sentiam-se no direito de considerar que seu passado pagão era mais uma era pré-cristã do que um período de trevas demoníacas, e, conforme já dissemos, alguns deles nem se constrangiam em lembrar aos espanhóis que seus ancestrais ibéricos também tinham conhecido o paganismo. O culto à Antiguidade clássica demonstrava que um passado incontestavelmente pagão podia ter um estatuto prestigioso e valor exemplar. Se necessário, a pintura oficial encarregava-se de rememorá-lo às elites indígenas. Em pleno século XVI, a municipalidade indígena da cidade de Tlaxcala fazia suas reuniões num salão luxuoso ornamentado com uma série de quadros de tema histórico: as personalidades locais tinham diante dos olhos, quase diariamente, Colombo, Cortés, Pizarro, Carlos Magno, mas também três heróis da Antiguidade: Heitor, César e Alexandre.[41] Alegorias da Fama e de Mnemósine lembravam que esses passados próximos e distantes eram um só, e também um convite para que os índios vinculassem a ele sua própria história. Na igreja de Tezcatepec, não era Heitor, mas toda a guerra de Tróia que se oferecia aos olhares dos fiéis.[42]

Poderíamos levar mais longe a aproximação. Se os pagãos da Antiguidade não tinham sido excluídos da revelação, como demonstravam as profecias das sibilas, os pagãos da América — que se equivaliam aos da Antiguidade, segundo Las Casas — talvez houvessem se beneficiado dos mesmos favores. Será que os índios tiveram conhecimento do cristianismo antes da Conquista? Cronistas espanhóis interrogavam-se sobre a eventualidade de uma cristianização antiga cuja lembrança teria se apagado. Evocava-se até a figura de são Tomé, o apóstolo dos índios, cujos vestígios foram conservados em diversas regiões da América. O personagem de Quetzalcoatl — a Serpente de Plumas — talvez dissimulasse um missionário cujos ensinamentos teriam se corrompido ao longo dos séculos. Um passado reabilitado a partir do modelo antigo e já visitado pela graça permitiria rejeitar as trevas da idolatria e recuperar grande parte do patrimônio antigo.

As alusões a um monoteísmo pré-hispânico também iam na mesma direção. Acentuavam a continuidade com o passado pagão e atenuavam as rupturas provocadas pela Conquista e a evangelização.[43] Paralelamente, a fábula propunha o exemplo de uma relação pacificada entre cristianismo e paganismo, de um compromisso aceitável, capaz de inspirar as elites indígenas demasiado apegadas a seu passado pagão para conseguirem se livrar dele.

FÁBULA E PENSAMENTO HÍBRIDO

A fábula — que hoje chamamos de mitologia greco-latina — possui historicamente características quase orgânicas que explicam seu papel no processo de mestiçagem. Alimenta-se de todo tipo de mistura. Desde a Antiguidade, a transmissão da fábula enveredou por um caminho salpicado de surpresas e metamorfoses, evoluindo no tempo e no espaço. Com a Idade Média, a mitologia bifurcou, alimentando duas tradições cujas etapas e cujos meandros nem sempre coincidem: uma tradição plástica, que reuniu o conjunto de formas com que os artistas da Idade Média conceberam os deuses antigos, e uma tradição literária, que recolheu as descrições produzidas pelos letrados, poetas e enciclopedistas. Ambas são o fruto de interpretações e reinterpretações, de esquecimentos, mal-entendidos e adaptações.

Essas intervenções em cadeia se explicam pela plasticidade dos materiais e dos arranjos de que a fábula é a expressão. Desde a Antiguidade, ela mostra-se indiferente a referências geográficas e históricas, confundindo lugares e épocas. Mesmo no século XVI, a fábula continua a ser impermeável às descobertas da arqueologia nascente, pois raramente procura integrá-las ou aproveitá-las como fonte de renovação sistemática. Em compensação, amalgama informações e os dados mais estranhos, conforme revelam as gravuras que circulavam em toda a Europa do Renascimento. Os manuais italianos de Cartari ou de Conti misturam à vontade fontes e heranças, explorando indiferentemente a tradição sincrética do Baixo Império, o Oriente hermético e fascinante, ou o Egito misterioso. A fábula é o suporte ideal de um pensamento que pratica a hibridação.

Os compiladores sempre fizeram o amálgama das tradições mais diversas, cujo fantástico exemplo são *As metamorfoses* de Ovídio. A fábula, desde suas origens, manifesta uma propensão pelo exótico e pelo monstruoso, o que a conduz a se voltar para o longínquo, cultivar o estrangeiro, nutrir-se de singularidades. A fábula viva costuma ser próxima do bricabraque e da desordem. Sua receptividade causa escaladas de erudição rumo ao estranho, ao disforme e ao bizarro. Pouco importa que as versões reunidas sejam contraditórias; elas são acumuladas, justapostas, multiplicando-se as glosas e as interpretações. Não surpreende que, como reação, os textos que recenseavam os conhecimentos mitológicos — e aos quais Ovídio já recorria — tenham procurado pôr um pouco de ordem nas formas e nos atributos.[44] Donde a multiplicação de manuais, que logo se tornaram indispensáveis tanto para o pintor como para o erudito.

A bulimia de detalhes, cada qual mais desnorteante que o

outro, atiçada pela atração que exerciam as mitologias oriental e egípcia, teve outros efeitos. Preparou o caminho para as aproximações e comparações das quais saiu a mitologia comparada. Mas também teve incidências na maneira de se conceberem os mundos americanos.

A FÁBULA E OS ÍNDIOS

A *Apologética historia sumaria*, de Bartolomeu de las Casas (1556), deve muito às compilações mitológicas que a precederam.[45] Essa obra fundamental associa os deuses do Velho e do Novo Mundo com base numa tabela reproduzida dos autores antigos e dos Pais da Igreja.[46] Assim, as religiões da América passam a existir por intermédio do mundo antigo. A fábula "liga" as crenças ameríndias às da Antiguidade. O laço é sólido, pois o paganismo antigo e o paganismo americano são vistos como a expressão de um mesmo fenômeno: a idolatria. De acordo com Las Casas, o primeiro teria até inspirado parcialmente o segundo.[47] É esse parentesco que os pintores índios de Puebla e de Ixmiquilpan saberão, por sua vez, reinterpretar à vontade.

Desnecessário dizer que o autor de *As metamorfoses*, *A arte de amar* e dos *Fastos* é amplamente convocado pela *Apologética historia sumaria*. Entre a profusão de detalhes e historietas que tira de Ovídio, Las Casas retoma a história de Júpiter e Leda, evoca Ísis, Pã, Circe e a celebração das bacanais. Relata o mito de Acteão transformado em cervo, e a história de Dafne, "que foi transformada num louro".[48] Tais evocações nos trazem à mente os afrescos de Puebla e de Ixmiquilpan e suscitam novas interrogações: as centauras de Puebla não teriam emprestado às corças seus estranhos cascos? O penacho de magüey que cresce sobre a cabeça pintada nos afrescos de Ixmiquilpan seria uma versão indígena dos louros antigos? Se é impossível que os pintores índios tivessem lido Las Casas, é certo que os "clichês" circulavam em formas mais ou menos acessíveis em todas as bibliotecas e em diversos manuscritos da Nova Espanha.

Na própria Cidade do México e em seus arredores, desde os anos 1560 os colaboradores indígenas do franciscano Sahagún se familiarizaram com o jogo das aproximações entre os deuses dos nauas e os deuses antigos, tenham eles contribuído diretamente para isso ou tenham se contentado em registrar as interpretações do monge.[49] Assim é que descobrimos no primeiro livro da *Historia general de las cosas de la Nueva España* paralelos e comparações entre os dois panteões:

> Huitzilopochtli foi um outro Hércules [...] Chalchiuhtlicue é um outro Juno [...] Xiuhtecutli, um outro Vulcano [...] Tlazolteotl é como a deusa Vênus.[50]

Indicadas com todas as letras nos títulos dos capítulos, essas reminiscências não podiam escapar aos índios pintores encarregados de fazer as iluminuras do suntuoso *Códice de Florença*: parte das pranchas dedicadas às divindades indígenas mostra um duplo título — à esquerda o nome indígena e à direita seu equivalente na mitologia greco-latina.[51] Assim, esta tanto serve para organizar um panteão exótico como para fornecer referências familiares e imediatas aos leitores europeus do *Códice*.[52] As aproximações não são apenas exercícios de estilo. Para os letrados do Renascimento, os deuses antigos ainda conservam uma presença familiar, sejam eles considerados heróis divinizados[53] ou padrinhos míticos dos povos europeus. Na cartuxa de Pavia ou na capela Colleoni de Bérgamo deuses antigos e profetas convivem em paz.[54]

Em outros documentos, é mais uma vez a iconografia ovidiana que descobrimos em filigrana. A representação do suplício do *aperramiento*, representado num manuscrito da Biblioteca Nacional da França, poderia ser a lembrança de um mito d'*As metamorfoses*: o senhor indígena devorado pelos cães do conquistador assemelha-se muito a Acteão atirado aos cães de Diana.[55] Tal suplício tornara-se uma realidade tão constante que, necessariamente, os pintores locais teriam de representá-lo, mas a partir de um modelo ocidental, já que o mundo pré-hispânico ignorava essa prática monstruosa.

"O ÚLTIMO DOS MUNDOS"

À capacidade de associação e absorção da mitologia soma-se uma virtualidade de ordem intelectual. Podendo ser manipulada para lá e para cá, a fábula oferece um suporte privilegiado para a alegoria. Presta-se a paralelos tão acrobáticos e desconcertantes como o que os jesuítas estabeleciam entre a deusa Diana e a Virgem Maria.[56] Os eruditos acabaram até imaginando aproximações de tamanha sutileza que já era impossível dispensar seus textos para decifrar o sentido das imagens mitológicas.[57] Os escritores indígenas não foram poupados dessa ânsia de hermetismo e desse esnobismo erudito.[58]

É o romance de Christoph Ransmayr, *O último dos mundos*, que melhor revela as extraordinárias potencialidades mantidas até hoje pelo imaginário ovidiano.[59] O autor retoma a matéria d'*As metamorfoses* para criar do zero uma sociedade abandonada nos confins do Império romano. O que descobre Cotta, o herói, admirador de Ovídio, que partiu para o fim do mundo seguindo os rastros do grande poeta, não é o gênio em seu exílio de pedra nem os preciosos manuscritos d'*As metamorfoses*, mas Tomes, a cidade de ferro, um pequeno porto marítimo cujos habitantes estranhos estão perdidos nas brumas do mar Negro. O relato amarra tão bem os fios do mito, da história antiga e do mundo contemporâneo, imbrica as épocas e as realidades com tamanho virtuosismo, que não se sabe mais se Ovídio escreveu suas *Metamorfoses* inspirando-se nos habitantes de Tomes ou se estes nasceram da imaginação atormentada do poeta exilado. Cada destino é decalcado d'*As metamorfoses* e cada personagem, carregando um nome emprestado à fábula, sofre um destino idêntico ao de seu prestigioso homônimo. Como em Puebla ou em Ixmiquilpan, em Tomes as criaturas de Ovídio são convocadas para entrar em outras histórias, que as mergulham num universo tão estranho quanto familiar.[60]

Bem antes de Ransmayr, os pintores mexicanos souberam explorar o poder que a fábula tem de cruzar épocas e civilizações. Ao contrário do cristianismo, a fábula não bane as mitologias estrangeiras ou novas. Uma centaura pode flertar com um macaco mexicano diante dos olhos de um prelado espanhol. A fábula fornece um conjunto de referências, situações e imagens singularmente maleáveis. Em torno de seus roteiros e de suas representações, ela é capaz de aglutinar as formas e os significados mais imprevistos e contraditórios. Eis como o espanhol Juan Pérez de Moya explicava os diversos tipos de transformação: uma metamorfose em pedra significava a morte; em flor, a graça; em árvore, a castidade. Quem impedia o leitor agostiniano de Pérez de Moya de utilizar essas chaves para interpretar as invenções dos *tlacuilos* de Ixmiquilpan?

Imaginemos também como o decano Tomás de la Plaza via os frisos de sua residência. Não há dúvida de que o afresco das sibilas foi uma encomenda do eclesiástico, mas é menos certo que ele tenha intervindo sistematicamente nos detalhes da decoração e, para falar a verdade, é inconcebível que tenha sugerido misturar macacos com centauras. No entanto, estas deviam deixá-lo radiante, assim como deixavam radiante a maioria dos prelados humanistas do Renascimento. E é bem possível que o decano tenha visto — ou desejado ver — no macacao *ozomatli* uma divertida criatura alegórica. O macaco de Puebla podia muito bem ser considerado o símbolo do mundo mexicano com todos os seus exotismos, inclusive com sua referência à idolatria.[61] Bastava essa interpretação para justificar a presença do animal divino, sem que ele tivesse de se preocupar com significados e combinações mais heterodoxos. E nada permite afirmar que o olhar letrado do Renascimento não expresse também a verdade dos afrescos.

SOBRE O BOM USO DA FÁBULA

A fábula tem ainda outras virtudes. Quando a alegoria inocenta as imagens pagãs e os relatos licenciosos, propicia um expediente que permite driblar a censura. Portanto, a fábula autoriza um jogo e uma liberdade de expressão de que o artista usa e abusa: pouco importa se Ticiano trai Ovídio quando representa Adônis tentando se livrar dos braços de Vênus. Ele não é obrigado a observar um cânone iconográfico posto sob a estrita vigilância da Igreja. A fábula fornece um repertório que tem muito menos percalços que a arte sacra.

Essa liberdade de criação e inspiração pode assumir um aspecto intelectual e filosófico. Na Europa do Renascimento, os significados ocultados pela fábula são às vezes a expressão de uma filosofia secreta. Acontece de uma verdade se esconder sob "a aparência superficial".[62] É o caso, por exemplo, do pensamento e das figuras simbólicas ligadas ao neoplatonismo e à decifração dos enigmas hieroglíficos.[63] E o processo pode até mesmo ter implicações políticas. As pinturas que Ticiano realizou a pedido de Filipe II contêm alusões à tirania do príncipe, apenas camufladas nos retratos de um Júpiter ávido pelo poder.[64] Movido por forte dose de pessimismo e ceticismo, o pintor restitui aos mitos a violência e a brutalidade que os vulgarizadores do Ovídio moralizado concordavam em abrandar. Europa, Perseu e Andrômeda, Vênus e Adônis, Diana e Acteão emprestam seus perfis a uma denúncia dos abusos e crimes cometidos pelos deuses.

Assim, a força subversiva da fábula está ligada aos mundos primordiais que ela não pára de ressuscitar. O que, mais perto de nós, era percebido pelo dramaturgo Heiner Müller, que se inspirou na mitologia clássica para fugir da censura na Alemanha Oriental. Mais que uma "tábua de salvação", a mitologia lhe fornecia os quadros de uma "pré-história", de um passado povoado de visões de terror e violência que, em outros tempos, Ticiano soube explorar tão magistralmente.[65] Tanto quanto o poder de oferecer máscaras exóticas a discursos "politicamente incorretos", a fábula possui o dom de restabelecer a precariedade dos mundos perturbados.

Em vez de considerar o repertório ovidiano uma coleção de motivos exóticos, etéreos e ornamentais, os pintores de Ixmiquilpan se fixaram em cenas de confronto brutal, choque e transformação dos seres. Precisava-se de centauros e grifos para barrar o caminho dos "cavaleiros-tigres" do México antigo. Atuando no mesmo período, mas dele separados pelo imenso Oceano, nossos índios pintores ignoravam a existência de Ticiano; no entanto, souberam explorar caminhos paralelos, desdenhando usos mais edulcorados da mitologia. A fábula ajudou-os a abalar o jugo das formas cristãs que lhes eram impostas, ao mesmo tempo que se tornou o veículo de um pensamento disfarçado ou discreto, subversivo ou simplesmente heterodoxo. Seu hibridismo prestava-se a todo tipo de recuperação e associação. Via aberta aos subterfúgios, linguagem de duplo ou triplo sentido, a mitologia tinha tudo para seduzir os índios, sempre suspeitos de praticarem a idolatria. Em Puebla e em Ixmiquilpan, suas imagens convencionais e suas alegorias prontas para serem usadas eram capazes de desviar olhares inquisidores demais.

7. A invasão dos grotescos ou a imagem em movimento

A selva, primeiro no silêncio discreto de enraizamentos translúcidos, depois crescendo seus minúsculos dedos vírides e aflitivas florescências e brandindo enfim seus braços robustos blindados de corchas musguentas, conquistou toda a cidade de ferro.
C. Ransmayr, *O último dos mundos*

Supondo que tenhamos conseguido identificar as intenções dos pintores indígenas, ainda estamos longe de haver localizado todas as engrenagens de um pensamento mestiço. Permanecemos sem nada saber dos processos que permitiram a expressão visual desse universo hispano-índio, e também sem nada saber dos meios formais que possibilitaram a associação do macaco com a centaura.

À primeira vista, o friso de Puebla e os afrescos de Ixmiquilpan não se parecem. Na igreja agostiniana, os combates dos guerreiros mexicanos captam todos os olhares, em detrimento do friso superior, de inspiração ocidental, que reúne criaturas fantásticas.

Em Puebla, ao contrário, o casal formado pelo macaco e a centaura ocupa um espaço subalterno — a margem aparentemente abandonada à imaginação decorativa do artista indígena. O desfile das sibilas prende tão fortemente a atenção do visitante, que, fascinado, ele se esquece do friso que o acompanha. Só tem olhos para essas amazonas luxuosamente vestidas que se pavoneiam em paisagens européias de inspiração nórdica ou flamenga. O universo dos derrotados estaria relegado ao pano de fundo, para melhor marcar o triunfo do cristianismo contra o paganismo e a idolatria?[1]

Temos pelo menos duas razões para duvidar disso. A primeira se refere ao estatuto das margens e do ornamento na arte européia. Por muito tempo menosprezou-se sua importância, projetando-se olhares anacrônicos sobre o passado medieval e renascentista. É tempo de devolver a esses espaços o papel e o significado que lhes cabem, restabelecendo as relações por vezes cômicas, por vezes sutis que mantêm com o motivo principal. Outra razão, mais local, decorre dos laços entre as sibilas, o macaco e a centaura. Portanto, os elementos ameríndios não são sistematicamente desnaturados e marginalizados, embora sejam desprovidos do caráter espetacular que possuem em Ixmiquilpan.

As diferenças que descobrimos entre as pinturas de Puebla e de Ixmiquilpan são mais superficiais do que parecem. Os afrescos se assemelham, primeiro, pelo conteúdo. Escondem uma "mensagem" ou, mais exatamente, expressam intenções que tentamos decifrar. Nenhum tem uma função puramente decorativa. Mas, se consideramos o espaço pintado, vemos que exibem também encenações idênticas, em que os universos se mestiçam. Em Ixmiquilpan como em Puebla, é no meio de uma vegetação luxuriante povoada de seres estranhos que se insinuam as criações indígeno-renascentistas. Em Puebla, serpenteando os muros do salão do decano, a planta alucinógena dá as cartas, arrastando consigo uma legião de macacos, *putti*, centauras e insetos. Em Ixmiquilpan, guerreiros índios, criaturas vegetais e monstros se enfrentam numa série de cenas que desfilam ao ritmo das ondulações de uma guirlanda gigantesca. Cavalos-marinhos, cães alados, pássaros de plumagem vegetal montados pelos *putti* povoam as alturas. Sistematicamente, os pintores investiram esses cenários. Resta esclarecer: como esse espaço ornamental — que, *a priori*, se imaginaria dedicado às frivolidades da decoração, aos efeitos superficiais e ao culto do pormenor — prestou-se a semelhantes apropriações, e como os pintores o colonizaram?

IMAGENS EM MOVIMENTO E HIBRIDAÇÃO

Os afrescos de Ixmiquilpan são animados por um movimento irresistível que é difícil transmitir com palavras. Só uma obra cinematográfica pode oferecer um equivalente a esse jorro de imagens fantásticas. É o caso de *Prospero's Books*, outro filme de Peter Greenaway, filmado cinco anos antes de *The Pillow Book*. Versão livre de *A tempestade*, de Shakespeare,[2] o filme se desenrola como um gigantesco friso que desfila permanentemente diante dos olhos do espectador. À guisa de abertura, longos *travellings* laterais fazem aparecer uma procissão de corpos nus, retorcidos, supliciados ou dançando, pontuada por labaredas de fogo e jorros de águas, e que vai avançando sob os acordes lancinantes da música de Michael Nyman. Um fluxo de objetos raros e criaturas estranhas cruza a tela numa alternância de claros-escuros e cores cintilantes, contra um fundo de arcaturas e colunas repetidas ao infinito. Os personagens são levados em deslocamentos incessantes, arrastados em coreografias complicadas, atirados em corridas desenfreadas, imersos em águas sem fundo. Tudo é movimento em *Prospero's Books*, como tudo é movimento nos afrescos de Ixmiquilpan que propulsam suas guirlandas tentaculares entre os corpos superexcitados dos guerreiros e dos monstros.

Em Greenaway, as estruturas "decorativas" insuflam um ritmo coreográfico à representação, instaurando uma realidade fantástica que se abre às invenções mais curiosas: criaturas nuas transformadas em sereias dentro de imensos aquários, selvagens de teatro enfeitados de penas vermelho-sangue, mulheres esfoladas exibindo suas entranhas, *putti* suspensos nos ares e urinando na água das bacias de Próspero... Como em Ixmiquilpan e em Puebla, o inesperado e o monstruoso estão fartamente presentes. Caliban é o abominável irmão do macaco *ozomatli* ou da centaura, e os *putti* de Puebla são os amáveis primos de Ariel.

Em Próspero, a mistura reina soberana. Ao longo de todo o filme, a lista das obras mágicas que o herói coleciona fornece exemplos disso. A ciência do duque de Milão abarca todos os saberes reais e imaginários. As cartas do Inferno percorrido por Orfeu, os relatos de viagens, as mitologias do mundo pesam tanto quanto uma cosmografia universal em que aparece repertoriado o conjunto dos fenômenos do universo. O bestiário de Próspero está repleto de "cameleopardos" e de quimeras. Paródia d'*As metamorfoses* de Ovídio, um Livro XIX, intitulado *As noventa e duas corjas do Minotauro*,[3] faz o inventário das progenituras bestiais mais famosas. Ali encontramos as criaturas cuja monstruosidade Caliban partilhava: centauros, sereias, lobisomens, harpias ou vampiros. No livro das mitologias, "ninfas e *putti* [...] esforçam-se para virar a página seguinte, a fim de liberar os ocupantes do capítulo que se abre — faunos e hamadríades já brigando para sair".[4]

A hibridação irriga esses afrescos animados em que o fantástico e o mágico convivem lado a lado com o monstruoso. Ela está para *Prospero's Books* assim como a mestiçagem está para *The Pillow Book*. A dinâmica do filme decorre de sua capacidade de fundir as formas, os gêneros e os registros da tradição ocidental.

As imagens se superpõem na tela, produzindo um espaço em que se cruzam cinema, dança, ópera e teatro. A própria ilha de Próspero é indeterminada, situada a meio caminho entre a ficção da fábula e a realidade dos reinos terrestres. A hibridação, como a magia do duque, abre caminho a todo tipo de apropriação: despreza as lógicas ordinárias, abala as leis da verossimilhança, do espaço e do tempo, ignora as leis da gravidade, ludibria as convenções da representação, arriscando-se a deixar os espectadores perdidos: Próspero não é simultaneamente ele mesmo e os outros personagens de *A tempestade*?

Contudo, o híbrido preserva uma coerência relativa. *Prospero's Books* não é apenas um amontoado de imagens heterogêneas e incompreensíveis. Por mais que a fantasmagoria crie a surpresa e o imprevisto, ela repousa em alguns princípios que instauram "condições formais mínimas".[5] Assim, a montagem das citações, o jogo das imbricações e das colagens que desnorteiam o espectador seguem a mesma ordem da representação dos livros mágicos de Próspero. A complexidade desconcertante do filme baseia-se, na verdade, numa gama reduzida e repetitiva de elementos.

Ao desenvolver as virtualidades do híbrido e do bizarro, ao cultivar as forças do artifício e do ornamental, Greenaway inventa imagens que o espectador deve decifrar. A tela está repleta de símbolos, alusões e associações subtraídas ao olhar superficial. Os 22 livros de Próspero constituem dicionários de símbolos que devem ser consultados à maneira da *Iconologia* de Cesare Ripa ou dos *Emblemas* de Alciat.[6] O espectador atento é convidado a decifrar a imagem assim como se decifra um livro de magia, com a necessária lentidão e voltando atrás, o que, hoje, o uso do videocassete possibilita. Hibridação e hermetismo são sócios, como se o esforço para localizar as conexões secretas entre as coisas devesse se cercar de mistério e vencer os obstáculos.[7]

Hibridação, hermetismo, complexidade, imagem em movimento: os temas que *Prospero's Books* mistura sugerem novas perguntas a ser feitas às pinturas mestiças do México, sobre as relações entre hibridação e mestiçagem, entre organização e complexidade, e sobre o trio tão prolífico que por tanto tempo foi formado pelo maneirismo, pelos grotescos e pelo ornamental.[8]

A ARTE DOS GROTESCOS

Ao cultivar a arte de misturar o híbrido e o ornamental, *Prospero's Books* inspira-se na ornamentação maneirista e, mais especificamente, na tradição dos grotescos. Não foi justamente a esse exercício que nossos artistas mexicanos também se dedicaram, quatro séculos antes, em seus ateliês da Nova Espanha?

Quando os *tlacuilos* começaram a reproduzir formas importadas da Europa do Renascimento, ignoravam que a voga dos grotescos datava dos últimos anos do século XV, quando o acaso da descoberta do palácio de Nero, a *Domus Aurea* (1480), revelou frisos que os artistas europeus se apressaram em imitar.[9] O que se seguiu é conhecido. As *grotte* (grutas) de são Pedro in Vincoli — que se imaginava serem o antigo palácio do imperador Tito — teriam inspirado Giovanni da Udine e Rafael. Graças a eles, o emprego dos grotescos espalhou-se na Itália renascentista.[10] Em Ro ma, os da sala de Perseu, no castelo Sant'Angelo, pintados por Perino del Vaga (1543-8), são um extraordinário exemplo de grotescos. Textos como a coletânea anônima *Leviores et extemporaneae picturae quas grotteschas vocant* revelam o interessse e as resistências despertadas por esse modo de representação. Um dos primeiros historiadores de arte italianos, Giorgio Vasari, é inclemente com a nova moda: "Os grotescos são uma espécie de pintura licenciosa e muito ridícula que os antigos faziam para ornamentar espaços vazios...".[11] Que Vasari não leve a mal, mas os

Grotescos europeus, Veneziano, Itália, c. 1520. (Coleção do autor.)

grotescos não são um fenômeno anedótico ou marginal. Exploram tendências presentes na arte que domina a Europa do Renascimento — o maneirismo — e que se tornara uma linguagem universal — a do império dos Habsburgo.[12] O maneirismo atribui um papel privilegiado à decoração, como nos ensina a voga do teatro, das grandes máquinas e dos *intermezzi* em que intervêm coreografias fantásticas e apoteoses deslumbrantes. As extravagâncias de Arcimboldo — sua *Alegoria do fogo* data de 1566 —, os versos burlescos de Bronzino, a busca de associações sonoras e mentais que juntam elementos heterogêneos em mosaicos sutis são criações maneiristas. E, do mesmo modo, as famosas *Wunderkammern* — essas cavernas repletas de tesouros e das curiosidades mais incríveis —, as esculturas de Bomarzo, as cariátides de Milão e de Gênova.[13] Preferindo o movimento à forma estável, o maneirismo apaixona-se pelos fenômenos estranhos, insólitos e monstruosos, fazendo triunfar o gosto pelo bizarro e pelos caprichos, "pela metamorfose e pela ilusão".

DA ESPANHA ÀS AMÉRICAS

Os grotescos italianos invadem a Europa e a península Ibérica. Logo encontram em Castela um terreno favorável. a herança do estilo mudéjar e do isabelino e a voga do estilo plateresco mantêm na região um gosto pronunciado por arabescos, candelabros, bestiários fantásticos[14] e medalhões italianizantes. Como em todo o resto da Europa, a tradição medieval semeou suas criaturas monstruosas nas margens dos manuscritos e nos muros esculpidos das igrejas. As "fantasias platerescas" entram nas composições ornamentais que repetem à farta o mesmo motivo, dando-lhe grande uniformidade, acentuada pela fraca espessura dos relevos.[15]

A crer em frei José de Sigüenza, os grotescos teriam sido introduzidos na Espanha por Julio de Aquilis e Alexander Mayner, ambos mortos por volta de 1530.[16] Esses artistas tinham ido a Ubeda, na Andaluzia, decorar o palácio do secretário do imperador, Francisco de los Cobos (1477-1547), antes de decorar o palácio real de Alhambra, em Granada, onde deixaram obras a têmpera e afrescos. Desde então, os grotescos proliferam nos frisos e nas pilastras; cobrem os cofres dos retábulos, depois se espalham nos trajes dos grandes vultos, sem deixar mais nenhum vazio. Os motivos eram os mesmos da Itália; "grotescos, vinhas, folhagens e coisas animadas" surgiram nos pincéis de artistas de maior ou menor talento. Ao menos é o que nos explica, um século depois, o pintor Francisco Pacheco (1564-1654) em sua *Arte de la pintura* (1649), um dos grandes tratados da pintura espanhola do Século de Ouro.[17]

Na Europa, a voga do maneirismo e dos grotescos foi mais marcante nas regiões que haviam conhecido o gótico flamejante e que a estética do Renascimento só tocara superficialmente: foi o caso da Espanha e, mais ainda, da Alemanha e dos Países Baixos.

É sob a égide dessa Europa nórdica e ibérica, unida sob o cetro de Carlos V, e depois de Filipe II, que desabrocham os maneirismos americanos. Desde os anos 1540, a pintura de *romano* (ou de grotescos) espalha-se na Nova Espanha. Em Mérida, na distante Yucatán, o palácio dos Montejo é ornamentado de bustos, medalhões e grotescos.[18] Cerca de vinte anos depois, dois pintores europeus de talento instalam-se no México, onde contribuem para o êxito das formas novas: o sevilhano Andrés de Concha e o flamengo Simon Pereyns.[19] O primeiro trazia o estilo de Luis de Vargas, o segundo introduzia um pouco dos ares nórdicos que sopram nas pinturas de Martin de Vos e de Franz Floris.

Mas o maneirismo hispano-flamengo não desembarcava em terras virgens. É bem possível que a tradição indígena tenha espontaneamente facilitado a adoção da ornamentação maneirista, como ocorrera do outro lado do Atlântico com o gótico flamejante e o plateresco. O gosto indígena — *la natural inclinación* — pela ornamentação — o *ornato*, na terminologia espanhola do Renascimento — não escapara aos monges:

> Eram tão dados ao esmero deles [dos templos] que os havia em todas as aldeias, grandes como pequenos, muito bonitos e apurados e ornados com toda a maior beleza que seu entendimento podia alcançar, e depois da cristianização tanto se esmeraram neles que causa admiração.[20]

Essa predisposição transparece na opinião de Motolonía a respeito dos pintores indígenas formados antes da Conquista: "Antes *eles só sabiam pintar* flores, pássaros ou *espécies de grotescos*, e se pintavam um homem ou um cavalo faziam-no tão feio que ele parecia um monstro".[21] A visão que o franciscano tem da arte local abarca um conjunto de motivos — plantas, animais, monstros, "estilo romano" (grotescos) — que poderiam facilmente entrar na composição de um friso de grotescos. Na verdade, desde os anos 1540, não só os artistas indígenas eram confrontados com monges que tinham intimidade com o "estilo romano" e amostras dessa nova arte, como também realizavam sem dificuldade *romanos y bestiones*, ou seja, "ornamentos com grotescos e monstros".[22] Nisso eles foram excelentes, com a bênção da Igreja! Quase meio século mais tarde, o Terceiro Concílio mexicano encoraja vivamente os índios a pintarem "flores, frutas, animais, pássaros e grotescos [...] e qualquer coisa para evitar a irreverência causada pelas más pinturas de santos".[23] O que não significa que os grotescos tenham sido uma unanimidade: desde os anos 1560, pintores espanhóis se insurgiam contra a proliferação de imagens "indecentes e ridículas" e, um quarto de século depois, outros conti-

Horas da Santa Virgem Maria, Pierre Ochart, México, 1576. (Coleção do autor.)

nuavam a exigir que se proibisse a representação de sátiros e outras criaturas fabulosas nos retábulos das igrejas.[24] Acrescentemos que a predominância da pintura sobre a escultura, explicável por motivos técnicos e didáticos, também serviu para a difusão dos grotescos, embora eles existam em versões esculpidas.[25]

Mais ainda que os pintores, foram os livros ornamentados de gravuras e os frontispícios ricamente decorados que introduziram a ornamentação maneirista na América. Impressos na Espanha ou nos Países Baixos, eles ofereciam repertórios acessíveis que os espanhóis e os índios se apressavam em explorar, na falta de poderem copiar os monumentos inalcançáveis da distante Europa.[26] Apesar das guerras de religião que a assolavam, e apesar da instalação no México e em Lima de uma Inquisição que vigiava de muito perto o comércio dos livros, as publicações de Lyon, de Paris e da Europa do Norte (Antuérpia) não pararam de chegar aos livreiros do Novo Mundo, e, com elas, ocupando as margens ou exibidas nos frontispícios, as manifestações do maneirismo nórdico. A isso se somará, a partir de 1539, a produção das gráficas da Cidade do México. Impressores de origem italiana (o lombardo Juan Pablos), espanhola e francesa (o ruanense Pierre Ochart) sabiam fazer obras de apresentação caprichada.[27] Além dos livros que majoritariamente tinham um conteúdo religioso, circulavam *folletos* e folhas avulsas (*pliegos sueltos*) que tratavam de temas edificantes ou poéticos. Mais numerosas, menos dispendiosas, embora mais frágeis que os livros, essas páginas também difundiam ornamentos maneiristas.[28]

O repertório de imagens fantásticas e grotescos ampliava-se à medida que o material ia chegando, e aos monges e índios só cabia irem explorando esse fundo prolífico extremamente diversificado. Assim é que encontramos, em obras tão diferentes como o romance de cavalaria *Tirant lo Blanch*, as *Constitucions*, de Fernando, o Católico, ou a *Gramática latina*, de Nebrija, cenas de combates de Centauros contra Lápitas, que prefiguram, a quase um século de distância, os afrescos da igreja de Ixmiquilpan.[29]

Os grotescos podiam aparecer em qualquer obra e entrar nas montagens mais inesperadas. Um livro de *Horas da Virgem* publicado no México em 1567 abre-se com uma gravura de Nossa Senhora de Montserrat, de feitura gótica tardia. A Virgem está no alto, acima do mundo. Traz no colo o Menino Jesus e domina uma paisagem de rochedos escarpados, com crucifixos e algumas casas.[30] A imagem pia está enquadrada por criaturas fantásticas e grotescos cujas poses e cujo estilo se situam no extremo oposto da austeridade hierática da gravura central. As esfinges aladas lembram as criaturas da sala ducal do palácio pontifical (Vaticano) e do Palazzo Vecchio de Florença.[31] Quanto à cabeça com chifres, tem um *pendant* na sala de Apolo do castelo Sant'Angelo e na vila Emo de Fanzola.[32] O impressor é ninguém menos que o ruanense Pierre Ochart. Ele é da colônia de europeus do Norte que aclimatam as modas setentrionais no México espanhol: vários motivos do frontispício evocam criações do decorador Cornelis Bos (1510-*c.* 1570), que datam de meados do século.[33] O resultado é um híbrido renascentista que associa sem complexos nudez pagã e máscaras careteiras com a expressão da piedade mariana. Tudo isso traduzia o clima da época: basta pensar que foi outro livro de horas, o de Alexandre Farnese, uma das primeiras obras manuscritas a se enriquecer de grotescos.[34] Quatro anos depois, a mesma montagem ilustrará um catecismo em língua huasteca, que talvez tenha passado, ainda mais que o livro *Horas da Virgem*, por mãos indígenas.[35]

A LIBERDADE DOS GROTESCOS

O frontispício de Pierre Ochart sintetiza a um só tempo a audácia e as rotinas da ornamentação maneirista. Na Europa como no México, os grotescos propõem aos pintores uma gama extensa de expressões em que a imaginação pode se exercer em absoluta liberdade. Todos os amálgamas parecem possíveis, mesmo entre os elementos mais diferentes e disparatados. As formas encadeiam-se por uma espécie de automatismo associativo que justapõe ou conjuga elementos que, *a priori*, tudo separa. Em princípio, só prevalece a "força impetuosa do gesto do pintor e da anti-regra (*antiregola*) inexorável do contra-senso". Em princípio, os artistas podem inventar "coisas sem regra nenhuma, prender a um fio minúsculo um peso que ele não consegue suportar, aplicar pernas de folhagem num cavalo ou patas de grua num homem".[36]

"Paradigma de uma licença criativa e fantástica cada vez mais acentuada no correr do século",[37] emancipados da servidão do verdadeiro ou do verossímil, os grotescos italianos rejeitam as obrigações da decência.[38] Por todas essas razões, os grotescos permitem uma reversão da representação ocidental, tal como a concebe o humanismo do Renascimento. Como André Chastel demonstrou, "o campo dos grotescos é, pois, exatamente a antítese daquele da representação, cujas normas eram definidas pela visão perspectiva do espaço e da distinção, da caracterização dos tipos".[39]

Essa liberdade não passa despercebida. Grande crítico das imagens antigas e porta-voz da Igreja tridentina, o cardeal Paleotti condena os grotescos em nome da razão, da natureza, do verossímil e da decência.[40] Na Espanha, o pintor e teórico Francisco Pacheco alarma-se com o êxito universal de uma técnica que invadiu todos os espaços, civis e eclesiásticos. O pintor desaconselha fortemente seu emprego num ambiente sacro. Havia que expulsar da decoração das igrejas e dos objetos religosos essas legiões de rostos horrorosos, sátiros e cariátides selvagens, e reservar seu uso aos aposentos privados (*camarines*) dos palácios e das residências da aristocracia.[41]

Transportada e aclimatada em terras americanas, num contexto de ocidentalização, colonização e cristianização, a liberdade oferecida pelos grotescos assume nova dimensão. No México, os pintores índios descobriam nos grotescos europeus a inversão ou a negação da ordem visual que a Igreja pretendia impor-lhes. Uma ordem fundada num espaço humano em três dimensões, regido pela lei da gravidade e que privilegiava um antropomorfismo sistemático. Os grotescos indicavam outro caminho, que, por um acaso inesperado, coincidia com o da tradição ameríndia. Afinal, não se encontravam nos códices pré-hispânicos traços típicos dos grotescos, como "a negação do espaço", "a ausência da gravidade nas formas" e "a proliferação insólita dos híbridos", espalhados sobre fundos de uma cor só? Jogando com a disposição simétrica dos motivos, os códices organizavam as composições e sacrificavam a expressividade dos personagens. Todos esses traços eram comuns aos grotescos italianos e às "pinturas" mexicanas.

Uma razão adicional pode ter aguçado o interesse indígena pelos grotescos. Estes dão as costas para o que constitui o objeto mesmo da representação ocidental: a narração. Subvertem as regras dessa narração, fixadas pela retórica medieval: os princípios da imitação e da verossimilhança. A arte, segundo os textos aristotélicos, só podia ser uma mimese do verdadeiro e do verossímil. Ora, tanto quanto os códices mexicanos, os grotescos não se preocupam em restituir a realidade imediata, embora dela retenham — como, aliás, os códices — elementos ou fragmentos.[42]

Um retorno à Itália evidencia a proximidade formal dos grotescos com os códices do México antigo. Parma abriga conventos cujas pinturas muitas vezes chamaram a atenção dos historiadores de arte, mas também abriga conjuntos fantásticos de grotescos que o acaso de uma viagem à Itália, no inverno de 1997, me fez descobrir. Como esquecer o encanto singular que emana das abóbadas da biblioteca de San Giovanni Evangelista, a poucos passos do Duomo? Pintada entre 1573 e 1575, a biblioteca do convento é ornamentada com pinturas quase tão enigmáticas como as dos códices mexicanos. Coisas banais, objetos estranhos, animais exóticos, sinais esquisitos, dispostos contra um fundo uniforme, compõem um conjunto surpreendente de grotescos, cuja finalidade, visivelmente, não é decorativa. A obra lembra certos códices mexicanos, quando estes são abertos em todo o seu comprimento. A arrumação evoca mais as pictografias indígenas do que textos alfabéticos. É verdade que essas semelhanças formais não conseguiriam eliminar a distância que separa os grotescos italianos dos glifos pré-colombianos.[43] Mas foi em torno desses parentescos visuais — e às vezes só em torno deles — que se estabeleceram profundos intercâmbios entre os dois universos.

Florença confirma o que Parma sugere. A Galeria dos Ofícios não é apenas um dos mais belos museus do mundo; suas paredes estão cobertas de grotescos, sendo que alguns se inspiram nos códices mexicanos que eram colecionados pelos Médici.[44] O visitante que consegue desprender os olhos das obras primas da arte italiana descobrirá, no alto das abóbadas da armaria, guerreiros mexicanos e serpentes fantásticas agarrados na trama convencional da ornamentação maneirista. O réptil americano esgueirou-se nos bestiários fantásticos do Renascimento com o mesmo desembaraço com que os grotescos de Ixmiquilpan se indigenizaram. Outra grande surpresa foi reconhecermos nos chapéus das dançarinas dos Intermédios de 1589 — uma festa florentina, famosa durante muitos anos, e magistralmente estudada pelo historiador de arte Aby Warburg — penachos de plumas semelhantes aos que exibem os guerreiros de Ixmiquilpan. Não que os afrescos da cidadezinha mexicana tenham inspirado o creiom

Grotescos, biblioteca de San Giovanni Evangelista, Parma. (Direitos reservados)

Guerreiros mexicanos, Ludovico Buti,
Galeria dos Ofícios, Florença. (Direitos reservados)

de Bernardo Buontalenti,[45] mas, nos dois casos, a milhares de quilômetros de distância, as mesmas tradições se cruzaram.

Essa apropriação permanece um fenômeno excepcional, mesmo se ocorre numa das grandes capitais do Renascimento italiano. É um dos raros casos em que a arte européia se mostrou capaz de absorver formas mexicanas. Seja como for, é notável que os grotescos tenham permitido trocas entre os dois mundos: os pintores índios de Puebla e Ixmiquilpan exploravam o repertório europeu no exato momento em que os de Florença se inspiravam nos códices mexicanos. Uma vez que nossa intenção é localizar itinerários, engrenagens e processos de mestiçagens, parece que temos aí o elo de uma corrente tão essencial quanto pouco estudado.[46]

Aos olhos dos índios, a ornamentação maneirista era capaz de se tornar uma forma de substituição à arte figurativa cristã. Seu caráter periférico, ou subalterno, fazia com que fosse menos invasora e mais atraente para os artistas indígenas. Abrindo um espaço de relativa liberdade na ordem visual ocidental, os grotescos podiam inspirar os índios curiosos por formas novas e preocupados em salvaguardar — ou revivificar — elementos de sua tradição.

RECEITAS SIMPLES

A atração de um estilo ou de um modo de expressão está fortemente ligada às facilidades que sua reprodução oferece. Apesar da aparência estranha e inesperada, os grotescos são criações estereotipadas. Paradoxalmente, o desprezo pelos princípios dominantes, a *antiregola*, tem suas regras. O repertório iconográfico é não só limitado, como também é bastante convencional: os mesmos ornatos, os mesmos objetos se repetem à farta, guirlandas vegetais, quimeras, festões, candelabros proteiformes, máscaras, figuras voando ou em equilíbrio precário etc.

Portanto, logo cedo o respeito pelas formas confinou a inventividade e a espontaneidade ao *savoir-faire* ou à "maneira". A partir daí, só a qualidade da execução mantém a ilusão de um improviso contínuo, de uma imaginação desenfreada, como se a habilidade do pincel se substituísse à vivacidade de um espírito fervilhante de fantasias. Mas esse programa não passa de um ideal ao alcance dos mais dotados. Em geral, a realização de grotescos é menos exigente. E isso é mais um atrativo incontestável para a mão-de-obra indígena que não se sente necessariamente à vontade nas grandes composições figurativas.

Na Europa como na América, a realização dos grotescos é, por via de regra, um trabalho de equipe, repetitivo, baseado numa divisão mecânica das tarefas e que recorre a todo tipo de truques e técnicas de reprodução.[47] Foi graças a decalques que os grotescos cobriram as paredes de Puebla e de Ixmiquilpan. Repetindo e invertendo o desenho inicial, os pintores cobriram facilmente a superfície de que dispunham. A esse esquema de base eles podiam acrescentar os arranjos e as interpretações que inventavam. Em Ixmiquilpan, o recurso ao decalque foi acompanhado de uma mudança de escala, que propulsou o ornamental para o centro do espaço figurativo. As paredes da igreja São Miguel Arcanjo receberam gigantescos grotescos cujas ondulações ritmam tanto a repartição dos elementos decorativos como a "paginação" das cenas de combate. Na verdade, os pintores índios nada inventaram. Apenas exploraram uma virtualidade espacial desse modo de expressão: a capacidade de transbordar as margens, assim como um rio sai de seu leito, para organizar o conjunto da representação. É o que acontece na Europa, onde os grotescos ultrapassam seu campo de aplicação e tornam-se os "codici di aggregazione di un intero organismo architettonico": são os

Rollwerk nórdicos ou o "estilo monstruoso".[48] É o que acontece também nos Andes, onde "os grotescos deixam de ser decorações estritamente subordinadas à arquitetura e tornam-se relevos de grande dimensão, cuja importância iguala ou ultrapassa a dos elementos arquiteturais. [...] Ampliados diversas vezes, os grotescos produzem um forte impacto no espectador".[49]

CRIAR E CONCEBER O HÍBRIDO

Se o imprevisto, o estranho, o surpreendente obedecem a convenções e processos estilísticos, também remetem, de modo mais implícito, a uma concepção da natureza e das infinitas possibilidades cultivadas pelos homens do Renascimento.[50] No século XVI, as curiosidades decorrentes dos grandes descobrimentos, as heranças do paganismo da Antiguidade, o gosto pelo maravilhoso e a influência do sobrenatural cristão mantêm um estado de espírito que não se constrange diante da verossimilhança e que acredita nas misturas das espécies. A esse respeito, a obra de Ovídio é bem a "Bíblia do transformismo" renascentista.[51] "Por todas aquelas fábulas ele não quer dar a entender outra coisa senão que na natureza das coisas as formas mudam continuamente, [sendo] a matéria não perecível."[52] O êxito d'*As metamorfoses* deve-se muito ao fato de a obra coincidir com idéias que ultrapassam amplamente os círculos humanistas e que encontramos também entre intelectuais, médicos, sábios e cronistas.

O que é híbrido atrai os espíritos do Renascimento, atentos a todas as criações da natureza, e em especial às que se encaixam entre os gêneros e as categorias clássicos. Daí o interesse pelos monstros e animais estranhos, manifestado por um Jérôme Cardan ou um Ambroise Paré. Na verdade, a curiosidade não é nova.[53] Os monstros não são considerados criaturas demoníacas e ameaçadoras que escaparam ao inferno, mas sinais que cada um de nós pode repertoriar e decifrar.[54] Situados nas fronteiras dos reinos, esses prodígios manifestam a riqueza ilimitada da criação — "a imensidão da obra divina" (Montaigne) — e revelam continuidades ali onde a aparência parece erguer fronteiras intransponíveis:

> A noção de média natureza, tão freqüentemente explorada pelos naturalistas do Renascimento, confere uma espécie de justificação teórica e de sentido na ordem do mundo à existência de sereias e centauros, de esfinges e grifos e diversos outros monstros que abundam nas decorações dos grotescos.[55]

É a existência dessas "relações" (Montaigne) entre os reinos — isto é, as correspondências entre os elementos aparentemente mais incompatíveis e mais dessemelhantes — que os grotescos revelam. E também a de estágios intermediários como os pintados por Arcimboldo, a respeito dos quais não se sabe se pertencem ao mundo dos homens ou ao reino vegetal, ou ainda os evocados pelo protestante Du Bartas: "Dois animais de espécie diversa contra a ordem comum [...] formam um animal" cujo "corpo bastardo tem muitos traços de uma e de outra parte". As guirlandas de flores que se transformam em seres humanos apenas enunciam outras variações em torno do mesmo tema.

O híbrido não é a marca deixada pela continuidade da criação. É o produto de um movimento, de uma instabilidade estrutural das coisas. Será um acaso Ovídio se interessar mais pelas formas transitórias, pelas etapas da passagem e da transformação do que pelo fruto consumado da metamorfose?[56] O híbrido é também o resultado espetacular de uma "simpatia" dentro de um universo repleto de uniões e enfrentamentos. Essas regras de simpatia e antipatia que ordenam o mundo do Renascimento ritmam do mesmo modo as imagens pintadas no México: é a antipatia que desencadeia os combates entre índios e centauros em Ixmiquilpan, é a simpatia que explica a vizinhança, ou melhor, a conivência dos macacos e das centauras em Puebla.

Tal concepção da natureza apóia-se numa forma de pensamento que privilegia o reflexo ou *aemulatio*, a semelhança sem contato, as similitudes externas ou internas.[57] Enfatizando as continuidades ocultas, esse pensamento analógico explora o real e o imaginário sem se preocupar com os limites que os distinguem ou os opõem. Indo a fundo nas múltiplas possibilidades de uma criação que ainda não estaria acabada, ele escruta os diferentes registros do verdadeiro e do verossímil. Em vez de rejeitar o exótico, o estrangeiro, o alhures, lugar de uma alteridade inacessível e quase sempre demoníaca, ele procura integrá-los nas apresentações — ou nas representações — que conciliam a surpresa e a harmonia. Às vezes, ainda, pega os caminhos mais discretos do hermetismo e da magia, como nos lembraram os livros de Próspero, e até mesmo os caminhos da filosofia e do neoplatonismo.[58]

Os cruzamentos a que se prestam a história natural e a linguagem ornamental do Renascimento dão conta, abundantemente, de tal estado de espírito. Esse tipo de pensamento também se exprime com facilidade em formas literárias ou materiais: daí os livros como os *Ensaios*, que são montagens e cultivam a fórmula das misturas.[59] Daí os objetos de arte acumulados no gabinete dos colecionadores: náutilos, ovos de avestruz, corais lindamente montados, que constituem criações artificiais cujas linhas rebuscadas e cujos materiais preciosos são uma continuação das formas da natureza.[60]

Os mosaicos de plumas que os europeus trazem do México e que provocam a admiração dos colecionadores do Renascimento, até dos papas e dos prelados da Igreja romana, oferecem outro exemplo disso. Os amadores acham que é pintura o que, na verdade, não passa de reflexos furta-cor dos pássaros tropicais. Em Roma e no resto da Itália, sábios e colecionadores extasiam-se diante dessa manifestação perfeita do *Theatrum naturae*.[61] Em Bolonha, o naturalista Ulisse Aldrovandi (1522-1605) dedica várias páginas de sua *Ornithologiae* aos mosaicos de plumas do México e lembra que o cardeal Paleotti lhe oferecera um *São Gerônimo* que ele mandara colocar em seu museu de Bolonha e que não se cansava de admirar.[62]

Assim, os gabinetes reúnem uma quantidade de objetos raros e montagens audaciosas que embaralham as fronteiras entre a arte e a natureza, entre o objeto distante e a tradição local, entre os costumes religiosos e os costumes mágicos. Seu papel não é diferente daquele dos grotescos, que abrem passagens entre os reinos. As criaturas que os povoam, apesar de inverossímeis, freqüentemente mantêm-se muito próximas das que ornam as pranchas das obras de história natural e das cosmografias publicadas na época.[63]

Essas curiosidades demonstram que o pensamento renascentista não se imobiliza em esquemas rígidos e fechados que o artista ou o escritor aplicariam sobre o mundo que os cerca ou sobre as realidades que descobrem. Ao cultivarem o paraxodo e a contradição, é isso que os grotescos demonstram, até mesmo nas pequenas cenas por todo lado repetidas, em que o pintor tem o perverso prazer de negar as leis da gravidade. Busca de continuidade, procura de "simpatia", detecção de relações subjacentes mas essenciais: as criações híbridas do Renascimento têm, portanto, suas linhas formais e suas constantes. Longe de expressarem combinações arbitrárias ou colagens aberrantes, traduzem relações secretas, encenando ludicamente as similitudes.[64]

Os novos saberes ligados aos Descobrimentos são mais influenciados do que se pensa pela nova maneira de ver as coisas. Mesmo quando se manifesta em formas de certo modo desvirtuadas, é ainda essa nova visão das coisas que contribui para lançar passarelas entre o Velho e o Novo Mundo. Quando Las Casas examina as religiões da América, não se contenta com alusões eruditas às mitologias e religiões antigas. Multiplica as comparações e desenvolve um pensamento analógico ao destacar similitudes entre dados que aparentemente tudo separa.[65] Esse estado de espírito inspira-lhe opiniões desconcertantes, como a que apresenta sobre a admirável religiosidade das sociedades dedicadas ao canibalismo e aos sacrifícios humanos. É também a busca de semelhanças que faz o franciscano Motolonía descobrir os "filósofos e astrólogos de Anahuac [o México dos nauas]" e compará-los aos "filósofos de nossas nações"; é pela mesma razão que o monge evoca "*la filosofia de Anáhuac*", que ele coloca no nível das "manifestações e dos sinais da habilidade natural dos naturais deste país".[66]

Para tanto, os grotescos nunca propõem uma filosofia em imagens. Salvo poucos exemplos, eles não são pinturas com programas.[67] Mas exprimem uma abertura para o mundo estimulada pelo gosto imoderado por todo tipo de combinações, desde que façam sobressair laços preexistentes e observem certas regras de simetria e proporção. Tais exigências canalizam as hibridações imaginadas pelos pintores, orientando permutações, substituições e acoplamentos. Em suma, a Europa do Renascimento é capaz não só de conceber o híbrido,[68] mas de produzi-lo em forma de grotescos, poesias macarrônicas ou cenários lúdicos mais ou menos efêmeros.

Essa forma de pensamento contrastava com o maniqueísmo cristão, mas nem por isso a ele se opunha. Aos espíritos curiosos, aos não-conformistas de todo bordo, mas também às elites indígenas do México e do Peru, ela abria horizontes mais acomodatícios. A idéia de que havia semelhanças e parentescos secretos entre os reinos não surpreendia os mexicanos, embora interpretassem essas semelhanças de modo totalmente diverso. Os artistas índios tinham, pois, diversas razões para se interessar pelos grotescos. A técnica abria um campo para sua imaginação e seu gosto pelos amálgamas, sem falar das facilidades de execução e de um pano de fundo intelectual a que provavelmente nem todos eles eram insensíveis. Apossando-se dos grotescos, os *tlacuilos* desvirtuavam o prestígio e talvez a sacralidade da arte dos vencedores em benefício de seu próprio mundo.

8. A linguagem dos grotescos e dos glifos

Podemos deduzir que essas particularidades dos afrescos de Correggio, que o historiador de arte moderna tem tendência a destacar como anomalias ou a condenar como puros erros, poderiam muito bem ser o produto, não de uma falta, mas de um excesso de conhecimento e de sofisticação intelectuais.

E. Panofsky, *La Camera di San Paolo du Corrège à Parme*

Retorno a Parma. O mosteiro de San Paolo ergue-se a meio caminho entre o Palazzo della Pilotta e o Duomo. Deve sua fama ao quarto decorado por Correggio. É freqüente esquecermos o quarto que, antes dele, Alessandro Araldi ali realizou, embora as duas salas tenham a mesma origem.[1] No início do século XVI, Giovanna da Piacenza, mulher culta, abadessa beneditina de San Paolo, encomendou decorações tão surpreendentes e luxuosas como as da residência do decano de Puebla. Se os escândalos que mancharam a existência da abadessa italiana e a juventude do decano espanhol,[2] e se o mundanismo que cultivavam em torno de si aproximam essas figuras fascinantes e sofisticadas, o que os une, para nosso deleite, é, por cima dos mares, a paixão de ambos por determinadas formas.

OS GROTESCOS DE PARMA

Pintadas em estilos muito diferentes, as duas câmaras do convento de San Paolo revelam de que maneira imagens e jogos ornamentais podem transmitir idéias filosóficas, associando paganismo e cristianismo, e afirmar com elegância as atitudes, esperanças e vitórias daquela que foi a responsável pela encomenda: a abadessa Giovanna da Piacenza. Essa mulher, em luta permanente contra Roma, que queria fechar seu mosteiro, pretendia deixar uma lembrança esplêndida de sua passagem pela Terra, convocando os melhores pintores e os mais finos espíritos.

Na câmara pintada por Alessandro Araldi, os grotescos atapetam quase toda a abóbada e emolduram cenas bíblicas que exaltam as qualidades da abadessa. Além das cenas bíblicas tiradas do Velho e do Novo Testamento, o cenário inclui hieroglifos — extraídos de uma obra então famosa, a *Hieroglyphica*, de Horapollo — e "*exempla* seculares de virtude e piedade". O amador reconhece a história da licorne que foi se refugiar no colo de uma virgem, o triunfo contra a injustiça, simbolizado por um macaco — o animal possui aqui sentido totalmente diverso do de Puebla —, bem como uma seleção de ilutrações inspiradas em cultos pagãos: sacrifício e ritos em torno de oferenda nos altares, veneração da estátua de Apolo, cortejo de uma sacerdotisa de Juno, evocação da deusa Ceres em busca da filha Prosérpina. Referências à Antiguidade e referências cristãs sucedem-se livremente, criando um universo em que coexistem o mundo pagão e o da Bíblia, egocentrismo e jogos do espírito. Essas alusões explícitas e lisonjeiras não devem surpreender, quando se sabe que vêm da parte dos beneditinos. Na verdade, elas nos confirmam que o cristianismo do Renascimento sabia muito bem adaptar-se às lembranças dos cultos que o haviam precedido, multiplicando suas imagens dentro de seus próprios santuários. É provável que o paganismo fosse aqui apenas um reservatório de alegorias e metáforas a serviço do cristianismo. Mas é justamente esse modo de recuperação que legitima a presença dos grotescos num recinto eclesiástico.

O jogo não proibia certas ousadias. Os *Faustos* de Ovídio, as *Éclogas* de Virgílio fornecem divisas cujas alusões ao destino cego parecem ter encantado nossa abadessa, numa época em que essa concepcão era "a *bête noire* da teologia cristã".[3] O culto à Antiguidade incitava também a explorar obras tão licenciosas como a *Ode a Príapo*, do poeta Tibulo, o que demonstra a que ponto os amigos de Giovanna sabiam cultivar o espírito antigo. É fácil imaginar que essas insinuações, invisíveis para o fiel comum, não tivessem nenhum mistério para o amador esclarecido.

Os grotescos que ornamentam a esplêndida abóbada, acima do visitante, são um ator cabal do cenário. Participando ativamente da encenação das pinturas, eles criam uma ressonância entre os diferentes temas do programa composto à glória da abadessa: são tritões e *putti* alados carregando um globo, símbolo do poder, que anunciam o triunfo de Giovanna. Mas têm também uma segunda função, mais essencial, pois fazem a ligação entre o círculo dos quadros pagãos e o das cenas bíblicas. Esfinge, máscaras, *putti* e pássaros, nereidas e tritões, grifos de cabeça humana, todas essas criaturas povoam um universo intermediário a que cada uma dá sua alegre contribuição. Algumas retomam de forma explícita a mensagem das figuras pagãs: como a nereida que dá o seio a dois pequenos centauros e que está acima da Caridade romana, que por sua vez amamenta o pai. Em outro lugar, *putti* de pé e sorridentes sustentam com seus bracinhos roliços quadros e *tondi* de inspiração bíblica, enquanto seres fantásticos cantam e tocam música para Cristo e para os deuses dos Antigos.[4]

Parma abriga outra realização que já nos é familiar: os grotescos da biblioteca do mosteiro de San Giovanni Evangelista. Nesse conjunto — cuja disposição e cujo hermetismo lembram certos traços dos códices mexicanos — a vontade de construir uma linguagem articulada a partir de imagens, grotescos e símbolos é ainda mais visível. A conselho do padre Cattaneo, seus autores, Giovan Antonio Paganino e Ercole Pio, procuraram esgotar as possibilidades do gênero,[5] utilizando os grotescos como escrita, pois fixam nas abóbadas da sala de leitura uma "enciclopédia moral e pedagógica"[6] que desenvolve o tema da *aurea mediocritas*, ou seja, da eqüidade e do justo meio-termo. Associados aos hieroglifos e emblemas que, como se sabe, estavam na moda no século XVI, os grotescos competem com a expressão escrita e alfabética, como se constituíssem o embrião de uma nova linguagem.

Nessa linguagem figurativa, encontramos hieroglifos tirados dos repertórios de Horapollo e de Valeriano.[7] Tais hieroglifos participam ainda de uma tradição do híbrido, pois associam sabedoria cristã e sabedoria egípcia. Dotados de aspecto esotérico e sacro, veiculam uma ciência milenar, que deve revelar a cada iniciado a essência profunda das coisas. Em San Giovanni Evangelista, os hieroglifos se combinam com outros léxicos que também utilizam imagens simbólicas ou alegóricas: são as *imprese* e os emblemas, pelos quais os mestres-de-obras da biblioteca de Parma igualmente se interessaram. O resultado é um cenário em que se misturam quatro línguas — latim, grego, hebraico, siríaco — e uma quantidade inacreditável de objetos, personagens, monstros, animais reais ou fantásticos: elefante, cervo, salamandra, basilisco etc. O jogo das inscrições e imagens confronta o espectador com enigmas cujas chaves residem nas relações de proximidade ou de vizinhança que ele mesmo saberá destacar.

A semelhança entre as abóbadas da biblioteca beneditina e os códices mexicanos não é, portanto, apenas uma ilusão formal. Talvez em nenhum lugar da Europa tenhamos chegado tão perto, sem a menor intenção de fazê-lo, dos modos de expressão ameríndios.

Aliás, poderíamos facilmente aplicar aos códices o que se escreveu sobre a concepção dos hieroglifos no Renascimento: "A imagem substitui os meandros do raciocínio, exprime e fixa na memória a unidade transcendente do conceito, participa da Idéia pela eficácia metafórica de sua figura".[8] Inversamente, as observações que o espanhol Diego Durán dedica aos códices do México poderiam descrever os grotescos de Parma: "As pinturas serviram-lhes de letras para escrever, por meio da pintura e de efígies, suas histórias e suas antiguidades".[9]

Por uma coincidência ainda mais estranha, os glifos mexicanos da água e do fogo têm uma espécie de irmão gêmeo no repertório de Horapollo:

> 43. Pureza. Para pintar a pureza, eles [os egípcios] desenham o fogo e a água.[10]

A bem da verdade, o glifo água/fogo dos mexicanos — *teoatl/tlachinolli* — designa um conceito diferente, o de guerra santa, cujo objetivo é alimentar com sangue fresco e forças vivas as energias do cosmo.[11] A coincidência lembra-nos que o interesse dos europeus por hieroglifos podia cruzar com curiosidades despertadas pelas descobertas do Novo Mundo. Aliás, foi o pintor Dürer, um dos primeiros admiradores dos objetos mexicanos, que concebeu a imagem do fogo e da água a partir do texto de Horapollo.[12]

Nada impedia aos pintores de códice verem nessas formas[13] o equivalente à sua própria tradição. Os grotescos ofereciam repertórios inéditos, diferentes, mas que lhes permitiam traduzir um raciocínio como as pictografias pré-hispânicas ou como as que tinham sido desenvolvidas desde a Conquista e a cristianização.[14]

É certo que não se deve confundir a dimensão metafórica e alegórica dos grotescos com os poderes de evocação da expressão pictográfica dos antigos mexicanos. A noção ocidental de símbolos, em particular, parece muito distante das composições mexicanas que pretendiam mostrar a realidade profunda do mundo e não simplesmente "representá-la". Mas a distância se atenua quando se consideram as idéias ligadas aos hieroglifos na Europa do Renascimento. Estes não eram apenas uma forma superior e codificada de expressão. Para Marsilio Ficino, a imagem hieroglífica encarnava literalmente o conceito.[15] Essas formas estranhas expressavam a essência de uma idéia, eram suscetíveis de traduzir o ideal de uma linguagem natural intimamente ligada às coisas e ao mundo. Nesse caso, os hieroglifos e os grotescos que os acompanhavam teriam tido um poder de revelação bastante comparável ao dos códices mexicanos. Um poder, apesar de tudo, mais virtual que real, quando se pensa que as pinturas de San Giovanni Evangelista apenas realizaram o esboço de um sistema conceitual. Por mais fascinante que seja a abóbada da biblioteca de Parma, a invenção ocidental de uma linguagem visual baseada em hieroglifos, emblemas e grotescos foi uma experiência sem futuro.[16]

As surpreendentes semelhanças entre os glifos mexicanos e as especulações do Renascimento seriam capazes de despertar curiosidades na Espanha ou na Itália? O humanista italiano Pedro Mártir foi provavelmente o primeiro a chamar de "hieroglifos" os glifos do México. Por volta de 1560, os *Comentarios de la pintura*, de Felipe de Guevara, propunham as mesmas aproximações.[17] É um terreno ainda amplamente inexplorado. Uma série de códices pré-hispânicos e coloniais que foram enriquecer as coleções italianas confirma essas curiosidades. Da mesma forma que outros indícios, como o comentário italiano ao *Codex Vaticanus A*,[18] ou como a publicação em Peruggia, em 1579, da *Rhetorica christiana*, de Diego Valadés. Nascido no México de mãe índia e pai espanhol, esse franciscano acrescentou, à suma que escrevera, gravuras representando alfabetos e imagens. As figuras escolhidas eram de origem européia,[19] excetuando-se os desenhos inspirados nos códices mexicanos: assim, o glifo *calli*, "casa", deveria representar a letra E, cuja forma era aproximadamente a sua. Na verdade, não se tratava de inventar um alfabeto figurativo destinado a substituir os alfabetos clássicos, mas de elaborar uma ferramenta que facilitasse aos índios o aprendizado das letras latinas. Apesar de suas aproximações e lacunas, a tentativa demonstra que os glifos mexicanos tiveram a honra de ser impressos e figuraram em livros eruditos. Tornaram-se novos meios de expressão, e enriqueceram as artes da memória no Renascimento.[20]

Será preciso lembrar que a linguagem dos grotescos e a dos códices não são aparentadas? Contudo, de um ponto de vista material e funcional, os dois modos de expressão têm em comum o fato de reunir imagens capazes de traduzir modos de pensamento complexos, apelando para a memória de uma forma totalmente diversa do texto alfabético. Para os pintores indígenas, era essa uma razão a mais para pintarem o que chamavam de *romanos* e *monstruos*. A nova linguagem figurada permitia codificar visualmente um pensamento e, portanto, eventualmente, difundi-lo de modo disfarçado ou distorcido.[21] Os repertórios de híbridos, junto com a fábula, ofereciam aos índios a oportunidade de formularem idéias proibidas e salvaguardarem os vestígios do paganismo banido. Nos muros da igreja de Ixmiquilpan, a ondulação das guirlandas não teatralizava, de modo ostensivo e fantástico, crenças pré-hispânicas que afirmavam o movimento giratório das forças do universo? Os grotescos eram mais cômodos ainda porque tinham um aspecto lúdico e inofensivo, apto a desviar a atenção dos censores, e eram fruto de uma prática artesanal aparentemente sem sentido e repetitiva, concentrada no registro, falsamente inócuo, do ornamental e do decorativo.

Portanto, os grotescos se prestavam a todos os jogos de correspondência entre os registros mais díspares. Quanto à sua leitura alegórica, era uma faca de dois gumes: permitia introduzir um significado ortodoxo nas imagens pagãs, mas não impedia a ninguém neles enxergar mensagens mais subversivas. Por mais incongruente que hoje nos pareça, o macaco de Puebla pode traduzir tanto uma idolatria ridicularizada e domesticada como um paganismo indígena em pé de igualdade com a fábula antiga. As duas leituras são decerto aplicáveis ao simpático animal, e é provável que haja outras mais.

DOS GROTESCOS ÀS *METAMORFOSES*

Os grotescos são formas animadas por uma força exuberante que eles parecem tirar de sua origem vegetal. Em *O último dos mundos*, Christoph Ransmayr traduziu essa vitalidade ao descrever os progressos da vegetação que cobre a última casa de Ovídio em Trachila:

> A vegetação invasora moldava-se sobre as formas que ela abraçava, no início, de brincadeira e como por escárnio, e em seguida continuando a se desenvolver, obedecendo apenas a suas próprias regras de forma e beleza, e terminava cobrindo implacavelmente todos os sinais da engenhosidade humana.[22]

Algumas linhas mais abaixo, uma trepadeira azul, tal como um ser dotado de inteligência, enrola-se, estica as gavinhas de seus brotos, entrelaça as guirlandas e toma posse da habitação onde ele se enfiara. Breve resta apenas "um tecido de farrapos, fios e flores". As plantas e as coisas amalgamam-se de modo tão inextricável como as volutas floridas e as criaturas fantásticas dos afrescos de Ixmiquilpan. No final desse romance calcado de fio a pavio n'*As metamorfoses* de Ovídio, as transformações da fábula, as ramificações do relato e as formas vegetais que devoram as ruínas de Trachila acabam se confundindo.

A associação, que evoca as monstruosas ramificações dos grotescos, é um convite à interrogação sobre a relação que essas formas sinuosas e esses monstruosos híbridos mantêm com os relatos mitológicos. Apossando-se a um só tempo de uma forma — os grotescos, que são bem mais que uma imagem — e de um conteúdo que não pode ser reduzido a uma coletânea de anedotas pagãs, os pintores índios de Puebla e de Ixmiquilpan criam imagens mestiças.

Na Europa, os laços entre os grotescos e a fábula não se resumem apenas à distante origem comum entre eles: a Antiguidade clássica. Os laços se desenvolvem tanto no imaginário como no espaço pintado e na pena dos poetas.[23] Na verdade, a difusão da obra de Ovídio passa, em grande medida, pelas gravuras que ilustram o texto num estilo maneirista. Ora, essas gravuras, ainda que remetam a fábulas ou explorem simplesmente tendências decorativas, privilegiam as metamorfoses e as hibridações. O ornamento maneirista, como as mitologias, alimenta-se de um fundo de referências exóticas e de iconografias díspares. A presença do híbrido deve revelar parentescos entre o que tudo separa. "Intérpretes da natureza",[24] os grotescos aproximam e fundem coisas que a natureza ligava a distância. Mas os mitos, os de Ovídio mais que os de qualquer outro, não buscam o mesmo objetivo, quando declinam ao infinito o tema da metamorfose?

DA HIBRIDAÇÃO À MESTIÇAGEM

A fábula e os grotescos manifestam a presença do híbrido no pensamento do Renascimento. Mas no solo mexicano, em contato e posta à prova dos mundos indígenas, a hibridação dá lugar à mestiçagem. Como se efetua essa outra metamorfose?

A questão se colocou em outros contextos e outras épocas. Peter Greenaway a resolveu ao substituir o imaginário híbrido mas fechado de *Prospero's Books* pelos horizontes abertos e mestiçados de *The Pillow Book*. Os mecanismos de hibridação que cruzam o universo de Próspero anunciam os que serão provocados pela mistura das civilizações, entre Europa, China e Japão. É retomando os jogos da imagem e as caligrafias, é sistematizando as superposições e as incrustações de telas que o cineasta anima o afresco mestiço de *The Pillow Book*: mas, se os processos se repetem, é para jogar com outras fronteiras e outros imaginários, e a acrobacia lúdica se transforma em montagem experimental.

Na América do século XVI, a hibridação torna-se mestiçagem devido a um alargamento gigantesco de horizontes. A evolução decorre de uma coincidência, do encontro imprevisível entre um fenômeno especificamente americano — as mestiçagens da Conquista — e uma sensibilidade artística que nascera na Itália e se associara a uma corrente de pensamento renascentista: a tradição dos grotescos e do ornamento maneirista. Não foi a descoberta do Novo Mundo que estimulou o gosto europeu pelo híbrido, mas os vestígios de um alhures situado no tempo longínquo da Roma antiga. Não foi tampouco o maneirismo que deu início às mestiçagens americanas, mas a Conquista, a colonização e o povoamento desses territorios desconhecidos dos europeus.

O confronto entre hibridação e mestiçagem não se limitou ao continente americano. Jogou dos dois lados do oceano. Na Europa, a sensibilidade maneirista influenciou o olhar projetado sobre as realidades americanas, desde as descrições deixadas pelos cronistas até as coleções reunidas nos gabinetes de maravilhas que eram os *Wunderkammern*. Curiosidades estéticas e intelectuais explicam o interesse manifesto por códices, esculturas e mosaicos de penas que, do contrário, nunca teriam chegado até nós.[25] As inúmeras cópias realizadas no México, para exportação, confirmam que havia um mercado europeu, restrito mas de prestígio, para essas novas maravilhas.[26]

O interesse, que pode ultrapassar a curiosidade ou o desejo de acumular butins raros e exóticos, por vezes favoreceu encontros e provocou mestiçagens, mesmo limitadas e efêmeras. Para realizar os grotescos da armaria dos Ofícios, o pintor Ludovico Buti se inspirou nos códices reunidos pelos Médici.[27] Os objetos mexicanos transformados pelos colecionadores e adaptados ao gosto ocidental fornecem outros exemplos desses encontros, assim como as cópias européias dos códices ameríndios, que se esforçavam em tornar compreensíveis — e portanto em ocidentalizar — as crenças e imagens dos antigos mexicanos. Isso era conseguido mudando-se o suporte, utilizando-se tinta e papel, criando-se ilustrações sem precedente pré-hispânico, e eventualmente incluindo comentários numa língua européia que não era necessariamente o castelhano. É o caso do *Codex Rios*, objeto híbrido "ítalo-asteca" que quebrou a maioria de seus vínculos ameríndios, sem por isso ser um manuscrito propriamente europeu. Tanto quanto os grotescos mexicanos de Florença, esse códice não passou despercebido, pois quem o encomendou talvez tenha sido uma personalidade tão prestigiosa como Cosme de Médici ou o papa Paulo V.

No México, diante da multiplicação das mestiçagens que surgem em todos os campos, a ornamentação maneirista continua a ser um campo secundário. Mas a gama de dispositivos técnicos e visuais que ela propõe pode servir para análises audaciosas ou heterodoxas. Os grotescos e a mitologia greco-latina neutralizam certos princípios ocidentais de realidade propagados pela Igreja, agem como um curto-circuito nas formas impostas pela nova ordem visual. Oferecendo uma sintaxe sem preconceitos, operando à margem de uma ortodoxia tridentina exigente e rígida, permitem combinações que ordenam, de acordo com outros eixos, tradições que coexistem em solo americano. Em Ixmiquilpan, a cara de um golfinho monstruoso se transforma em bico de pássaro para se parecer mais com o deus do vento, Quetzalcoatl, ao passo que a seu lado outra metamorfose — um dragão armado da maça pré-hispânica — emite as volutas imemoriais das palavras sacras...

Qual é a amplidão do fenômeno? Sobre a presença de figuras mitológicas na arte indígena da Nova Espanha, do Brasil e dos Andes,[28] ainda há muito que escrever. Ninguém duvida de que a genealogia das sereias de cerâmica fabricadas hoje pelos oleiros de Metepec, no centro do México, nos levaria à época maneirista.[29] Essas sereias têm primas nas montanhas dos Andes, à beira do lago Titicaca.[30] No Peru e na Bolívia, a arte que se chama *mestiza* explora os mesmos repertórios: a sereia ocidental tornou-se motivo de inesgotáveis variações.[31] Criaturas da mitologia aparecem em vasos de prata de fatura indígena (*aquilla*), em vasos de madeira pintada ou gravada, os *keru*, e até em tapetes de lã e algodão, dos quais se conservaram raros exemplares.[32] Misturando monstros e lhamas, os grotescos cinzelados em pratos de prata marcaram tanto o imaginário indígena que provocaram visões em que os *huacas*, antigas divindades dos Andes, se fantasiavam de monstros maneiristas. Esses pratos tornavam-se animados. Pareciam rodopiar no escuro, dando vida às criaturas de prata que os decoravam.[33]

Em outro hemisfério, os grotescos dos italianos ressuscitavam os deuses da antiga América, quando não se uniam a outros paganismos. Longe, rumo a leste, a milhares de quilômetros dos Andes, ali onde o continente brasileiro parece se debruçar sobre a África, no convento de Santo Antônio, em João Pessoa, nereidas policromadas acolhiam os escravos adoradores da Virgem Maria e de Iemanjá, a deusa africana do mar. Nesse caso, as moças gregas do mar serviam para cultos vindos da África, que elas introduziram nos santuários cristãos.[34]

UM ATRAIDOR?

As mestiçagens que observamos nos afrescos de Puebla não se resumem ao encontro, ao choque ou à superposição de formas européias e indígenas. A aproximação entre os mundos não é apenas uma justaposição, um mascaramento ou uma substituição. Ela consegue associar motivos e formas que, seja qual for sua origem, local ou européia, já passaram, todos, por uma ou várias reinterpretações indígenas: o macaco não surge em linha direta do passado pré-hispânico, e a centaura tampouco surge de uma gravura italiana. Nem um nem outro são um puro produto dos meios que os conceberam e divulgaram. A mestiçagem se dá em materiais derivados, numa sociedade colonial que se nutre de fragmentos importados, crenças truncadas, conceitos descontextualizados e, volta e meia, mal assimilados, improvisos e ajustes nem sempre bem-sucedidos.

Na verdade, a mestiçagem supõe um terceiro termo constituído por um modo de expressão — os grotescos — e por um imaginário — a fábula. A configuração reúne uma série de componentes que, ao sabor de contextos e circunstâncias, podem entrar em ação ou ficar inativos. Abrindo o campo ocidental ao mundo indígena, ao mesmo tempo que liga o elemento indígena ao quadro ocidental, o par formado pela fábula e pela ornamentação age à maneira de um ímã que exerceria sua força de atração num mesmo espaço, fazendo convergir na superfície a ser pintada elementos de origem européia e ameríndia, originalmente estranhos uns aos outros. Em outras palavras, é uma espécie de "atraidor" que permite ajustar entre si peças díspares, reorganizando-as e dando-lhes um sentido.

O atraidor não se contenta em ligar os dois mundos amalgamando espaços e tempos, pois não pára de mesclar elementos indígenas e elementos ocidentais, arrastando-os para movimentos de conjunção e disjunção: disjunção entre o guerreiro indígena e o centauro que está na sua frente, conjunção entre as patas do centauro e as sandálias indígenas que cobrem essas patas; disjunção entre o *putto* que brande uma cabeça fitomorfa e o cavaleiro-jaguar captado na mesma pose; conjunção entre as flechas do emblema agostiniano e as de Tezcatlipoca; disjunção entre o escudo de tipo renascentista enfeitado com uma cabeça cortada (Medusa?) e o escudo ameríndio tradicional, conjunção entre o índio que emerge de uma planta e esse vegetal renascentista etc.

Dos ínfimos detalhes aos grandes conjuntos, os movimentos incessantes parecem esticar o espaço entre os motivos e depois encolhê-los uns sobre os outros, antes de disjungi-los de novo, percorrendo todo o campo dos grotescos. Facilmente identificáveis nas paredes pintadas, eles provocam no imaginário de pintores e espectadores um conjunto de aproximações logo imaginadas, traduzidas ou percebidas em termos figurativos.[35]

Portanto, a alternância de alongamentos e retraimentos constitui a "mistura". É essa miscigenação, esse movimento oscilatório, que explica a complexidade e a diversidade. Basta que as séries de retraimentos se aproximem e se intensifiquem para que a parte indígena se torne praticamente indissociável da parte européia. O que resulta, em Ixmiquilpan, no grotesco com cabeça de golfinho, cujo perfil monstruoso casa com o de Quetzalcoatl-Ehecatl. Golfinho europeu ou divindade mexicana do vento? A cara do bicho é o bico protuberante da divindade mesoamericana, mas o inverso também é verdadeiro, sem que o ocidental e o indígena deixem de ser, cada um deles, identificáveis: o retraimento do primeiro sobre o segundo não leva a uma fusão.[36]

Assim, diante dessas imagens, os olhares dos especialistas contemporâneos podem divergir radicalmente: uns enxergarão numa obra mestiça, em primeiro lugar, sua dimensão ocidental; outros, ao contrário, seu aspecto ameríndio. Encontramos aqui a extraordinária capacidade de integração de um atraidor, faculdade que explica o jogo que pode haver entre a obra mestiça e o espectador, seja este um amador de grotescos, europeu, letrado e agostiniano, ou um índio fiel a Quetzalcoatl, com a memória ainda repleta de reminiscências antigas. Nesse teatro interior, macacos e centauras podem desempenhar ao mesmo tempo todo tipo de papel e reativar memórias desvinculadas entre si. É o atraidor que seleciona esta ou aquela conexão, orienta esta ou aquela ligação, sugere esta ou aquela associação entre as criaturas e as coisas. Ele intervém como se fosse dotado de energia própria e de capacidades organizadoras que, na verdade, escapam à consciência de seus difusores europeus ou de seus receptores indígenas.[37]

DE OVÍDIO A PLÍNIO, O VELHO

Não é a única nem a primeira vez que elementos do patrimônio antigo servem de "ponte" e de liga entre o Ocidente e a

América. Na verdade, sempre forneceram referências para se interpretar a matéria indígena e integrá-la ao patrimônio ocidental. A obra de Las Casas é uma demonstração disso. Poderíamos citar vários outros exemplos, como a interpretação européia do mito dos quatro sóis que se sucederam na história mesoamericana. Essas quatro referências maiores da cosmogonia indígena foram sistematicamente relacionadas aos quatro elementos dos filósofos da Antiguidade: Terra, Água, Ar e Fogo. Os franciscanos Sahagún e Mendieta e o dominicano Durán estavam convencidos de ter encontrado os princípios antigos nas crenças indígenas.[38] Num campo totalmente distinto, o da denominação, mas no mesmo estado de espírito, o inca Garcilaso de la Vega retoma vocábulos latinos (decuriões, vestais, matronas, triunfos) para descrever o império dos incas.[39]

Essas aproximações foram feitas à custa de mal-entendidos e deformações contínuas, e decerto modificaram os saberes e as crenças indígenas. As imagens das divindades mexicanas pintadas por artistas índios a pedido dos monges espanhóis são um exemplo: figuras humanizadas no estilo dos deuses antigos. Tais mudanças são inevitáveis. Um olhar ocidental é sempre um olhar ocidental, o que não significa que os esquemas da Antiguidade sejam apenas um espelho deformante ou um vidro opaco. Primeiro, porque criam uma distância em relação à realidade européia do tempo e permitem uma relativa proximidade com os mundos americanos. Segundo, porque provocam misturas entre os conhecimentos dos religiosos espanhóis e os dados ameríndios, gerando novos saberes, intermediários ou mestiços, que se desenvolvem à margem dos saberes estabelecidos.

São essas "impurezas" e "contaminações" que guardam os traços e às vezes parcelas inteiras das antigas civilizações ameríndias. É por meio delas — graças a elas — que nos aproximamos da alteridade, da "verdade do Outro", se é que esta existe, pois temos de admitir que é impossível separar o índio, seja ele pré-colombiano, moderno ou contemporâneo, de sua "ganga" ocidental.[40] As fontes mexicanas, sejam índias, mistas ou ocidentais, jamais escapam à mestiçagem, por menor que seja.

Não é só nos campos da arte, da imagem e da religião que a Antiguidade serve de intermediária entre a América indígena e a Europa do Renascimento. Escrever a história natural das Novas Índias também exigia recorrer a referências da Antiguidade. No campo da coleta de informações botânicas e zoológicas, a obra de Plínio, o Velho, reúne características que explicam o fato de ter ela contribuído para vincular a natureza americana à natureza européia. Seja na forma, nas exigências e nos objetivos da pesquisa, ou nas interpretações, Plínio propõe enfoques facilmente transponíveis para o caso americano. Seu processo se baseia na experiência do Outro, visa ser exaustivo e apóia-se numa organização relativamente flexível da informação, que pode até incluir explicações concorrentes. Portanto, sua obra se prestava a ser transposta para a América, a fim de explicar o desconhecido e o inédito. Nesse sentido, ela desempenhou um papel de atraidor muito parecido com o dos grotescos de Florença ou de Puebla, que absorveram elementos tirados dos códices ameríndios.[41]

Mas o fato de se recorrer a Plínio também levou a resultados paradoxais, pois acabou "canibalizando" — para retomar uma metáfora cara aos modernistas brasileiros — os elementos da tradição antiga. É o que ensina a experiência do grande médico espanhol Hernández. Enviado por Filipe II para estudar a fauna e a flora das Índias Ocidentais, o cientista se viu numa situação complicada. Quanto mais seguia os textos de Plínio, mais incorporava parcelas de saberes pré-hispânicos que punham em perigo a coerência de sua obra, deixando-a, até, quase irrealizável.[42]

Como explicar o paradoxo? A fim de se adequar ao modelo de Plínio, Hernández apelou para médicos indígenas, levou a sério seus conhecimentos e tentou combinar os saberes deles com a tradição européia. Ora, o confronto com as interpretações indígenas desencadeia vaivéns que questionam as próprias bases do saber europeu. Foi o que aconteceu quando, verificando a falta de rigor das classificações da Antiguidade, Hernández retomou uma classificação alfabética herdada do médico grego Dioscorides, mas adaptando-a às particularidades da língua náuatle. Esta consegue maravilhar o médico de Filipe II, que acredita identificar no náuatle a língua natural com que sonhavam os filólogos do Renascimento.[43] Portanto, uma outra teoria européia — o nominalismo difundido por Dênis, o Areopagita — levava-o a valorizar os conhecimentos indígenas e a redigir uma obra mestiça que a Espanha de Filipe II logo julgaria impublicável.

Como nos exemplos anteriores, uma bagagem de conhecimentos clássicos lança uma ponte entre dois universos e desencadeia um processo de mestiçagem que, por sua vez, provoca a reflexão do médico Hernández a respeito de um campo desconhecido, na fronteira dos saberes indígenas e europeus. Como Ovídio em Puebla e em Ixmiquilpan, Plínio, em contato com a América indígena, põe o pé no mundo e semeia saberes mestiços.[44]

TERCEIRA PARTE
A criação mestiça

9. O lobo, a chuva e o arco-íris

O mosteiro agostiniano de Acolman, perto das pirâmides de Teotihuacan, conserva uma fantástica *Crucificação* em que explode o domínio dos pintores índios do Renascimento. A Madalena que abraça a Cruz é de uma nobreza tão pungente que desvia a atenção dos elementos decorativos ali colocados para amenizar os derradeiros momentos de Cristo. De cada lado da cena, grotescos dispostos simetricamente juntam motivos florais e jovens de cabelos cacheados, cuja parte baixa do corpo tem uma aparência fitomorfa. As figuras levam na cabeça cestas cheias de flores, encimadas por um motivo geométrico: cinco círculos brancos alinhados na horizontal entre duas barras da mesma cor. O signo, repetido cinco vezes de cada lado do Calvário, é incontestavelmente de origem indígena. Pode-se interpretá-lo como a figuração do termo náuatle *macuilxochitl*, que designa tanto uma data como o nome do deus Macuilxochitl (5-Flor), quando se associa o número cinco às flores que o cercam.[1] O deus Macuilxochitl, padroeiro dos músicos e dos cantores, reina sobre uma das semanas de treze dias do calendário divinatório. Assim como Xochipilli, o "príncipe das Flores", com quem às vezes é confundido, ele mantém relações estreitas com Cinteotl, o "deus do jovem milho".[2]

Esses círculos brancos transformariam as flores do convento de Acolman num lembrete do mundo divino dos antigos mexicanos? Nesse caso, os grotescos europeus integrariam aqui mais uma referência indígena num conjunto cristão. Daí surgiria uma evocação paradisíaca que faria a ligação entre o paraíso anunciado pela morte de Jesus Cristo e o além-túmulo florido dos antigos mexicanos. Esse modo de sugerir um paraíso indígeno-cristão é visível nos afrescos de outros conventos agostinianos.

Pode-se então dizer que encontramos em todo o México espanhol os traços da fábula e dos grotescos? Durante o século XVI, os pintores indígenas fizeram milhares de imagens nas páginas dos códices ou, na forma de mosaicos de penas, pintaram inúmeros afrescos. Esse *corpus*, tão impressionante quanto excepcional, contém outras formas de mestiçagem. Seu estudo faz surgir mecanismos mais gerais de associação e imbricação que talvez sejam comuns ao conjunto das imagens mestiças.[3]

OS PALÁCIOS MANEIRISTAS DOS "IMPERADORES ASTECAS"

Às vezes, o recurso aos grotescos passa por meandros mais complexos do que em Acolman, Puebla ou Ixmiquilpan. As ilustrações contidas na *Historia* escrita pelo dominicano Diego Durán comprovam utilizações menos eruditas, mas que confirmam a função de intermediário — ou mais exatamente de atraidor — dos ornamentos maneiristas. Para mostrar a sucessão dos soberanos mexicas e sua entronização, um pintor indígena representou seus personagens em cenários anacrônicos: colunas ricamente trabalhadas, tronos de molduras complicadas, cartuchos de espirais decoradas com formas vegetais, às vezes ladeadas de sátiros ou recatadas cariátides.

Como explicar esses empréstimos e apropriações?[4] A ornamentação maneirista, que correspondia ao clima da época e se adaptava ao que era novo e estranho, hoje favorece a leitura da imagem mexicana, sem por isso banir os traços especificamente autóctones: glifos, elementos arquiteturais, armas e trajes anteriores à Conquista. A utilização dos grotescos permite, pois, manter um equilíbrio constante entre o exótico e o familiar. Serve também para realçar uma cena do passado, sublinhando a majestade do príncipe e o luxo dos palácios indígenas.[5]

Essa capacidade tem, aqui, um significado especial. Na verdade, está claro que os ornamentos maneiristas tirados das bíblias ilustradas, sobretudo do Velho Testamento, projetam na corte da Cidade do México os faustos da Babilônia ou de Jerusalém. É o caso, em particular, dos tronos ou das cenas régias que ilustram o Livro dos Reis,[6] no qual aparentemente se inspira um dos pintores do *Códice Durán*. Ora, aproximando os mexicas e o Velho Testamento, o artista ilustra uma teoria, difundida no século XVI, que fazia dos índios os descendentes das tribos perdidas de Israel. O dominicano Diego Durán explica a teoria no primeiro capítulo de sua *Historia*.[7] Se for assim, a realização das imagens deve ter exigido uma colaboração íntima, para não dizer uma cumplicidade, entre o dominicano e seus pintores indígenas. E, mais uma vez, a ornamentação maneirista revelou-se capaz de veicular mensagens religiosas e políticas com espantosa exatidão. No entanto, a posição de Durán estava longe de ser unânime. Os adversários da tese da origem judaica recusavam as aproximações e privilegiavam a cor local — ou seja, indígena — das ilustrações. Foi o que fez o jesuíta Tovar, que retomou os textos de Diego Durán, expurgando de sua versão todos os elementos escritos e pintados passíveis de reafirmar a hipótese da origem judaica.

A alteração dos grotescos não tem necessariamente um aspecto teológico ou político. Foi num espírito mais lúdico que um dos pintores indígenas de Durán transformou as cariátides de outra ilustração:[8] abandonando seu caráter impassível, elas viram a cabeça para a cena principal, que representa Moctezuma recebendo o novo pessoal de sua corte.[9] As duas jovens vestidas de branco parecem prestar uma atenção muito grande, mas também indiscreta, às palavras do soberano mexica. E o que dizer dos sátiros que ladeiam uma cena em que aparece o soberano Ahuitzotl?[10] Ou da leitura maneirista da arquitetura pré-hispânica sobre a representação do grande templo da Cidade do México?[11]

CHOLULA, "*A TALE OF TWO CITIES*"

Os pintores índios também fizeram centenas de mapas. No mapa de Cholula, uma velha cidade indígena do vale de Puebla, de imediato nada se percebe de estranho:[12] nenhuma divindade ameríndia mostrando-se junto com criaturas da mitologia antiga, mas um documento sóbrio e severo, de ranço burocrático. O mapa, que data de 1581, acompanha uma descrição administrativa da cidade indígena, escrita pelo *corregidor* Gabriel de Rojas, funcionário espanhol de espírito crítico, com curiosidade pelo passado indígena e amante de histórias. Mapa e descrição formam uma "relação geográfica", isto é, um documento oficial que responde ao questionário lançado pela Coroa espanhola nos anos 1570 a fim de melhor conhecer suas possessões americanas.

À primeira vista, trata-se de um mapa de estilo espanhol, que mostra a cidade indígena em sua forma colonial. A aglomeração se ordena em torno de uma praça central cercada pelos edifícios da Igreja e das autoridades civis. A planta, em forma de tabuleiro de xadrez, de impecável regularidade, segue as instruções dadas pela Coroa espanhola e traduz o espaço da política de ocidentalização que evocamos no capítulo 4.[13] Na verdade, pesquisas arqueológicas revelam que esse mapa está longe de oferecer uma imagem fiel de Cholula em 1581, e que representa muito mais a forma ideal como a cidade deveria ter sido feita.[14] Assim se explica também o tamanho incomensurável dos prédios cristãos. O convento franciscano de San Gabriel, um edifício fortificado,[15] e a capela real de múltiplas naves, provavelmente inspirada na mesquita-catedral de Córdoba, encarnam uma dupla presença cristã, que parece combinar com a devoção dos habitantes, considerados "bem-dispostos em relação às coisas da fé"[16] e afeiçoados ao culto aos santos: "Todas as casas possuem um altar com profusão de imagens de santos".[17]

Ora, quando se olha o mapa mais atentamente, uma série de detalhes quebra a impressão de profunda hispanização. Na verdade, a presença repetida de uma colina que encima cada um dos bairros desenhados na planta e de outra colina coroada por uma trombeta e em parte escondida por juncos suscita várias questões. A colina da trombeta eleva-se sobre uma base de alvenaria que assinala o lugar da grande pirâmide de Cholula, minuciosamente descrita na relação de 1581: "uma montanha tao famosa e tão celebrada". Outrora consagrada ao deus Chiconauh Quiahuitl, ela possuía no topo "uma pequena praça que podia conter mil homens".[18] Trata-se de uma das montanhas artificiais mais imponentes do mundo ameríndio e de um impressionante lugar de memória. Uma vegetação de juncos, banhados por um riacho, esconde a base em alvenaria do edifício. Os juncos têm um significado preciso: formam o glifo de *Tullan*, o "lugar dos juncos", um dos nomes pré-hispânicos de Cholula. A cidade partilhava essa denominação prestigiosa com outras do México antigo, que desfrutavam de um papel político e religioso excepcional.[19] Quanto à trombeta européia, é mais enigmática. Figura nas armas que a cidade recebera do imperador Carlos V em 1540. Talvez seja a versão cristã de um instrumento de tempos pagãos, já que, antes da evangelização, o santuário que ficava no topo da gigantesca pirâmide soava em horas fixas os apelos da concha marinha, o equivalente indígena da trombeta de Castela.[20]

O aval da heráldica e o aspecto cristão da trombeta, instrumento diretamente ligado ao novo culto divino, já apagavam a lembrança do antigo santuário ou reforçavam a memória do lugar, unindo o passado ao presente? Esta última hipótese parece um tanto convincente. Primeiro, nenhum símbolo inegavelmente cristão — uma igreja, uma cruz — coroa o desenho da pirâmide, embora o *corregidor* Rojas assinale a presença nesse lugar de uma grande cruz de madeira sobre uma base de alvenaria.[21] Depois, a palavra *tepuz quiquiztli* (trombeta, em náuatle) implicava a idéia de uma continuidade, pois, para formá-la, os índios, ou seus professores franciscanos, tinham inventado um neologismo que significava, literalmente, "concha de metal", acrescentando ao vocábulo tradicional que designava a concha marinha (*quiquiztli*) o termo *tepoztli*, ou seja, o cobre.[22] A proximidade das palavras — acentuada pelo abandono do prefixo *tepoz* na segunda metade do século XVI — reduzia a distância entre a concha e a trombeta e juntava os universos de crenças a que estavam respectivamente ligadas.

As informações colhidas pelo *corregidor* revelam também que o tempo ainda estava longe de ter apagado todas as lembranças do local. Por mais sensível que ele seja à beleza do panorama que se vê do alto da pirâmide, Rojas não ignora que o passado do lugar continua a obcecar a memória dos habitantes. Com a pequena diferença de que em 1581 o passado pagão se enriquece de um passado cristão, já que os índios não tinham esquecido que cerca de quarenta anos antes raios haviam destruído, duas vezes, a grande cruz do topo. Um acontecimento desses não passara despercebido, tanto mais que os monges se apressaram em assimilá-lo aos efeitos da ira divina contra idolatrias ainda mal extirpadas. Interpretação que Rojas rejeita com um gesto de desdém alegando que,

> quando se considera bem a natureza dos raios e quando se leva em conta o fato de que nesta cidade e nesta região caem muitos, não se julgará um milagre (como o fazem certos historiadores) o fato de que eles tenham, duas vezes, destruído uma cruz cuja altura ultrapassa em quarenta varas os mais altos edifícios desta cidade.[23]

Se os monges tivessem concordado com o espírito crítico do *corregidor*, não teriam contribuído para alimentar lembranças em que todas as presenças divinas se atropelavam no estrondo do trovão, das conchas marinhas e das trombetas de cobre.[24]

Quanto às outras seis colinas representadas no mapa, pareceriam corresponder, à primeira vista, a outras pirâmides de menor importância. Ora, o texto que acompanha a planta de 1581 só evoca dois outros morrinhos — *cerrillos* —, e não seis. E as anotações arqueológicas só revelaram a existência de uma pirâmide, situada no quarteirão de San Andrés.[25] Entretanto, as seis colinas parecem ter dimensões consideráveis, pois o pintor desenhou um grupo de casas ao longo de um caminho que vai margeando suas ladeiras. Esses morros escarpados tampouco se parecem com as formas estilizadas que em geral os glifos de lugar apresentam, designando um quarteirão ou *cabecera*. Portanto, somos tentados a identificar aí, visto de seis ângulos diferentes, um só e único morro: a grande pirâmide de Cholula.

Pintando cada quarteirão contra a grande pirâmide ao fundo, o autor do mapa apresenta-a como o centro da aglomeração.

Um centro que faria concorrência com o centro hispano-cristão e para o qual convergiria o olhar dos moradores de cada quarteirão. Na verdade, quando não se presta atenção no centro hispanizado, outra leitura logo se impõe. Assim que o olhar se fixa nos quarteirões, o antigo vence o moderno, o pré-hispânico vence o cristão. Mas por pouco que ele se volte para a praça, para a fonte e a igreja, a hispanização do espaço se afirma incontestavelmente.

Duas apreensões distintas do espaço e da cidade indígena, duas concepções do centro urbano, duas realidades em princípio inconciliáveis coexistiriam no mesmo mapa. Basta olhá-lo de outra maneira para que seu sentido oscile e depois se estabilize em torno de um pólo rival.[26] Tudo se passa como se existisse um limite além do qual o mapa espanhol se tornasse, ou voltasse a ser, um mapa indígena, como se a configuração ocidentalizada se dissolvesse abruptamente no campo de atração de uma zona de significado rival, de inspiração ameríndia.[27]

Mas tal visão das coisas expressa um dualismo demasiado redutor. Tendo como eixo a praça central, a fonte e as igrejas franciscanas, a centralidade hispânica não é uma verdadeira inovação. Os dois santuários cristãos construídos no século XVI ocupam o lugar do templo de Quetzalcoatl, o maior da cidade pré-hispânica. Continuidade dos espaços sagrados, descontinuidade dos cultos e divindades: o centro cristão superpôs-se ao centro pagão, como volta e meia acontece no México colonial. Em Cholula, nenhum índio ignora esse processo — que os espanhóis também conhecem muito bem, pois se esforçam em tornar irreversível a nova ordem das coisas. Ainda assim, a nova centralidade cristã permanece impregnada do passado que supostamente deveria eliminar.

A visão "ameríndia" do mapa tampouco é isenta de "contágios" coloniais. Primeiro, porque está focada na grande pirâmide, que, embora perfeitamente visível, já está parcialmente cristianizada. Depois, porque a "montanha artificial" e cada um dos bairros ao redor estão ligados por uma capela. A bem da verdade, essas igrejas talvez não sejam tão cristãs como sua aparência proclama, pois tudo indica que foram erguidas em cima de santuários pagãos. Mas o novo não esconde o antigo. Em 1581, uma leitura "ameríndia" ou "à antiga" do mapa passa necessariamente pelos sinais e símbolos introduzidos por um cristianismo que, doravante, faz parte do cotidiano indígena e reativa o passado tanto quanto o apaga.

A dimensão das igrejas ilustra a transposição do passado pré-hispânico para o presente da Nova Espanha. Na parte superior do mapa, o pintor indígena representou a grande pirâmide entre dois quarteirões, San Miguel e San Andrés, cujas igrejas se destacam pela monumentalidade. Suas fachadas são ladeadas de torres altas, enquanto as capelas dos outros quarteirões têm aparência mais modesta. Como explicar a preeminência? Sabe-se que a nobreza pré-hispânica morava no quarteirão de San Miguel e que o de San Andrés se tornara tão povoado depois da Conquista que os franciscanos resolveram construir ali um segundo convento, em 1557. Mas o peso político e demográfico não explica tudo. É possível que a importância dos dois quarteirões tenha expressado o poder bipartite que caracterizava a sociedade de Cholula desde os tempos pré-hispânicos. A disposição de duas grandes igrejas de cada lado da pirâmide faria um eco à repartição dos chefes à direita e à esquerda da montanha sagrada antes da Conquista,[28] tal como se observa num documento mais antigo. O mapa não só teria os sinais do poder espanhol — a casa do *corregidor*, a *audiencia* —, como conteria também a memória do duplo governo pré-hispânico, uma instituição descrita com precisão na *Relação geográfica*.[29]

O mapa de Cholula mostra, portanto, uma cidade onde o ameríndio se reproduz no colonial e onde o colonial penetra no ameríndio. E essas múltiplas dimensões devem ser ligadas ao destino tão particular da cidade indígena. Seu passado pré-hispânico é feito de imigrações, enfrentamentos e misturas de populações diversas. Depois, a conquista européia instalou Cholula numa situação paradoxal. A fundação da cidade espanhola de Puebla, a poucos quilômetros, poupou incontestavelmente seus moradores do choque da hispanização maciça e irreversível, como foi o caso na Cidade do México. Na verdade, foi em Puebla que se concentraram a população, as riquezas e as instituições espanholas, deixando sua vizinha indígena viver em outro ritmo. Mas Cholula, tão perto de Puebla, podia escapar às influências de um centro dinâmico, prestigioso, e que no século XVII competiria em importância com a grande Cidade do México?[30]

Dessa situação, forte e frágil ao mesmo tempo, o mapa de 1581 oferece talvez uma tradução cartográfica. As duas interpretações que propusemos remetem a isso: fazem alternar duas configurações mestiças, uma procedendo da cristianização e de uma base indígena — o convento de San Gabriel e a capela real cobrem as fundações do templo de Quetzalcoatl — e a outra resultando da indianização do aporte cristão — as igrejas dos quarteirões ao pé da grande pirâmide.

Assim, a interpretação espanhola e também a indígena são ambas o produto de modificações e alterações. São complementares, mais que contraditórias. Entre os dois graus distintos de mestiçagem, não há uma fronteira propriamente dita, um limite, mas uma evolução ou uma série de modulações, e estas oferecem um vasto leque de interpretações, desde a visão distante e superficial da metrópole até o olhar índio, o mais nostálgico e mais bem informado sobre as coisas indígenas. É de imaginar que a visão burocrática e letrada do *corregidor* Rojas não seja certamente a do pintor indígena que fez o mapa.

Tal dispositivo seria inconcebível se o pintor não tivesse recorrido ao mapa-paisagem. Esse processo desenvolveu-se na Europa na segunda metade do século XVI, mas há exemplos mais antigos gravados na península Ibérica: as vistas de cidades que ornamentam a versão espanhola de uma história do mundo feita por Werner Rolewinck, o *Fasciculus temporum* (Sevilha, 1480).[31] Mais tardias, as ilustrações da *Géographie* e da *Chorographie* de Appien, publicadas em Paris em 1551, talvez tenham servido de modelo às vinhetas de Cholula.[32] O *tlacuilo* da cidade indígena respondia, assim, à pergunta do questionário enviado pela Coroa espanhola: fornecer vistas de cidades que deviam ser o equivalente americano das que, na Espanha, tinham sido gravadas por artistas como Anton Van der Wyngaerde (Antonio de las Viñas).[33] Portanto, mais uma vez, foi ao retomar um processo europeu que o pintor elaborou uma imagem mestiça. Representar cada quarteirão num retângulo, sob a forma de um panorama da cidade, favorecia a multiplicidade dos pontos de vista. Como Ovídio e os grotescos, como Plínio no caso do médico Hernández, o mapa-paisagem desempenha um papel de atraidor: une visualmente concepções diversas do espaço urbano. E, como nos afrescos indígenas, esse atraidor possibilita a expressão de um pensamento mestiço.

UM BICHO NUMA TRISTE POSE

As combinações dos elementos de origem indígena e européia nem sempre são tão elaboradas como no mapa de Cholula ou nos afrescos de Puebla. O vínculo pode ser mais frágil, menos complexo.

O *Códice de Florença* foi feito no México entre 1578 e 1580, sob a direção do monge franciscano Bernardino de Sahagún.[34] O livro XI, "*De los animales*", contém uma notável galeria de animais mexicanos, fantasticamente ilustrada, entre os quais um misterioso quadrúpede, o *cuetlachtli*.[35] Bicho de pelame cinzento, ele se ergue numa paisagem verdejante, limitada por relevos que se destacam nas brumas de um céu esbranquiçado.

> Esse animal, pelo que se diz, seria um urso. Se não for um urso, não sei com que animal conhecido compará-lo. É um bicho peludo, de pêlos compridos. Seu rabo é muito peludo, como o da raposa, mas de cor cinza-escuro. Sua lã tem aspecto felpudo, quando ele já está velho. Tem orelhas estreitas e pequenas. Tem uma cara redonda e larga. Quase pareceria ter um rosto humano...

O bicho é difícil de ser identificado: trata-se de um urso americano[36] ou de uma espécie de lobo? Sua pose também suscita várias perguntas. O animal parece prestes a desabar no chão, pois as patas dianteiras não estão pousadas no mesmo plano das traseiras. À diferença do mapa de Cholula, a imagem não tem dois registros sabiamente encastrados, dos quais um dissimularia o outro aos olhos europeus. Aqui, o desequilíbrio salta aos olhos ocidentais. Todos os elementos que formam a composição estão claramente identificáveis, mas ela parece capenga, devido à óbvia discordância entre a paisagem e o bicho.

Deve-se ver nessa imagem a expressão emblemática de uma instabilidade mais profunda, patológica, desencadeada pelo processo de conquista e colonização? O desequilíbrio do bicho manifestaria tensões entre tradições inconciliáveis, sistemas de representação irredutíveis e grupos antagonistas? A análise não se sustenta, pelo menos por duas razões. A primeira é que, no mesmo capítulo, outros bichos são representados, bem equilibrados sobre suas patas. A segunda é que a estranheza da combinação só é flagrante para o olho ocidental e segundo uma ordem visual baseada na perspectiva e na terceira dimensão.

O lobo mexicano, Bernardino de Sahagún,
Códice de Florença. (Coleção do autor.)

Tentemos reconstituir o processo indígena. O pintor provavelmente começou pintando o *cuetlachtli*, e depois acrescentou uma paisagem européia. O animal poderia ter dispensado o lindo cenário, assim como vários mamíferos apresentados no livro XI. O efeito de superposição é acentuado pela maneira como o rabo do animal ultrapassa a moldura que rodeia a ilustração.[37]. Como se o lobo tivesse passado na frente da moldura, pela esquerda, e tivesse ficado profundamente alheio ao fundo introduzido pelo pintor.

Portanto, a mestiçagem assim realizada não é o reflexo instável de um meio desestabilizado pela conquista espanhola. O *tlacuilo*,[38] confrontado com duas tradições antinômicas, contentou-se em esgueirar uma representação da natureza e da paisagem ocidental atrás do desenho de um bicho, cuja inspiração poderia ter sido um códice antigo. Com a pequena diferença de que, como no mapa de Cholula, a superposição associa, não elementos originais, surgidos intactos do mundo ameríndio ou europeu, mas uma paisagem à européia revista por mãos indígenas e um bicho mexicano fortemente europeizado. A junção desses elementos, que têm em comum o fato de serem mestiços, cria uma imagem cuja harmonia atenua a discordância da composição.

O exemplo do "lobo" indica que certas mestiçagens podem se limitar a superposições, o que não significa que aos olhos dos índios essas realizações sejam malfeitas ou grosseiras.

A CRIAÇÃO

Inversamente, os elementos ameríndios e ocidentais estão por vezes tão bem imbricados que o artista inventa formas novas. Mas como ele passa da mistura à inovação? Por um detalhe sugerido em duas imagens do *Códice de Florença*, que aparecem num capítulo dedicado à astrologia natural dos índios. Uma representa um arco-íris no alto de um esboço de paisagem, e a outra, temporais vindos de um céu ameaçador.

A originalidade do estilo e a temática nos remetem talvez à Itália. Uma e outra aproximam as imagens de uma obra-prima do Renascimento italiano, *A tempestade*, de Giorgione, que pode ser admirada na Galleria dell'Accademia em Veneza. Os historiadores de arte continuam a fazer indagações sobre esse quadro excepcional. O significado da obra e as condições de sua fatura dividem os especialistas, mas todos realçam sua audácia, singularidade e modernidade. A parte atribuída ao céu aberto, riscado por um raio, impressiona tanto quanto a presença dos personagens enigmáticos que habitam essa paisagem inquietante. Duas outras obras italianas, pelo menos, lembram de forma perturbadora *A chuva*, uma das pinturas do *Códice de Florença*: o *Dilúvio*, de Leonardo da Vinci, desenho a pena realizado por volta de 1515, em que o artista, fascinado pela dinâmica da água, imaginou formas cujas volutas turbilhonantes parecem prefigurar nossas nuvens mexicanas; e *Tempestade sobre cavaleiros e árvores* (1514), que ilustra as mesmas preocupações e soluções.[39]

As duas pinturas mexicanas, feitas um bom meio século depois, pouco chamaram a atenção, embora estejam conservadas em Florença junto com o famoso códice. Porém, o estilo de *O arco-íris* e *A chuva*[40] é igualmente inovador. Mas, pintadas por índios sob dominação espanhola, as obras mexicanas têm apenas o estatuto incerto reservado às formas intermediárias. Privadas dos prestígios do Arcaico ou da Civilização, sem autor conhecido e sem história, não pertencem ao patrimônio do Renascimento nem ao mundo das artes pré-colombianas.

Seu grau de mestiçagem é fonte de contra-senso. Embora o aspecto moderno sugira aproximações anacrônicas, as pinturas não têm nada de uma vanguarda qualquer — termo que, se pudesse ter um significado nos últimos decênios do século XVI, seria relacionado com o último Ticiano, lúgubre, tenebroso e austero, aquele que encerra o Renascimento ao desbravar novos caminhos rumo ao século XVII. As duas imagens do *Códice de Florença* pertencem a outra temporalidade e foram criadas em circunstâncias absolutamente especiais. Como a imagem do "lobo", saem de oficinas indígenas cuja missão era ilustrar a *Historia general de las cosas de Nueva España*. Mais exatamente, fazem parte do livro que o franciscano Sahagún dedicou à "astrologia natural" dos índios e no qual desejava fazer uma compilação das "fábulas" ridículas e dos contos aberrantes que os indígenas tinham inventado para explicar os fenômenos celestes.[41]

Como os artistas indígenas reagiram à encomenda franciscana? Esquecendo as práticas rituais e pagãs longamente evocadas no comentário, eles representaram a chuva na forma de uma miniatura, que tem muito a ver com uma prancha de história natural e com uma história em quadrinhos: o temporal cai furiosamente e o vento turbilhona sob o amontoado de nuvens de tempestade.[42] Esse naturalismo aparente coexiste com uma série de espirais cujo desenho se confunde com o contorno das nuvens. É o vestígio de uma interpretação ameríndia da chuva, expresso pela repetição da voluta do glifo da água. O texto de acompanhamento esclarece: "Esses indígenas atribuíam as nuvens e as chuvas a um deus chamado Tlalocatecutli". No pincel do artista, naturalismo e mito interpenetram-se tal como as nuvens e os glifos.

Quanto à realização, ela também conjuga duas técnicas: o glifo pintado, livre de sua regularidade geométrica, e o traçado monocromático de meios-tons, tirado das gravuras européias. Como nos exemplos anteriores, os glifos e os meios-tons não são empréstimos puros e simples feitos à arte ocidental ou ao códice ameríndio, mas adaptações ou transposições. Assim, a arte do pintor consistiu em conciliar as duas maneiras de representar a transparência da água e a massa disforme das nuvens. O resultado é tão surpreendente como feliz.

A outra imagem, *O arco-íris*, visualiza encontros igualmente complexos entre os dois mundos. No céu aparece o arco de cores cambiantes dos códices antigos. Na terra, o pincel deixou salpicadas algumas manchas de rala vegetação: lembram as que descobrimos nas obras dos grandes mestres do Quatrocentos.[43] Mas, ainda aqui, o artista transformou todos os traços. A mancha indígena não é mais aquela disforme da qual os artistas italianos souberam tirar efeitos de significados tão ricos. Aqui ela está entregue a si mesma, em vez de ser, como na Europa, um prolongamento, um acréscimo abstrato à representação figurativa. A paisagem do arco-íris é apenas uma mancha; nenhuma referência, nenhuma forma humana, nenhum vestígio de hábitat ocupam o espaço. A policromia do arco tampouco é pré-hispânica. Como os glifos em espiral da água das nuvens, as cores se emancipam da tradição. Livraram-se das linhas de contorno que as teriam incrustado num códice pré-hispânico. Os tons se justapõem, se acavalam e se confundem em *dégradés* muito livres.

O comentário em língua indígena resume-se a considerações meteorológicas e físicas banais: descreve as formas e as cores, lembra que o aparecimento do arco-íris anuncia o fim da tempestade. Só na conclusão é que os informantes indígenas evocam a partida dos "donos da chuva".[44]

Portanto, os pintores índios são perfeitamente capazes de combinar técnicas para ilustrar pontos de vista que vão da memória do mito à descrição realista. Chuva ou arco-íris, a arte indígena inventa formas novas a partir das seleções e mestiçagens que operou. Em *O arco-íris*, a utilização das cores e a concentração nos efeitos cromáticos levam a uma linguagem inédita. Em *A chuva*, são as modulações do traço e do sombreado que desempenham o mesmo papel. Nas duas vezes, criam-se um estilo e um modo de representação a meio caminho entre o abstrato e o figurativo. O resultado é digno dos grandes mestres.

> A mescla das matérias e a confusão das linhas são tamanhas que nenhuma composição clara se destaca; a linha de horizonte está apagada, o olho não encontra nenhum ponto de fuga, não distingue onde termina a terra, onde começa o céu. Quase abstratos, esses desenhos nada mais representam além do movimento e da transformação.[45]

O comentário, ditado pelos desenhos de Leonardo da Vinci, poderia igualmente descrever as duas pinturas do *Códice de Florença*.

Mas é possível reduzir o exercício às suas dimensões puramente formais? É possível dissociar as invenções técnicas e os achados estilísticos de uma transformação progressiva dos conceitos? Como em Puebla ou em Ixmiquilpan, a mestiçagem é fruto de um confronto de conceitos e formas. Os pintores índios contratados por Sahagún descobrem uma visão das coisas que é a do Renascimento europeu. Nesse sentido, *O arco-íris* e *A chuva* respondem também à pergunta: como compreender e representar o que os europeus chamam de natureza? Nada garante que os pintores tenham adotado tal conceito, que não possuía nenhum equivalente em suas tradições ancestrais nem em sua língua. Mas, tentando representar esse nunca visto e nunca pensado, eles se arriscaram no desconhecido.

Portanto, aqui as mestiçagens deixam de ser misturas mais ou menos complexas ou estáveis e dão lugar a criações surpreendentes. A atração tornou-se tão intensa que os diversos elementos se fundem num conjunto homogêneo. Mas o processo é excepcional.

Até agora nos restringimos a verificar uma ruptura ou a localizar a ultrapassagem de um limite em certas mestiçagens, sem podermos explicar tudo isso.[46] Na verdade, a criação supõe mais que o domínio das técnicas dos dois universos; ela implica uma distância em relação às origens indígenas e européias dos processos utilizados, e também a sensação forte de uma compatibilidade entre tradições diferentes. Ora, sobre todos esses pontos as fontes não são de nenhuma valia. E, se por milagre, elas falassem, ainda assim seria preciso que a intervenção pessoal do pintor e sua psicologia pudessem realmente explicar o surgimento de imagens novas.

As criações mestiças parecem ter uma dinâmica própria que as subtrai em parte das intenções e dos hábitos estéticos de seus autores. Pois as misturas dão origem a limitações e virtualidades, antagonismos e complementaridades, cujo resultado são configurações imprevisíveis. É nessa liberade de combinações que reside provavelmente a fonte da inovação e da criação.

A SELVA DAS INVENÇÕES

A gama de combinações parece inesgotável. Mesmo se nos contentamos em analisar certas criações mestiças contextualizadas, ficamos inevitavelmente impressionados com sua excepcional diversidade. Elas vão das *Crucificações* no estilo flamengo, que admiramos nas paredes dos conventos de Epazoyucan ou de Acolman, aos desenhos dos livros de magia que os *curanderos* indígenas usavam em suas práticas "diabólicas",[47] das obras sob encomenda inspiradas pelos monges aos calendários de estilo pré-hispânico, como o que decorava a portaria do mosteiro de Cuauhtinchan, na região de Puebla.[48] A mistura leva ao oposto da uniformização. O conjunto de criações mestiças compõe uma coleção, um caleidoscópio de formas, cores, temas e paginações cujo inventário, por si só, exigiria pacientes pesquisas. Aí encontraríamos referências conhecidas, motivos familiares ao lado de objetos estranhos, formas exóticas e às vezes enigmáticas, e achados que surgem e se apagam no correr dos anos.

Se classificássemos as obras cronologicamente, poderíamos, sem dúvida, distinguir evoluções e mudanças decisivas,[49] mas também observaríamos, na mesma época, uma espantosa diversidade — formatos, enquadramentos, estilos, cromatismo e conteúdos. Num mesmo manuscrito, há um rodízio de mãos. Elas podem se copiar mutuamente ou pegar caminhos divergentes; acontece até de se superporem na mesma página. Imagens de início pintadas para um primeiro códice são às vezes recortadas, fragmentadas e dispostas de forma totalmente diferente num segundo códice: é o caso de parte das ilustrações do *Códice Durán*. Além disso, certos manuscritos que pertencem à mesma família apresentam variantes que não podem ser atribuídas apenas a efeitos de uma ocidentalização progressiva da representação. A cópia de um modelo ocidentalizado pode, assim, marcar uma volta à tradição indígena, constituindo uma espécie de *revival*. É o que se produz quando o pintor do *Códice Tovar* representa o grande templo da Cidade do México conservando do *Códice Durán* a versão mais de acordo com os critérios indígenas.[50]

Outro exemplo: para ilustrar as danças dos nobres antes da Conquista, os pintores dos *Códices Tovar* e *Ramírez* inspiraram-se ambos no *Códice Durán*. O manuscrito oferecia a escolha entre pelo menos dois estilos: um tradicional, seguido pelo *tlacuilo* do *Códice Tovar*, sem perspectiva nem cenário natural, e um estilo hispanizado, privilegiado pelo *tlacuilo* do *Códice Rámirez* ao construir uma cena em que transitam dançarinos vestidos como se vestiam os índios na época da dominação espanhola. Mãos européias, familiarizadas com estilos indígenas, puderam assim, por sua vez, elaborar versões que não eram mais infiéis à tradição do que as dos pintores indígenas.[51] O grau de ocidentalização ou de fidelidade ao modo antigo dependia de inúmeros fatores: a formação e os conhecimentos do pintor, suas opções políticas, as intenções de quem fazia a encomenda, a natureza da fonte, a existência ou não de um modelo pré-hispânico — variáveis que influem na pintura de um manuscrito e chegam, num mesmo códice, a rupturas de estilo.

Tal diversidade dá a impressão de uma criação descontínua, freqüentemente aleatória. O Renascimento indígena que o México espanhol conheceu é abundante em formulações inexplicáveis, em tentativas não confirmadas, em arranjos espantosos. A ausência de evolução global das formas e das combinações, a surpreendente dispersão estilística, a capacidade de invenção que parece inesgotável desenham uma paisagem complexa, rica em rupturas, transformações e bifurcações.

A multiplicidade das criações não quer dizer que elas tenham sido ilimitadas. As obras inscrevem-se, antes de tudo, num contexto colonial em meio a relações de forças que, hoje sabemos, foram irreversíveis e que contrapõem os invasores aos vencidos do Anahuac, o mundo dos nauas, mas que também contrapõem os grupos dominantes da sociedade colonial — entre os quais a nobreza indígena — às massas indígenas, negras e mestiças. As imagens mestiças surgem em meio a incertezas e dificuldades de uma comunicação fragmentada, submetida aos efeitos do desarraigamento. Por último, elas correspondem às pressões miméticas veiculadas pela ocidentalização. Em outras palavras, nasceram num espaço histórico tolhido ao extremo, que as condicionou parcialmente e do qual guardam vestígios. Desnecessário lembrar que essas produções são políticas, e não simplesmente "culturais".

Mas, se as condições explicam as recorrências que impressionam o olhar europeu — a esse respeito, é notável a ausência de imagens claramente anticristãs ou antiespanholas —, elas não dão conta nem da proliferação das formas nem da inventividade mostrada pelos *tlacuilos* na busca de fórmulas e combinações mestiças. Complexidade e fragmentação, evolução não-linear e imprevisibilidade das formas, diversidade quase infinita das criações: os traços que caracterizam essas obras aplicam-se também aos processos de mestiçagem de que são a expressão. Mas quem nos garante que o que vale para a imagem indígena vale para outros terrenos?

10. A travessia do mar

Esbarrei, saibam, em incríveis Flóridas
Misturando às flores olhos de panteras de peles
De homens! Arco-íris estendidos como bridas
Sob o horizonte dos mares, a glaucos rebanhos!

Rimbaud, *O barco ébrio*

O vento se levanta, mugindo e silvando.
O Oceano borbulha
E o navio avança estalando...

Cantar mexicano LXVIII

Cidade do México, domingo, 4 de junho de 1564. Mais de quarenta anos se passaram desde a chegada dos espanhóis. Por ocasião do casamento do governador de Tenochtitlán e último sucessor de Moctezuma, don Luis de Santa María Cipac, índios cobertos de roupas fantásticas executam o *atequilizcuicatl*, o canto do Despejar da Água. Nos turbilhões de penas multicoloridas, num ritmo escandido pelos tambores indígenas, o *teponaztli* e o *ahuehuetl*, grupos dançam, alteando a voz à medida que aceleram os movimentos.

A velha nobreza de México-Tenochtitlán pressente que está vivendo suas últimas glórias? Dezoito meses mais tarde, em dezembro de 1565, morria, desprezado, Luis de Santa María Cipac, neto do soberano Ahuitzotl, deixando vago o trono: chamavam-no *Nanacacipatzin*, o "vendedor da pátria", porque ele permitira que as autoridades espanholas tomassem conta da administração do tributo que onerava a população indígena,[1] o que desencadeara motins populares na Cidade do México e em Tlatelolco.[2]

É também nos anos 1560 que se apagam, devido à idade, os nobres criados antes da Conquista num mundo que ainda não conhecera a presença dos estrangeiros nem os dissabores da derrota. A nobreza indígena, por mais que tenha se apoiado em sua antiga legitimidade e nas novas fidelidades ao rei da Espanha e ao deus dos cristãos, sabe que sua situação está ameaçada.[3] A perda progressiva de seus privilégios e da influência política, o fim das dinastias nas cidades vizinhas de Tacuba e de Texcoco, a chegada maciça de personalidades oriundas da plebe enfraquecem suas posições. Numa carta datada de 25 de março de 1566, don Pedro de Montezuma, rebento de uma ilustre família, queixa-se amargamente de viver numa "*grandísima miseria*".[4] Por toda parte os caciques sofrem "uma perda de rendimentos, de poder e de prestígio".[5]

As condições de vida das massas indígenas, condenadas ao silêncio, são ainda piores. Submetidas a uma pressão fiscal maior, padecem com os estragos das epidemias que as atacam sem trégua, enquanto nos campos grupos inteiros perdem suas raízes por causa das "congregações", esses ajuntamentos forçados de populações.[6] Na sociedade espanhola, as elites também passam por horas agitadas. Os poderosos *encomenderos* temem não poder transmitir aos descendentes os bens que receberam em *encomienda*, e já pensam na ruína de suas famílias. Os jovens colonos europeus que se envolveram de perto ou de longe na conspiração do filho de Cortés, o segundo marquês del Valle, tremem diante da idéia de sofrer a repressão dos representantes de Filipe II. Destinadas a abafar qualquer veleidade de conspiração, as execuções de 1566 aterrorizaram a opinião pública. É nesse contexto urbano que devemos colocar os textos que vamos agora descobrir, guardando no espírito a singularidade de um período em que, após meio século de dominação colonial, a memória dos tempos pré-hispânicos está longe de ter desaparecido.

Se o texto do *Cantar* executado durante o casamento de don Luis de Santa María Cipac se perdeu, possuímos a versão integral de uma peça parecida, datada provavelmente da mesma época e conservada numa coletânea da Biblioteca Nacional do México,[7] entre outros *Cantares mexicanos.* O longo canto LXVIII, o *atequilizcuicatl*, recorda a guerra contra os espanhóis e relembra os príncipes da primeira metade do século XVI.[8] Um breve trecho bastará para transmitir a sensação que várias passagens podiam despertar entre os ouvintes familiarizados com o náuatle requintado da corte mexicana. Certamente eles não deixariam de ficar intrigados com essa evocação.

ÍNDIOS NO MAR

Çan moquetza in ehecatl cocomocan tetecuicaya yc poçonia yn ilhuicaatl huiya nanatzcatihuaya yn acallia. ohuaya ohuaya...

O vento se levanta, mugindo e silvando. O Oceano borbulha e o navio avança estalando.

Vemos ondas imensas abaterem-se sobre nós, são os prodígios de Deus. Chovem flores e o navio avança estalando.

Meus amigos, regozijai-vos sobre estas águas. Don Martín, estais rachando em dois o barco; ei-lo despedaçado aqui no Oceano.

Ó, Doador de vida, estais vivo neste lugar de medo. As ondas rolam sobre nós. Vamos perecer no umbigo do mundo, sobre a pedra redonda (do sacrifício).

Ninguém é precioso neste barco, meus amigos. Podemos voltar? Vamos nos fazer apreciar no umbigo do mundo, sobre a pedra redonda (do sacrifício).

Ai de mim, eu me lamento. O orvalho de esmeralda está sobre nós. Aonde devemos ir?

O Doador de vida espalha a aflição. Se pelo menos Ele fosse meu amigo, meu parente. Aqui, neste navio, ninguém mais se preocupa com coisa nenhuma.

No interior deste barco, deste lugar de terror, águas de jade são despejadas sobre nós, escumando.

E estas guirlandas mugem e estes peixes voam. Olhai-os!

E lá longe ergue-se a árvore da subsistência, lá longe ergue-se nosso palácio.

E estas guirlandas mugem e estes peixes voam. Olhai-os![9]

Esse fragmento, que constitui um dos episódios mais surpreendentes do *Cantar* LXVIII, causa surpresa e emoção análogas às que sentimos com o espetáculo dos afrescos de Ixmiquilpan. Sua interpretação é igualmente delicada. Na verdade, nada iguala o aspecto insólito dessa travessia, descrita numa língua e com uma arte que, tudo indica, mistura lembranças de viagem, empréstimos feitos à poesia castelhana e alusões às velhas crenças ameríndias.

O trecho é extraído de uma coletânea compilada sob a direção do franciscano Sahagún. Por muito tempo os pesquisadores viram nele só um vestígio excepcional e sublime da poesia pré-hispânica. O eminente historiador Angel María Garibay deixou inclusive uma transcrição de parte do manuscrito e das traduções, que contribuíram amplamente para tornar conhecidas essas formas "poéticas" das quais se pensava, excetuando-se umas poucas páginas, que não haviam sofrido nenhuma influência ocidental.[10]

A preocupação em exumar a tradição indígena anterior à conquista espanhola levou, pois, a se fazer pouco-caso de peças que trazem a marca do período colonial.[11] Ora, os cantos encerram referências abertas ao cristianismo, à conquista espanhola, à colonização, e revelam também os dilemas em que se debatiam os nobres mexicanos após a conversão à religião dos invasores.

Como John Bierhorst demonstrou de maneira irrefutável, estamos na presença de textos que não são de modo algum fósseis da era pré-hispânica, mas que foram reinterpretados e às vezes reformulados quando submetidos ao cristianismo e à sociedade colonial. A forma escrita que nos foi transmitida dá uma imagem fixa desse processo de criação, mas a versão oral, provavelmente, se enriquecia, a cada representação, com elementos novos.

Os cantos emanam da nobreza da Cidade do México e de seus arredores. Estão repletos de alusões a membros da aristocracia naua que viveram no século XV e na primeira metade do século XVI. A ética militar, o destino dos guerreiros mortos, a rememoração dos ancestrais, a evocação das linhagens continuam, sem a menor dúvida, a preocupar os autores dos *Cantares*. Mas essas velhas questões agora se apresentam num ambiente religioso, político e social transformado.

Assim como a análise das imagens, o exame desse trecho apresenta dificuldades. Mas um texto não é uma imagem. Não se impõe ao espírito do mesmo jeito que uma pintura, pois esta possui uma evidência imediata que um texto só adquire se for compreendido.

A travessia oceânica descrita pelo *Cantar* LXVIII tem tudo para nos desorientar. Na forma em que chegou até nós — a de um texto manuscrito —, será possível lê-la como um texto ritual de origem pré-hispânica? Podemos nela enxergar vários traços ameríndios, como a invocacão a don Martín. Poderia se tratar de um personagem histórico que teria usado o nome do todo-poderoso deus do Vento, Ehecatl, e atrás do qual se esconderia a divindade de sopro destruidor. As chuvas de flores — "Chovem flores e o navio avança estalando" — acrescentam mais um toque ameríndio, se aceitarmos que elas visualizam a chegada dos guerreiros mortos em combate. A "pedra redonda" seria aquela sobre a qual os sacerdotes matavam suas vítimas, despachando-as para o umbigo do mundo, isto é, para o além. Por fim, essa travessia repleta de obstáculos aparenta-se a uma viagem iniciática, que lembra as viagens feitas pelos feiticeiros e xamãs do antigo México. O mais famoso deles, Quetzalcoatl, embarcou, ao término de sua vida, numa jangada, o "leito de serpentes", e atravessou o mar em direção a Tlapallan, a "praça da aurora", a morada oriental do Sol.[12]

Mas a interpretação "à antiga" seria mais convincente se os nauas da Cidade do México morassem à beira-mar. Em geral, os grandes itinerários relatados pelos mitos são percursos terrestres. De que maneira os índios do vale do México, vivendo a mais de dois mil metros de altitude e conhecendo apenas os lagos de montanha, poderiam ter integrado a seu universo de crenças um ambiente marítimo tão pouco familiar?[13] Aliás, os navios espanhóis os haviam deixado estupefatos. Quanto aos povos do golfo do México, pertenciam a outras famílias étnicas e lingüísticas; os únicos índios com prática real do mar, na forma de cabotagem, eram os distantes maias.

Uma outra leitura sugere que se enxergue nisso a lembrança de uma travessia realmente feita pelos nobres mexicas a caminho de Castela. Várias viagens do tipo ocorreram após a Conquista. Músicos e dançarinos foram levados por Cortés para a Espanha e para Roma, em dezembro de 1526.[14] O filho mais velho de Moctezuma foi a Castela por volta de 1528,[15] algum tempo depois de Martín Ecatzin, um dos senhores de Tlatelolco.[16] É fácil reconhecer nesse don Martín Ecatzin aquele outro cujo nome lembra discretamente Ehecatl, a divindade do vento. Mas essa segunda interpretação também é redutora demais. A ausência de espanhóis no barco, os acontecimentos prodigiosos que pontuam a travessia proíbem-nos de considerar o texto simples testemunho histórico. Os elementos ameríndios que assinalamos não são lembranças de viagem transfiguradas pela poesia indígena: isso ainda seria possível no caso dos peixes voadores evocados no *Cantar*, mas as chuvas de flores que se abatem sobre o barco dão outro significado à viagem.

Ainda se pode fazer uma terceira leitura da travessia. Privilegiando a trama ocidental e cristã, ela extrairia do substrato indígena um tema recorrente da poesia castelhana desde que se abriu às influências da Itália e do petrarquismo: a descrição da viagem da alma e das calamidades enviadas pelo céu para pôr essa alma à prova. Passageiros e marinheiros embarcados na nau simbolizariam o gênero humano exposto aos ataques dos ventos e das ondas enfurecidas. A moralização cristã recupera, na verdade, um velho tema clássico. A fúria dos elementos emprestara um significado cósmico às aventuras dos heróis da Antiguidade, de Ulisses a Enéias. Mas essa fúria também podia opor-se ao poeta transido, separado de sua bem-amada, como Marcial cantara tão bem. Aliás, o tema da tempestade no mar atravessa todo o século XVI, desde Rabelais, no *Quarto Livro*, até Fernández de Oviedo, nos *Naufrágios*, e Shakespeare, em *A tempestade.*

Junto com a fábula e a melhor poesia do Renascimento — em versão profana ou sacra —, o tema cruzou o oceano, mobilizou os autores mexicanos e inspirou os compiladores. Os textos dos poetas da capital da Nova Espanha estão repletos de alusões a esse lugar-comum da literatura do século XVI. Hernán González de Eslava, que o abordou diversas vezes,[17] não é o único a ter descrito a odisséia da nau da fé singrando para Belém. Provavelmente, ele era ligado ao sevilhano Juan de la Cueva, que também lembra os efeitos dramáticos da tormenta:

Que arrogância, que cólera
empurrou os ferozes deuses cerúleos!
Contra mim
os ventos leves conspiram,
carregados de chuvas e aguaceiros.
Eles mugiam freqüentemente,
quebrando as enxárcias e os navios
sem encontrar resistência;
e meus pobres olhos cheios de tristeza
olhavam a fúria de seus ímpetos...[18]

Na pena dos poetas europeus, as ondas podiam tornar-se maravilhosas, vivas e divinas, como as que se abatem sobre os passageiros índios do *Cantar* LXVIII:

E foi assim que ele se dirigiu às ondas
mas por elas jamais foi ouvido:
Ondas, já que tenho mesmo de morrer,

deixai-me chegar lá, e que no regresso
vossa fúria se execute tirando-me a vida.[19]

Poetas castelhanos — nascidos no México ou visitantes de passagem — e intérpretes dos *Cantares* viviam na mesma cidade, freqüentavam as mesmas igrejas e participavam das mesmas festas. Não é impossível que os índios alfabetizados tenham cruzado com nossos autores, assistido a encontros de poesia e até a colóquios, essas peças de teatro em que González de Eslava se tornara um especialista.

Mas tudo não passa de especulações.

Outra pista parece mais sólida. Nosso episódio teria como origem um relato do século XVI, muito difundido na Espanha: a peregrinação de santo Amaro.[20] A tradição relata os dissabores de um santo espanhol que ensina a doutrina cristã mas se sente incapaz de explicar o paraíso. Amaro pede para ver a morada dos eleitos, e a graça divina permite-lhe embarcar — a viagem é marítima — para chegar ao paraíso, que terá o privilégio excepcional de contemplar.[21] Ao chegar, os anjos o acolherão ao som de harpas celestiais.

A hipótese é mais sedutora ainda na medida em que se apóia na existência de, pelo menos, duas versões em náuatle desse episódio. Portanto, o relato circulava no mundo indígena, e os franciscanos (e seus colaboradores índios) teriam adaptado a lenda ao novo público. Os textos em língua indígena propõem uma interpretação deliberadamente indianizada do paraíso cristão. Num deles, os tambores ameríndios substituem as harpas,[22] e santo Amaro descobre um jardim sagrado repleto de flores, pássaros e cantos, que lembra, a ponto de se confundir, o além-túmulo dos índios anteriores à Conquista. Pode-se imaginar que os autores ou os próprios intérpretes dos *Cantares*, íntimos dos textos cristãos, tenham tirado desse repertório algo para enriquecer os relatos antigos ou para dar a seus improvisos um tom mais em sintonia com a sociedade e o público cristianizados.

Viagem xamânica, itinerário místico, aventura poética, *exemplum* indigenizado, travessia histórica? Mas a obra deixaria de viver se nos obstinássemos em dissecá-la. Na verdade, texto e imagem mestiços aqui se juntam. O mapa de Cholula levantava questões da mesma ordem: o espaço que mostrava era irreversivelmente cristianizado, mantinha sua organização pagã ou seria uma tentativa de elucidar uma informação "administrativa" dessacralizada? Pagão ou cristão? O texto dos *Cantares* nos submerge na mesma perplexidade.

O OLHAR DOS MONGES

Os monges espanhóis quiseram compreender o significado dos *cantares*. Assistiram às danças e aos cantos, escutaram-nos e às vezes mandaram traduzi-los e transcrevê-los, mas eles pouco nos ajudarão a formular um diagnóstico mais sólido; pois, se uns privilegiam o que achavam ser o conteúdo cristão, outros denunciam a natureza pagã dessas práticas.

O dominicano Diego Durán, criado em contato com os índios, foi um dos observadores mais perspicazes do mundo indígena. Ele não ignora que ritos antigos possam se esconder atrás de manifestações católicas. Mas, a seu ver, as misturas de festas cristãs e de celebrações pagãs implicam um amálgama prévio entre as práticas. As aparências cristãs não se limitam a encobrir gestos e crenças pré-hispânicos: elas dissimulam um produto já compósito, "misturando" "ritos antigos" e "cerimônias" católicas.[23] Na pena do dominicano, os verbos *mezclar*, *entremeter*, *revolver* designam vários tipos de mistura igualmente perigosos. Nada é mais alarmante do que aqueles que associam as cerimônias cristãs às do paganismo — a "velha lei" —, pois, diz ele, estes geram novidades e práticas "diabólicas e satânicas que são de sua invenção".[24]

Diego Durán, dedicando longas páginas a descrever os *cantares* e as danças da época pré-hispânica, queria chamar a atenção de seus correligionários para os desvios pagãos que poderiam ser encorajados pelas danças indígenas:

> No caso em que tivesse havido uma dança indígena (*mitote*) e que se tivessem visto uma ou duas pessoas se porem diante de todos os outros com ornamentos diferentes, dançando com contrapassos diferentes, indo e vindo na direção dos que guiam a dança, dando de vez em quando gritos divertidos que eles concluem por um assobio, ou dizendo palavras ininteligíveis, convém saber que esses índios representavam os deuses e que era a estes que dedicavam a festa e a dança tanto em seu foro íntimo como em seu foro exterior.[25]

Durán não esconde que, ao ouvi-las pela primeira vez, as versões coloniais dos cantos que acompanham as danças parecem cheias de *disparates*. E é de fato a impressão que causa ainda hoje a leitura da *Travessia do mar*. Segundo nosso dominicano, os cantos se compõem de "metáforas tão obscuras que praticamente ninguém as compreende". A mesma constatação se aplicaria facilmente ao texto da *Travessia*. Mas o hermetismo é só aparente, pois, esclarece Durán, ele dissimula "máximas admiráveis, que encontramos tanto nos cantos espirituais como nos cantos profanos que hoje eles compõem".[26] Tal interpretação é perfeita para serenar os escrúpulos de um ouvinte cristão e atento. Se a retivermos, a *Travessia* seria, pura e simplesmente, uma variante exótica da viagem da alma. E, sendo assim, seu significado se imporia e tranqüilizaria: os traços de paganismo ameríndio

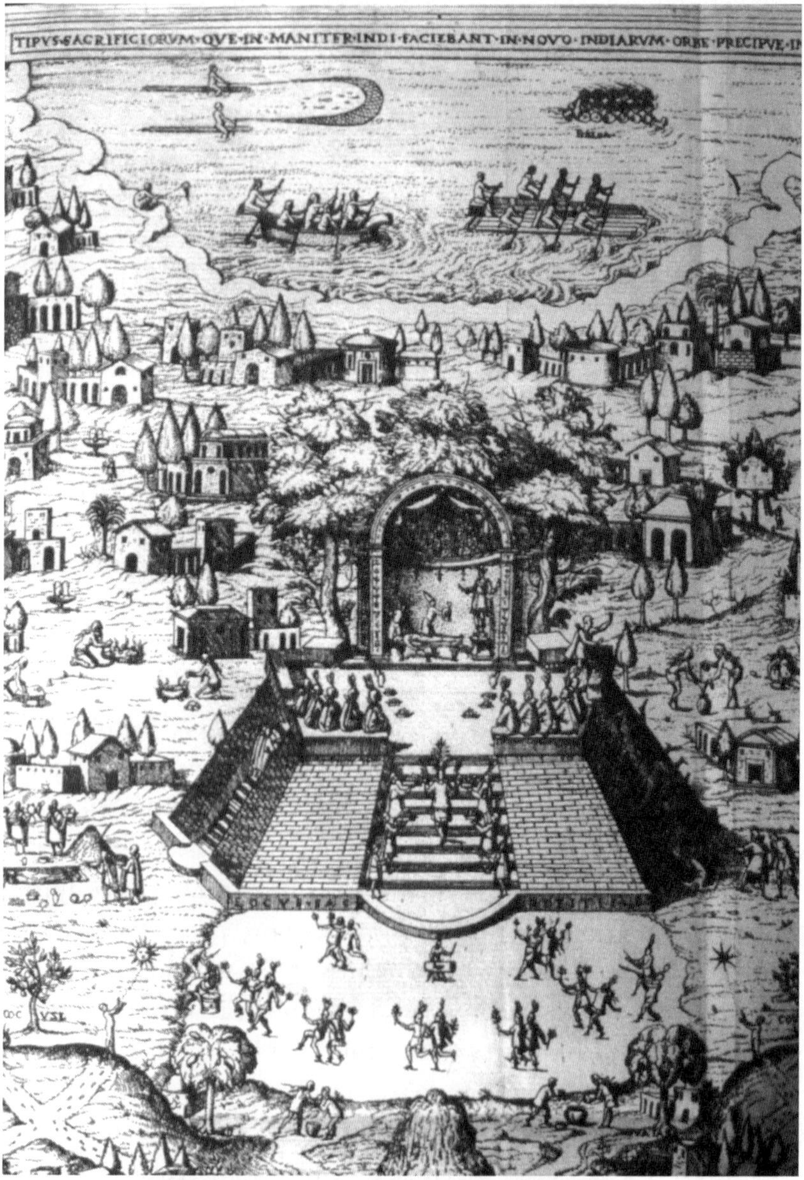

"Os costumes dos antigos Mexicanos", Diego Valadés, *Rethorica Christina*, Peruggia, 1579 (© G. Mermet).

que detectamos no texto nada mais são do que resquícios sem importância ou fósseis decorativos que não apresentam perigo para a fé.

Mas a reação do monge talvez seja também uma questão de moda. Nossa exploração do mundo dos grotescos nos mostrou o gosto maneirista pelo hermético, bizarro e exótico. Ora, o interesse e a satisfação que Durán manifesta ao ouvir os *Cantares* parecem expressar essa sensibilidade. Aliás, seu modo de ver as coisas leva-o a pensar que, na época pré-hispânica, diversas danças não passavam de divertimentos.[27] É nesse espírito que ele compara o *cuecuechcuicatl*, "dança das cócegas ou da coceira", com "a sarabanda que os nossos dançam".[28] Loucos pelos *intermezzi*, pelas encenações pitorescas, pelas máquinas surpreendentes, os europeus do Renascimento apreciam as danças indígenas. Os barqueiros mexicanos enviados à corte de Carlos V, tanto quanto os tupinambás do Brasil exibidos em Rouen diante de Henrique II, puderam se dar conta disso, ainda que à própria custa.[29]

Tais divertimentos também exercem uma atração intelectual que o dominicano anota, deliciado: os cantos repletos de absurdos revelam, a quem sabe interpretá-los, verdades e "admiráveis máximas". Evidencia-se aqui um traço recorrente no pensamento do Renascimento: o gosto pelas linguagens dotadas de qualidades simbólicas, graças às quais o leitor prevenido alcançava verdades profundas. O interesse pelos hieroglifos e pelos grotescos demonstra o mesmo apego a uma tradição alegórica e simbólica datada da Antiguidade e revivida no século XVI. A conclusão da crônica de Durán precede de poucos anos a realização dos grotescos de Puebla e de Parma. Quando Durán reduz esses *disparates* a "máximas" por ele admiradas, comporta-se como os leitores da biblioteca de San Giovanni Evangelista, que tinham sobre suas cabeças pinturas engraçadas sutilmente repletas de mensagens edificantes.

Os cantos e as danças anteriores à Conquista, descritos pelo dominicano com tantos detalhes como se ele os tivesse observado pessoalmente, não escapam, portanto, à moda do tempo. E a moda era maneirista. Respira-se essa moda em todas as miniaturas que acompanham o manuscrito de Durán, e ela sopra sobre outras obras contemporâneas. Esse modo de ver e mostrar as coisas inspira uma gravura realizada na Itália pelo mestiço Diego Valadés no final dos anos 1570, para a edição de sua *Rhetorica christiana*.[30] Aí descobrimos casais de dançarinos emplumados desfilando ao ritmo de dois tambores indígenas. A dança se desenrola numa das primeiras representações gravadas no Ocidente do grande templo da Cidade do México. O santuário aparece coroado por uma *cella* de aparência romana, arquitetura elegante que, nos quadros italianos, em geral abriga a Virgem e os santos, e aqui acolhe a representação de um sacrifício humano e de uma dança ritual. A figuração dos ritos mexicanos inscreve-se numa visão do quadro de vida pré-hispânica, obviamente inspirada em modelos clássicos.[31] Oferece as aparências ordenadas e tranqüilas de um paganismo decente. Valadés acentua seu lado espetacular e majestoso, o que não o impede de evocar no centro da imagem o tema tão delicado dos sacrifícios. Como se a arte maneirista permitisse olhar outros mundos sem logo torná-los uma caricatura demoníaca.

O franciscano Bernardino de Sahagún não enxerga as coisas do mesmo modo. Para ele, os *Cantares* são textos ímpios, são "a gruta, o bosque e o mato espinhoso" onde se dissimula o Inimigo, onde se esconde o diabo em pessoa. Há que proibir "os *cantares* e os salmos que ele mandou compor e que são cantados para ele sem que se possa compreender do que tratam, a não ser os índios, acostumados a essa linguagem". O resultado é desastroso: "Portanto, canta-se tudo o que o diabo deseja".[32] Para o franciscano, o hermetismo é o sinal da presença diabólica. A imagem

A sibila Europa, *Casa del Deán, Puebla, México* (© *G. Mermet*).

O macaco e a centaura, *Casa del Deán, Puebla, México* (© G. *Mermet*).

Os guerreiros indígenas de Ixmiquilpan, *Convento agostiniano de Ixmiquilpan, Hidalgo, México* (© G. Mermet).

Os guerreiros indígenas de Ixmiquilpan: *um Perseu indígena* (© *G. Mermet*).

Os grotescos *de Alessandro Araldi, Convento de San Paolo, Parma* (*Coleção do autor*).

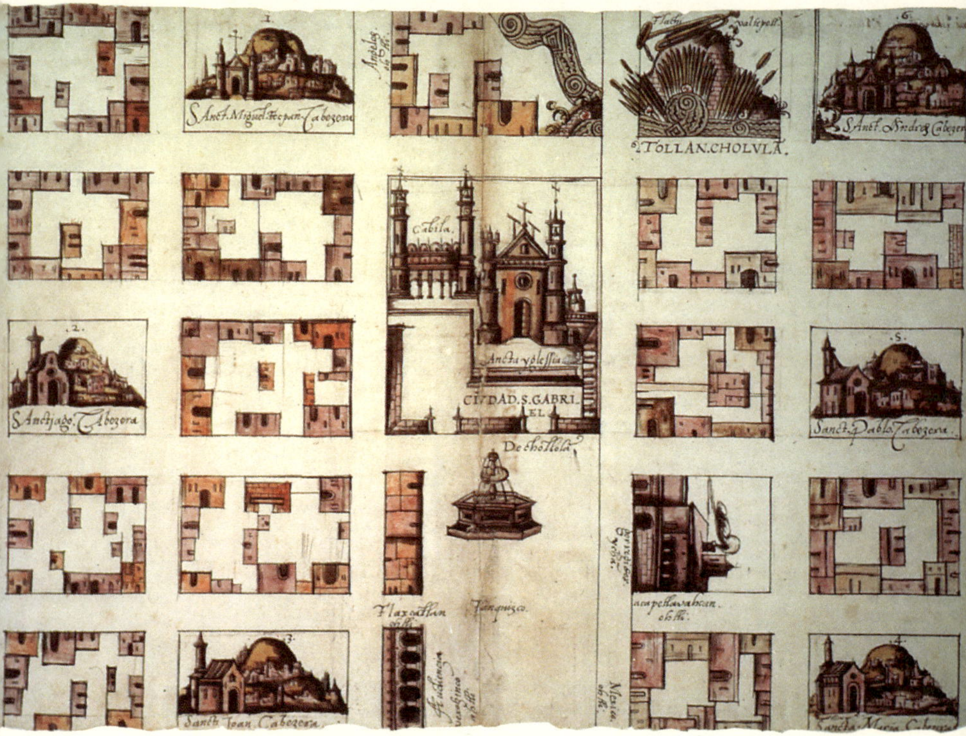

Mapa da cidade de Cholula (1581), *Relação Geográfica de Cholula, México* (*Coleção do autor*).

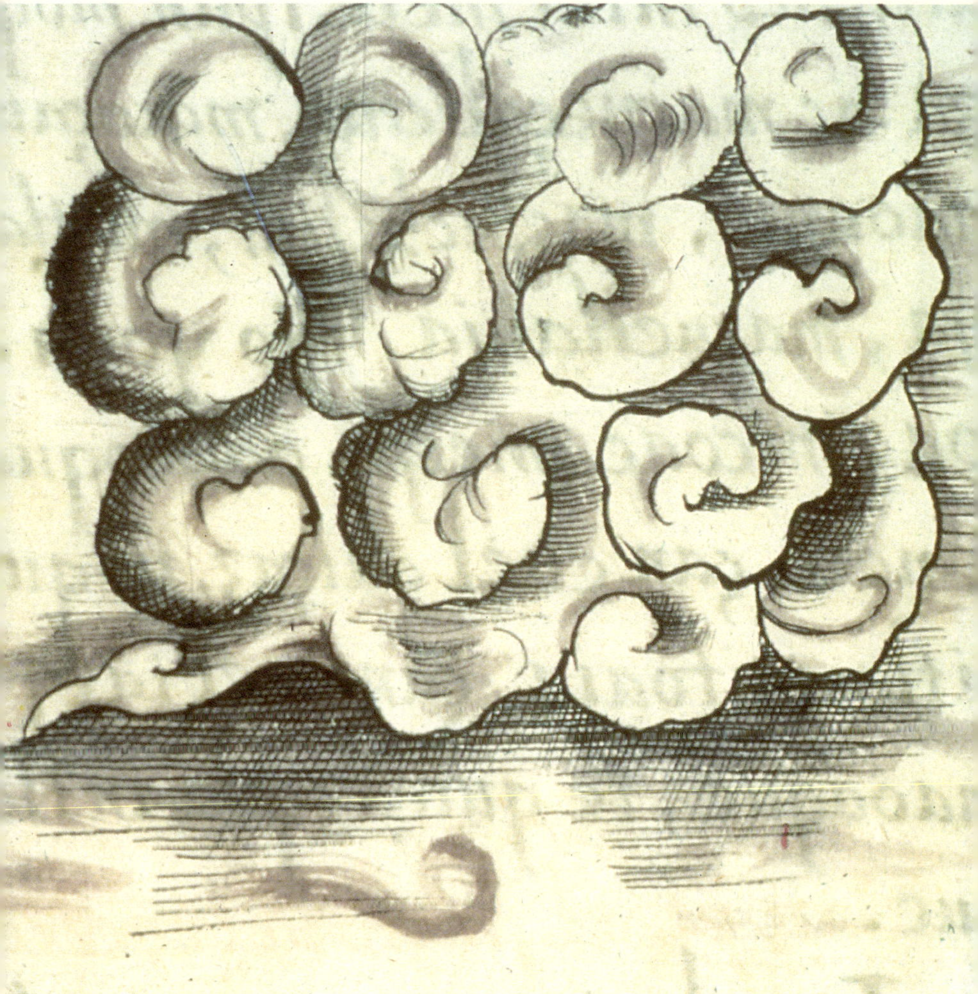

A chuva, *Bernardino de Sahagún, Códice de Florença*
(*Coleção do autor*).

Arco-íris, *Bernardino de Sahagún, Códice de Florença*
(*Coleção do autor*).

do mato espinhoso lembra uma natureza fechada, impenetrável, obscura como uma gruta, onde nos perdemos num emaranhado de ervas daninhas e vegetação agreste. A referência à gruta não é casual. Para os letrados do Renascimento, que conhecem o *De antro Nympharum*, de Porfírio, a gruta é símbolo do caos e da confusão.[33] Em sua condenação aos grotescos, o cardeal Paleotti explica que as grutas de onde vêm esses enfeites são antros dedicados às conspirações, aos rituais mágicos e aos atos obscenos. A condenação do franciscano Sahagún faz eco a uma Contra-Reforma que bane sistematicamente as complicações e as obscuridades prejudiciais à educação do fiel.

No livro X de sua *Historia general*, Sahagún esclarece seu pensamento:

> Se eles executam cantos que compuseram depois de sua conversão, e que tratam das coisas de Deus e dos santos, esses textos estão misturados a uma quantidade de erros e heresias.[34]

Aqui, a mistura toma a forma do *envolver*, como se as coisas de Deus desaparecessem enterradas debaixo de camadas de desvios de conduta. Dessa vez, o franciscano denuncia menos as "sobrevivências pagãs" do que as deformações da doutrina cristã, os erros, as heresias. Já não é mais o caso de revelar "admiráveis máximas": as monstruosidades que cercam e abafam o cristianismo dos novos conversos são, para ele, um amálgama tão execrável como irrecuperável.

A visão do franciscano cheira mais aos rigores da Contra-Reforma do que aos deslumbramentos maneiristas do dominicano Durán. Sua rejeição inapelável se aplicaria ao nosso texto? Convém lembrar que este figurava numa compilação realizada a seu pedido. Mas o contexto nada absolve. O monge dedicou grande parte de sua vida a colher testemunhos sobre a idolatria indígena para melhor conhecer-lhe o fundo e extirpá-la do coração dos índios. Acrescentemos que sua persistência visa mais a uma prática do que a um grupo. No México da segunda metade do século XVI, os "erros" e as "heresias" de que os *Cantares* parecem abarrotados não eram apanágio dos índios. Vários poetas castelhanos foram vítimas de acusações semelhantes e tiveram a falta de sorte de cair nas malhas da Inquisição. Seus poemas religiosos às vezes pareciam cheirar a enxofre. As perseguições feitas contra Pedro de Trejo, Juan Bautista Corvera ou González de Eslava nos ensinam o que *errar* queria dizer para um poeta castelhano contemporâneo dos intérpretes dos *Cantares*.[35] Numa sociedade que o Concílio de Trento tentava reformar e que a Inquisição vigiava, os leigos — espanhóis ou índios — não tinham de se meter com as coisas da fé.

O IRREDUTÍVEL NÃO É O IRRACIONAL

Que concluir de tudo isso? Será preciso, como provavelmente faria o dominicano Diego Durán, ler a *Travessia* à maneira de uma adaptação sutil da verdade cristã? Ou rejeitá-la, como desejaria o franciscano Sahagún, que nela enxergaria um extravio demoníaco e herético? As duas posições ilustram a perplexidade que as formas novas causam. Cada monge interpretou o que tinha diante dos olhos com os esquemas intelectuais e ideológicos de que dispunha: seria absurdo recriminá-los por não terem visto o que não podiam ver. Na verdade, nenhum dos dois estava de todo errado.

A *Travessia do mar* é uma obra tão mestiçada como as imagens que exploramos em outros capítulos. Ela não se prende a uma leitura pré-hispânica nem a uma interpretação ocidental, mas transita num espaço próprio que não deveríamos resumir aos princípios de uma ou outra dessas tradições. Nem por isso tal condição a torna incoerente, já que o relato é portador de uma mensagem para seus intérpretes, seus compiladores e uma fração de seu público — esta que é bastante bem informada para captar seu alcance. Assim como o "lobo" do *Códice de Florença* ou como o mapa de Cholula.

Mais uma vez, eis-nos confrontados com o mesmo obstáculo: como descrever e compreender o que tem para nós uma aparência de irracional — os *disparates*, segundo o termo de Durán? É possível evitar cair nas malhas de uma racionalização redutora — partindo de uma decriptação ocidental ou pretensamente ameríndia? E admitir que os *Cantares* contêm significados incompatíveis na aparência, que jogam com referências que deveriam se excluir mutuamente, e que estão reunidas em composições de estranha beleza?

Esses textos são baseados em outras regras que não as nossas, e aceitam, por exemplo, a contradição. Não que se trate de regras exóticas relacionadas com outros mundos e outras civilizações. Os *Cantares* pertencem a um espaço novo, a uma "zona estranha", na qual devemos inventar novos procedimentos e fazer coexistirem elementos irredutíveis, sem que daí surjam verdadeiras lógicas. "Sou um tupi tangendo um alaúde". A constatação choca nossos hábitos de pensamento, pois ainda hoje a presença de contradições é considerada "uma marca irrecusável do irracional".[36] É difícil aceitar que "as leis da lógica, terceiro excluído e contradição, sejam arbitrárias",[37] que nossa racionalidade, ou nossa "lógica ordinária",[38] seja convencional, produto de uma história, de uma tradição e de um meio.[39] As criações mestiças dos índios do México nos lembram brutalmente essas evidências, que marcam também os limites em que esbarram nossos saberes.

11. A colonização do céu

Nach Rom!
Wagner, *Tannhäuser*

A *Travessia do mar* é apenas um dos episódios que compõem o *Cantar* LXVIII. O canto evoca primeiramente o nascimento do mundo novo entre os estrondos da guerra e da derrota. As figuras emblemáticas de Cortés — o "Capitão" —, de sua amante índia Malinche e do vice-rei cruzam com as dos dirigentes indígenas que se ilustraram na guerra de resistência ou viveram nos primeiros decênios da dominação estrangeira. O *Cantar* faz alusão a esses acontecimentos, ao retomar temas antigos: a invocação dos guerreiros caídos no campo de batalha e a lembrança da tarefa que desde sempre lhes incumbe: saciar a divindade com sangue humano.

Tais crenças constituem uma pedra angular da cosmologia ameríndia: os guerreiros mortos no combate ou executados sobre a pedra do sacrifício iam se juntar ao astro solar, cuja corrida, durante a primeira parte do dia, eles acompanhavam:

> Eles usufruem de moradas resplandescentes do sol onde se encontram todos juntos, vestidos com os raios de sua luz; sobre os ombros das estátuas dos mortos, os índios punham asas de penas de gavião; diziam que era para que eles fossem voar todo dia diante do sol![1]

O destino luminoso marcava a predominância dos guerreiros que ofereciam o sacrifício de suas vidas no campo de batalha ou no alto das pirâmides. A dominação espanhola não suprimira essa crença, se bem que a conversão ao cristianismo e a *pax hispanica* tivessem tornado obsoletas práticas proibidas pelos conquistadores.

A CASA DO IMPERADOR

O *Cantar* LXVIII exalta a memória de Moctezuma, morto no início da guerra contra os espanhóis, e transforma a morte do soberano mexica numa espécie de apoteose cujas manifestações nos arrastam para um outro mundo repleto de pássaros maravilhosos e flores magníficas: "Tal como botões de flores, tal como pássaros preciosos, tal como pinhas, ele partiu...".

Então, nada teria mudado? A velha ética dos guerreiros, a visão ameríndia do outro mundo parecem ter resistido aos transtornos provocados pela invasão espanhola. Mas o *Cantar* aos poucos vai ficando carregado de imagens e referências de origem cristã. A evocação de Castela, a intervenção de um nobre mexica de nome cristão, don Gabriel — é também o nome de um arcanjo guerreiro —, a inserção da fórmula cristã *Amém* e as alusões ao Deus único[2] e ao Juízo Final conferem outra direção ao canto. É nesse contexto explicitamente monoteísta e mais vagamente cristão que os cantores chegam à questão primordial: como lutar sob a dominação espanhola quando a guerra à antiga — "a guerra florida" — e o sacrifício humano foram banidos pelo cristianismo? Então, eleva-se uma voz para explicar que os hinos cantados na igreja podem substituir a oferenda do sangue, e até mesmo provocá-la. Essa voz deseja que o outro mundo seja cristão: "Que lá a Igreja esteja!".[3]

A interpretação propõe um novo destino para os combatentes, mais de acordo com as realidades coloniais: a "casa do imperador". Agora, é para a casa do imperador que os guerreiros partirão a fim de derramar seu sangue precioso:

> Coragem, sobrinhos, Cuauhtémoc! Vamos pegar esses prisioneiros, nossas jarras de sangue precioso, que cai uma névoa de chuva de pássaros preciosos. [...] Façamos nossa entrada ao lado deles, ao lado dessas águas que transportamos. A caminho *para a casa do imperador*![4]

Então, quem é esse imperador? O termo evoca a figura de Carlos V que os textos da época, índios ou espanhóis, designam muitas vezes por seu título, *el Emperador*. Vencidos por Cortés, os mexicas tinham reconhecido a suserania de Carlos V e agora, em princípio, deviam servi-lo. As encenações no México após a Conquista tinham dado um conteúdo visual a essa fidelidade. Em 1539, na cidade de Tlaxcala, diante de um imperador de teatro, "*emperador romano amado de Dios*", representado por um índio, os franciscanos fizeram desfilar as tropas mexicanas sob o comando de seus "senhores naturais", antes de mandá-las enfrentar outros figurantes indígenas vestidos de soldados do Sultão.[5]

Mas essa leitura política e terrestre não é convincente, pois o canto faz intervir guerreiros que não são mais deste mundo. O imperador do *Cantar* não seria também uma figura celeste, uma manifestação da Divindade, uma expressão do Deus único encontrado algumas estrofes antes?

O IMPERADOR DO CÉU

Um texto cristão, escrito em náuatle e em espanhol, nos dá algumas pistas. Trata-se de um manual de confissão destinado aos índios e escrito pelo franciscano Alonso de Molina. Amplamente divulgada, a obra é um bom exemplo da literatura religiosa que os índios alfabetizados tinham em mãos. O comentário que dedica ao sacramento da crisma oferece uma série de analogias surpreendentes com o trecho que nos interessa:

> Os que receberem o sacramento da crisma adquirirão uma excelente fama e obterão grande honra lá no alto, e a glória do céu [...]. Assim como se vê que neste mundo os grandes cavaleiros e os nobres do imperador que receberam dele suas insígnias e suas armas e que moram em seu palácio real são bem mais honrados [...], o que não são nem os plebeus nem o baixo povo. Pois bem, eis o que acontece no céu, no palácio do grande imperador Jesus Cristo, Nosso Senhor...[6]

A aproximação dos dois textos permite imaginar como os autores dos *Cantares* selecionaram materiais cristãos para compor suas obras. Qual era para eles a contribuição do manual de Molina? O franciscano insiste no valor e na importância do sacramento da crisma, assim como na distinção que confere aos fiéis desejosos de recebê-lo. Sua demonstração apóia-se na tripla comparação entre os fiéis e os cavaleiros do imperador, entre este e Deus, entre a honra de ser crismado e as honras militares. Os paralelos entre o mundo do céu e o da terra são reforçados pela afirmação que estabelece um parentesco direto entre o céu e a casa do imperador: "Pois bem, eis o que acontece no céu, no palácio do grande imperador Jesus Cristo, Nosso Senhor...". Comparação, e em seguida identificação, tudo concorre para fazer do céu e da morada imperial uma só e mesma coisa.

Mas a platéia nobre — que lia os manuais ou escutava os sermões e comentários — podia fazer mais uma aproximação. Os vocábulos náuatles empregados para traduzir "os grandes cavaleiros e os nobres", o "palácio real", "a nobreza e a grandeza [dos] soldados do imperador"[7] descreviam um meio e um universo de valores que eram os deles. A insistência com que o franciscano faz a diferenciação entre batizados e crismados, lembrando a distância que separava nobres e plebeus, devia confortar a platéia aristocrática favorável a essa interpretação. Um pouco mais abaixo, o franciscano promete aos nobres indígenas que, se forem crismados, acompanharão o imperador, portanto Deus, à sua morada celestial. Por último, a acolhida que os "cidadãos do céu" — os anjos — reservam aos índios crismados "Vejam como aquele que chega aqui recebeu a crisma e está marcado por ela"— faz eco à cena, tão freqüentemente repetida nos *Cantares*, da entrada dos guerreiros mortos no outro mundo indígena.

Essa série de imagens, associações e significados — ou seu equivalente tirado de outro texto cristão — talvez tenha inspirado os autores do *Cantar*. Um tema cristão associando o imperador, Deus, o céu e os guerreiros indígenas infiltra-se nas evocações dos cantores, sem quebrar a coerência nem a continuidade do *Cantar*. Longe de serem pura e simplesmente absorvidos na matriz pré-hispânica, os empréstimos dão às crenças antigas um toque cristão, que, por sua vez, tem duplo sentido: o imperador para junto do qual vão os nobres indígenas é indistintamente o da terra e o do céu: "Mandaram-nos chamar aqui e pareceria que é a Casa do imperador".[8]

A mestiçagem opera-se pelas inclusões e por essas pequenas mudanças. A criação cinematográfica nos oferece exemplos disso, como a passagem de um mundo ao outro que movimenta *The Pillow Book*. Mas é um comentário inspirado na obra do cineasta Wong Kar-wai, de Hong Kong, que mais se aproxima disso: "Nós vamos deslizando por ali, mais do que avançando, a separação entre o passado e o futuro não procede de um corte, e o processo de transformação de um a outro é tudo, menos flutuante".[9]

A ROMA INDÍGENA

Durante a viagem para a "casa do imperador" efetua-se a "travessia do mar": "Nós, que somos simples mexicanos, partimos para nos maravilhar no mar". Para os guerreiros que chegaram a bom porto, para os dançarinos e cantores levados a um outro mundo, isto é, à casa do imperador, a viagem ainda não terminou:

> E o imperador nos deu a ordem e nos disse: "Ide ver o Santo Padre".
> Ele disse: "O que eu quero? Ouro. Todo mundo deve se inclinar. Apelai para Deus *in excelsis*!".
> E foi por isso que nos enviou a Roma.
> Ele nos disse: "Ide ver o Santo Padre".
> Nossos corações se rejubilarão, pois ele nos envia a Roma.
> Ele nos disse: "Ide ver o Santo Padre".[10]

No império de Carlos V, a visita a César precede, como convém, a visita a são Pedro. A preeminência imperial, o protocolo e a geografia — que fazem de Sevilha ou outro porto espanhol uma escala obrigatória antes da Itália — são respeitados. Dessa vez, os cantores parecem rememorar um acontecimento histórico. O diálogo travado entre os enviados indígenas e o imperador consolida-se num ambiente cristão e europeu. Mas, já no episódio seguinte, a cena se transforma de novo, eludindo qualquer leitura que se limite estritamente aos acontecimentos.

Os guerreiros chegam à Roma dos papas. O que pode haver de mais cristão e mais ocidental do que a visita ao centro, há tanto tempo inconteste, da cristandade européia? Com toda certeza, Roma não era desconhecida dos autores dos *Cantares*, que acompanhavam os sermões dos monges e do arcebispo. Alguns índios tinham até visitado a cidade, por ocasião de uma viagem à Europa. O humanista Paolo Giovio (1483-1552) descreve a visita a Clemente VII de duas personalidades indígenas, "*illustres gentis proceres*", que impressionaram profundamente a corte vaticana e que o soberano pontífice cobrira de honrarias e presentes.[11]

Roma é, aqui, a residência do Santo Padre;[12] é onde soam as trombetas, é a cidade de santa Cecília, a padroeira dos músicos: "É lá em Roma que ela mora, ela, a mãe que se chama santa Cecília".[13] A associação entre a cidade santa e a música celestial não nos surpreende nem um pouco. A música européia se espalhara como rastilho de pólvora pelo mundo indígena. Desde fins dos anos 1530, um cantor de Tlaxcala era talentoso o suficiente para compor uma missa completa no estilo ocidental.[14] Muito cedo o cantochão e o canto gregoriano não tiveram mais segredos para os intérpretes dotados de prodigiosa memória. Aliás, com freqüência eram os mesmos que interpretavam os *Cantares*. O sucesso da música européia ultrapassou as expectativas das autoridades civis e eclesiásticas. Em 1555, o primeiro concílio mexicano proibiu o uso da trombeta durante a missa. Diante da proliferação de cantores indígenas, decidiu-se limitar seu número. É verdade que essas atividades ofereciam vantagens fiscais: os *cantores* estavam isentos do tributo.[15]

A prática da música ocidental provavelmente influenciou os

gêneros locais. Há que levar em conta que os monges traduziram a noção de cantochão pelo termo *melahuac cuicatl*, expressão náuatle que aparece em diversos títulos dos *cantares*.[16] Haveria uma forma pré-hispânica próxima do cantochão europeu? Ou estaríamos diante de uma tradição ameríndia "contaminada" por práticas ocidentais? Se os intérpretes dos *Cantares* freqüentavam os coros das igrejas, a hipótese tem fundamento.

Quanto a santa Cecília, os sermões dos missionários e dos curas tornaram-na conhecida dos índios.[17] No dia de sua festa, 22 de novembro, os pregadores costumavam evocar a lembrança da virgem e mártir. Ela é mencionada no catecismo em náuatle escrito por Pierre de Gand, publicado em 1553 na gráfica de Juan Pablos. A santa é celebrada pelo poeta González de Eslava: "Dama da corte desse Sião triunfante", santa Cecília distingue-se por sua graça "na sala divina" e canta "em seu coração/ louvores a Deus".[18] Por último, quadros famosos a representaram, como o pintado pelo sevilhano Andrés de Concha para a igreja de Santo Agostinho na Cidade do México, uma das obras-primas da arte maneirista no Novo Mundo.[19]

Mas a evocação da Roma cristã desenvolvida no *Cantar* não deve nos iludir. Tal como nas imagens, nada tem de óbvio a distinção entre o que é cristão e o que não é. Um exemplo: as "trombetas" podem ser instrumentos de metal, de origem ocidental, mas também podem ser conchas marinhas parecidas com as que ritmavam o culto aos ídolos.[20] Antes da Conquista, conchas ressoavam no alto da pirâmide de Cholula.

O *Cantar* não apenas faz de Roma uma capital musical. Ele visualiza a cidade pontifical na forma de gruta ou caverna: "Na terra do papa, ao que parece, lá onde se ergue o palácio da caverna multicolorida, acham-se as pinturas de ouro que nos dão vida".[21] Ora, a caverna — *oztotl* — designa o além para os índios.[22] No *Códice de Florença*, os informantes do monge Sahagún utilizam o termo para descrever o lugar onde moram os ancestrais depois da morte, quando "a divindade os destruiu, os escondeu".[23] Era também por uma gruta que se penetrava no Tlalocan, paraíso aquático, abarrotado de flores e macias espigas de milho, morada dos eleitos — ou das vítimas — do deus Tlaloc.[24] A caverna pintada[25] — ela pode ter a cor e a consistência do jade ou da pluma de quetzal[26] — é, portanto, uma das manifestações do paraíso indígena. Porém, quando os autores dos *Cantares* associam Roma, o papa e a caverna, talvez não pensem apenas no além mexicano. A aproximação se baseia ainda em esculturas, gravuras e pinturas introduzidas ou realizadas na Nova Espanha, representando santos e até mesmo papas[27] instalados nos nichos policromados que pareciam cavidades maravilhosas. Baldaquinos prestavam-se à mesma aproximação. Do mesmo modo os céus, como o de Cholula, onde se passa a cena do encontro do papa com são Francisco. A assimilação de Roma ao outro mundo dos antigos mexicanos é de fato uma construção do imaginário indígena que retoma modelos ameríndios, acrescentando-lhes referências sonoras e visuais de origem cristã.

Pelo visto, que os missionários espanhóis assimilem esse paraíso cavernoso ao inferno[28] ou que os letrados europeus do Renascimento concebam a gruta como um lar obscuro, mágico e infernal, não preocupa muito os autores e intérpretes dos *Cantares*. Suas cavernas estão mais próximas das grutas artificiais que enfeitavam os jardins italianos com seus cenários luxuosos, estranhos e requintados.[29] Por sinal, no palácio-caverna metamorfoseado em divino salão de música, transitam calmamente outras figuras cristãs. O papa não é o único dignitário católico a freqüentar esses locais: o *Cantar* XIX descreve um bispo — "o Bispo" —, talvez Juan de Zumárraga, primeiro arcebispo da Cidade do México, cantando na caverna, acompanhado pelo tambor *te-*

ponaztli. É também na morada do Deus cristão (*Tiox* significa *Dios*) que ecoa sua palavra.[30]

Caverna multicolorida, divinos locatários cristãos, cromatismo tradicional, música européia: aí está a Roma dos papas promovida a paraíso indígena. Sua metamorfose nos faz lembrar como a Jerusalém terrestre se transforma em cidade celestial e maravilhosa na visão de são João, episódio que os índios puderam descobrir nos sermões dos monges ou contemplar nos afrescos de suas igrejas.[31]

Cristã ou indígena, a Roma do *Cantar* LXVIII é as duas coisas ao mesmo tempo. Seu autor, ao reinterpretar os termos e os conceitos cristãos, faz um rearranjo nas crenças ameríndias. O pensamento mestiço está em ação nesse movimento incessante que lembra as oscilações que localizamos nos afrescos de Ixmiquilpan. A Roma dos papas indigeniza-se à medida que o além dos índios se cristianiza. Os dois processos são indissociáveis.

A CAÇA ÀS BORBOLETAS

> Meus amigos, gente de Huejotzingo, olhai o papa, ele é Deus...
>
> O papa está sobre a esteira e sobre a cadeira e ele é Deus.
>
> Quem repousa numa cadeira treliçada de ouro? Olhai, é o papa.
>
> Ele tem sua zarabatana de turquesa e ei-lo atirando em todas as direções.[32]

O canto dos índios descreve uma cena tão estranha como inverossímil. Ela inspira-se em imagens do esplendor pontifical que os índios tiveram ocasião de contemplar nos afrescos freqüentemente pintados por eles mesmos. Em Cholula e Acolman, pontífices sentam-se em tronos suntuosos, semelhantes a essa "cadeira treliçada de ouro". Mas um papa manejando uma zarabatana! Quem ousaria pintar os papas da época, um Paulo IV ou Pio IV, promotores do primeiro *Index*, armados de zarabatana nos corredores do Vaticano? Nem o mais endiabrado surrealista, nem o mais audacioso pintor de grotescos, talvez nem mesmo Greenaway quando reinventa a Itália de Próspero.

Portanto, a imaginação dos compositores dos *Cantares* pode rivalizar com os achados mais incongruentes e fantásticos da arte maneirista. Porém, não ná nenhuma dúvida sobre a identidade do personagem. Trata-se incontestavelmente do Santo Padre, do vigário de Cristo, do chefe da Igreja universal, embora a fórmula que reafirma sua primazia algumas linhas abaixo — "Ele é são Pedro, ele é são Paulo" — confunda os dois apóstolos, provavelmente porque os dois santos eram festejados no dia 29 de junho. Trata-se de um papa que, como o imperador das páginas anteriores, é a manifestação da Divindade. Invertendo a perspectiva que, em geral, é a nossa, o canto dos índios quebra a relação de exotismo que mantemos com o mundo ameríndio. Dessa vez, é o nosso universo que o imaginário indígena coloniza e transforma.

Mas a que esporte se dedica o soberano pontífice? Um trecho da crônica de Diego Durán fornece alguns indícios. Nas páginas dedicadas aos ritos dos antigos mexicanos, o dominicano descreve uma dança organizada em homenagem à deusa das flores, Xochiquetzal. Durante a dança, os deuses atiram com zarabatanas nos pássaros. Ou, mais exatamente, os índios que encarnam a presença dos deuses na terra miram "falsos pássaros que voam nas árvores". Trata-se de "jovens rapazes disfarçados de pássaros", que fazem evoluções junto com outros "fantasiados de borboletas". Todos exibem suntuosas asas de penas "verdes, azuis, vermelhas e amarelas". Ao término do balé, os dançarinos são recebidos pela deusa que "os [manda] sentar perto dela, gratificando-os com inúmeras marcas de honraria e respeito".

Será que se tratava de um rito que só sobrevivia na memória dos mais velhos? Como observador atento, Diego Durán anota que "era a dança mais solene que esta nação conhecia e hoje é maravilha se vemos dançar outra".[33] Portanto, longe de ter desaparecido, na época do dominicano essa dança era substituída por representações contemporâneas das que acompanhavam a execução dos *Cantares*. Na Cidade do México, nos anos 1560, cantores e espectadores indígenas faziam facilmente a aproximação que hoje nos desorienta. O espetáculo de rua juntava celebrações cristãs, teatro religioso e divertimentos indígenas que datavam de antes da Conquista, mas eram tolerados porque pretensamente deviam ter perdido seu caráter pagão. Com a maior facilidade os autores e intérpretes dos *Cantares* se inspiravam nesses reservatórios de imagens, músicas e histórias.

Quanto à zarabatana de turquesa, seria, como indica a matéria de que é feita, um puro acréscimo ameríndio inspirado na dança de Xochiquetzal ou em outro rito pré-hispânico? Ou também teria origem européia? Nos afrescos de Acolman e de Cholula e numa gravura de Diego Valadés, o soberano pontífice segura na mão uma grande cruz, símbolo de sua missão e dignidade. A zarabatana pode ter se enxertado nesse objeto sagrado do Ocidente cristão, como se ela se confundisse com a cruz e o báculo de ouro que o *Cantar* descreve:

> [O papa] tem sua cruz e seu báculo de ouro, e estes brilham pelo mundo todo.[34]

Mas em que caça o papa atira com a zarabatana? Em borboletas, e essas borboletas são "almas". São borboletas, pois, um pouco mais abaixo, o *Cantar* descreve o palácio do sumo pontífice na forma de uma morada pintada com borboletas de ouro. É provável que essas borboletas sejam "almas", ou, mais exatamente, guerreiros mortos em combate. Um texto do franciscano Sahagún dá uma pista: ele indica que, ao final de quatro anos, os índios mortos na guerra se transformavam em pássaros ou em borboletas "brancas como o giz ou como pluma muito fina". Desciam do céu para a superfície da terra a fim de se alimentar do néctar das flores e gozavam de vida eterna.[35] Na dança da deusa Xochiquetzal, os pássaros e as borboletas tomados como alvo encarnavam, ao que tudo indica, guerreiros valorosos vindos do paraíso celeste. Portanto, o papa caça os guerreiros mortos, ou, segundo uma "versão cristã", tenta capturar as almas para fazê-las entrar no *teocuitlantlatzaqualli*, o santuário de ouro.

A associação da alma dos mortos com a borboleta não era só ameríndia. Os clérigos da Idade Média valorizavam esse belo inseto. Atribuíam-lhe um significado místico, ao associá-lo à crucificação: a alma cristã resgatada pelo sacrifício de Cristo saía da crisálida do pecado transformada num ser novo e alado como os anjos.[36] A pintura maneirista nos deixou anjos ornamentados com gigantescas asas de borboleta, como o de Jan Sanders Van Hemessen, que admiramos no museu de belas-artes de Lille.

A essa altura do canto, torna-se impossível optar entre a leitura cristã ortodoxa e a interpretação ameríndia: a zarabatana é mexicana, o báculo é cristão, o papa é romano, as borboletas são indígenas e cristãs, as almas são também guerreiros, o paraíso é uma gruta pré-hispânica, Roma se transforma num novo além ameríndio...

A continuidade dos encadeamentos, a velocidade das passagens de um mundo a outro liquidam as incongruências e questões provocadas pelo aparecimento da figura pontifical no universo do paganismo indígena. Esse exercício de grande acrobacia traria o risco de produzir uma falta de sentido e uma confusão caso não propulsasse os elementos indígenas e cristãos no campo de uma visão deslumbrante, caso não lhes desse a evidência de uma aparição, a força irrefutável de uma imagem resplandecente.[37]

A Roma dos papas parece aureolada de luz. Um cintilar banha toda a cena que o *Cantar*, a música e a dança nos revelam. Primeiro, é o brilho da cruz e do báculo de ouro, depois é a evocação do santuário de ouro onde o papa reúne seus "cativos", e por fim é a visão do suntuoso palácio de muros pintados com borboletas de ouro. Dois verbos definem e ritmam essa luminescência: *pepetlaca*, "resplandecer, faiscar"[38] — verbo às vezes associado ao brilho da esmeralda —, e *totona*, que significa "brilhar com o esplendor do sol e das jóias":

> Parece que a morada do papa é pintada de borboletas de ouro. Ela brilha como o sol.[39]

As referências luminosas pertencem ao mundo ameríndio, em que o fulgor assinala a realidade sobrenatural e última das coisas. O além-túmulo dos nauas está repleto de formas luminescentes e coloridas, de flores tropicais, penas iridescentes, asas de borboletas furta-cor, pedras preciosas inundadas pelos fogos do sol.[40] A execução dos *Cantares* tem o poder de revelar essa realidade cintilante e resplandecente.

A luz não é apanágio da tradição ameríndia. O fulgor também está presente no cristianismo quando manifesta o esplendor da Transfiguração. Símbolo de vida, ele irradiará do corpo dos eleitos após a Ressurreição. A cabeça do Filho do Homem que o pintor índio Juan Gerson representou nos afrescos do *Apocalipse* de Tecamachalco é um sol irradiando ouro, e poderíamos multiplicar os exemplos desses clarões divinos captados pelo pincel dos *tlacuilos*.

A luz divina possibilitava mais facilmente ainda cruzar os além-túmulos na medida em que esta fora uma via aberta pelos próprios monges espanhóis. Preocupados em se aproximar dos neófitos, os missionários de Castela pegaram de empréstimo, na palheta indígena, os efeitos de luz para representar o céu dos cristãos. No espírito dos evangelizadores, o uso desses jogos luminosos com fins edificantes devia bastar para suprimir suas origens pagãs, se é que eles mesmos perceberam o que o fulgor encerrava de irredutivelmente pagão. Nessa e em outras matérias, os monges tomaram a iniciativa de aproximações arriscadas: descrever o céu dos cristãos iluminando-o e colorindo-o à moda antiga podia levar os nauas a crer que o antigo e o moderno eram a mesma coisa. Foi o que, pelo visto, compreenderam os autores dos *Cantares*, que se serviram das mesmas cores e iluminações para o céu solar dos guerreiros e a Roma dos papas.

Portanto, a luz que inunda a visão é comum aos dois mundos. Estes não são justapostos. Nenhum deles vem dissimular o outro. A luz divina junta-os, unificando as aparências, mas é mais que uma aparência, é também uma presença. Assim como a música, a luz e a cor operam a mestiçagem dos sentidos.

A CONQUISTA DOS CÉUS

Nossas perplexidades estariam chegando ao fim? À "colonização" da Roma dos papas, conquista indígena de um além cristão, corresponde, num movimento inverso e simétrico, a irrupção dos anjos da Bíblia nos céus ameríndios.

> Eles habitam os Nove Níveis,[41] vossos nobres, os anjos:
> Arcanjos, Virtudes, Poderes e Principados sabem vos comprazer, Ó, Espírito único! [...]
> Estais sentada no meio deles, Ó Rainha, santa Maria:
> as Dominações, os Tronos, os Querubins, os Serafins.
> Lá no alto, encontra-se esse céu que nunca tem fim.

Provavelmente a hierarquia celestial foi inspirada na de Dênis, o Areopagita, que os nauas talvez tivessem conhecido graças ao ensinamento dos missionários. Seja como for, textos que relatavam a ordem das hierarquias celestiais circularam no México espanhol (os do franciscano Sahagún são um exemplo).[42]

Mas é bem possível que, no espírito dos nauas, os nove "andares" mencionados no *Cantar* tivessem uma ressonância estranhamente familiar. Mais que uma evocação da geografia cristã do céu, eles expressavam as crenças ameríndias que há no centro da cosmologia antiga. Os nauas estavam convencidos de que havia nove céus e tantos outros inframundos, designados pelo termo *Chicnauhmictlan*, os "Nove Lugares da Morte". Os nove céus tinham o nome de *Chicnauhtopan*, os "Nove-que-estão-acima-de-nós".[43] Estes encimavam quatro céus inferiores, domínio dos astros e meteoros. Segundo o autor mestiço Juan Pomar, de Texcoco, a divindade suprema estava instalada acima de *nueve andanas*, de "nove planos".[44] Diego Muñoz Camargo, outro mestiço, oriundo de Tlaxcala, evoca a mesma disposição quando descreve Tamouanichan Xochitlicacan, o paraíso da deusa Xochiquetzal, "que morava acima de todos os ares e dos nove céus".

As concepções pré-hispânicas teriam ficado intactas após meio século de colonização, educação cristã e uso do latim? Não admira que na segunda metade do século XVI as crenças antigas tenham começado a sofrer os efeitos da presença européia e a influência da mitologia greco-latina. A visão da morada divina, o Tamoanchan dos nauas descrito por Muñoz Camargo, não escapa aos contágios da fábula: a Vênus indígena, "deusa dos namorados", vive ali dias felizes; mora em "lugares perfeitamente deliciosos e ricos em diversões [...]. É servida por outras mulheres que são como deusas, em lugares de prazer", onde "fontes, rios e florestas oferecem todos os divertimentos sem que nada possa faltar".[45] Os campos elísios dos gregos passaram por aí.

E a santa Igreja também. Outro cronista mestiço, don Fernando de Alva Ixtlilxóchitl, oferece-nos uma informação mais interessante ainda. No capítulo que dedica à vida do soberano de Texcoco, Nezahualcoyotl (1402-72), explica que esse príncipe teria adquirido um saber superior ao do filósofo Platão e teria compreendido que, além dos Nove Céus, "encontra-se o criador do céu e da terra, este por quem vivem as criaturas, um só deus que criou as coisas visíveis e invisíveis".[46] Ele teria até mandado construir uma torre de nove andares, cujas ruínas ainda seriam visíveis no final do século XVI. Perfeita invenção de uma tradição, essa história, que aos poucos se espalhara na região de Texcoco e entre os descendentes do monarca, situava os céus pré-hispânicos numa perspectiva claramente monoteísta: o céu de Nezahualcoyotl era "um lugar de glória sem fim", a premonição de um paraíso cristão.

Assim sendo, no *Cantar* LXVIII, a mestiçagem joga não só com as relações luminosas, mas também com as coincidências espaciais entre as duas cosmologias — nove céus ameríndios = nove céus cristãos —, sem que se deva tampouco afastar a influência das reinterpretações cristãs do passado indígena.

Um detalhe material talvez tenha introduzido um vínculo suplementar: as asas. Era muito fácil para os autores dos *Cantares* e seus intérpretes acreditarem que os anjos eram uma espécie nova de guerreiros celestes, mais ainda porque, antes da Conquista, seus pais ou avós tinham o costume de pendurar asas de penas de gavião nos ombros dos mortos. O fato de, freqüentemente, os anjos do cristianismo terem representado o papel de guerreiros facilitava essa aproximação. E esta devia se impor ainda mais ao espírito dos índios na medida em que eram os mesmos artesãos indígenas que confeccionavam os figurinos dos dançarinos dos *Cantares*, as asas dos anjos cristãos e as dos índios *voladores*. O espetáculo dos *voladores* datava da época pré-hispânica. Os espanhóis apreciavam as dimensões espetaculares e divertidas desse antigo ritual reconvertido em festa colonial, em que índios dotados de asas de penas faziam evoluções no ar, com o pé preso numa corda amarrada no alto de um poste. A lembrança dos *voladores* explica também a moda dos anjos cristãos no mundo indígena.[47]

"A ÁRVORE FLORIDA NA CASA DE DEUS"

Os anjos cristãos dos "Nove Níveis" ignoravam estar no Tamoanchan. Esse lugar misterioso — que, junto com o Tlalocan, formava um dos além-túmulos dos antigos mexicanos — era o lugar das origens. Designava um espaço em que se sobrepunham os nove níveis do céu e os nove níveis do mundo subterrâneo. Nos *Cantares*, o Tamoanchan aparece como o paraíso da criação, de onde vêm os heróis antigos, como Nezahualcoyotl, o rei de Texcoco;[48] ele se confunde com Xochitlapan, o lugar florido,[49] o lugar onde os tambores "roncam",[50] o local das "plantas narcóticas" e das "imagens vivas".[51]

Mas o Tamoanchan da época colonial também não escapa à influência do cristianismo, pois pode ser a casa de Deus ao mesmo tempo que o lugar da "árvore florida", *Xochiquahuitl*:

> A árvore florida se ergue em Tamoanchan, a casa de Deus.[52]

Essa dupla definição novamente associa cristianismo e crença ameríndia. E não se trata de uma crença qualquer, pois, para os antigos mexicanos, a árvore de Tamoanchan é "a árvore vazia, a árvore cheia, a árvore cósmica dentro da qual as duas correntes de forças primordiais circulam girando sobre si mesmas, é aí que se produz o tempo, aí onde crescem as flores — quer dizer, os destinos".[53] Outro canto, o *Cantar* LXXX, dá uma preciosa descrição dessa árvore:

> A árvore florida está girando sobre si mesma, enrolando-se de modo helicoidal, fazendo cair a garoa neste lugar chuvoso...[54]

e o canto logo acrescenta uma ligeira modificação monoteísta:

> [Este lugar] que é o vosso, ó, Espírito Único...

Pois o céu dos índios pode acolher, ao mesmo tempo, anjos que descem e cantos da casa da borboleta-flor.[55] Num outro *cantar*, é a própria Virgem que se insinua entre as colunas de turquesa de uma Cidade do México celestial, difundindo uma luz tão resplandecente como a do sol:

> Colunas de turquesa estão sendo criadas.
> Ó, santa Maria! As colunas celestes estão sendo criadas...[56]

Assim, à medida que mergulhamos nos textos, surgem visões cada vez mais mestiçadas, que cruzam e recruzam empréstimos cristãos e tramas ameríndias. Entre a Roma invadida pelos caçadores de pássaros preciosos e os céus indígenas ocupados por legiões celestiais, que partido tomar? Estamos em presença de uma cristianização forçada do além ameríndio ou de uma revanche da idolatria que tivesse atingido o coração do mundo cristão?

Se, a rigor, é possível reduzir os anjos dos Nove Níveis a um acréscimo de circunstância, a um verniz cristão introduzido para dar o troco, como abstrair a Roma do papa e de santa Cecília sem quebrar o movimento do canto? Uma leitura ameríndia que esquecesse os elementos cristãos seria impossível, embora durante muito tempo tenha sido corrente entre os defensores da pureza pré-hispânica.[57] Quanto à interpretação oposta, o "tudo cristão", ela reduz as dimensões ameríndias a fórmulas esvaziadas de sentido ou a algumas metáforas sobre crenças impecavelmente católicas. Seria possível acreditar um só instante que a leitura de Dênis, o Areopagita explicasse as divisões do céu e dos exércitos celestiais a índios amnésicos, que tivessem perdido toda e qualquer lembrança das bases de sua própria cosmologia? Aí estão os textos do mestiço Pomar para nos lembrar que a memória deles se mantinha firme, conquanto recolhessem, doravante, inúmeros outros saberes.

SÃO JOÃO E TONATIUH

Um último exemplo permite apreciar melhor a complexidade das misturas, a sutileza das dosagens e a indeterminação que impregna formulações a que chegam os autores. Trata-se de um trecho do *Cantar* LXVIII, cuja leitura desperta uma sensação de profunda ambivalência e de notável coerência formal. A trama aqui é tão apertada que é difícil separar os fios que a formaram. O trecho é, de certo modo, o equivalente literário do mapa de Cholula:

> Escutai-o, vós, gente de Huejotzingo, a ele, são João Batista, a emanação da Grande Estrela.
>
> Ele grita com voz forte, ele diz: "Preparai-vos, porque o Verdadeiro Espírito, o Senhor, está próximo".
>
> E todos os pássaros preciosos lhe fazem eco.
>
> A aurora desponta:
>
> eis a emanação de Deus, o Sol Tonatiuh que surge.
>
> Que se reze ao Doador de vida, ó, gente de Huejotzingo.[58]

Tentemos uma última análise deixando-nos levar pelo jogo do labirinto mestiço. Se nos atemos a um exame sumário, essas estrofes contêm simultaneamente elementos cristãos, ameríndios e indígeno-cristãos. Entre os elementos europeus há duas figuras divinas tiradas do cristianismo: Deus e são João Batista (*Tiox, Xan Jihuan Paha*). Também reconhecemos a paráfrase de um versículo famoso do Novo Testamento. Na verdade, a mensagem dirigida às pessoas de Huejotzingo — "Preparai-vos, porque o Verdadeiro Espírito, o Senhor, está próximo" — inspira-se em Mateus, 3, 2: "Arrependei-vos, porque está próximo o Reino dos Céus".

Entre os elementos ameríndios, notemos a referência à estrela da Manhã, uma das manifestações do deus Quetzalcoatl, com o nome de Tlahuizcalpantecuhtli.[59] Os antigos contavam que Quetzalcoatl terminara seus dias jogando-se numa fogueira. Depois de morto, subiu ao céu e tornou-se a estrela da Manhã. Essa estrela anuncia o dia, e seu sopro põe o Sol em movimento.[60] Nos mitos da criação, a estrela e o Sol formam uma dupla; no *Popol Vuh*, a estrela é até mesmo o pai do Sol. Mas a estrela da Manhã é também o senhor de Michtlan, a primeira luz do mundo.[61] Essas eram as lembranças que a evocação da estrela ainda trazia a muitos índios.

Tonatiuh é outra figura maior. O termo designa o Sol, tanto o deus como o astro. É difícil imaginar que os índios tivessem passado a enxergar Tonatiuh apenas como um planeta que girava em volta da Terra, pois outros *Cantares* lembram que Tonatiuh é o senhor dos escudos, o deus que atrai para si os guerreiros destinados a escoltá-lo em sua corrida.[62]

Vários elementos pertencem aos dois mundos: primeiramente, o título divino *Ipalnemohuani*, "aquele por meio de quem se vive", o Doador de vida. O termo, que designava o deus Tezcatlipoca, foi reempregado pelos franciscanos para denominar o Deus cristão. Mais uma vez, aqui nada indica que os neófitos mexicanos tenham conseguido expurgar de sua memória a presença do todo-poderoso deus pré-colombiano.

O conteúdo das estrofes lembra de forma irresistível as imagens mestiças que exploramos em outros capítulos. Combinam palavras e conceitos de modo extremamente requintado. Uma dupla de figuras divinas emprestadas ao cristianismo (Deus, são João Batista) encontra uma dupla de divindades saídas do universo ameríndio (Tonatiuh, a estrela da Manhã). Entretanto, em vez de se corresponderem ou se oporem termo a termo, as duas duplas explodem e dão lugar a duplas mistas: João Batista é associado a Huey Citlali, a Grande Estrela, ao passo que Tonatiuh, o Sol, é associado a Tiox (Deus). O cruzamento é perfeito: o santo introduz a estrela ameríndia, e depois o astro dos nauas introduz, por sua vez, o deus dos cristãos.

Dois conceitos possibilitam um arranjo desses. O primeiro é ameríndio: é o *ixitpla*, que designa uma relação de contigüidade entre os seres e as coisas. Vamos traduzi-lo como emanação ou manifestação, no sentido de um surgimento da presença divina no mundo dos humanos. A relação evocada pelo *ixiptla* indica uma comunidade de essência sob formas mutáveis. Uma mulher pode ser o *ixiptla* de uma montanha, assim como são João Batista é o da estrela da Manhã. Entre os antigos mexicanos, os *ixiptla* são sacerdotes que vestem as roupas divinas, ou são vítimas destinadas ao sacrifício e cobertas com os ornamentos do deus, ou, ainda, são os objetos elaborados durante um ritual.[63] O segundo conceito é cristão e tirado das Sagradas Escrituras: o de precursor. Postula a existência, ao longo de um tempo determinado, de figuras que anunciam o cumprimento das profecias do Velho Testamento: são João Batista é o precursor de Cristo.

As duas noções implicam temporalidades de natureza distinta. O *ixiptla*, a emanação, pertence a um tempo ameríndio cuja dominante é cíclica. Os *ixiptla* dos deuses são produzidos de acordo com periodicidades fixas, comentadas pelos mitos e atualizadas nos rituais fixados pelos calendários. O segundo termo — o de precursor — diz respeito a um tempo cristão linear e escatológico. Foi num momento preciso da história, que não deveria se repetir, que são João Batista, o Precursor, anunciou a vinda, também única, do Salvador.

Ainda assim, os dois conceitos podem se juntar. Primeiro, porque ambos remetem a uma realidade comum, física, observável e reconhecida por toda parte: a dos astros e seus movimentos. Em seguida, porque relacionar o tempo cíclico e o tempo linear é exercício corrente na sociedade colonial: os missionários que se dedicavam a estudar o calendário indígena esforçaram-se, com maior ou menor êxito, em transcrevê-lo para os calendários juliano e, depois, gregoriano. Os índios se dedicaram ao mesmo trabalho, às vezes para fixar seu próprio tempo ao tempo das igrejas e dos monges, às vezes também para dissimular festividades antigas por trás de datas cristãs. Inúmeros códices ilustram essas tentativas, mostrando-nos a justaposição dos sinais do calendário ameríndio e das datas cristãs. Por último, na vida cotidiana dessa jovem cristandade os ciclos das liturgias novas animavam um tempo repetitivo, volta e meia passível de ser superposto ao tempo ritual dos índios.

Outras aproximações seriam concebíveis. Se a idéia de precursor era incompreensível num contexto ameríndio, a de *ixiptla* recebera acepções cristãs. O termo *ixiptla* traduzia, para os monges, a palavra *imagen*: o *ixiptla* do santo era sua imagem.[64] A equivalência, por menos que os índios tivessem captado a especificidade da imagem européia, introduzia a noção de representação ocidental num mundo que a ignorava. Tonatiuh, o Sol, pode, assim, ser compreendido como a imagem de Deus, e não como sua emanação no sentido pré-hispânico da palavra. Essa leitura alegórica é a que propõem, na mesma época, a poesia e a emblemática européias.[65]

Mas como interpretar as figuras assim relacionadas? Sabemos que na época colonial a tradição ameríndia está permanentemente penetrada de cristianismo, e vice-versa. Sabemos ainda que a mestiçagem dos espíritos nos proíbe de nos atermos às aparências. Devemos ver em Tonatiuh uma divindade antiga, um simples astro solar ou o filho de Deus? Em outros *Cantares*, Tonatiuh aparece numa dupla acepção cristã: a do astro solar criado por Deus no quarto dia,[66] e também a do "verdadeiro Tonatiuh", do verdadeiro Sol, isto é, Jesus.[67] Provavelmente não devemos afastar nenhuma das três interpretações — astro, divindade antiga, Jesus. Ainda que nem todas estivessem presentes no espírito do compositor ou do cantor, nada impedia o público indígena de fazer esta ou aquela associação, de privilegiar esta ou aquela interpretação.

Quanto a são João Batista, a leitura cristã é muito mais complicada: pretender que o santo seja a imagem da Grande Estrela, ou seu representante, é um despropósito. O contrário é que é óbvio: o astro é a imagem, o símbolo do santo profeta. Portanto, não é possível fazer duas leituras desse trecho, uma ameríndia e outra cristã, já que se excluiriam mutuamente; nem duas leituras paralelas mas passíveis de superposição, pois uma, cristã, serviria para camuflar a outra, pagã. É igualmente difícil contentar-se com uma leitura puramente cristã e com uma interpretação ameríndia do início ao fim. Portanto, toda leitura dupla também está excluída, pois implicaria que cada interpretação fosse concebível separadamente. Deve-se, então, falar de incoerência?

Para um leitor ocidental, o trecho parece articular conteúdos contraditórios, formas incompatíveis, formulações truncadas: "são João Batista, emanação da Grande Estrela...". Mas é algo bem diferente admitirmos estar em presença de um pensamento mestiço que integra imagens e idéias disparatadas e originalmente irredutíveis. Esse pensamento reativa o pensamento antigo, imprime uma força inédita à mensagem cristã e cria algo novo.[68]

A articulação, a argamassa, a conexão é, aqui, o *ixiptla*, esse modo especificamente indígena de articular dados que as aparências separam. O *ixiptla* cria um sentido novo e uma realidade sem precedente: transforma um vínculo metafórico — o que liga são João Batista à estrela da Manhã na poesia religiosa do Velho Mundo — numa relação tão sobrenatural como física, interpretada em termos pré-hispânicos. Ou seja, a arte de fazer metonímia com metáfora...

ATRAIDORES INDÍGENAS

O *ixiptla* é, pois, um desses instrumentos que reúnem os mundos e os ligam de modo imprevisto. No estudo das pinturas, havíamos realçado elementos que batizamos de "atraidores". A leitura dos *Cantares mexicanos* nos permite ir mais longe? Ela nos revela que a mestiçagem encontra no além — confundindo-se todas as origens — um laboratório ideal. Se os pintores índios exploraram elementos da fábula para dar livre curso a suas criações visuais, os "compositores de cantos" se fixaram nos paraísos dos dois mundos, que eles associaram, confundiram ou multiplicaram de forma absolutamente espantosa. O ponto de encontro é desconcertante, já que cada um desses dois mundos tinha, em princípio, uma concepção irrredutível do além. As mestiçagens mais elaboradas surgiram ali onde menos se esperava.[69]

A mestiçagem explora também os recursos técnicos dos *Cantares*, sua força de evocação, sua potência encantatória, sua capacidade de reviver o passado, provocar o surgimento de seres e criaturas divinas. O canto indígena não é um divertimento. É um ato criativo que dá vida às palavras proferidas pelo *cantor*. A música e a dança insuflam uma energia que propulsa tais criações numa realidade que, supostamente, a maioria dos indígenas ainda deve compartilhar.

Assim como o papel da fábula é indissociável do papel dos grotescos, a força integradora que o outro mundo ameríndio possui parece estreitamente ligada às técnicas vocais e corporais que o fazem emergir no meio dos vivos. Ora, no essencial essas técnicas e esse universo de sensações nos escapam. Só dispomos de um texto, que, por sua própria natureza silenciosa, imóvel e manuscrita, afasta-nos da experiência vivida do *cantar*. O pouco que sabemos da música e das danças indígenas não nos permite explorar as engrenagens da evocação, avaliar as trocas e as transferências com os universos sonoros europeus que os índios descobriram e apreciavam.[70] De tanto "lermos" sem ver nem ouvir, corremos o risco de perder o essencial.

A criação contemporânea ajuda-nos a perceber a amplidão do fenômeno. Em 1995, a pedido do violoncelista Yo-Yo Ma, o ator de cabúqui Tamasaburo Bando inventou uma transposição coreográfica da *Suíte nº 5 para violoncelo*, de Johann Sebastian Bach. *Struggle for Hope* traduz num espaço e num corpo japonês uma das páginas mais emocionantes da música ocidental. Os jogos de sombra e luz, o tamborim, o leque, as matas de círios sucessivamente acesos e apagados criam um clima de enfeitiçamento. Mas a metamorfose nada tem de simples orientalização. Ela mistura resquícios new age a uma meditação tão física como intelectual, no ritmo do *Cantor* de Leipzig. Ela faz surgir diante de nossos olhos, após um longo trabalho de releitura e absorção, um mundo cuja estranheza familiar nos aproxime talvez dos *Cantares* executados pelos índios submetidos há diversas gerações às influências e limitações do mundo hispânico.[71]

Portanto, trate-se dos afrescos ou dos *Cantares*, essas criações parecem pôr em ação ímãs duplos, associando imaginários e meios de expressão. Assim como nas imagens, as duas dimensões do atraidor — canto e além — estão inextricavelmente ligadas: a proliferação dos cantos é, ao mesmo tempo, uma atividade criadora, um meio de comunicação e uma via de acesso ao outro mundo. O canto é um ato de guerra que projeta o intérprete no mundo dos guerreiros mortos.[72] Essas diferentes criações mestiças implicam igualmente atraidores de origem européia (a fábula, os grotescos etc.) e de origem ameríndia (o além, a dança extática, a magia das palavras e da música etc.). Portanto, é de supor que a dinâmica global das mestiçagens nasça da interação dos diversos atraidores, num balé extremamente complexo cujos primeiros compassos começamos apenas a decifrar.

METAMORFOSES INDÍGENAS

Em que medida o terreno indígena foi receptivo à mestiçagem e à hibridação? Por ocasião do exame que fizemos dos grotescos, aludimos aos sistemas de expressão ameríndios. A pregnância do substrato pré-hispânico nos *Cantares* leva-nos a essa pergunta, que já se impunha desde a exploração das imagens mestiças.

Se o pensamento letrado ocidental, na sua forma dogmática, impõe recortes nítidos e relega ao irracional, ao absurdo ou ao demoníaco o que não se dobra às regras de sua retórica e seu dualismo, o pensamento naua — ou o que dele percebemos por meio das constantes mediações européias — parece infinitamente mais flexível.

Segundo a cosmologia dos antigos mexicanos, existe uma interdependência entre os seres, as coisas e os deuses. Inúmeras correspondências unem os componentes humanos, animais e vegetais a uma realidade cujo essencial escapa aos nossos sentidos.[73]

Todos os homens e animais pertencem ao mundo dos *tlactipac tlaca*, "seres vivendo na terra".[74] Donde as estranhas combinações. Nos afrescos pré-hispânicos de Cacaxtla, no estado de Tlaxcala, homens-jaguares enfrentam homens-pássaros rebelados contra serpentes de plumas ou felinos transformados em répteis. A eficácia do rito consiste em estabelecer laços entre realidades que as aparências diferenciam: uma vítima humana, um deus, uma estátua, uma profusão de objetos. Em geral os deuses combinam traços de origem animal, vegetal e humana, sem que se possa afirmar que a aparência humana prime sobre as duas outras. A descrição da deusa da Terra, Tlateotl, termina numa cena estarrecedora, que faz surgir do corpo desmembrado da deusa, de sua boca e de suas orelhas, os rios, as montanhas, os alimentos dos homens:

> [Os deuses] fizeram com que saíssem dela todos os frutos da terra indispensáveis aos homens; seus cabelos tornaram-se as árvores, as flores, as ervas; sua pele, a erva miúda e as pequenas flores.[75]

É preciso ir buscar no humanista Marsilio Ficino uma descrição que faça eco à que fora recolhida pelos espanhóis no México. Ficino assimilava a terra ao corpo de um ser humano que procria:

> Vemos a terra gerar, graças a essas sementes particulares, uma multidão de árvores e animais, nutri-los e fazê-los crescer; vemo-la fazer crescerem pedras como seus dentes, vegetais como uma cabeleira durante todo o tempo em que aderem às próprias raízes.

Entre os antigos mexicanos, os deuses e os homens eleitos pela divindade estão habituados com metamorfoses. Menos de vinte anos após a Conquista, os campos mexicanos eram percorridos por índios que se revoltavam contra a dominação espanhola e exaltavam os tempos antigos. A Inquisição resolveu mandar à Espanha um desses homens-deuses, Martín Ocelotl, para castigá-lo. Mas correu o boato de que ele tinha se salvado, e outros o substituíram, como Andrés Mixcoatl. Quem esse homem pretendia ser? Ele afirmava ser o "irmão" do deus Tlaloc, ou o próprio deus Tezcatlipoca, quando não se apresentava como o irmão, o enviado e talvez a manifestação, o *ixiptla* do profeta Martín Ocelotl.[76] Andrés Mixcoatl, que jogava com as máscaras e as identidades, encarnava um pensamento aberto às trocas, às combinações e às interpenetrações mais inesperadas.

A freqüência dos termos polissêmicos na tradição naua também facilitou as hibridações e, em seguida, as mestiçagens. Cada forma tem múltiplos significados.[77] As flores, por exemplo, prestam-se a acepções bem diferentes. A "flor do escudo" é tanto uma planta, a *Helianthus anuus* dos botânicos, como os ornatos do escudo, mas é ao mesmo tempo o cativo que morrerá sacrificado sob a faca de obsidiana.[78]

A arqueologia revela que esses processos podem revestir-se de aspectos muito concretos. A reciclagem dos objetos que pertenciam a sociedades anteriores, distantes no tempo ou no espaço, mostra uma idêntica propensão à mistura e à hibridação. Os habitantes de México-Tenochtitlán não sentiam nenhuma dificuldade em adotar os estilos e as civilizações que os precederam, recuperando formas exóticas ou imprimindo sua marca esculpida — o glifo — em criações bem mais antigas.[79] Encomendaram a artistas estrangeiros estátuas que iriam ornamentar seus santuários. Por último, os próprios glifos são montagens que associam objetos, materiais e elementos de todo tipo — flor e pena, no nome divino Xochiquetzal, fogo e água, no nome da guerra (*atl-tlachinolli*) —, com uma liberdade e uma força de evocação que as invenções dos letrados do Renascimento estão longe de igualar.

Graças a essa permeabilidade, o pensamento ameríndio soube captar tudo o que, na sensibilidade e no pensamento europeu, tendia ao híbrido. E foi justamente por essa razão que os grotescos, a fábula mas também o canto ameríndio, suas formulações polissêmicas, sua faculdade de fazer surgir o outro mundo e todos os outros mundos dos dois mundos, geraram múltiplas mestiçagens.

O LABORATÓRIO MEXICANO

As imagens e os textos que examinamos são o produto do encontro e do enfrentamento, não de duas culturas — o termo é vago demais —, mas daquilo que chamaremos, de forma ainda insatisfatória, dois modos de expressão e comunicação. A Conquista pôs frente a frente não só textos ou imagens, como também conjuntos de componentes extremamente diversos: pictogramas, grotescos, fábula antiga, cromatismos, efeitos luminosos etc. Se a variedade das criações que resultaram do choque é desconcertante, ela se explica, primeiro, pelo número de elementos abruptamente confrontados.

O conjunto ocidental — pelo menos aquele que os monges e funcionários da Coroa introduzem — não se resume à escrita e à imagem, pois declina um registro extenso de expressões alfabéticas e expressões visuais. Emprega suportes e estilos diversificados e repousa em arranjos sutis que ligam a imagem ao texto, o comentário à ilustração, opõem o oral ao escrito, ou ainda combinam o oral, o escrito e o som na música anotada e cantada.

O mesmo acontece com o modo de expressão dos antigos nauas, que articula, esquematizando em extremo, a pintura pictográfica, os afrescos, a escultura, o canto, a transmissão oral e elementos tão inesperados como os jogos da luz solar nas paredes talhadas dos santuários.[80]

A dinâmica de cada conjunto nasce das interações múltiplas que surgem entre todos os seus componentes. Cada conjunto tem suas limitações — a da escrita alfabética no Ocidente, a da notação pictográfica no México — e suas virtualidades que desembocam num número mais ou menos limitado de possíveis.[81]

O jogo se complica quando se considera o choque dos dois conjuntos no contexto do México espanhol. O encontro entre eles, imprevisto e brutal, acarreta uma proliferação, aparentemente desordenada e aleatória, das criações, formas e crenças. Pois o conjunto europeu não destrói o conjunto ameríndio. Se a escrita, a música e a imagem ocidentais desde muito cedo usufruem do prestígio e da força dos vencedores, estão longe de se impor de imediato às populações. Durante todo o século XVI, e depois, de outras maneiras, nos séculos seguintes, conjunto ocidental e conjunto ameríndio evoluem, coexistem e interagem. Fragmentos de um se combinam com fragmentos de outro, formando configurações diversas e movediças.

Como ressaltar a ordem secreta e a alquimia oculta dessas misturas, das quais nenhuma é exatamente a réplica daquela que a precedeu ou da que a seguirá? Os dois conjuntos se comportam diante dos artistas indígenas como as grandes bacias que captam as águas que rolam das montanhas. Essas "bacias" atraem todo tipo de formas e conteúdos mais ou menos fragmentários, mais ou menos contínuos. Por isso é que os códices da época colonial tendem a reproduzir os protótipos pré-hispânicos, ao passo que outros parecem, cada vez mais, manuscritos europeus. Todas as produções indígenas da época colonial sofreram essa dupla atração, que sempre depende das relações de forças, pois, conforme veremos, as mestiçagens são fundamentalmente políticas.

Por certo, conhecemos o resultado da luta. A dinâmica das

influências ocidentais, permanentemente renovadas durante os últimos séculos, acabará vencendo, mas estas jamais abafarão as capacidades de criatividade local. A história do México moderno e contemporâneo está aí para demonstrar.

Em meados do século XVI, apesar das dificuldades que atingem as populações indígenas, nada está decidido ainda. A fecundidade das criações indígenas não permitia considerar que o jogo estivesse antecipadamente perdido, nem imaginar as soluções em que elas se refugiariam no século XVII.[82]

As duas "bacias de atração" não estão separadas por um abismo intransponível nem por uma descontinuidade irredutível, como Claude Lévi-Strauss supunha. A profusão de estados intermediários desenha uma estranha fronteira, que nunca é uma linha impecável e imediatamente detectável, porquanto quase sempre as atrações se acavalam. Não contentes de se interessarem pelos códices mexicanos, os espanhóis não hesitaram em pedir a pintores indígenas que fizessem mapas fidedignos e destinados a engrossar os arquivos de sua burocracia. Do lado indígena, o prestígio da escrita latina e a atração exercida pelas imagens não deixaram indiferentes os artistas mexicanos. Essa indeterminação diz respeito às coisas e aos homens. Parece manifesta para quem se pergunta a que mundo pertencem os pintores mexicanos que o conquistador Bernal Díaz del Castillo colocava no mesmo plano de Apeles, Michelangelo e Berruguete:[83] ao jardim dos gênios do Renascimento ou ao dos *tlacuilos* pré-colombianos?

A "fronteira" constitui uma zona de interação contínua, feita de intercalações multiplicadas que lhe dão um aspecto de nebulosa. É uma fronteira fractal no sentido de que, seja qual for a escala que se escolha, o grau de imbricação das formas e dos conteúdos é comparável.[84] Quer se considere o conjunto do *Códice de Florença*, ou apenas uma página, uma imagem e até um detalhe de uma ilustração ou a escolha de uma cor, a mistura é evidente, independentemente do nível selecionado, sem que seja possível destacar um elemento puramente europeu ou puramente indígena.

Na verdade, essa topologia só oferece, por enquanto, um instantâneo redutor que trai o movimento contínuo e irreversível das conexões e associações. Cada novo rearranjo constitui uma etapa sem volta, menos por levar a uma irresistível ocidentalização — como nos ensina o recuo do tempo — e mais por proibir o retorno às origens. As reinterpretações e defasagens impostas pela situação colonial, pelo banimento do paganismo indígena e pelo afastamento da Europa tornam impraticável toda volta atrás, rumo a uma tradição original qualquer. Isso vale tanto para a herança ameríndia como para a arte européia, cuja difusão em meio indígena é feita à custa de múltiplas mediações.

Por último, as imbricações entre elementos distintos, em geral fragmentários e constantemente reinterpretados, não parecem ser fruto do acaso. Sob seu aspecto caótico e aleatório, pudemos discernir zonas de convergência, relativamente estáveis, relativamente ordenadas, nas quais se exerce a ação dos atraidores, "como se a desordem estivesse canalizada dentro de motivos construídos segundo um modelo subjacente".[85] Existe em algum lugar um "modelo subjacente", ou melhor, regularidades mais ou menos duráveis? Desconhecemos. Localizar esses atraidores é tarefa longa e mais complicada ainda na medida em que estes aparecem e desaparecem com o tempo e com as transformações das sociedades. Eles em nada se assemelham a estruturas aistóricas ou universais, tampouco são quadros inscritos no longo prazo: o encontro dos grotescos, da fábula e dos artistas indígenas no México do Renascimento permaneceu um fenômeno único e limitado à segunda metade do século XVI.

12. A gruta das sibilas

Seria melhor despojá-los inteiramente de todas as relíquias e todos os vestígios de seu paganismo

Cervantes de Salazar, *Crónica de la Nueva España*

Senão este país tornar-se-á a gruta das sibilas, e todos os indígenas, espíritos que ensinarão as ciências.

Jerónimo López, *Carta ao imperador*, 1541

No início deste livro, tínhamos nos interrogado sobre os laços que hoje unem os fenômenos de mestiçagem à difusão planetária do neoliberalismo. O exemplo do século XVI mexicano não fornece, é claro, resposta direta para essas perguntas, mas indica com insistência um certo número de pistas.

A primeira é política. Ela incita a explorar as relações existentes entre as mestiçagens e a ocidentalização da América. *A priori*, não deveria haver tais relações: a ocidentalização visa pôr a América recém-conquistada numa fôrma européia e a romper com seu passado. É o objetivo da cristianização quando, com extrema brutalidade, faz tábua rasa do passado para impor um conjunto único de práticas e crenças a populações derrotadas e exangues. Nessa perspectiva, a conversão à fé cristã é sinônimo de rejeição absoluta ao paganismo, em benefício de um Deus único, exclusivista e ciumento. Qualquer retorno ao passado — ou qualquer mistura entre o novo e o velho — torna-se inaceitável e até mesmo satânico. Os missionários não suportam a idéia de que o cristianismo possa ser confundido com os *errores antiguos*. Aliás, a sociedade ibérica possui uma instituição — a Inquisição — encarregada há tempo de extirpar as misturas, os erros e as heresias.

A CAÇA ÀS MISTURAS

Missionários, prelados, laicos, como o cronista Cervantes de Salazar, preocuparam-se com as misturas que a má compreensão do cristianismo, a fidelidade indevida às práticas de idolatria ou a confusão entre o profano e o sagrado eram passíveis de provocar.[1] Não pensavam apenas nos novos conversos. Quando, em 1545, Juan de Zumárraga, um arcebispo simpatizante de Erasmo, proíbe as "danças profanas e as representações pouco honestas" que acompanhavam as celebrações da festa do Santíssimo Sacramento, seu decreto visa tanto aos conquistadores espanhóis como aos índios derrotados.[2]

Dez anos depois, em 1555, o primeiro concílio mexicano aborda a questão das "misturas". Estabelecendo, implicitamente, a diferença entre a adjunção de elementos pagãos a práticas toleradas e a produção de interpretações aberrantes, resolve tomar medidas de depuração relativas às danças, aos cantos, sermões e catecismos em língua indígena. Quer proibir a introdução nas danças dos índios de "coisas que podem ter um gostinho do [mundo] antigo", "insígnias, máscaras antigas, *cantares* sobre seus ritos e histórias de outrora",[3] e para isso encarrega os religiosos de submeterem os *cantares* a uma espécie de censura prévia destinada a eliminar todo conteúdo profano. Ademais, diante do perigo que representa a difusão de um cristianismo propriamente indígena, isto é, repensado pelos neófitos, o concílio ordena o confisco dos sermões em língua indígena que estariam circulando entre os novos conversos, "tanto porque eles não os compreendem como por causa dos erros e das faltas que cometem ao traduzi-los". As traduções do catecismo feitas por índios ou leigos espanhóis também teriam de ser objeto de um controle mais estrito.

O que a Igreja entende por mistura? A seu ver, a mistura implica a idéia de uma justaposição ou de uma "interposição", na qual os componentes pagãos permaneceriam diferenciáveis dos componentes cristãos? A crer na Igreja, os textos antigos ocupavam, nos cantares indígenas, um lugar intermediário, pois eram cantados em voz baixa, ao contrário das passagens cristas, ditas em voz alta, abrindo ou concluindo o canto. A Igreja não concebe que traços cristãos possam ser reelaborados e imbricados no tecido pagão. Tal miopia explica que os clérigos imaginem poder eliminar as misturas com um simples trabalho de depuração e despojamento: "Seria melhor despojá-los inteiramente de todas as relíquias e todos os vestígios de seu paganismo".[4] Na verdade, muito depressa as relações tornam-se tão inextricáveis que dificultam ou inviabilizam qualquer tentativa de saneamento.

No último terço do século XVI, observadores tão bem informados como o franciscano Sahagún e o dominicano Durán lançam gritos de alerta: "Em tudo se encontram superstição e idolatria", "o santo e o ídolo estão misturados". O dominicano analisa as festas indígenas, diferenciando, dessa vez, elementos cristãos, pagãos e "misturados": "uma mistura de cerimônias tão diversas que uns vêm para a nossa religião, ao passo que outros recorrem à velha lei e a cerimônias demoníacas e satânicas, que são invenções deles". Entre o cristianismo de hoje e o paganismo de ontem aparece claramente um terceiro conjunto de crenças: "Essa salada e essa mistura que eles fazem de suas antigas superstições com a lei e as cerimônias de Deus". Durán tem o discernimento de não imaginar a parcela indígena exclusivamente em termos de sobrevivência — a "lei antiga" — e o dom de perceber a emergência de crenças novas.[5]

Na verdade, as vozes que denunciam as misturas são pouco numerosas. As autoridades coloniais, civis e eclesiásticas, pelo menos no México, parecem ter tido mais o que fazer. O fato de o Santo Ofício, especialista em superstições e heresias, nunca ter obtido o direito de perseguir os índios é, a esse respeito, muito significativo.[6] Os obstáculos lingüísticos, a falta de pessoal e de tempo, o desconhecimento do terreno, a resistência dos índios explicam também que tão poucos eclesiásticos tenham se dedicado a descobrir, por trás da fachada cristã, desvios de comportamento e perversões diabólicas. Em geral, a acusação de idolatria misturava indistintamente o antigo e o novo, confundindo os erros modernos com as crenças e práticas de outrora.

Por falta de manual apropriado, não era tão fácil distinguir o que seriam resquícios pagãos e o que seriam as misturas ocorridas depois da Conquista. As grandes obras compiladas pelos religiosos fazem o inventário sistemático das crenças pré-hispânicas com a finalidade de extirpá-las, mas muito mais raramente se interessam pelos "erros" surgidos do encontro entre o cristianismo e as cosmologias antigas. Os apêndices da *Historia general* de Sahagún e os finais de capítulo da crônica de Durán evocam as misturas coloniais, embora quase sempre o dominicano as imagine apenas como uma eventualidade: "A mistura que talvez seja capaz de se produzir entre nossas festas e as deles".[7]

Na verdade, os meios eclesiásticos não parecem compartilhar das inquietações dos nossos dois monges. Durán insiste várias vezes na cegueira de seus contemporâneos, "cegos e ignorantes",[8] e denuncia a política do silêncio e suas argúcias. "Pessoas — que são mais de três — pretendem que [denunciar as idolatrias] só servirá para pôr novamente na memória deles suas antiqualhas e seus ritos antigos."[9]

Esse laxismo de fato, essa ignorância e essas confusões se explicam por motivos políticos. A Igreja regular orgulhava-se de ter convertido os índios e de ter tido êxito na conversão. A propósito das idolatrias, o franciscano Motolinía podia proclamar em alto e bom som, no início dos anos 1540:

> Os índios queimaram todas as suas idolatrias, públicas e secretas. [...] Ali onde chegou o ensino do catecismo, não restou quase nada que pudesse ter uma importância qualquer. [...] Não resta praticamente mais lembrança do passado.[10]

A Igreja dos monges só podia admitir uns poucos deslizes, pois era na convicção de seu êxito quase milagroso que ela baseava a defesa dos próprios privilégios e posições diante dos bispos e do resto da sociedade colonial.

Portanto, a Igreja não perseguiu realmente as misturas, como aliás tampouco atacou a idolatria de forma sistemática. Após dois decênios em que a destruição dos templos e a caça aos sacerdotes dos ídolos chegaram ao auge, as repressões mantiveram-se num nível limitado de intensidade e eficácia.[11] Tal política, ou melhor, ausência de política de extirpação metódica das crenças e práticas pré-hispânicas explica em parte a proliferação das misturas. Uma vez passado o choque da Conquista, as crenças antigas se agarraram aos elementos do cristianismo impostos às populações derrotadas, e a coexistência forçada estimulou por toda parte o aparecimento de mestiçagens.

A bem da verdade, por mais paradoxal que pareça, a própria Igreja está na origem de grande parte das misturas que "desnaturaram" a ortodoxia de sua mensagem. Havia séculos que a Igreja convertia os pagãos impondo uma nova fé, a qual, supunha-se, devia substituir a antiga e eliminá-la para sempre. Mas a política de substituição só podia ser parcial, gradual: devia obrigatoriamente ser acompanhada por compromissos que estabeleciam fases transitórias, a fim de facilitar o enraizamento do cristianismo. O jesuíta Acosta expressava isso da seguinte maneira:

> Convém admitir que é bom deixar aos índios o que se pode deixar de seus costumes e de seus usos (contanto que não haja mistura com os seus erros do passado). Conforme o conselho do papa são Gregório, façamos de modo a que suas festas e seus divertimentos tendam a honrar a Deus e aos santos que eles celebram.[12]

O cálculo era hábil, mas arriscado se os "usos e costumes", por mais anódinos que parecessem, se revelassem, no final das contas, crenças pagãs. O que aconteceria se o que os evangelizadores consideravam puro divertimento — "uma espécie de recreação e de alegria"[13] — fosse na verdade a manifestação de cultos antigos?

Vamos nos deter numa dessas intervenções, tão cheias de boas intenções cristãs. Conforme dissemos, muito cedo os monges tomaram a decisão de cristianizar as danças e os cantos dos índios. A iniciativa não era nova no Ocidente católico. A transposição espiritual de textos profanos e populares foi muito praticada na Europa da Idade Média, e o Renascimento e, em seguida, a Contra-Reforma prosseguiram nesse caminho. A música que acompanhava as poesias e, em especial, os cantos era quase sempre de origem profana.[14] Uma bela melodia de sucesso tornava-se o suporte ideal para a difusão de um texto religioso.

Freqüentemente os próprios poetas transpunham suas obras. Na Cidade do México, durante a segunda metade do século XVI, os amantes da obra de González de Eslava apreciavam suas canções populares "divinizadas" — isto é, transformadas em poemas religiosos — tanto quanto seus *romances* da moda e suas peças italianizantes.[15] A adaptação podia conservar elementos do modelo original, sintáticos ou lexicais. O texto original costumava se desdobrar em várias transposições, que às vezes se afastavam consideravelmente dele. A técnica literária, que consistia em fabricar *contrafacta*, possibilitava passar do mundo profano ao mundo sagrado. Os missionários se inspiraram nisso, porém nem sempre perceberam que sua aplicação à matéria indígena modificava-lhe singularmente o alcance. A partir daí, a adaptação não transgredia apenas a fronteira que separa o profano do sagrado e o popular da esfera letrada, mas operava transferências entre dois universos estranhos um ao outro. Não surpreende que a técnica européia de hibridação tenha produzido mestiçagens.

O franciscano Pierre de Gand foi um dos primeiros a praticá-la.[16] Transformou-a, até, em método de evangelização. Para facilitar a cristianização dos índios, o monge resolveu substituir os cantos nauas tradicionais e pagãos por hinos cristãos, só que a substituição foi apenas parcial: se, por um lado, o texto era modificado, por outro, a melodia permanecia indígena.

> Os irmãos traduziram [as histórias sagradas] em sua língua, e os professores dos *cantares* puseram-nas a seu modo, em versos que se adaptam e se cantam com a música de seus antigos *cantares*.[17]

Será que isso não teve conseqüências? É provável que a parte musical não passasse de um acompanhamento "folclórico" e espiritualmente neutro. Mesmo despojada das palavras que a acompanhavam, a música naua continuava a ser portadora de mensagem pagã. As tonalidades, os instrumentos, os ritmos indígenas contribuíam com toda a certeza para alimentar a lembrança dos rituais anteriores à Conquista. Se os religiosos acreditavam poder diferenciar tão bem letra e música, é porque estavam convencidos de que as sociedades indígenas, a exemplo das cristãs, sabiam fazer a diferença entre profano e sagrado, o que por sinal estava longe de ser o caso na Europa da época.[18] Ora, nada prova que a distinção tenha tido um sentido no México indígena antes e depois da Conquista.

Por essas diversas razões, as *contrafacta* divulgadas por Pierre de Gand e pelos jovens índios que ele mandava pregar são de fato criações mestiças de dupla ressonância: cristãs e pagãs, ou "antigas e modernas", segundo a expressão de Sahagún. A mistura era mais inextricável ainda na medida em que, até 1539, essas criações foram representadas nas primeiras igrejas, ao mesmo tempo que as danças pré-hispânicas acompanhadas de cantos tradicionais.

Se o monge Pierre de Gand foi um pioneiro da mestiçagem, muitos outros o imitaram no México, nos Andes e no Brasil dos portugueses.[19] No Peru, no último terço do século XVI, os jesuítas "que circulam entre os índios tentaram adaptar as coisas de nossa santa fé à maneira deles de cantar". A dar-lhes ouvidos, a operação teria obtido um franco sucesso: "Os indígenas passam dias inteiros a escutar e repetir sem jamais se cansar".[20]

MESTIÇAGEM OU RECICLAGEM CRISTÃ?

As adaptações das crenças e práticas indígenas à "realidade" nova inspiraram as manipulações mais sutis. Na *Psalmodia* que escreveu, com a ajuda de índios alfabetizados, entre 1558 e 1560, e publicou em 1583, o franciscano Sahagún se serviu amplamente do imaginário ameríndio para apresentar figuras cristãs: Jesus Cristo, a Virgem Maria, são Bernardino, são Francisco e santa Clara.

O leitor indígena não corria o risco de se sentir desenraizado com essa literatura mexicanizada. É num cenário de montanhas verdejantes e árvores floridas que espalham perfumes e calor, afogados no orvalho matinal ou numa garoa de penas de quetzal, que circulam santa Clara e são João Batista,[21] um são João Batista transformado em fonte de energia do mundo florido: ele é "aquele que nos dá flores". O clima é estranhamente próximo do que envolve os *Cantares*. As evocações da *Psalmodia* e as dos cantos indígenas que celebravam o encontro de Tonatiuh e de são João Batista logo devem ter se confundido na memória indígena. A *Psalmodia* é excelente para reconverter as antigas deidades ameríndias. "Adiante, meus amigos, pois Vênus surgiu", e eis novamente a grande estrela (Uei Citlali) do *Cantar* LXVIII. Por mais que o vento que refresca a cena e destila seus perfumes se chame Ehecatl, uma das invocações de Quetzalcoatl e da estrela da Manhã, eis-nos em pleno quadro ortodoxo, e aprovado pela Igreja, da *Psalmodia* de Sahagún, grande denunciador de idolatrias e crítico das misturas.

Em princípio, as características ameríndias só fornecem cenários em que se inserem temas cristãos. A evocação de um paraíso florido, repleto de plantas e flores mexicanas, recria para os índios uma imageria familiar, mas de conotações pagãs que supostamente devem ter desaparecido, pois foram absorvidas numa ortodoxia cristã inequívoca. O texto recicla os pássaros e a flora pré-hispânica que outrora expressava a realidade suprema do mundo, essa realidade que só os rituais e os sacrifícios humanos tornavam acessíveis aos sentidos. A todo momento aí encontramos a fórmula *teoyotica* ("num sentido divino") indicando a leitura espiritual e ortodoxa — nós diríamos "politicamente correta" — que convém fazer das metáforas e imagens. Quem é são João Batista? Resposta da *Psalmodia*: é "aquele que *num sentido sagrado* é a estrela Vênus".

Paralelamente a essas traduções, a pintura colonial contribuiu muitíssimo para colonizar o mundo florido pré-hispânico. Os afrescos do convento agostiniano de Malinalco estão cheios de flores e pássaros preciosos escondidos no meio de uma vegetação de suntuosa beleza.[22] Assim como tinham se dedicado a inventar uma Tebaida americana, os monges parecem ter sonhado em fazer surgir no Novo Mundo um paraíso terrestre e uma Jerusalém americana que misturariam os imaginários dos dois mundos.

MASCARADAS E FESTAS COLONIAIS

Ao lado dos evangelizadores, outros ambientes europeus favoreceram a proliferação da mistura na sociedade colonial. As razões são múltiplas: o sacrossanto respeito ao passado, hábitos festivos que datam dos faustos longínquos da civilização borgonhesa e flamenga, e também a expressão americana das correntes da Europa renascentista sensíveis ao híbrido (a ornamentação maneirista e os grotescos).

Em todas as sociedades do Antigo Regime, os costumes nobiliários constituem um patrimônio intocável. Numa sociedade colonial, que faz da nobreza indígena sua intermediária forçada com as massas mexicanas, o respeito ao passado das elites locais é garantia de estabilidade social. Por que proibir práticas que perpetuam a memória das grandezas de antigamente? Por que abolir costumes aristocráticos? Eles fazem parte do modo de vida dos nobres, e por isso parecem tão necessários como dignos de respeito. Os nobres conservaram seus palácios, códices, costumes, danças e cantos. Por mais paradoxal que seja, o respeito à tradição favoreceu a mistura — uma tradição, é verdade, fortemente modificada, pois em princípio estava expurgada, depurada das dimensões idolátricas e adaptada ao contexto colonial.

Os europeus amavam as festas e tudo o que podia contribuir para seu brilho. O dominicano Durán ou o jesuíta Acosta viam nas danças e nos cantos indígenas formas de divertimento não só lícitos como indispensáveis ao bem-estar da sociedade. Essa visão, partilhada pelas autoridades civis, estimulava a perpetuação das manifestações tradicionais e, mais ainda, sua adaptação colonial. A municipalidade espanhola da Cidade do México solicita oficialmente aos índios da capital, em 1557, que "executem um divertimento e uma dança *mitote* em praça pública". Na segunda metade do século XVI, franciscanos, jesuítas, bispos, arcebispos e representantes da Coroa habituaram-se a apelar para os índios a fim de alegrar os grandes momentos da vida colonial. Em 1566, por ocasião da oferta de uma estátua de prata ao santuário da Virgem de Guadalupe, os índios da Cidade do México cantam o *Canto dos peixes*, e os de Tlatelolco, o *Canto de guerra*, diante de um público muito distinto, que incluía os juízes da *Audiencia* e o arcebispo. No mesmo ano, o vice-rei Gastón de Peralta assiste a um canto no "estilo dos Axochitlacas" e a uma cerimônia de *voladores* durante a qual, conforme vimos, índios se lançavam do alto de um poste e desciam rodopiando, com o pé preso numa corda.

As manifestações indígenas estão, em princípio, cristianizadas, e não se chocam com as exigências espirituais dos monges. Mas não é esse caráter edificante que garante seu sucesso. As danças agradam porque juntam trajes multicoloridos, ornamentos de penas, instrumentos curiosos, ritmos inabituais e danças antigas. Espetáculo exótico e agradável de se ver, elas divertem as massas espanholas, negras e mestiças, tão ávidas de divertimentos novos como qualquer platéia do Velho Mundo.

O clima do Renascimento maneirista encoraja as manifestações. Na verdade, as danças indígenas são contemporâneas das primeiras expressões do teatro que os autores espanhóis se esforçam para aclimatar terra mexicana. Com esses autores, os hieroglifos, as criaturas fantásticas e as alegorias cruzam o oceano, ao mesmo tempo que os grotescos. Tendo desembarcado em 1558, Hernán González de Eslava faz papel de pioneiro ao criar inúmeras peças de tema religioso para as festas da jovem capital. Os espectadores dos colóquios de González de Eslava são espanhóis, mestiços e índios. As "figuras hieroglíficas" que eles encenam têm tudo para desconcertar um público não informado. O colóquio *Sobre o bosque divino* mostra, na verdade, o Filho de Deus sob a aparência de "uma licorne abençoando as águas". Cristo é explicitamente identificado ao animal fabuloso: "Cristo, Preciosa Licorne". O quinto dia é colocado sob o signo do pássaro-mosca, um bicho trazendo uma pedra na fronte: "Pássaro-mosca é o Redentor...". O oitavo dia é anunciado pela figura de um elefante encimado por uma torre, símbolo da Igreja militante, e acompanhado de um texto que proclama: "Cristo é um Elefante poderoso".[23] Enquanto o Cristo de González de Eslava se fantasia de elefante, fênix ou licorne, talvez não longe dali, em outra praça ou outro pátio, o papa dos *Cantares* atira zarabatana em estranhas borboletas. As alegorias maneiristas certamente não têm o mesmo sentido nem a mesma substância das formulações ameríndias, mas todas conseguem manter imaginários bastante próximos para que os espectadores indígenas aí se percam e se achem.

A poesia de González de Eslava também faz uso constante da alegoria, assimilando constantemente Jesus Cristo ao sol, os santos e a Virgem às estrelas. Uma profusão de traços evoca a poesia dos *Cantares*. Como nos cantos indígenas, a luz da auréola em torno das figuras divinas do cristianismo mobiliza uma gama extensa de verbos, adjetivos e substantivos. A alusão à viagem ou à subida ao céu é permanente. O céu é uma corte real regida por Deus, "Senhor supremo";[24] é uma "fonte preciosa de preciosas pedras", fórmula cujo equivalente seria fácil encontrarmos nos *Cantares* dos nauas.

Ora, González de Eslava não é uma exceção. Alegorias e analogias abundam na poesia religiosa espanhola do século XVI. Na falta de talento, monges e poetas rivalizam em astúcias e procuram explicar os mistérios divinos com imagens concretas ou "figuras hieroglíficas", dotando de significado espiritual realidades cotidianas e criações do imaginário.

DESLIZES E REATIVAÇÕES

Essa pedagogia tem seus riscos, pois basta que a intenção seja mal percebida para que as imaginações se embalem. Por menos que um mestiço ou um índio resolva fantasiar o significado da licorne, da fênix ou do elefante, desconhecendo sua natureza de hieroglifo sagrado e... de cenário teatral, surgirá um Jesus Cristo tão fantástico e polimorfo quanto uma divindade da Índia ou a Serpente Emplumada dos antigos mexicanos. Vinte anos após a Conquista, um observador espanhol já se preocupava com as possíveis conseqüências de os índios aprenderem o latim e as ciências: "Este país tornar-se-á a gruta das sibilas, e todos os indígenas, espíritos que ensinarão as ciências". Formados em latim e nos autores clássicos, os letrados nauas podiam ser incontroláveis.[25]

A Igreja desejava fazer a caça às misturas, mas preservando grandes parcelas das práticas antigas, que seriam adaptadas a um quadro cristão e ocidental. Mas à menor falha, à menor ambivalência, a política teria resultados imprevistos e efeitos inevitáveis.

Conservando as melodias, os ritmos e os acompanhamentos instrumentais pré-hispânicos, a Igreja favorecia uma coabitação das formas e dos conteúdos. Pior ainda: confiando a difusão dos *cantares* cristianizados a jovens índios de cristianismo ainda frágil — e que quase sempre esbarravam em pressões de seu próprio ambiente —, os missionários se arriscavam a todo instante a perder o controle dos rudimentos que contavam inculcar nas populações neófitas. Quando a Igreja incitava os índios a cristianizar costumes antigos, expunha deliberadamente essas práticas à influência do cristianismo. Mas também expunha os empréstimos cristãos a vizinhanças perigosas. Em outras palavras, era a própria Igreja que criava as condições de uma mestiçagem sem nenhuma proteção.

Mas alguns de seus membros eram conscientes disso. O perspicaz Diego Durán bem sabe que as manifestações indígenas, sejam elas encorajadas ou simplesmente toleradas, podem comportar referências idolátricas: é o que acontece quando um índio se mete numa dança vestido igual a seu ídolo e, escondido, entoa-lhe os cantos que antigamente lhe eram destinados.[26] Portanto, a desconfiança é de lei: "Isso talvez pudesse acontecer e talvez tenha acontecido". Na verdade, até as manifestações aparentemente mais vigiadas afastavam-se por vezes do caminho da ortodoxia. Em que pensavam os índios que, antes de executarem uma dança a pedido dos franciscanos, iam buscar seus enfeites e insígnias em Cihuateocaltitlán, o "Lugar do templo das Mulheres"?[27]

O culto da Virgem e dos santos também provocava deslizes inquietantes. Quando, em 1556, o arcebispo da Cidade do México, Alonso de Montufar, tentou difundir entre os índios o culto de Nossa Senhora de Guadalupe, provocou o maior rebuliço na ordem dos franciscanos. Criticaram-no por incitar os índios a adorar uma imagem material, por "lhes dar a entender que essa imagem era Deus", o que significava difundir novas idolatrias. Aos olhos dos monges, a iniciativa do prelado era uma catástrofe. Só servia para aumentar a confusão entre os fiéis pouco informados, que volta e meia ainda tendiam a acreditar que Santa María era um termo genérico aplicável a todas as imagens cristãs. "Espalhar uma grande confusão e desfazer as boas coisas que tínhamos plantado": foi assim que o provincial da ordem fustigou a mais alta autoridade eclesiástica na Nova Espanha. Por trás da polêmica, que criou escândalo, explode a rivalidade entre a Igreja secular e monges ainda todo-poderosos. Entrechocam-se concepções diversas do cristianismo e da devoção. Com sua devoção mariana e suas imagens milagrosas, a Contra-Reforma ainda não conseguira esmagar as veleidades reformistas e erasmianas que existiam na Igreja dos monges. Esses conflitos são bem conhecidos, mas esquecemos que as tensões na cúpula alimentavam situações de "confusão" e incerteza, as quais por muito tempo deixariam marcas no cristianismo dos índios.[28]

Os defensores do culto da Virgem de Guadalupe estavam longe de acabar com as críticas e censuras aos monges. Na sua *Historia general*, o franciscano Sahagún entrega-se a uma crítica acerba. Começa lembrando que o culto mariano desenvolveu-se no lugar de um santuário pré-hispânico consagrado à deusa Tonantzin, outrora centro de importante peregrinação.[29] Mas não são esses antecedentes que ele denuncia. Ataca os pregadores espanhóis que dão à Virgem de Guadalupe o nome de Tonantzin, pois o vocábulo "remete a essa Tonantzin antiga". "É uma coisa que se deve remediar, pois o nome correto da Mãe de Deus, Nossa Senhora, não é *Tonantzin*, e sim *Dios y Nantzin*." Em outras palavras, são os sacerdotes da Igreja católica os responsáveis pela assimilação da Virgem à deusa antiga, tal como são responsáveis, em outros lugares, pela identificação de são João com Tezcatlipoca, ou de santa Ana com a deusa Toci.[30]

A confusão entre a Virgem e Tonantzin é até qualificada de "invenção satânica". E como poderia ser diferente, já que é a própria pregação e seu caráter aproximativo que desencadeiam o processo de mestiçagem? Sahagún considera que o equívoco e o erro cometidos na apelação indígena da Virgem geram e dissimulam a idolatria. A manipulação demoníaca estimula o retorno ao passado, reativando práticas antigas: "Eles agora vêm visitar essa Tonantzin de muito distante, de tão distante como antigamente, e essa devoção também é suspeita". Longe de perceber a descontinuidade radical entre as crenças e os cultos, os índios estão convencidos do contrário, ou seja, de que "essa coisa aí está conforme a antiga", e é por isso que vivem iludidos. É imperativo desiludi-los "do erro de que são vítimas". No espírito deles, não só o "antigo" e o "moderno" não se opõem, como o presente cristão reaviva e valida um passado pagão que termina vencedor: "Parece mesmo que eles vêm mais pelo antigo [culto] do que pelo moderno".[31] Pensamos aqui em como a sacralização cristã da pirâmide de Cholula podia relançar velhas crenças pré-hispânicas.

Porém, a difusão da imagem cristã foi feita à custa da destruição brutal e espetacular dos ídolos mexicanos. Tal imposição excluía qualquer compromisso com os objetos de culto indígenas, pois, em princípio, as imagens dos índios eram "imagens más, mentirosas, sujas e abomináveis". Objetos desprezíveis ou presenças demoníacas, todos os ídolos estavam fadados à destruição. Ora, é evidente que os índios nem sempre perceberam a diferença entre as imagens cristãs e as "imagens" indígenas. A substituição dos ídolos por imagens de santos só podia terminar com mal-entendidos e aproximações, até mesmo choques violentos, que, por sinal, nem sempre eram totalmente infundados.[32] Os índios tratavam as novas imagens da mesma forma que as estátuas e as pinturas pré-hispânicas. O olhar que dirigiam aos cristos, madonas e santos refletia um modo de ver solidamente enraizado havia séculos, e até mesmo milênios. Para os missionários, que se escandalizavam com isso, os neófitos lhes rendiam um culto idolátrico — em outras palavras, inventavam uma prática mestiça.

Quando pediam aos *tlacuilos* para pintarem grotescos, os monges espanhóis incitavam-nos a explorar o exotismo e a praticar a mistura, o que permitiu aos índios retomar os temas de origem pré-hispânica, dar-lhes nova vida e talvez até nova aura. Os bichos pintados ou esculpidos que acompanham a representação dos santos, na melhor tradição cristã, prestavam-se a inúmeras manipulações, a tal ponto que acabaram sendo um obstáculo à cristianização. Em 1585, o doutor em teologia Ortiz de Hinojosa deplora essas confusões e pede que se proíbam a pintura ou a escultura de demônios, cavalos, serpentes, efígies do sol e da lua, "como se faz em imagens de são Bartolomeu, santa Marta, são Tiago e santa Margarida". Por mais que essa iconografia fosse admitida em toda a cristandade, pois "esses animais indicam as façanhas dos santos, as maravilhas e os milagres que fizeram por virtude sobrenatural [...], os novos convertidos não o vêem desse jeito; pelo contrário, voltam às marmitas do Egito [= voltam aos velhos tempos]!". Difícil desenganá-los, "sobretudo os velhos, que se tornaram idólatras mamando no seio de suas mães".[33]

A conquista lingüística teve repercussões análogas. O caráter aproximativo e as ambigüidades das traduções eram tão perniciosos como os fiascos da guerra das imagens. Em 1572, o frei Domingo de la Anunciación denunciava o perigo à Inquisição.[34] Traduções erradas para a Santíssima Trindade incitavam às vezes os índios a proferir verdadeiras heresias. Era possível torná-la uma divindade chamada por três nomes diferentes, como sugeria o *Vocabulário* de Molina, obra no entanto autorizada e amplamente difundida entre o clero espanhol? Às traduções discutíveis, propostas pelos monges, somavam-se aquelas imaginadas pelos índios letrados e que circulavam em forma manuscrita, sem que o clero conseguisse controlá-las.

Se a cristianização dos elementos indígenas podia facilmente resultar em misturas, havia o risco de a denúncia explícita das coisas do passado, ao reativar crenças e práticas antigas — "trazendo à memória dos índios suas antiqualhas e seus velhos ritos"[35] —, provocar o mesmo efeito. Todas as vezes, o resultado era diametralmente oposto ao que a Igreja procurava: em vez de esmorecer o paganismo, reavivava-o. Quando não provocavam — o que era igualmente ruim — uma situação de indeterminação. Foi o que certos índios relataram aos monges. Desorientados, eles confessavam estar *neplanta*, perdidos entre dois mundos, sem já saber muito bem "a que santo tinham de se devotar": às divindades antigas ou às dos invasores.[36]

OCIDENTALIZAÇÃO E ACOMODAMENTOS

Todas essas observações nos incitam a rever nosso modo de pensar a colonização da América. A ocidentalização não foi apenas uma irrupção destrutiva ou um empreendimento normalizador, já que participou da criação de formas mestiças de expressão. Participação a um só tempo calculada e involuntária, mas participação inegável.

Portanto, a política de substituição nem sempre resultou num efeito de tábua rasa, muito pelo contrário. Nem todo o antigo foi substituído e, em geral, o que dele resta se mistura ao que a Igreja conseguiu impor, ao que os índios quiseram conservar, ao que foram capazes de assimilar ou ao que não tiveram força para rejeitar. Compreende-se o desespero ou a amargura de Bernardino de Sahagún, que chegou a escrever no final da vida: "No fundamento desta nova Igreja, está claro que tudo é falso".[37] O diagnóstico infinitamente pessimista mostra os limites de uma cristianização rigorosa. Mas reflete uma realidade ainda menos confessável, pois indica em negativo o triunfo das adaptações e dos acomodamentos.

A colonização espanhola foi uma negociação ininterrupta, uma seqüência de compromissos com a realidade indígena. O gigantismo da América, a exploração dos recursos da terra, a falta de instrumentos de repressão e a estabilização de uma sociedade em transformação permanente impunham acomodamentos contínuos em todos os campos. A questão das danças e dos cantos dos índios é só um exemplo. Que destino dar a essas práticas tão estreitamente ligadas aos cultos pagãos, mas que também tinham uma dimensão social, política e "artística" de grande alcance? Os evangelizadores, conforme dissemos, estavam convencidos de que as danças e os cantos eram indispensáveis à vida social e ao bem-estar da coletividade. Portanto, era preciso encontrar um compromisso a fim de que danças e cantos, numa forma profana ou sagrada, fossem aceitáveis. Ainda assim, havia que superar dois obstáculos de peso — o primeiro de ordem conceitual, o segundo de ordem prática. Como imaginar uma prática adaptada às realidades locais, como pô-la em funcionamento e, sobretudo, como fazer para que os índios a admitissem tal e qual? Eram questões que exigiam negociação.

A cartografia colonial oferece outro exemplo desses compromissos, que dão aos mapas mexicanos o "charme híbrido" tão bem descrito por Duccio Sacchi.[38] Não só os espanhóis mandaram os pintores índios fazerem seus mapas, como aceitaram que neles figurassem signos e também um modo de conceber e representar o território fortemente influenciado pelos hábitos indígenas.[39] Os mapas indígenas da segunda metade do século XVI sintetizam os esforços dos diferentes grupos — caciques, *enco-*

menderos espanhóis, "colonos" europeus e funcionários da Coroa — que procuravam repartir o controle do território, já que os espanhóis deixavam uma margem de manobra considerável aos interlocutores indígenas, e estes garantiam a inserção de suas comunidades no sistema jurídico castelhano e nas novas circunscrições administrativas.[40] O mapa de Cholula — que examinamos no capítulo IX — é um dos exemplos mais cabais dos compromissos entre exigências contraditórias e tradições *a priori* inconciliáveis. Uma colaboração que pode, como vimos, dissimular muitas nostalgias e muitos preconceitos.

Todo compromisso instaura um equilíbrio por vezes passageiro e instável. Ele depende não só de uma relação de forças sempre precária, mas também das intrepretações que cada parte dá ao acordo concluído. No México, a persistência de uma nobreza indígena ativa, servindo de intermediária forçada entre as massas indígenas e os conquistadores, explica a força das mestiçagens imaginadas em seu seio, assim como o dinamismo conversor dos monges dá conta da capacidade que tinham para destruir e depois recuperar elementos autóctones a fim de cristianizá-los. Esse contexto político favoreceu a vitalidade de um Renascimento indígena cujas produções descobrimos no correr destes capítulos. Apoiando-se no papel que conservara, a nobreza indígena manteve certo número de laços com o passado pagão, de onde tirava prestígio e legitimidade. A Igreja se acomodava, já que a nobreza aderia ao cristianismo e lhe dava apoio.

As dificuldades crescentes encontradas por esses dois meios sociais, a partir do último terço do século XVI, tiveram conseqüências decisivas e funestas para o *status quo*: o desaparecimento de grande parte dos pintores e da *intelligentsia* indígenas, a perda de fôlego da colaboração com a Igreja regular, a deterioração das posições da nobreza indígena varreram os compromissos a que se tinha chegado progressivamente. Outros arranjos com outros atores levarão à criação de uma América barroca cuja história, desse ângulo, também ainda está para ser contada.

O CONTROLE DAS MESTIÇAGENS

As estratégias praticadas pela Coroa e pela Igreja podem implicar tanto a rejeição como a seleção, tanto a extirpação como o reemprego ou o compromisso. A ocidentalização, longe de ser incompatível, parece, pois, indissociável da mestiçagem. Até que ponto? Agora é preciso indagar sobre a fronteira que separa, de um lado, a manipulação deliberada ou resignada dos elementos indígenas e, de outro, a emergência de um complexo autônomo de destino imprevisível. Em outras palavras, qual é o limite além do qual os processos desencadeados, provocados ou simplesmente tolerados escapam às autoridades coloniais?

Uma questão que se soma, complicando-a, à que fazíamos sobre o limite que separa a mistura e a inovação.

Se os fatores políticos e sociais pesam consideravelmente no aparecimento e na evolução das misturas, eles não se limitam ao jogo dos compromissos ou à história das relações de forças dentro da sociedade colonial. As inconseqüências e as ilusões das políticas que se sucederam e às vezes se contradisseram, os cálculos errados, as iniciativas desastradas e os "erros de orientação" criaram situações confusas e imprevistas que, por sua vez, influenciaram a seleção dos elementos, sua interpretação e o arranjo entre eles. O escândalo causado pelo culto à Virgem de Guadalupe, promovido pelo arcebispo Montufar, é um exemplo desses fiascos e mostra que a evolução das mestiçagens não deveria ser reduzida ao jogo, relativamente ordenado, das políticas de ocidentalização e das reações indígenas. As mudanças de rumo da evangelização às vezes também embaralharam as cartas. Quando, no último terço do século XVI, a Igreja peruana começa a perseguir as crenças e práticas que ela mesma difundira durante a primeira cristianização dos Andes, misturas originalmente consideradas cristãs caem no campo das trevas da idolatria e numa clandestinidade que lhes confere um estatuto bem diverso. O imprevisto e o acidental que resultam das reviravoltas ou dos fracassos pesaram tanto quanto a intervenção ou a manipulação calculada.

Mas outro fator explica que as mestiçagens pudessem escapar ao controle de quem as provocou. A criação mestiça detona processos internos que a subtraem daqueles que a iniciaram. Não que as dinâmicas próprias à mistura possam anular de todo as pressões do meio ambiente, mas elas são capazes de modificá-las ou neutralizá-las de forma duradoura.

Vimos que o estilo dos grotescos gera espontaneamente algo híbrido, e que a tradição maneirista, lado a lado com a tradição indígena, decuplica as possibilidades de mistura: o repertório de que dispõem os artistas adquire uma amplidão sem precedente, e as combinações que eles podem imaginar se multiplicam quase ao infinito. Assim, o impacto disso nos imaginários é menos controlável ainda. Lembremos que na Cidade do México, na segunda metade do século XVI, o poeta castelhano González de Eslava não hesita em mostrar Jesus Cristo com os traços de uma licorne, na melhor tradição ocidental. Na mesma época, na mesma cidade, mas inspirando-se na tradição pré-hispânica, a *Psalmodia* do franciscano Sahagún faz do Menino Jesus um jade precioso, cintilando como um sol, e de sua santa mãe uma flor que brilha aos primeiros clarões da aurora. Os anjos que acolhem Jesus Cristo no céu tornam-se "colhereiros róseos", "anjos-colhereiros divinos".[41] A proliferação de temas mestiços beneficia-se da simplicidade e do automatismo dos mecanismos de associação. As associações do franciscano caem no campo das metáforas cristãs só pela presença da fórmula *teoyotica*, que, como dissemos, significa em náuatle "à maneira divina", "num sentido sagrado". Explícita ou implícita, a fórmula liga todas as evocações tiradas da tradição ameríndia a uma transcendência cristã que conduz diretamente ao Deus único e todo-poderoso. Esse vínculo supõe, é óbvio, que os neófitos tenham previamente assimilado as noções cristãs de divindade, sagrado e sobrenatural. Donde os limites do artifício.

Outros processos também elementares atraem os materiais indígenas para a esfera cristã. São as simples conexões de termos — um espanhol, um náuatle —, o primeiro sendo destinado a atrair, enraizar ou manter no registro cristão a entidade pagã designada pelo segundo. É o caso da dupla *teyolia/anima*, que estabelece uma equivalência entre o coração ameríndio e a alma cristã. Todavia, na origem essas noções correspondem a entidades e crenças sem nenhuma ligação entre si. Para os antigos nauas, o *teyolia* era uma das três forças vitais que habitavam o corpo do homem, assim como as montanhas e os lagos. Na morte do indivíduo, o *teyolia* ia para o Michtlan, o Tlalocan ou para o céu do Sol, sem que os méritos terrestres fossem determinar seu destino.[42] Por conseguinte, nada a ver com a alma cristã, a não ser que se caia nas formulações heréticas. No mesmo espírito, a *Psalmodia* associa a rosa de Castela à maravilha pré-hispânica — o *cempohualxochitl* —, o que significava ligar uma planta privilegiada pela hagiografia cristã a uma flor que se encontra em todas as grandes celebrações pré-hispânicas.[43] A rosa tornou-se a "maravilha de Castela", *Castillan cempohualxochitl*. A interpretação ortodoxa dependia, aqui também, da educação e sensibilidade do ouvinte indígena e de seu grau de assimilação ao cristianismo.

O *teoyotica* e o acoplamento de noções são incontestavelmente atraidores modestos mas eficazes, que permitem apropriar-se de expressões e conceitos indígenas. O resultado nem sempre é o que os missionários esperam. Em geral, a facilidade de associação resulta na instabilidade das misturas assim obtidas. A qualquer momento, a fronteira entre a mistura cristianizada e as "aberrações" do "erro" pode ser cruzada. A ignorância do significado dado pela Igreja à fórmula *teoyotica* ou um simples deslocamento de acento — do elemento cristão ao elemento ameríndio na dupla alma/coração (ou rosa/maravilha) — bastam para atirar a mistura no campo do que os monges chamavam idolatria. A morfologia instável da mistura decorre incontestavelmente dessa fragilidade decuplicada pelas inúmeras aproximações.

A associação de elementos resultantes de experiências muito distantes entre si e reunidas num contexto submetido a fortes tensões — a sociedade colonial — é sempre passível de bruscas mutações. Na verdade, é raro que a mistura, sempre de criação recente, tenha se cristalizado em formas que permitam sua fixação e sua transmissão sob controle. O processo ilustrado pela *Psalmodia christiana* de Sahagún permanece excepcional. As aproximações saídas da imaginação do monge e de seus colaboradores indígenas beneficiaram-se do duplo suporte do escrito e do impresso. Mas a maioria dos textos de inspiração eclesiástica — catecismo ou vidas de santos — permaneceu manuscrita. Menores ainda são a perenidade e o controle das associações difundidas pelos sermões dos padres espanhóis. É devido ao fato de que os nomes indígenas dados pelos pregadores aos santos do panteão cristão circulam *oralmente* que essas aproximações geram os "erros de interpretação" vilipendiados por Bernardino de Sahagún.

Outras associações são fixadas pelo pincel ou perenizadas

na pedra. Isso bastava para enraizar de forma duradoura sua interpretação cristã? À vista de todos, na fachada das igrejas, rodeando os pórticos, motivos talhados que reproduziam o passado pré-hispânico coabitavam com a iconografia cristã e os ornamentos de inspiração européia. Ainda hoje é possível admirá-los em inúmeras cidadezinhas mexicanas, mas que sentido lhes dar? Quase sempre as associações fazem parte de conjuntos decorativos esculpidos pelos índios. Em alguns casos, a intervenção dos religiosos devia evitar as distorções: a representação das chagas de Cristo no brasão dos franciscanos inspirava-se, assim, no simbolismo pré-hispânico do sangue precioso derramado durante o sacrifício humano. Em princípio, os monges estavam ali para explicar o significado do novo sangue divino. Contudo as inúmeras flores que decoram as colunas e os arcos provavelmente atraíram bem menos sua atenção. Aparentando pertencer ao registro mais inocente da decoração, os motivos antigos decerto conservavam significados ou sugeriam interpretações do cristianismo que se afastavam da ortodoxia e reavivavam crenças ancestrais. Longe de enraizar a representação num terreno cristão, a perenidade da pedra podia, portanto, servir a fins opostos aos indicados pela pregação.[44]

O IMPOSSÍVEL RETORNO

Se a mestiçagem é uma mistura cujos significados variam, essa instabilidade joga em favor do paganismo antigo? Ao desencadear reminiscências que escapam à ortodoxia cristã, tal propriedade marca um verdadeiro retorno ao mundo ameríndio? Não acreditamos, e por pelo menos duas razões. De tanto associarem o paraíso cristão ao céu ameríndio e multiplicarem as pontes entre o Velho e o Novo Testamento e o imaginário pré-hispânico, os universos de crenças coabitam e se interpenetram. De tanto mergulhar os santos cristãos no mundo florido e cintilante dos ancestrais pagãos, a *Psalmodia* de Sahagún aí instala criaturas novas que, se não bastam para cristianizar o além pré-hispânico, são bastante prestigiosas e invasoras para modificar as crenças ameríndias. A incorporação sistemática das divindades cristãs até pode ter restituído certa alma às crenças denegridas. Mas o além pagão, como aliás o dos *Cantares*, já não era totalmente o mesmo de antes da Conquista.

O antigo paganismo não tinha mais os meios de restabelecer uma "ortodoxia" ou uma "pureza" qualquer, que, por sinal, jamais foram objeto de preocupações. Na falta de sacerdotes de ídolos, de colégios *calmecac*, de meios de difusão e imposição, os ritos e crenças de antigamente viam-se expostos a interpretações cada vez mais "contaminadas", inspiradas na fé dos vencedores. Vimos como, nos anos 1580, os informantes indígenas do mestiço Diego Muñoz Camargo tornam o paraíso da deusa Xochiquetzal uma corte de prazeres celestiais que tinha tudo para agradar a um espanhol do Renascimento.

A proliferação e a instabilidade das misturas acabam afastando-as das tradições e dos meios de onde provêm os elementos por elas aglutinados. Aparentemente, a Igreja mexicana só tinha a opção entre o *laisser-faire* distante e uma extirpação impraticável, pela qual, aliás, nunca se decidiu. As tentativas feitas por Sahagún para semear uma dúvida a respeito do novo culto à Virgem de Guadalupe, associando seu nome indígena, Tonantzin, ao de uma aterradora deusa ameríndia, Cihuacoatl, não parecem ter tido repercussão. A difusão de novas misturas abria o caminho para uma terceira solução. A Igreja sempre tinha a possibilidade de retomar o controle da situação, favorecendo permanentemente novas associações capazes de responder às expectativas das populações indígenas. O segundo lançamento do culto à Virgem de Guadalupe, em 1648, é um exemplo notório disso, e seu êxito a longo prazo é incontestável. É nessa perspectiva que se deve interpretar a iniciativa dos cônegos da catedral da Cidade do México, que constroem uma versão "indígena" das aparições da Virgem e terminam lhe dando a solidez de um dogma.

Quanto aos índios, sua capacidade de ação, longe de ser inexistente, é extremamente variável. Nem pensar em voltar aos tempos idos, a história é irreversível. O modo pelo qual podiam retomar por conta própria as misturas que lhes eram impostas ou desenvolver suas mestiçagens dependia da liberdade de ação deixada pelos padres espanhóis e do grau de hispanização das elites que lideravam a comunidade, mas também da imaginação dos *curanderos* e de outros técnicos do "sagrado" que praticavam na região, sem por isso ser especialistas dos mundos antigos. Os *curanderos* introduziam matérias cristãs com uma eficácia que estavam longe de possuir os padres dos índios. Os novos acomodamentos, exigidos pelo cristianismo barroco, e o desaparecimento das elites que ficaram próximas do mundo pré-hispânico muito em breve eliminariam as dosagens praticadas durante o século XVI. Outras construções mestiças sucederão às que os *Cantares* e os afrescos expressaram. Mas, para que os índios retomem o controle das misturas, serão necessários um despertar demográfico e um impulso coletivo sob a direção de um deles, tão audacioso como imaginativo: em pleno meio do século XVIII, o movimento de Antonio Pérez em torno do culto da Virgem de Popocatépetl esteve na origem de novas misturas, escapando durante algum tempo à vigilância da Igreja. Uma experiência efêmera, logo sufocada pela repressão, e que mostra mais uma vez a fragilidade das misturas.[45]

Portanto, a mestiçagem parece móvel, instável, rapidamente incontrolável. Só é possível barrá-la quando se tenta aniquilá-la — tarefa em geral impossível — ou quando se tenta opor-lhe uma nova mistura, uma nova fórmula, que por sinal acabará, por sua vez, escapando a seus promotores. A complexidade das mestiçagens e a desconfiança que provocam talvez decorram dessa "natureza" caprichosa que, com frequência, transforma seus inventores em verdadeiros aprendizes de feiticeiros arrastados para os caminhos mais imprevisíveis. Fenômenos sociais e políticos, as mestiçagens manobram, na verdade, com tal número de variáveis que confundem o jogo habitual dos poderes e das tradições, escapolem das mãos do historiador que as persegue ou são menosprezadas pelo antropólogo amante de arcaísmos, de "sociedades frias" ou de tradições autênticas. Essa complexidade também tem relação com os limites que a mistura cruza num determinado momento de sua história, ou porque se transforma em realidade nova, ou porque adquire uma autonomia imprevista. Talvez haja laços entre esses diferentes limites e os atraidores dos quais a mestiçagem é o produto. O leitor ficará aborrecido conosco se, reservando esta questão para um livro futuro, retornarmos, para concluir, ao mundo que nos espera?

Conclusão
Happy Together

> *... se nos deparou em sonho um arcanjo maravilhoso. Por ele soubemos que o talismã perdido estava nas diletas mãos do doutor Venceslau Pietro Pietra, súdito do Vice-Reinado do Peru, e de origem francamente florentina, como os Cavalcantis de Pernambuco.*
>
> Carta do imperador Macunaíma às Amazonas.
> São Paulo, 30 de maio de 1926

Da Ásia à América, *Happy Together* (1997) é a história de dois chineses que tentam sobreviver e se amar em Buenos Aires, num cenário de tangos e de Astor Piazzola. Olhando da China essa terra da América, o cineasta Wong Kar-wai, de Hong Kong, procura quebrar o quadro no qual, há vários séculos, o Ocidente se esforça em encerrar a América Latina.

O olhar asiático é revelador de novas circulações, estrangeiras às heranças da modernidade ocidental e indiferentes às rotas históricas da colonização. Buenos Aires, Hong Kong: as duas cidades reunidas em *Happy Together* não têm muito em comum, a não ser o fato de serem, ambas, ex-colônias da Europa ocidental. Buenos Aires é uma porta da América, nascida da dominação espanhola e da emigração européia no hemisfério sul, ao passo que Hong Kong é uma porta da Ásia, ainda ontem sob dominação britânica, hoje dividida entre a China e o Ocidente. É também a imagem de uma sociedade à espera do que vai acontecer.

O deslocamento que leva o cineasta de Hong Kong a Buenos Aires pulveriza o exotismo que continua a cegar a percepção européia e estadunidense da América Latina, um exotismo sempre pronto a se extasiar com a margem, a diferença, a alteridade. Como o cineasta consegue isso? Os bares de tango de Buenos Aires, as cataratas do Iguaçu, as fotos da Patagônia não introduzem nenhuma cor local, não operam nenhum distanciamento. Desenham um espaço que Wong Kar-wai reinventa, a um só tempo argentino e não argentino, tão real e tão fictício como os além-túmulos compósitos dos *Cantares*, como se eles deixassem de ser referências geográficas para se tornarem peças de um universo recriado. A isso se somam imagens novas pela textura, pela velocidade ou pela câmera lenta — que rompem nossas maneiras habituais de ver. Criação, hibridismo, mestiçagem: é possível estender a essa obra contemporânea as observações recolhidas em nossa odisséia ítalo-mexicana?

O CINEMA DE HONG KONG

As imagens de *Happy Together* figuram entre os testemunhos mais vivos das mestiçagens e hibridações que Hong Kong produz no fim de século. Mas elas pertencem, em primeiro lugar, a uma cinematografia que, desde o nascimento, declina em todos os tons as relações da Ásia com o Ocidente. Nessa parte do mundo, o face-a-face entre o Oriente e o Ocidente moderno é tão espetacular como o enfrentamento, quatro séculos antes, da Europa ibérica com a América indígena. Não que o choque seja muito mais recente. Desde o século XVI, portugueses, espanhóis, japoneses e chineses encontravam-se e opunham-se no extremo asiático. Como escrevemos,

> as mestiçagens da Ásia diferenciam-se das mestiçagens americanas. Se as segundas edificam uma sociedade mesclada na escala de um continente — a América —, as primeiras já esboçam miscigenações planetárias, simbolizadas pelas voltas do globo feitas por criaturas e famílias levadas pelas correntes de uma economia-mundo.[1]

No século XX, tais fenômenos alcançaram uma amplidão bem diferente, da qual a criação cinematográfica nos dá um brilhante apanhado. Mais uma vez a imagem oferece um campo privilegiado para se observar o resultado dos choques e encontros. Ficamos então menos surpresos ao encontrar, no texto dos críticos e cineastas, observações que coincidem com as questões abordadas desde as primeiras páginas deste livro. John Woo respondia, numa entrevista de 1997: "Não creio que meus filmes sejam baseados numa só leitura. Na verdade, nunca o foram. Sempre estive com um pé na Ásia e outro no Ocidente".[2] Em um de seus filmes magistrais, *The Killer* (1989), uma estátua da Virgem sofre um destino que provoca o seguinte comentário:

> [A estátua] lembra tanto o cristianismo como os votos de pureza dos cavaleiros do Wu Xia Pian [a cavalaria chinesa], e sua destruição representa a blasfêmia última, mas também a unificação simbólica dos dois mundos [...]. [A seqüência] resume por si só o universo múltiplo de um cineasta ao mesmo tempo chinês e cristão, e sua visão sincrética das emoções humanas.[3]

As metamorfoses por que passaram os filmes chineses do gênero kung-fu, nos últimos trinta anos, demonstram esses cruzamentos de influências que terminam com *remakes* ou recriações em cascata. É possível acompanhar essa história como se acompanha a das mestiçagens mexicanas. O gênero já estava vivendo uma evolução movimentada, feita de uma série de apogeus deslumbrantes e declínios rápidos, quando, em 1965, o produtor Run Run-Shao dá nova vida ao filme de cavalaria, inspirando-se nos filmes japoneses do mesmo tipo, os *chambara*, e nos faroestes americanos. A injeção de elementos "exóticos" numa trama de origem tradicional, mas já profundamente remanejada pelo romance histórico e pelos folhetins da grande imprensa, garante o sucesso a uma série de filmes realizados em torno do personagem do cavaleiro maneta. O filme de kung-fu torna-se "um gênero em que se pratica uma escalada permanente, em que as influências mais improváveis se engatam tranquilamente".[4]

No início dos anos 80, a China popular, por uma dessas viravoltas a que está acostumada, apropria-se do gênero e reabilita a prática das artes marciais, que até então denunciara como feudal. *O templo de Caolin*, que marca esse retorno, desenvolve uma intriga relatando "como os treze monges de Caolin salvaram o imperador Tang". Paradoxalmente, é a China comunista que reativa o interesse do público de Hong Kong pelas histórias da sociedade antiga. Esses vaivéns entre a ilha, o continente, Hollywood e o Japão, a televisão e os estúdios alimentam sucessões ininterruptas de hibridações (dentro do mundo chinês) e de mestiçagens (com o Japão e a América). Queiram ou não os nostálgicos da pureza e da tradição, esses genuínos produtos chineses são, como os afrescos índios da América, criações vivas e compósitas.

De tanto abrir, enriquecer ou pulverizar o gênero, as acomodações, os remanejamentos e as reinterpretações favorecem uma flexibilidade de sua forma e de seu fundo, de que tiram partido os cineastas mais inspirados. As transformações culminam com a releitura de um clássico, *The blade*, apresentado em 1992 por Tsui Hark. Esse filme é um esboço de obra. Pretende ser tanto uma volta às raízes japonesas como um questionamento do gênero, ao preço da eliminação de referências geográficas e históricas inscritas na história original.

Com *As cinzas do tempo* (1994), Wong Kar-wai inventa variações ainda mais singulares e leva ao paroxismo as mestiçagens da imagem. A exemplo de seus outros filmes, a obra mistura referências e imagens com tanta energia e criatividade quanto os pintores mexicanos do Renascimento. Enquanto os artistas de Ixmiquilpan haviam renovado o tema dos combates rituais encaixando-os na fôrma exuberante e italianizante dos grotescos, *As cinzas do tempo* explora uma via paralela, dessa vez reinterpretando, de fio a pavio, o gênero kung-fu a partir do faroeste:

> *As cinzas do tempo* desmembra o filme kung-fu clássico e prolonga, levando-o a seu extremo limite maneirista, o trabalho de Sergio Leone sobre o *western*.[5]

Surpreendentes sobreposições de imagens criam miragens que, de repente, fazem os bandidos chineses passarem para o universo da revolução mexicana. Além dos jogos de imagem, os de som também participam das mestiçagens. Uma trilha sonora ocidental, à Ennio Morricone, acompanha a imagem desse universo asiático, com resultados tão perturbadores quanto as misturas sonoras de *The Pillow Book*.[6]

HIBRIDAÇÃO E MESTIÇAGENS

Wong Kar-wai situa quase todas as suas obras num universo colonial prestes a desaparecer: Hong Kong.[7] A cidade é um dos pontos do mundo onde se confrontam — e convivem — de modo mais espetacular as civilizações, as dominações e os sistemas econômicos. A coexistência da China antiga e da China moderna, do capitalismo e do neoliberalismo, do socialismo e da pós-modernidade alimenta uma situação singular cuja precariedade é mais acentuada ainda pela incerteza do futuro que espera essa cidade. Tal condição emblemática, instável e contraditória, é provavelmente única neste extremo fim de século. Só a própria existência de Hong Kong já desafia os esquemas mais elementares de nosso pensamento, ao misturar tradição e modernidade, Oriente e Ocidente, comunismo e globalização, centro e periferia, e ao oferecer o enigma de um real que é portador de imprevisíveis metamorfoses.

Apesar disso, nosso olho continua cego para as mestiçagens que cruzam a ilha. A crítica esforçou-se em ligar a obra de Wong Kar-wai ao cinema ocidental:

> *Nossos anos selvagens* aparece como uma reformulação do filme moderno constituído em gênero, uma espécie de releitura de Nicholas Ray captada por Antonioni.

Ou em ligar seus filmes ao fluxo de imagens criadas pelas novas tecnologias. Quando afinal o olho abre, desconcertado pelo espetáculo que lhe é oferecido, inquieta-se com a ambigüidade que impregna os filmes do cineasta de Hong Kong, por insistir na natureza problemática da imagem, da forma e do relato. A obra estaria povoada de heróis permanentemente divididos entre fidelidades e espaços contraditórios.[8] A ambigüidade seria generalizada, estaria tanto na utilização da cor "nunca de todo exata"como na polivalência visual, a qual seria marca de incoerência e desarticulação: "A imagem não comparece ao encontro marcado com o sentido". A ambigüidade de Wong Kar-wai se acompanharia de uma série de "indecisões, tanto no sentido visual como no sentido cognitivo", perceptíveis desde o seu primeiro filme, *As Tears Go By*. Procurada por toda parte, a ambigüidade torna-se uma característica "epistemológica" do cineasta.

Nossa exploração do Renascimento e dos universos mexicanos sugere um enfoque totalmente diverso da especificidade dos filmes de Wong Kar-wai. Não é a ambigüidade que atravessa sua obra. Quando fala dos "entrelaçados de itinerários noturnos e urbanos", do "relato feito de pedaços desparelhados", ou também da complexidade incessante das imagens e das intrigas, o que a crítica aponta, sem reconhecê-los, são os efeitos conjugados da hibridação e da mestiçagem.[9] Nosso longo mergulho no passado mexicano nos ensinou a identificá-los, senão a compreendê-los. Estamos aqui diante de uma criação mestiça cujos referentes são desprovidos de significado perceptível de imediato. É o caso da selva anônima que abre e conclui *Nossos anos selvagens*, ou da visão das cataratas de Iguaçu que, por duas vezes, vêm marcar o curso de *Happy Together*. Porém, se essas imagens não remetem a nenhum universo determinado, exótico ou familiar, se não funcionam de forma convencional, se "se separam de qualquer contexto",[10] isso em nada diminui sua força nem sua coerência.

> Essas imagens têm, pois, o poder de tornarem-se autônomas [...], elas persistem, organizam suas resistências [...], crescem como uma vegetação selvagem incontrolável.[11]

Lembremos as criações do México do Renascimento — *A chuva* e *O arco-íris* do *Códice de Florença* — que nos projetavam em imaginários surgidos à margem do Ocidente e da América indígena.

Ao isolar, com a câmera lenta, os personagens principais das cenas em que eles aparecem, o cineasta constrói uma imagem híbrida em que coexistem temporalidades distintas. Aquilo que, no século XVI, o duplo calendário do *Códice Telleriano-Remensis* realizava, justapondo tempo cristão e tempo índio, a imagem de Wong Kar-wai reproduz "fazendo desfilar em velocidades diferentes os diversos elementos que compõem o quadro".[12] Lento e acelerado se conjugam na tela sem que a imagem jamais perca nada de sua coerência nem de sua beleza.

Mas a mestiçagem impregna tanto os comportamentos como as imagens e o tempo. Ao contrário das aparências, os heróis do cineasta não estão divididos entre fidelidades externas, e transitam espontaneamente num mundo múltiplo que o hibridismo e as mestiçagens tornam alheio às nossas referências clássicas. São personagens "sem caráter", a exemplo do Macunaíma de Mário de Andrade, o primo brasileiro deles. Se Hong Kong e Buenos Aires são intercambiáveis, se um está no outro "e vice-versa", é porque ambos pertencem ao universo mestiço do cineasta. Menos a um espaço "que parece ter perdido sua medida [...], incomensurável, sem precedente", do que a um território compósito de múltiplas dimensões.

A aparente indeterminação e a indecisão na condução do relato só existem em relação às nossas convenções e expectativas. Afinal, não é o mesmo filtro deformante e redutor que, ontem, incitava os espanhóis a verem nas pinturas ou nos *Cantares* do México indígena uns *disparates*, para retomar o termo de Diego Durán? A impressão de fragmentação e de fissura que emana dos roteiros de Wong Kar-wai não está nos roteiros. Resulta de uma leitura pouco preparada para enfocar uma forma de narração concebida em bases totalmente diferentes. E essa singularidade ela compartilha com os textos mexicanos do século XVI. Como estranhar que os filmes de Wong Kar-wai inspirem fórmulas que parecem se aplicar, palavra por palavra, aos *Cantares mexicanos*?

> Nós vamos deslizando por ali, mais do que avançando, a separação entre o passado e o futuro não procede de um corte, e o processo de transformação de um a outro é tudo, menos flutuante.

Os *Cantares* são compostos de elementos que se sucedem sem obedecer a uma progressão narrativa clássica: como nos filmes de Wong Kar-wai, custamos a não nos perder. Nem ameríndios nem europeus, os *Cantares* são obras mestiças.

SOCIEDADES COLONIAIS E CRIAÇÕES MESTIÇAS

Outra dimensão aproxima essas criações que os mares e os séculos separam: as relações singulares mantidas com as terras colonizadas e ocidentalizadas onde nasceram. Os *Cantares* não mostram nunca a sociedade colonial do México tal qual ela foi — ou tal qual nos aparece hoje —, nem mesmo a aristocracia indígena de meados do século XVI. Tanto quanto as pinturas das igrejas e dos códices, os *Cantares* não fazem comentário sobre o período pós-Conquista ou sobre os últimos decênios do século XVI na capital mexicana. Os filmes de Wong Kar-wai tampouco pretendem descrever os últimos momentos de Hong Kong antes da devolução à China. Essa distância decorre da multiplicidade de referências que atravessam tais obras. É sua especificidade mestiça que, no México como em Hong Kong, anula qualquer efeito de espelho, sem por isso jamais cortar as criações de seu ambiente histórico. São obras-primas que captam os reflexos das paisagens urbanas "para difratá-las em igual número de facetas".

É possível, como fizemos, analisar essa relação em termos de negatividade?

Wong transmite em seus filmes uma experiênca particularmente intensa desse período, como experiência da negatividade: a experiência de um espaço cultural inatingível e ambivalente, que sempre está logo além do nosso alcance ou logo aquém do dizível.[13]

Seus filmes trariam a marca da natureza problemática de um espaço colonial, feito de um acúmulo de justaposições, cruzamentos e transições entre imperialismo, neoliberalismo, comunismo em mutação e passado chinês imperial.[14] Mas essa marca seria mais lida nos modos de expressão e nos comportamentos do que nas constatações explícitas ou nas mensagens expressamente políticas. Uma confusão nasceria das hierarquias flutuantes e incertas,[15] das regras em mutação, "das transformações rápidas mas também irregulares", da ameaça de um futuro imprevisível. E a confusão se traduziria, em termos cinematográficos, por contradições, paradoxos espaciais, desequilíbrios afetivos...

Na verdade, a relação parece ainda mais sutil e complexa do que essa análise sugere. Ultrapassa a simples ligação entre causa e efeito, mesmo sendo percebida e expressada em termos de "negatividade". Às singularidades e incertezas da situação de Hong Kong corresponde uma criação mestiça cujas origens são bem anteriores à crise dos anos 90. Não se pode resumir a resposta a um acúmulo patológico de impasses e fracassos. O universo mestiço em que transitam os protagonistas de Wong Kar-wai possui suas coerências e linhas de força. É o quadro de experiências novas que o cineasta expressa em formas e conteúdos que não se resumem a fragmentos disparatados e heterogêneos. As imagens desconcertantes, por serem inclassificáveis, a mistura de velocidade e inércia, "a instabilidade sutil da imagem", que fazem com que "jamais estejamos seguros do que estamos vendo",[16] não são apenas sintomas de desequilíbrio. São, muito mais, as manifestações de uma reação construída sobre a mestiçagem e a hibridação. Aliando a flexibilidade das estruturas ao rigor extremo na expressão, tais construções permitem pensar a situação complexa em que a ilha sempre viveu e continua a manobrar. Nesse sentido, a criação mestiça é ao mesmo tempo um produto dos cruzamentos de que Hong Kong é feito e a única maneira de pensá-los e mostrá-los. Isso impede que se reduzam as obras de Wong Kar-wai a simples transposições cinematográficas de um estado de coisas ou à expressão de uma crise da experiência e do relato. Hong Kong não é um mundo ocidental em estagnação. É um mundo misturado que experimenta mestiçagens cada vez mais sutis e imprevisíveis.

A "CULTURA DO DESAPARECIMENTO"

Culture of disappearance. A expressão é do sociólogo Ackbar Abbas. Designa a situação de Hong Kong no último decênio do século XX. Abbas confere ao termo *disappearance* vários significados. A noção remete, primeiro, a uma realidade móvel, evanescente, elusiva, vivida na angústia da retrocessão:[17] *disappearance* evoca "o que ao mesmo tempo está lá e não está mais lá",[18] o tempo do "já desaparecido", um espaço que sempre se oferece enviezado ("*a skewed space*"[19]). Hong Kong seria a ilha do imprevisível e das criações efêmeras: de tanto elevar arranha-céus, que são demolidos com a mesma rapidez com que foram construídos, seu território acabou parecendo um fita magnética constantemente apagada e reutilizada.

Disappearance implica também uma forma de presença sistematicamente ignorada, como se o olhar exterior escamoteasse a existência de uma criação original, agarrando-se a dualismos tradicionais, os do Leste e do Ocidente, ou ainda os da tradição e da modernidade. Filmes, literatura, arquitetura, a criação em Hong

Kong está constantemente desaparecendo, menos porque a suprimem e mais porque é substituída de maneira espontânea por clichês e representações familiares ou convencionais. Quem imaginaria que essa ilhota de banqueiros pudesse produzir outra coisa além de lucros? É a mesma miopia que, de tanto reduzir o passado do México a uma história de massacres e destruições, por muito tempo ignorou — e fez desaparecer, mantendo-as "entre parênteses" — as formas tão singulares e fecundas do Renascimento indígena.

Disappearance. Num contexto tão movediço, não tem sentido pretender definir uma identidade. Seria o mesmo que imobilizar uma realidade cuja característica é a mudança, a transformação e o contínuo "desaparecimento". Em vez de nos interrogarmos sobre o destino da identidade de Hong Kong, preferiremos explorar a emergência de uma nova subjetividade, que não é uma simples noção psicológica, mas sim

> uma categoria que seria ao mesmo tempo afetiva, política e social. É uma [...] subjetividade que se desenvolve de mansinho quando as posições e as orientações antigas se desfazem, uma subjetividade que emerge justamente de um espaço de desaparecimento.[20]

Tal situação perigosa constitui uma sorte, mas também uma ameaça. Pois pode provocar reviravoltas e acompanhar a emergência de formas novas de existência, cuja perpetuação e cuja vitalidade estão ligadas à sua própria mobilidade e instabilidade. Para evitar ser assimilado ou reabsorvido, é preciso aprender a "sobreviver a uma cultura de desaparecimento", adotando estratégias de *disappearance* preparadas para se tirar partido de mutações a serem inflectidas em direções inesperadas. Foi o que fizeram os nobres mexicanos que queriam evitar a hispanização pura e simples. Essas reações não se manifestam nem por um recuo ao local ou ao indígena, nem por uma fuga para a marginalidade, e sim por meio de um corpo-a-corpo com as limitações e pressões da dominação colonial, ou neocolonial.[21] Tais atitudes evitam as ciladas da marginalidade reificada, cuja existência apenas consolida o centro, assim como escapam às ilusões do local, percebido de forma ideal como um porto seguro que teria conservado a antiga pureza. Apesar dos riscos que há nesse jogo, a *culture of disappearance* não é necessariamente paralisante para os que a enfrentam.

Hong Kong "pós-colonial" não é a Cidade do México renascentista. Mas nossos pintores indígenas não conseguiram, tal como os cineastas de Hong Kong, tirar partido da ocultação de seu mundo para construírem um universo próprio, "trabalhar com o desaparecimento e deslocá-lo, utilizar o desaparecimento a fim de lidar com ele"?[22] Todas as vezes, as manipulações da imagem e do campo visual são operações que ultrapassam amplamente o campo artístico em que nossa miopia tende a isolá-las. Diante da crise e das limitações que os cercam, os cineastas chineses reagem "de fato mais questionando a imagem do que avançando argumentos diretos sobre a identidade".[23] Por sinal, o questionamento da ordem visual não se manifesta apenas na obra de Wong Kar wai. Um cineasta como Stanley Kwan evoca o "já desaparecido", reinterpretando-o em histórias de fantasmas, isto é, recriando um gênero que data praticamente dos primórdios do cinema chinês.[24] Em *Vermelho* (1988), ele reinventa os dados tradicionais do gênero: as intervenções do fantasma, em vez de jogarem com a distinção entre o mundo humano e o mundo sobrenatural, comprimem, de certa maneira, o espaço-tempo. O filme elimina a distância entre os anos 30 e os anos 80, e instala um espaço heterogêneo em que se misturam passado e presente. "É paradoxal que seja um dos gêneros mais populares e mais fantásticos que permita representar o espaço cultural de Hong Kong em todas as suas complexidades."[25] O caráter híbrido é tão forte que os elementos do passado e do presente perdem a integridade, a ponto de se fundirem ou se tornarem perfeitamente intercambiáveis. Ao introduzir um "duplo quadro temporal", a reversibilidade do tempo, simbolizada pelo fantasma, se conclui também pela inclusão no presente de uma profusão de elementos passados. A evocação dos mortos num presente colonial é exercício que bem conhecemos. Há quatro séculos, com uma facilidade igualmente notável, autores e intérpretes dos *Cantares mexicanos* dedicavam-se a jogos paralelos, adaptando o gênero que cultivavam e se projetando num tempo "já desaparecido".

As aproximações que podemos esboçar entre Hong Kong e a Cidade do México não suprimem nenhuma das inúmeras diferenças que as separam. Servem, antes, para marcar os "pólos" de um imenso espaço mestiço em que as questões fazem eco umas às outras. Os pintores da Cidade do México ajudam-nos a abordar os cineastas de Hong Kong antes que, por sua vez, o exemplo chinês incite a retomar o exemplo mexicano. Como esquecer que a sociedade indígena do Renascimento é um mundo atacado em todas as frentes, econômica, social, religiosa? É um universo em vias de extinção física, pois vive as agressões devastadoras das doenças. É, enfim, uma sociedade atingida em suas elites, que são privadas de sua ética, de suas esferas de ação — a guerra, o sacerdócio dos ídolos, o controle do tributo —, de seus funcionários e de suas instituições — os colégios *calmecac*, os grandes rituais. A *disappearance* fragiliza um meio submetido às pressões cada vez mais fortes do gigantesco Império espanhol.

Mas sem derrotá-lo. O contexto de crise, a *culture of disappearance* aparentemente sem saída, exposta a todos os percalços do imprevisto e do imprevisível, provocam reações de um tipo especial. Seu aspecto pouco espetacular não significa que os colonizados tenham ficado passivos. Eles pegaram desvios, cujos labirintos e realizações procuramos explorar. O que pudemos escrever sobre a grande cidade asiática — "a crítica (ao colonialismo) aí é feita por meios oblíquos, no modo de tratar o campo visual e de considerar suas relações com os gêneros cinematográficos"[26] — aplica-se às reações descritas nos capítulos anteriores. Diante da impossibilidade de subverter modelos visuais e gêneros impostos ou de capturar o "já desaparecido", os artistas da Cidade do México e de Hong Kong elaboram novas práticas da imagem, ao mesmo tempo que desestabilizam e distorcem os gêneros quando se apropriam, seja dos grotescos do Renascimento, seja dos filmes de kung-fu, ou quando reclicam as *ghost stories* ou os velhos *cantares* ameríndios. Em vez de se limitar a representar "situações em impasse" ou a rejeitá-las, cada uma dessas obras aciona deslocamentos ou mutações que cultivam de todas as maneiras os recursos da mestiçagem e da hibridação.

O exemplo de Hong Kong incita a revisitar a Cidade do México e fazer nova viagem à Itália. Por acaso não há em Ferrara uma casa patrícia, a Casa Romei, que possui não só sua sala das Sibilas, mas tetos com grotescos em que se enfiaram macacos, borboletas, pumas e perus mexicanos?[27] Ferrara, onde, nesse mesmo dia de dezembro de 1998, eu descobri na livraria Feltrinelli uma edição em italiano da viagem de Aby Warburg à terra dos hopis, *Il rituale del serpente.*

As terras mestiças são imensas e convidam a novas explorações. Exigem longas vigens através das fontes e das disciplinas, dos passados e dos continentes. Por ora, ao término destas descrições tão imperfeitas e destas interpretações sempre ultrapassadas pela complexidade de seus objetos, só me resta recomendar ao leitor que pegue o caminho de Puebla e de Ixmiquilpan, percorra a sierra de Hidalgo, com os *Cantares* e o *Macunaíma* debaixo do braço, ou que mergulhe de novo na Buenos Aires de Wong Kar-wai.

E por que não refazer os passos de Aby Warburg para compreender que o desenho traçado no muro da igreja e o velho retábulo barroco fazem, ambos, irreversivelmente parte da memória e da experiência vivida dos hopis? As mestiçagens nunca são uma panacéia; elas expressam combates jamais ganhos e sempre recomeçados. Mas fornecem o privilégio de se pertencer a vários mundos numa só vida:

> Sou um tupi tangendo um alaúde...

Notas

INTRODUÇÃO [PP. 13-9]

1. Aby Warburg, *Il rituale del serpente*, Milão, Adelphi, 1998, p. 25.

2. Philippe-Alain Michaud, *Aby Warburg et l'image en mouvement*, Paris, Macula, 1998, p. 196.

3. Warburg, 1998, p. 13.

4. Michaud, 1998, p. 183.

5. Ibid., pp. 187, 222.

6. Ibid., p. 223.

7. Geminello Alvi, *Il secolo americano*, Milão, Adelphi, 1996.

8. Nestor G. Canclini, em *Consumidores y ciudadanos. Conflictos multiculturales de la globalización*, Grijalbo, México, 1995, insiste no fato de que a globalização cultural nada mais é do que a americanização da cultura.

9. A estetização generalizada que Remo Guidieri analisou é outra expressão desse processo de uniformização (*Chronique du neutre et de l'auréole. Sur le musée et les fétiches*, Paris, La Différence, 1992).

10. Esse novo cosmopolitismo seria formado da combinação de traços locais integrados na identidade cosmopolita. Ele se exprimiria por meio das noções de hibridismo e de crioulização que se apresentariam como identidades globais generalizadas. Ver a esse respeito as reflexões de Jonathan Friedman, "Global crises, the struggle for cultural identity and intellectual pork-barrel-

ling: cosmopolitans, nationals and locals in an era of dehegemonization", em P. Werbner (org.), *Debating Cultural Hybridity*, Londres, Zed Press, 1997.

11. Diversas universidades dos Estados Unidos, ilustres ou não, voltam a distribuir as velhas cartas terceiro-mundistas, graças às suas editoras e às suas redes todo-poderosas. Quanto à retórica do culturalismo, da diferença ou da autenticidade cultural, ao se tornar a coisa mais bem compartilhada do mundo, ela contribui de forma insidiosa e paradoxal para uniformizar discursos que pretendem, ao contrário, defender especificidades irredutíveis.

12. Alfred K. Kroeber, *Culture Patterns and Processes*, Nova York/Londres, First Harbinger Books, 1963, p. 69.

13. Seminário dirigido por Claude Lévi-Strauss, *L'Identité*, Paris, PUF, 1977, p. 322.

14. O estabelecimento das ligações marítimas regulares entre a Europa e a Ásia, via África ou América, a circulação planetária dos metais preciosos, os efeitos da demanda chinesa de prata na economia do Império hispano-português incitam a situar entre 1570 e 1640 a instalação dessa primeira economia mundial. Ver, entre outros, sobre a questão do ouro e da prata, D. O. Flynn e A. Giráldez, "China and the Spanish Empire", *Revista de Historia Económica*, t. XIV, primavera-verão de 1996, pp. 318-24.

1. AMAZÔNIAS [PP. 23-38]

1. Como faz Claude Lévi-Strauss em "A propos de *Tristes Tropiques*", documentário, La Sept-Les Films du Village, 1991.

2. Hal Forster, *Post-modern Culture*, 1985, p. 166, citado em Michael Camille, *The Margins of Medieval Art*, Londres, Reaktion Books, 1992, p. 158.

3. Mário de Andrade, *Macunaíma. O herói sem nenhum caráter*, org. Telê Porto Ancona Lopez, São Paulo, Allca XX/Edusp, 1996.

4. Ibid., p. 45.

5. Gilda de Mello e Souza, *O tupi e o alaúde. Uma interpretação de Macunaíma*. São Paulo, Duas Cidades, 1979, p. 59.

6. Ibid., p. 63.

7. Hoje, o disco nos permite conhecer melhor as composições musicais criadas nas missões jesuíticas da Amazônia no século XVIII. Ver o álbum K617, *Musiques sacrées missionnaires* (vol. 1: *Missions jésuites de l'altiplano à l'Amazonie*) e *San Ignacio, l'opéra perdu des missions jésuites de l'Amazonie*, Ensemble Elyma, direção de Gabriel Garrido, Les Chemins du Baroque, K617.

8. Gilda de Mello e Souza, Haroldo de Campos, para citar apenas os mais marcantes.

9. Mello e Souza, 1979, p. 56.

10. "Evidentemente, o mundo era nosso", em Clara Gallini, *Giochi pericolosi. Frammenti di un immaginario alquanto razzista*, Roma, Manifestolibri, 1996, p. 122.

11. Sérgio Buarque de Holanda, *Visão do paraíso*, São Paulo, Brasiliense, 1996 (1ª ed.: 1959). Décio de Alencar Guzmán, *Les Chefferies indigènes du Rio Negro à l'époque de la conquête de l'Amazonie, 1650-1750: le cas des Indiens manao*, memória do Diplôme des Etudes Approfondies, datil., Paris, EHESS, 1998, p. 63.

12. Alain Badiou, *L'Ethique*, Paris, Hatier, 1993, p. 4.

13. Anna Roosevelt, *Amazonian Indians from Prehistory to the Present*, Tucson/ Londres, The University of Arizona Press (1997), p. 3. Um exemplo dessa fossilização etnográfica está em G. Reichel-Dolmatoff, *Amazonian Cosmos: the Sexual and Religious Symbolism of the Tukano Indians*, Chicago, University of Chicago Press, 1971.

14. Ver a crítica de Jonathan Hill, "Introduction: Myth and History", em *Rethinking History and Myth: Indigenous South American Perspectives on the Past*, Urbana, University of Illinois Press, 1988, pp. 1-17.

15. Joyce Lorimer (org.), *English and Irish Settlement on the River Amazon*, 1550-1646, Cambridge, Hakluyt Society, 1989.

16. Roosevelt, 1997, p. 10. Para Neil Lancelot Whitehead, "obviously it should be our historical understanding of the last half-millenium of interaction between Europe and America that conditions our analysis of the modern ethnic groups, not the other way round", em Roosevelt, 1997, p. 34.

17. Marcio Meira, *Índios e brancos nas águas pretas, Histórias do rio Negro, conferência proferida em Manaus, seminário Povos Indígenas do Rio Negro: Terra e Cultura,* Universidade do Amazonas, agosto de 1996.

18. Uma excelente introdução a essas questões está em Anna Roosevelt (org.), 1997; ver também N. L. Whitehead, *Lords of the Tiger Spirit: a History of the Caribs in Colonial Venezuela and Guyana, 1498-1820*, Royal Institute for Linguistics and Anthropology, Caribbean Studies Series, nº 10, Dordrecht e Providence, Foris Publications, 1988; Antonio Porro, "Social Organization and Political Power in the Amazon Floodplain. The Ethnohistorical Sources", em Roosevelt, 1997, pp. 79-94.

19. Ver os exemplos dados por A. Porro em Roosevelt, 1997, p. 80.

20. Nascido em Rheinsberg em 1944, Baumgarten vive e trabalha em Düsseldorf e em Nova York. Documenta X, *Short Guide/Kurzfürher*, Cantz Verlag, 1997, p. 30.

21. Ibid., pp. 174-5. H. Oiticica nasceu em 1937 no Rio de Janeiro e morreu em 1980. Sobre sua obra, ver Celso Favaretto, *A invenção de Hélio Oiticica*, São Paulo, Edusp, Fapesp, 1992.

22. Ibid., pp. 140-3.

23. Clara Gallini lembrou os poderes do humor e da ironia contra o racismo e os estereótipos exóticos em *Giocchi pericolosi* [...] (1996).

2. MISTURAS E MESTIÇAGENS [PP. 39-62]

1. *Libération*, "Sélection disques, rock", 25 e 26 de outubro de 1997.

2. Ver o ensaio de Jonathan Friedman a ser publicado em Featherstone e Lash (org.), *Spaces of Culture: City, Nation, World.*

3. Os desfiles de moda de Jean-Paul Gaultier ou os espetáculos de Peter Sellars são reveladores desse fenômeno, tanto pelos modelos que apresentam como pelo público que atraem.

4. Sobre as relações do pós-moderno e do pós-colonial, ver Walter D. Mignolo, *The Darker Side of the Renaissance, Literacy, Territoriality and Colonization*, Ann Arbor, The University of Michigan, 1995.

5. Donde o conceito de "*colonial semiosis*", designando um campo de estudo que insiste nas interações semióticas, nas apropriações e nas resistências que emanam das periferias (Mignolo, 1995, pp. 7-8).

6. Ibid., p. 331.

7. Homi Bhabha, *The Location of Culture*, Londres, Routledge, 1994; P. Gilroy, *There Ain't no Black in the Union Jack*, Londres, Hutchinson, 1987; D. Hebdige, *Subculture. The Meaning of Style*, Londres, Methuen, 1983. Ver também as reflexões de Homi Bhabha sobre o conceito de hibridismo nos contextos coloniais e pós-coloniais.

8. J. Bernabé et al., *Eloge de la créolité*, Paris, Gallimard, 1989, p. 26.

9. Ver Néstor García Canclini, *Culturas híbridas. Estrategias para entrar y salir de la modernidad*, México, Consejo Nacional para las Artes, Grijalbo, 1990, e a revalorização da noção de hibridismo.

10. Edouard Glissant, *Poétique de la relation*, Paris, Gallimard, 1990.

11. Se bem que, como lembrou muito bem Carmen Bernand, na origem a noção de mestiço se refira não à mistura biológica mas a uma escolha política: na Espanha medieval, os *mistos* são os cristãos que preferiram se aliar aos muçulmanos contra o rei Rodrigo (C. Bernand, *Mestizos, mulatos y ladinos en Hispano-América: un enfoque antropológico y un proceso histórico*, datil., 1997).

12. Jean-Loup Amselle, *Logiques métisses, Anthropologie de l'identité en Afrique et ailleurs*, Paris, Payot, 1990. Por "lógica mestiça" Amselle designa "uma abordagem continuísta que [...] realçaria a indistinção e o sincretismo originário" (p. 10), "uma mistura cujas partes é impossível dissociar" (p. 248). Nossa

abordagem é diferente na medida em que se baseia nos processos de construção das mestiçagens.

13. Michel Giraud, "La créolité : une rupture en trompe l'œil", *Cahiers d'études africaines*, 148, XXXVII-4, 1997, pp. 795-811. Aí se encontram referências bibliográficas úteis.

14. François Laplantine, Alexis Nouss, *Le Métissage*, Paris, Flammarion, 1997. Os autores defendem uma definição da mestiçagem que é também apresentada como um ideal: "A mestiçagem é uma composição cujos componentes guardam sua integridade" (pp. 8-9). "A mestiçagem não é a fusão, a coesão, a osmose, mas a confrontação e o diálogo" (p. 10). Parece-nos que isso é encerrar o fenômeno em limites estreitos demais e extremamente difíceis de estabelecer na prática.

15. Carmen Bernand e Serge Gruzinski, *Histoire du Nouveau Monde*, t. II, *Les métissages*, Paris, Fayard, 1993. Lembremos os trabalhos pioneiros de Konetzke (1983) sobre a mestiçagem biológica na América espanhola.

16. Canclini, 1990, p. 15.

17. Fazer um balanço, mesmo sumário, das pesquisas sobre a mestiçagem não é o objetivo deste livro nem deste capítulo. Aqui nos contentaremos em evocar as interrogações que balizaram nossa reflexão.

18. "Cultures can blend to almost any degree and not only thrive but perpetuate themselves", em Alfred L. Kroeber, *Culture Patterns and Processes*, Nova York/Londres, First Harbinger Books, 1963, p. 67.

19. Definido por Redfield em 1935, retomado por inúmeros pesquisadores norte-americanos, o conceito foi aclimatado na França por Alphonse Dupront e Nathan Wachtel. Encontram-se preciosas indicações na bibliografia do livro de Nathan Wachtel, *La vision des vaincus*, Paris, Gallimard, 1971.

20. Gonzalo Aguirre Beltrán, *El proceso de aculturación*, México, Universidad Iberoamericana, 1970 (1ª ed.: 1958).

21. Ibid., p. 37. Numa outra região da América, o Caribe, a síntese lingüística e cultural realizada pelos habitantes das Antilhas provocou, com o nome de crioulização, o interesse de pesquisadores e escritores dessa parte do mundo (ver Giraud, 1997).

22. Gonzalo Aguirre Beltrán, *Medicina y magia. El proceso de aculturación en la estructura colonial*, México, Instituto Nacional Indigenista, 1973, pp. 275-7.

23. Sérgio Figueiredo Ferretti, *Repensando o sincretismo*, São Paulo, Edusp, 1995, p. 90. Plutarco emprega a palavra "sincretismo" para designar a união circunstancial de indivíduos geralmente hostis aos outros; Erasmo a aplica à frente formada pelos humanistas e luteranos, ao passo que no século XVII ela indica a harmonização de doutrinas e de correntes filosóficas diversas.

24. Figueiredo Ferretti, 1995.

25. Ibid., p. 88.

26. Ibid., p. 92.

27. Ver a síntese de Alessandro Lupo, "Síntesis controvertidas. Consideraciones en torno a los límites del concepto de sincretismo", *Revista de Antropología Social*, 5, 1996, pp. 11-37.

28. Lupo, 1996, p. 23.

29. Marcello Carmagnani, "Adecuación y recreación: cofradías y hermandades de la región de Oaxaca", *L'Uomo*, n. s., 2, 1989, p. 245.

30. Lupo, 1996, p. 12.

31. Figueiredo Ferretti, 1995, p. 89.

32. Se o comparamos com o campo da história e da cultura.

33. Julio Ottino, "Le Mélange des fluides", em *Le Chaos, dossier pour la science*, janeiro de 1995, p. 94.

34. Hugues Neveux, "Les Seigneuries françaises et les concepts de *Grund- und Gutsherrschaft*", em *Historie und Eigen-Sinn, Festschrift für Jan Peters zum 65 Geburtstag*, Weimar, Verlag Hermann Böhlaus Nachfolger, 1997, p. 104.

35. Mignolo, 1995, p. XV.

36. James Gleick, *La Théorie du chaos. Vers une nouvelle science*, Paris, Champs/Flammarion, 1991, pp. 277-8.

37. Ibid., p. 281.

38. Como, por exemplo, no pensamento de Wittgenstein, sob a formulação "formas de existência".

39. Aqui não é lugar de propor uma história do conceito, menos ainda de passar em revista seus defensores e seus detratores. Contudo, citemos Ernest Gellner, *Relativism and the Social Sciences*, Cambridge, Cambridge University Press, 1985; Christopher Herbert, *Culture and Anomie. Ethnographic Imagination in the Nineteenth Century*, Chicago/Londres, Chicago University Press, 1991.

40. Amselle (1990) descreve o encadeamento das operações que levam, no quadro da *démarche* culturalista, à "seleção dos traços culturais descontextualizados e à transcrição dessas unidades sociais discretas que são as diferentes culturas" (p. 10).

41. Laplantine e Nouss, 1997, p. 75. O uso na ONU do termo "multicultural" para qualificar a França — depois que ela ganhou a Copa do Mundo de futebol — decorre mais de uma confusão de linguagem do que do multiculturalismo como tal.

42. A cultura é "uma solução instável cuja perpetuação é por essência aleatória" (Amselle, 1990, p. 57).

43. A preocupação com o autêntico e com o puro é, aliás, tão forte que anima até mesmo os apóstolos da crioulidade quando defendem "a pureza do

crioulo basiletal (língua sincrética por excelência)" ou exaltam a preservação de um patrimônio idealizado; ver Giraud, 1997, p. 803.

44. Michel de Montaigne, *Essais*, III, IX, p. 222 (edição de Pierre Michel, Paris, Le Livre de Poche, 1965).

45. Ver Giraud, 1997, pp. 795-811.

46. Amselle, 1990, p. 63.

47. Sobre a escolha de conceitos genéricos, Hugues Neveux, *Les Révoltes paysannes en Europe, XIVè-XVIIè siècle*, Paris, Albin Michel, 1997, pp. 56-62.

48. "[O aristotelismo], por meio da noção de 'substância', já se esforçava em compreender o mundo elaborando conceitos genéricos que, para ele, traduziam realidades metafísicas" (Neveux, 1997, p. 59).

49. O tema das revoltas camponesas por muito tempo permaneceu no centro do debate histórico sem que se tenha promovido uma discussão clara sobre a escolha e a delimitação do objeto. A análise desses movimentos dedicou-se principalmente a definir cada revolta por meio de uma qualidade capaz de expressar sua natureza específica. O que resulta em "postular para cada insurreição uma 'qualidade essencial', as outras representando apenas máscaras no meio de metamorfoses", segundo Hugues Neveux, "Le Rôle du 'religieux' dans les soulèvements paysans: l'exemple du pèlerinage de Niklashausen (1476)", em *Mouvements populaires et conscience sociale*, Paris, Maloine, 1985, p. 79.

50. Jean Yves Grenier, "Projet de candidature à un poste de directeur d'études à l'EHESS, Histoire économique des sociétés préindustrielles", datil., maio de 1997, p. 1.

51. Se reduzir as misturas a uma ordem determinada e artificial — o cultural — é escamotear sua complexidade, transformá-las em fenômenos de entradas e qualidades múltiplas — da ordem do sócio-político-econômico-religioso — traz o risco de substituir um artifício de linguagem ou uma quimera conceitual pela realidade compósita que se pretende explicar.

52. Ver Hill, 1988, pp. 1-17; Richard Price, *First Time, the Historical Vision of an Afro-American People*, Baltimore, The John Hopkins University Press, 1991; Robin Wright, *Aos que vão nascer: uma etnografia religiosa dos índios Baniwa*, tese, datil., Campinas, Departamento de Antropologia, IFCH/Unicamp, 1996.

53. Roy Wagner, *L'Invenzione della cultura*, Milão, Mursia, 1992.

54. Elaborada pela etnoistória e pela arqueologia.

55. "Descriptions and explanations of human communication across cultural boundaries confront the scholar with the limits of a linear notion of history and invite him ou her to replace it with a non linear history", em Mignolo, 1995, p. 23. Lembremos que os *post-colonial studies* se apresentam como o prolongamento do pensamento pós-moderno nos países que foram colônias da Europa e que antigamente eram chamados Terceiro Mundo.

56. Ernesto De Martino, *Furore, simbolo, valore*, Milão, Feltrinelli, 1980.

57. Os trabalhos de Georges E. Sioui, um huroniano wyandot, vão nesse sentido (*Pour une autohistoire amérindienne. Essais sur les fondements d'une mémoire sociale*, Quebec, Presses de l'Université de Laval, 1989).

58. Vejam-se as asserções de Edward B. Tylor em *Primitive Culture*, Nova York, Harper, 1951.

59. A visão evolucionista inspira a idéia de que a planetarização das mestiçagens seria uma etapa prévia de um desenraizamento radical e de uma uniformização absoluta que levariam direto à "aldeia global".

60. Grenier, 1997.

61. Esse estado de espírito remete a outras idéias que continuam a influenciar nossa visão do mundo. Assim, por muito tempo acreditamos que o universo tendia a um estado de equilíbrio perfeito resultante da transformação de sua energia. O questionamento do segundo princípio da termodinâmica e o lembrete da irreversibilidade do tempo obrigam a rever esses pressupostos e, sobretudo, a atribuir à desordem um significado totalmente diferente. O modelo de ordem que organiza espontaneamente nosso pensamento choca-se hoje com a evolução das próprias ciências duras. Ter em conta o caos, notadamente, leva a realçar os conceitos de probabilidade e de irreversibilidade, os efeitos não-lineares dos processos lineares. Ver Ilya Prigogine e Isabelle Stengers, *Entre le temps et l'éternité*, Paris, Fayard, 1988, p. 15; Ilya Prigogine, *Les Lois du chaos*, Paris, Flammarion, 1994.

62. É o caso, notadamente, das "estruturas dissipativas" em que a dissipação de energia não leva à entropia, mas a uma nova ordem das coisas, quer se trate de novas estruturas ou de outros estados dinâmicos.

63. Essas características desafiam toda análise estritamente determinista. Remetem ao princípio de incerteza de Heisenberg (é impossível determinar simultaneamente e com precisão absoluta a velocidade e a posição de uma partícula) e aos trabalhos de Poincaré (1854-1912), estabelecendo que ínfimas incertezas sobre o estado inicial dos sistemas são amplificadas no correr do tempo, de modo que é impossível prever a evolução dos sistemas a longo prazo (*L'Ordre du chaos*, Paris, Belin, "Pour la science", 1989, p. 37).

64. Prigogine, 1994, p. 26.

65. Uma questão igualmente levantada pelos economistas: "Inúmeras crônicas antigas ou recentes (econômicas mas também demográficas) parecem manifestar uma dimensão aleatória mais ou menos marcada", escreve Grenier, 1997; ver, do mesmo autor, *L'Économie d'Ancien Régime. Un monde de l'échange et de l'incertitude*, Paris, Albin Michel, 1996, p. 425.

66. Ver Jean-Paul Delahaye, "Le Complexe surgit-il du simple", *Le Chaos*, 1995, p. 30.

67. É também nessa época que aparecem os primeiros esforços para pensar "planetariamente" questões maiores — a religião, a escravidão, o mercado —, apoiando-se em dados originários do mundo todo: quando o jesuíta Luis de Molina interroga-se sobre a legitimidade da escravidão, não conclui sua pesquisa nas costas de Angola ou nas da América, mas faz uso de exemplos na Índia, na China, no Japão, em Málaca e em Java. Ver Luis de Molina, *De justitia et jure*, Veneza, 1594, citado em Carlos Zeron, *La Compagnie de Jésus et l'institution de l'esclavage au Brésil: les justifications d'ordre historique, théologique et juridique, et leur intégration dans une mémoire historique (XVI^è-XVII^è siècle)*, tese de doutorado, datil., Paris, EHESS, 1998, p. 324. Sobre a noção de comércio mundial e de "preço justo", ver Patricia Nettel, *El precio justo o las desaventuras de un confesor en el siglo XVI*, México, UAM-Xochimilco, 1997, p. 94.

68. Esforçamo-nos aqui em fazer uma distinção entre as dinâmicas internas e os processos nascidos do enfrentamento do Ocidente com as sociedades indígenas. Não se trata de definir a "natureza" das mestiçagens, e sim de isolar mecanismos de construção que ajam no seio de uma situação histórica marcada por relações de força de tipo colonial.

3. O CHOQUE DA CONQUISTA [PP. 63-92]

1. Cuja história esboçamos em outro trabalho: Carmen Bernand e Serge Gruzinski, *Histoire du Nouveau Monde*, t. II, *Les Métissages*, Paris, Fayard, 1993.

2. Serge Gruzinski, *La Colonisation de l'imaginaire. Sociétés indigènes et occidentalisation dans le Mexique espagnol, XVI^è-XVIII^è siècle*, Paris, Gallimard, 1988; "Las repercusiones de la conquista: la experiência novohispana", em *Descubrimiento, conquista y colonización de América a quinientos años*, sob a direção de C. Bernand, México, FCE, 1994, pp. 148-71.

3. A expressão é um empréstimo a Denys Delâge (*Le Pays renversé. Amérindiens et Européens en Amérique du Nord-Est, 1600-1664*, Quebec, Boréal, 1991).

4. Toribio de Benavente, vulgo Motolinía, *Memoriales o libro de las cosas de la Nueva España y de los naturales de ella*, org. E. O'Gorman, México, UNAM, 1971, p. 294.

5. "Hirió Dios esta tierra con diez plagas muy crueles por la dureza e obstinación de sus moradores, y por tener cautivas las hijas de Sión, esto es, sus propias ánimas so el yugo de Faraón [...]. La primera de las cuales fue que [...] en uno de sus navíos vino un negro herido de viruelas, la cual enfermedad nunca en esta tierra se había visto", ibid., p. 21.

6. Na relação de Tlatelolco, publicada em *Anales de Tlatelolco. Unos ana-*

les históricos de la nación mexicana y Códice de Tlatelolco, tradução de Heinrich Berlin, México, Porrúa, 1980, pp. 70-1.

7. Motolinía, 1971, p. 25.

8. Ibid., p. 294.

9. Ibid., p. 26.

10. Ibid., p. 29.

11. Ibid., loc. cit.

12. Ibid., pp. 30-1.

13. Luca Signorelli conheceu as inquietações apocalípticas vindas da longínqua Castela e que, algum tempo depois, levadas pelos missionários franciscanos, se espalhariam pelo Novo Mundo (ver Jonathan Riess, *The Renaissance Antichrist. Luca Signorelli's Orvieto frescoes*, Princeton, Princeton University Press, 1995).

14. Esse recurso não é apanágio dos monges de antigamente. A abordagem do terceiro milênio parece desencadear formulações análogas, mesmo se não se baseiam mais no conhecimento dos textos sagrados (Omar Calabrese, *Mille di questi anni*, Bari, Sagittari Laterza, 1992, pp. 59-79).

15. Sobre o milenarismo na Nova Espanha, ver John L. Phelan, *El reino milenario de los franciscanos en el Nuevo Mundo*, México, UNAM, 1972.

16. Motolinía, 1971, p. 31.

17. "Estaban apercebidos de guerra y tenían hechas casas de armas [...]. En México estaban esperando que los unos desbaratasen a los otros para acabar los que quedasen", ibid., pp. 29-30.

18. Supondo-se, aliás, que eles tenham sido intercambiáveis. A difusão do tempo cristão exigia uma longa preparação: os missionários espanhóis tiveram de explicar aos índios os ritos e o calendário da nova fé e instalar os quadros materiais das celebrações católicas.

19. "A algunos de los que a estas partes vienen luego el ayre de la tierra los despierta para novedades y discordias", citado em Bernand e Gruzinski, 1991, t. I, p. 263.

20. Segundo Las Casas, op. cit., p. 254.

21. "Los más estaban enfermos, y flacos y hambrientos y podían poco por faltarles las fuerzas" (Bartolomeu de las Casas, Historia de las Indias, t. I, México, FCE, 1986, p. 376).

22. Fernández de Oviedo, citado em Bernand e Gruzinski, 1991, t. I, p. 262.

23. "En aquellos principios si pasava un hombre noble y de clara sangre, venían diez descomedidos y otros de linajes oscuros y bajos", segundo Fernández de Oviedo, citado em Bernand e Gruzinski, 1991, t. I, p. 262.

24. Antonello Gerbi, *La naturaleza de las Indias nuevas. De Cristobal Colón a Gonzalo Fernández de Oviedo*, México, FCE, 1978, p. 390; Laura de Mello e

Souza, *Inferno atlântico. Demonologia e colonização. Séculos XVI-XVIII*, São Paulo, Companhia das Letras, 1993, pp. 89-90.

25. Motolinía, 1971, p. 222.

26. "Carta de Diego de Ocaña" (31-VII-1526), em *Colección de documentos para la historia de México*, México, Porrúa, t. I, 1971, p. 534.

27. Ibid., e Bernand e Gruzinski, 1991, t. I, pp. 353-6.

28. Susan D. Gillespie, 1989, *The Aztec Kings. The Construction of Rulership in Mexica History*, Tucson, The University of Arizona Press, 1989, pp. 228-30.

29. "Carta de Alonso Zuazo" (14-XI-1521), em *Colección de documentos para la historia de México*, México, Porrúa, t. I, 1971, p. 363. Bernand e Gruzinski, 1993, t. II, pp. 338-42.

30. Duas forças contribuíram para atenuar esses efeitos desestabilizadores. Em nome do sacramento do matrimônio, a Igreja tinha de regularizar as uniões mistas. A linhagem ibérica, essa família ampliada e tentacular, podia integrar concubinas, órfãos e bastardos indígenas no grupo dos vencedores, ainda que fosse em posições subalternas. Mas isso era pouco diante de um fenômeno que, à medida que se generalizava, escapava tanto aos espanhóis como aos índios.

31. "Opinião do padre Betanzos", *Colección de documentos para la historia de México*, México, Porrúa, 1971, t. II, p. 196.

32. Jacques Ruffié, citado em Bernand e Gruzinski, 1991, t. I, p. 256.

33. "Carta do contador Rodrigo de Albornoz ao imperador", *Colección de documentos para la historia de México*, México, Porrúa, 1971, t. II, p. 509.

34. Diego Duran, *Historia de las Indias de Nueva España e Islas de la Tierra Firme*, México, Porrúa, 1967, t. I, p. 188.

35. Felipe Guaman Poma de Ayala, *El primer nueva corónica y buen gobierno*, México, Siglo XXI, t. III, 1980, [1128], p. 1025.

36. Ninguém melhor que o historiador Sérgio Buarque de Holanda descreveu e analisou as mestiçagens brasileiras. Seu livro *Caminhos e fronteiras* (Rio de Janeiro, José Olympio, 1957) recria escrupulosamente as características de uma vida cotidiana transformada ao ser submetida aos espaços gigantescos do território português.

37. Bernal Díaz del Castillo, *Historia verdadera de la conquista de la Nueva España*, México, Porrúa, 1968, t. I, p. 40.

38. Alfredo López Austin, *Cuerpo humano e ideología. Las concepciones de los antiguos nahuas*, México, UNAM, t. I, 1980, pp. 447-61.

39. Sobre a difusão da escrita alfabética e do livro, ver Gruzinski, 1988, e Mignolo, 1995.

40. Ver, por exemplo, as circunstâncias da pesquisa de Hernández, médico de Filipe II, em F. Hernández, *Obras completas*, México, UNAM, t. I e VII, 1960.

41. Duccio Sacchi, *Mappe del Nuovo Mondo, Cartografie locali e definizione del territorio in Nuova Spagna (Secoli XVI-XVII)*, Milão, Franco Angeli, 1997.

42. Sobre a aculturação dos espanhóis, ver Solange Alberro, *Les Espagnols dans le Mexique colonial. Histoire d'une acculturation*, Paris, Armand Colin, 1992.

43. George Kubler descreve a fragmentação e a descontextualização que marcam as manifestações artísticas indígenas (*Studies in Ancient American and European Art. The Collected Essays of George Kubler*, org. Thomas E. Reese, New Haven/Londres, Yale University Press, 1985, p. 71).

44. Retomo aqui a sugestão de Omar Calabrese, *La Età neobarocca*, Bari, Sagittari Laterza, 1997, p. 132.

45. Os colóquios de 1524 — primeiros e provavelmente últimos intercâmbios formais entre os monges espanhóis e os "sacerdotes dos ídolos" da Cidade do México — foram reelaborados e registrados por escrito várias dezenas de anos depois dos encontros que supostamente eles devem relatar. Ver Bernardino de Sahagún, *Coloquios y doctrina cristiana*, org. Miguel Léon-Portilla, México, UNAM, Fundación de Investigaciones Sociales A. C., 1986.

46. Gonzalo Fernández de Oviedo, *Crónica de las Indias. La historia general de las Indias*, Salamanca, Juan de la Junta, 1547, fº CLXXXI vº.

47. Motolinía, 1971, p. 37.

48. James Lockhart, *The Nahuas after the Conquest. A Social and Cultural History of the Indian of Central Mexico. Sixteenth through Eighteenth Century*, Stanford, Stanford University Press, 1992.

49. Ronaldo Vainfas, *A heresia dos índios: catolicismo e rebeldia no Brasil colonial*, São Paulo, Companhia das Letras, 1995.

50. Calabrese, 1987, p. 140.

51. Stuart Schwartz lembra que "the process of cultural contact was often 'messy' and undirected, that it changed over time, and that it was interactive in the sense that perceptions and actions influenced each other on both sides of the equation of a cultural encounter", em *Implicit Understandings, Observing, Reporting and Reflecting on the Encounters between Europeans and Other Peoples in the Early Modern Era*, Cambridge, Cambridge University Press, 1994, p. 6.

52. George M. Foster, *Cultura y Conquista. La herencia española de América*, Jalapa, Universidad Veracruzana, 1962.

4. OCIDENTALIZAÇÃO [PP. 93-110]

1. Veja-se um primeiro esboço dessas reflexões na nossa contribuição para a *Storia d'Europa. L'età moderna. Secoli XVI-XVIII*, t. IV, sob a direção de

Maurice Aymard, Turim, Einaudi, 1995, com o título "Le strade dell'acculturazione: occidentalizzazione e meticciaggi (secoli XVI-XVII)", pp. 83-122.

2. "Todo un imperio que abrazó en sí tantos reyes e tan varias, ricas e poderosas Provincias, o por mejor decir, una Monarquía la mas estendida y dilatada que se ha visto en el mundo", em Juan de Solórzano y Pereyra, *Política indiana*, Imprenta Real de la Gazeta, Madri, 1776, nº 20.

3. "Universa porro Indorum atque Hispanorum multitudo una eademque respublica habendo iam est...", em José de Acosta, *De procuranda indorum salute* (1558), Madri, CSIC, 1984-7, p. 516.

4. Javier Gómez Martínez, *Fortalezas mendicantes, claves y procesos en los conventos novohispanos del siglo XVI*, México, Universidad Iberoamericana, 1997, p. 100. Sobre esse capítulo, ver Gruzinski, 1998 e 1990, e as bibliografias coligidas em Bernand e Gruzinski, t. I, 1991, e t. II, 1993.

5. Antonio Garrido Aranda, *Organización de la Iglesia en el reino de Granada y su proyección en Indias*, Sevilha, Escuela de Estudios Hispanoamericanos, Universidad de Córdoba, 1980.

6. Vasco de Quiroga, *De debellandis indis*, org. René Acuña, México, UNAM, 1988, p. 57.

7. Era o caso também do arco do pórtico sob o qual passavam os neófitos e que a tradição clássica ligava ao arco do triunfo dos romanos e à sujeição dos vencidos. Ver Valerie Fraser, *The Architecture of Conquest: Building in the Viceroyalty of Peru 1535-1635*, Cambridge, Cambridge University Press, 1990.

8. Gómez Martínez, 1997. O *atrio* destinado a receber as grandes procissões era uma réplica do claustro espanhol e tinha a mesma função que este; muitas vezes o mapa da aldeia, com suas capelas, reproduzia a disposição do *atrio procesional*: "De este modo todo el pueblo de indios enfatizaba el amplio caracter conventual", em Gómez Martínez, 1997, p. 122.

9. Serge Gruzinski, *L'Aigle et la Sibylle. Fresques indiennes des couvents du Mexique*, Paris, Imprimerie Nationale, 1994, p. 20.

10. Serge Gruzinski, "Confesión, alianza y sexualidad entre los indios de Nueva España. Introducción al estudio de los confesionarios en lenguas indígenas", em *Seminario de Historia de las Mentalidades, El placer de pecar y el afán de normar*, México, Joaquín Mortiz, 1987, pp. 169-215.

11. Ver as recomendações de López Medel citadas em Amos Megged, *Exporting the Catholic Reformation. Local Religion in Early-Colonial Mexico*, Leyden/Nova York/Colônia, E. J. Brill, 1996, p. 85.

12. É sabido o lugar ocupado por Pierre de Gand no primeiro contingente de evangelizadores franciscanos. O monge flamengo tinha sido formado numa Europa do Norte onde a espiritualidade era marcada pelas realizações dos

Irmãos da Vida Comum. Ele desenvolveu ensinamentos técnicos destinados aos jovens índios.

13. Motolinía, 1971, p. 240.

14. Ibid., p. 243: "el oficio que primero hurtaron...", tratando-se da confecção de roupas. Para aprenderem e imitarem o trabalho do couro dourado e prateado — os *guadameciles* ou marroquins —, os artesãos indígenas roubaram amostras de materiais e interrogaram um monge sobre a origem deles: "Adónde venden esto? Que si nosotros lo habemos, por más que el español se esconda, nosostros haremos guadameciles y les daremos color de dorado y plateado como los maestros de Castilla".

15. A cópia idêntica foi praticada nos campos mais diversos, por exemplo, na fundição de sinos, segundo os modelos espanhóis, quer se tratasse das medidas, das proporções ou da liga dos metais, mas também no curtume dos couros e na fabricação dos foles (*fuelles*). O monge franciscano enumera com satisfação os artigos de couro que os indígenas reproduzem sem nenhuma dificuldade: "zapatos, servillas, borceguíes, alcorques, chapines".

16. Motolinía, 1971, pp. 242-3. A imitação passava tanto pela observação minuciosa como pela reprodução das ferramentas: "Desde que la lana se lava hasta que sale labrada y tejida en el telar, y cuando los otros indios maestros iban a comer y en las fiestas, los dos tomaban las medidas de todos os instrumentos y herramientas, ansi de peines, tornos, urdidero, como del telar, peines y todo lo demás, que hasta sacar el paño son muchos oficios". Ibid.

17. Bartolomeu de las Casas, *Apologética historia sumaria*, México, UNAM, 1967, t. I, p. 327.

18. Lockhart, 1992, p. 281, *ehuatlapitzalhuehuetl*, ou seja, "tambor-instrumento de sopro de pele".

19. Motolinía, 1971, p. 237.

20. Las Casas, 1967, t. I, p. 327.

21. Motolinía, 1971, pp. 243-4.

22. "Cosen con una pluma o con una paja, o con una púa de metal", em Motolinía, 1971, pp. 241, 242 e 244.

23. Othón Arróniz, *Teatro de evangelización en Nueva España*, México, UNAM, 1979.

24. Os monges da Nova Espanha resolveram tocar o público indígena montando espetáculos, dos quais os mais impressionantes foram feitos durante os anos 1530 em Tlaxcala e Cidade do México. Ver Fernando Horcasitas, *El teatro náhuatl. Epocas novohispana y moderna*, México, UNAM, 1974, e Arróniz, 1979.

25. Las Casas, 1967, t. I, p. 328.

26. Motolinía, 1971, p. 92. Em diversas comunidades, os índios adquiriram o costume de se substituírem ao clero espanhol.

27. "El arte fue dirigido, planificado iconograficamente y finalizado para conseguir las metas precisas", em Sartor, 1992, p. 207.

28. Salvo talvez em matéria de notação musical.

29. Motolinía faz alusão a isso quando se extasia com a habilidade de um índio tocador de rabeca: "Toma con el rabel entre las flautas triple, y discantaba entre las flautas o sobre las flautas", em Motolinía, 1971, pp. 237-8.

30. Las Casas, 1967, t. I, p. 327.

31. Motolonía, 1971, p. 240.

32. Ibid. Quanto a Bartolomeu de las Casas, ele não hesita em aproximar a arte de Flandres e a dos artistas indígenas: "De los oficiales que entre ellos había e hoy hay, pintores de pincel y el primor con que las cosas pintadas que quieren hacen, es ya tan manifiesto y claro que será superfluo decillo por novedad, mayormente después que se dieron a pintar nuestras imágenes, las cuales hacen tan perfectas y con tanta gracia cuanto los más primos oficiales de Flandes y otras cualesquiera naciones las pueden sacar perfeccionadas, y pintores ha habido entre ellos tan señalados que sobre muchos de los señalados donde quiera que se hallasen se pueden señalar" (1967, t. I, pp. 322-3).

33. Díaz del Castillo, 1968, t. I, p. 275: "Tres indios hay ahora en la ciudad de México tan primísimos en su oficio de entalladores y pintores, que se dicen Marcos de Aquino y Juan de la Cruz y el Crespillo, que si fueran en el tiempo de aquel antiguo o afamado Apeles, o de Micael Angel, o Berruguete que son de nuestros tiempos, también les pusieran en el número de ellos". Ibid., t. II, p. 362: "Se me significaba a mi juicio que aquel tan nombrado pintor como fué el muy antiguo Apeles y de nuestros tiempos que se decían Berruguete y Miguel Angel, ni de otro moderno ahora nuevamente muy nombrado, natural de Burgos [...], el cual tiene gran fama como Apeles, no harán con sus muy sutiles pinceles las obras de los esmeriles ni relicarios que hacen los tres indios maestros de aquel oficio, mexicanos, que se dicen Andrés de Aquino y Juan de la Cruz y el Crespillo".

34. Las Casas, 1967, t. I, p. 328.

35. Michael Baxandall, *Painting and Experience in Fifteenth-Century Italy*, Oxford, Oxford University Press, 1986, pp. 45-56.

36. Se bem que, muito depressa, a distância com relação à Europa tenha diminuído. À medida que os pintores do velho continente se habituaram a se inspirar mais nas gravuras dos livros do que na lenta evolução estilística da tradição local, os artistas dos dois mundos acabaram ficando expostos a condições de trabalho bastante semelhantes: a disponibilidade do modelo gravado tendeu a se impor, em detrimento de outras heranças.

37. Bernand e Gruzinski, *Histoire du Nouveau Monde*, 1991 e 1993; Wachtel, 1971.

38. Dinâmicas, e não "lógicas", pois seria postular um automatismo, uma racionalidade, até mesmo uma inelutabilidade que as fontes desmentem.

39. Gruzinski, 1990, pp. 180-221.

40. Pode-se imaginar a colonização do Novo Mundo com essas espécies de cópia, imitação, duplicata, reprodução ou, ainda, representação. Pelo menos nesse aspecto, a relação entre a América e a Europa aparenta-se à que se percebe entre uma cópia e seu original. Mas nada é menos simples do que uma relação desse tipo. Ela implica uma dependência que pode se modificar com o tempo, evoluindo da submissão mais estrita à inversão da relação, até mesmo à ruptura irreversível. Quanto à duplicação do original, é capaz de revestir as formas mais diversas: criação de duplicatas, elaboração de cópias fiéis ou de réplicas degradadas, malfeitas, inacabadas, desvio ou neutralização da referência, captura e distorção nos casos mais extremos. Essas observações valem provavelmente para outros exemplos de ocidentalização, sendo que vem de imediato ao espírito o caso da Rússia czarista, embora os ritmos, as formas e as etapas sejam diferentes entre um contexto e outro.

41. Gerónimo de Mendieta, *Historia eclesiástica indiana* [1596], México, Porrúa, 1971, p. 422, e Gómez Martínez, 1997, p. 100.

42. Ver o caso dos homens-deuses ao longo de toda a época colonial, em Gruzinski, 1985.

43. Nancy M. Farris, *Maya Society under Colonial Rule. The Collective Enterprise of Survival*, Princeton, Princeton University Press, 1984; Grant D. Jones, *Maya Resistance to Spanish Rule. Time and History on a Colonial Frontier*, Albuquerque, University of New Mexico Press, 1989.

5. O MACACO E A CENTAURA [PP. 113-31]

1. A obra de Constantino Reyes-Valerio, *El pintor de conventos. Los murales del siglo XVI en la Nueva España*, México, INAH, 1989, continua sendo uma exceção. Ela compreende uma bibliografia que relaciona os trabalhos anteriores aos anos 1990.

2. Sobre as técnicas pré-hispânicas e os pintores de antes da Conquista, ver *Fragmentos del pasado. Murales prehispánicos*, México, INAH, Antiguo Colegio de San Ildefonso, UNAM, Instituto de Investigaciones Estéticas, 1998.

3. Gruzinski, 1990, e, para os testemunhos iconográficos, id., 1991 e 1994.

4. Temos poucas informações sobre esses pintores: alguns nomes, a existência provável de turmas que circulavam em vastas regiões entre os mosteiros de

uma mesma ordem religiosa, e, em cada aglomeração indígena, a presença de um *tlacuilo* capaz de pintar mapas a pedido dos espanhóis. Ver Reyes-Valerio, 1989, e Gruzinski, 1994.

5. Extraído do *press book* reproduzido em *Virgin Mégapresse*, 13 de fevereiro de 1997, p. 39. Ver também Sei Shônagon, *Notes de chevet*, traduzido e comentado por André Beaujourd, Gallimard, 1997.

6. Um casal misto e heterossexual — Nagiko é japonesa, seu amante é um ocidental — "gera" outro casal misto e homossexual — um editor japonês e esse mesmo ocidental. A bissexualidade do europeu tece um laço físico entre Nagiko e o editor.

7. Peter Greenaway, *The Pillow Book*, Paris, Dis Voir, 1996, p. 32.

8. Nesse registro, as suntuosidades decadentes de *O último imperador* perpetuam uma tradição ilustrada por *A dama de Shanghai* ou *Cinqüenta e cinco dias em Pequim*.

9. Por mais que os filmes de Takeshi Kitano explicitamente "decorram de uma reação" contra a ocidentalização do Japão, não é isso que torna emocionante a viagem a dois, rumo ao nada, relatada em *Hana-Bi*. A freqüentação da morte, para onde esse filme nos arrasta, pertence ao mesmo universo quebrado de *Breaking the Waves* (1996), do dinamarquês Lars von Trier, ou de *Crash* (1996), do canadense David Cronenberg.

10. Elaboradas no início do século XVII, mas também entre dois mundos, as construções caligráficas que se estendem sobre as ilustrações do cronista peruano Guaman Poma são tão pouco gratuitas quanto as de Peter Greenaway.

11. Alfonso Arrellano, *La Casa del Deán. Un ejemplo de pintura mural civil del siglo XVI en Puebla*, México, UNAM, 1996. O melhor estudo continua a ser o artigo de Erwin Walter Palm, "El sincretismo emblemático de los Triunfos de la Casa del Deán en Puebla", *Comunicaciones: Proyecto Puebla-Tlaxcala*, Fundación Alemana por la Investigación Científica, t. VIII, Puebla, 1973, pp. 57-62. Expusemos os primeiros resultados da análise que desenvolvemos aqui em "Entre monos y centauros. Los indios pintores y la cultura del Renacimiento", in Berta Ares Queija e Serge Gruzinski (org.), *Entre dos mundos. Fronteras culturales y agentes mediadores*, Sevilha, Escuela de Estudios Hispanoamericanos, 1997, pp. 349-71.

12. O tema dos Triunfos está presente nas tapeçarias flamengas da igreja do Colegio de Niñas de Mexico, cujo inventário data de 1572 (Sartor, 1992, p. 278).

13. Um manuscrito conservado pelo J. Paul Getty Museum de Brentwood, reproduzido em Michael Camille, *The Margins of Medieval Art*, Londres, Reaktion Books, 1992, p. 156.

14. Bernardino de Sahagún, *Códice florentino*, México, AGN, 1979, t. III, livro XI, fol. 9 vº.

15. Ibid., fol. 14 vº.

16. Michel Graulich, *Mythes et rituels du Mexique ancien préhispanique*, Bruxelas, Académie Royale de Belgique, 1982, p. 75. Portanto, os macacos eram os sobreviventes de uma humanidade precedente: "Olvidados del uso de razón, perdieron la habla y [...] quedaron de la manera que ahora los vemos que no les falta otra cosa sino la habla (y quedaron mudos) para ser hombres perfectos", em Diego Muñoz Camargo, 1984, "Descripción de la ciudad y provincia de Tlaxcala", em *Relaciones geográficas del siglo XVI: Tlaxcala*, org. René Acuña, México, UNAM, 1984, p. 202. A *Histoire du Mexique*, a *Leyenda de los soles*, os *Anales de Cuauhtitlán*, os *Memoriales* de Motolinía comportam informações sobre o macaco pré-colombiano.

17. Várias espécies correspondem à descrição desse animal: *Alouatta palliata mexicana, A. villosa mexicana, Ateles neglectus* etc., em Bernardino de Sahagún, *Historia general de las cosas de Nueva España*, org. Alfredo López Austin e Josefina García Quintana, México, Banamex, t. II, 1982, p. 704.

18. Ver o *Códice Fejérvary-Mayer* publicado por Miguel León-Portilla com o título *Livre astrologique des marchands*, Paris, La Différence, 1992, pp. XXXI, XLI. No *Códice Magliabechiano*, fol. 56, aparece um índio vestindo os despojos de um macaco *ozomatli* ("en su lengua cuçumate") que acompanha um deus do *pulque*. O *Códice Vaticano A* (fol. 6 rº) mostra três macacos desenhados no meio de turbilhões.

19. Durán, 1967, t. I, p. 230. Em *Popol Vuh*, os macacos, "as pessoas de antigamente", eram honrados pelos artistas (Graulich, 1982, p. 144).

20. Sahagún, 1977, t. I, pp. 349-50. Sobre o reemprego barroco do macaco peruano na arte andina colonial, ver Gisbert e Mesa, 1997, pp. 329-31.

21. Uma outra candidata possível é a *Heimia salicifolia* ou *sinicuichi*. Os antigos mexicanos associavam ao macaco *ozomatli* a flor *ocumaxochitl*, que era oferecida aos soberanos e aos deuses, "esperando que por este solo obsequio obtendrán de ellos abondantes gracias" (Francisco Hernández, *Historia natural de Nueva España; Obras completas*, México, UNAM, 1959, t. I, cap. LXVIII, p. 391). Ela parecia a flor do *Huacalxochitl*: "Se ofrecían en ramilletes a los heroes y a los que llamaban tlatoani porque sólo a ellos les era permitido hablar en las asembleas" (ibid., t. I, cap. LXV, p. 390). Ver também Robert Gordon Wasson, *The Wondrous Mushroom. Mycolatry in Mesoamerica*, Nova York, Mc Graw-Hill Book Company, 1980, pp. 66-7, 88-91; *Códice Magliabechiano*, fol. 83 rº (uma representação do *ololiuhqui*); Doris Heyden, *Mitología y simbolismo de la flora en el México prehispánico*, México, UNAM, 1983, pp. 21-34.

22. É verdade que existe em Bérgamo, na igreja Santa Maria Maggiore, uma marchetaria com um tema igualmente estranho: reunidos em torno do mastro com a vela da Fortuna, um macaco e um leão-centauro do sexo feminino. A *impresa* concebida pelo pintor Lorenzo Lotto faria referência aos diferen-

tes estágios do mercúrio. Ver Mauro Zanchi, *Lorenzo Lotto et l'imaginaire alchimique. Les "imprese" dans les marqueteries du chœur de la basilique de Sainte-Marie-Majeure à Bergame*, Bérgamo, Ferrari Editrici, 1998.

23. Nas paredes laterais da nave e nas borduras (*cenefas*).

24. Sobre as etimologias possíveis do nome Ixmiquilpan ou Itzmiquilpan, ver Alicia Albornoz Bueno, *La memoria del olvido. El lenguaje del tlacuilo. Glifos y murales de la Iglesia de San Miguel Arcángel, Ixmiquilpan, Hidalgo, Teopan dedicado a Tezcatlipoca*, Pachuca, Universidade Autónoma de Hidalgo, 1994, pp. 14-5.

25. As de são Dênis ou de são João Batista.

26. Mas um personagem visto de costas usa ceroulas à espanhola — que poderia muito bem ser um acréscimo posterior destinado a esconder nádegas nuas —, ao passo que um guerreiro parece vestido com uma espécie de clâmide da Antiguidade.

27. O *Códice de Tlatelolco* oferece um exemplo disso; ver Robert H. Barlow, "El Códice de Tlatelolco", publicado em Heinrich Berlin, *Anales de Tlatelolco. Unos annales históricos de la Nación Mexicana y Códice de Tlatelolco*, México, 1948, pp. 105-28.

28. Contam-se nada menos do que cinco águias dentro do santuário, sendo que uma tem asas amplamente abertas.

29. Albornoz Bueno, 1994, p. 58.

30. Acompanhando o senhor do décimo terceiro dia, Tezcatlipoca. O sinal do primeiro dia do mês de Quecholli — que representa Camaxtli, deus da Caça — também usa três flechas apontadas para baixo (Durán, 1967, t. I, cap. XVII, p. 281).

31. Mesma ambigüidade numa das capelas: as codornas de são Nicolau de Tolentino são iguais às que eram sacrificadas em Tezcatlipoca.

32. Bernardino de Sahagún, *Florentine Codex*, Santa Fé, The School of American Research (traduzido por Charles E. Dibble e Arthur J. Anderson), University of Utah, t. II, 1951, p. 46, citado e comentado em Yolotl González Torres, *El sacrifício humano entre los Mexicas*, México, FCE, 1985, p. 218; ver também Ross Hassig, *Aztec Warfare, Imperial Expansion and Political Control*, Norman/Londres, University of Oklahoma Press, 1988, p. 119. O *Códice de Huamantla* nos mostra um cativo puxado pelos cabelos por seu vencedor, sem que a cabeça tenha sido cortada (outros exemplos em González Torres, 1985, pp. 216-7). A decapitação era praticada depois da morte sacrificial e da extração do coração.

33. É o caso da leitura feita por Albornoz Bueno, 1996.

34. As vias entrelaçadas que as forças do cosmo tomavam eram designadas pelo termo *malinalli* (López Austin, 1980, t. I, pp. 67-8). Ver também, do mesmo autor, "Algunas ideas acerca del tiempo mítico entre los antiguos na-

huas", *Historia, religión, escuelas*, XIII, Mesa Redonda, Sociedad Mexicana de Antropología, México, 1975, p. 296.

35. Uma flecha enfiada na perna de um guerreiro que jaz no chão pode ser lida como *temiminaloyan*, "o lugar de onde se lançam flechas", nono céu ou céu de Tezcatlipoca (Albornoz Bueno, 1996, p. 90).

36. Motolinía, 1971, p. 107.

37. Arturo Warman, *La danza de Moros y Cristianos*, México, SepSetentas, 1972.

38. Gruzinski, 1994, pp. 54-61.

39. Juan Pomar, "Relación de Texcoco", em *Relaciones geográficas del siglo XVI: Mexico*, org. René Acuña, México, UNAM, 1986, p. 93.

40. Ovídio, *As metamorfoses*, livro IV, trad. de Joseph Chamonard, Paris, Garnier-Flammarion, 1992, p. 129.

41. Ibid., p. 132.

6. OVÍDIO MEXICANO [PP. 132-57]

1. Irving Leonard, *Los libros del conquistador*, México, FCE, 1996, pp. 144, 178 e 212.

2. "Confessou que tem Ovídio de *Metamorfogis* [sic] em linguagem", "Confissão de Nuno Fernandes", fevereiro de 1592, em Ronaldo Vainfas (org.), *Confissões da Bahia*, São Paulo, Companhia das Letras, 1997, p. 300.

3. Michel Jeanneret, *Perpetuum mobile. Métamorphoses des corps et des œuvres de Vinci à Montaigne*, Paris, Macula, s. d., p. 124; Leonard Barkhan, *The Gods Made Flesh: Metamorphosis and the Pursuit of Paganism*, New Haven, Connecticut, 1986, citado em Jonathan Bate, *Shakespeare and Ovide*, Oxford, Clarendon Paperbacks, 1998, p. 25.

4. Jean Seznec, *La Survivance des dieux antiques*, Paris, Flammarion, 1993, p. 311. Sobre a presença de Ovídio nas escolas, ver Bate, 1998, p. 22. *As metamorfoses* são o primeiro livro que Montaigne lê, aos sete anos.

5. Julián Gallego, *Visión y símbolo en la pintura española del Siglo de Oro*, Madri, Catedra, 1987, p. 39.

6. Humberto Maldonado, *Hombres y letras del virreinato, Homenaje a H. M.*, México, UNAM, 1995, p. 208. Ver M. Menéndez Pelayo, *Bibliografia hispanolatina clásica*, t. VII, Santander, 1951, p. 81 *sq.* para as edições espanholas de Ovídio (in Gallego, 1987, p. 39). Citemos uma primeira edição castelhana publicada em Antuérpia por Juan Steelsio em 1551, e em seguida a de Bruges, em 1557, e a de Toledo, em 1558. Outras traduções espanholas: Antonio Pérez (1580), Feli-

pe Mey (1586), Sánchez de Viana (1589). Sobre a pintura mitológica no século XVI, inspirada ou não em Ovídio, ver Gallego, 1987, pp. 50-1.

7. Antonio Tritonio, *Mythologia, fabulosa exempla* [...], Bolonha, 1560.

8. Leonard, 1996, p. 193. Ronaldo Vainfas (org.), *Confissões da Bahia*, São Paulo, Companhia das Letras, 1997, p. 99. A *Diana* de Jorge Montemayor foi escrita em 1559 ("Confession du *licenciado en artes* Bartolomeu Fragoso", agosto de 1591).

9. Seznec, 1993, p. 305; entre as versões abreviadas e em imagens d'*As metamorfoses*, Gabriello Symeoni, *La vita ef* [sic] *metamorfoseo d'Ovidio*, Lyon, 1584; o álbum de Tempesta: *Metaporphoseon sive Transformationum Ovidii Libri XV* [...], Amsterdã, 1606.

10. Sobre o lugar de Ovídio em Oviedo, Antonello Gerbi, *La naturaleza de las Indias nuevas*, México, FCE, 1978, p. 450. Em 1567, laicos como o segundo marquês del Valle liam Ovídio (Georges Baudot, *Utopie et histoire au Mexique. Les premiers chroniqueurs de la civilisation mexicaine* [*1520-1569*], Toulouse, Privat, 1977, p. 501, nº 76). Diego de Cisneros o cita em 1618, em *Boletín de la Biblioteca Nacional*, México, t. XVIII-1/4, 1968, p. 118.

11. Com o título *P. Ovidii Nasonis tam de tristibus quam de Ponto*, em Osorio Romero, *Colegios y profesores jesuitas que enseñaron latín en Nueva España* (*1572-1767*), México, UNAM, 1979, p. 30.

12. Por exemplo, o *Poeticarum Institutionum Liber* de Bernardino de Llanos (1605), citado em Osorio Romero, 1979, p. 57.

13. Bate, 1998, p. 10.

14. Ludovico Dolce, *Le trasformationi tratte da Ovidio*, Veneza, 1554. Em sua edição de 1568, Ludovico Dolce oferece explicações alegóricas sobre cada livro d'*As metamorfoses* (Gallego, 1987, p. 71).

15. Gallego, 1987, p. 72.

16. Ver p. 76 da tradução que, em 1590, Garcilaso de la Vega publica dos *Diálogos de amor* de Léon Hebreo (introdução e notas de Miguel de Burgos Nuñez, Sevilha, Padilla Libros, 1989).

17. Miguel Mathes, *Santa Cruz de Tlatelolco: la primera biblioteca académica de las Américas*, México, Secretaría de Relaciones Exteriores, 1982, pp. 32-3, 58, 64-5. Os índios também encontravam em *De la consolation*, de Boécio, alusões à mitologia (Gallego, 1987, p. 76).

18. "Carta de Jerónimo López ao imperador", México, 20-X-1541, em *Colección de documentos* [...] (1971), t. II, pp. 149-50.

19. "Os presentes, creia em mim, fazem a conquista dos homens e dos deuses. Mesmo os presentes apaziguam Júpiter./ Que fará o sábio? Se um dom alegra o tolo, o presente que ele terá recebido o amansará também." Ver Osorio Romero, 1990, p. 13.

20. "Como diz o famoso Ovídio no terceiro livro da arte."

21. Na mesma época, Jeronimo Ruscelli dedica a Filipe II, que ele também compara a Apolo Febo, as *Imprese illustri*, publicadas em Veneza por Francisco Rampazetto, 1566 (Gallego, 1987, p. 47).

22. Gruzinski, 1988, p. 86.

23. Provavelmente a compilação latina de Acursio, *Æsopi Fabulae graece* [sic] *et latine* (1479). Ver Gordon Brotherson (dir.), *Æsop in Mexico. Die Fabeln des Æsop in aztekischer Sprache. A 16th Century Aztec Version of Æsop's Fables*, Berlim, Gebr. Mann Verlang, 1987; do mesmo autor, *Book of the Fourth World. Reading the Native Americas through their Literature*, Cambridge, Cambridge University Press, 1992, p. 315.

24. A descrição dele foi publicada por Fernando Cervantes de Salazar, *Túmulo imperial de la gran ciudad de México*, México, Antonio de Espinosa, 1560.

25. Joaquín García Icazbalceta, *Bibliografía mexicana del siglo XVI*, México, FCE, 1981, p. 173. Guillermo Tovar de Teresa, *Bibliografía novohispana de arte. Primera parte. Impresos mexicanos relativos al arte de los siglos XVI y XVII*, México, FCE, 1988, p. 34. Sobre a pintura mitológica, formas e difusão social, ver Gallego, 1987.

26. "En poner los indios em la pulicia de la lengua latina, [os monges os fizeram] leer ciencias donde han venido a saber todo el principio de nuestra vida por los livros que leen, e de dónde procedemos e como fuemos sojuzgados de los romanos e convertidos a la fe de gentiles e todo lo demás que se escribió en este caso que les causa decir que también nosostros venimos de gentiles e fuemos sujetos e ganados e sojuzgados e fuemos sujetos a los romanos e nos alzamos e rebelamos e fuemos convertidos al bautismo tanto número mayor de años e aun no somos buenos cristianos", em "Carta de Jerónimo López ao imperador", México, 25-II-1545, publicada em Francisco del Paso y Troncoso, *Epistolario de Nueva España*, t. IV, 1540-6, México, Antigua Librería Robredo, 1939, p. 169.

27. Pintados dentro da igreja ou esculpidos em medalhão na fachada, a águia e o jaguar formam uma dupla que os olhos não conseguem evitar.

28. Sahagún, 1997, t. I, p. 146. O santuário cristão consagrado a são Miguel talvez tenha sido construído no lugar de um templo de Tezcatlipoca (Albornoz Bueno, 1994, p. 19).

29. É o que, em Ixmiquilpan, nos faz falta terrivelmente. Voltaremos mais adiante (nos capítulos X e XI) a esses "cantos" indígenas da época colonial, cujas mestiçagens apresentam mais de uma analogia com o que as pinturas revelam.

30. Ovídio, 1992, livro XII, 405, 423.

31. "Quauhtla chane", em Sahagún, 1979, livro XI, fol. 14 vº.

32. Ovídio, 1992, livro II, 638.

33. Serge Gruzinski, "Vision et christianisation. L'expérience mexicaine", em Jean-Michel Sallmann (dir.), *Visions indiennes, visions baroques. Les métissages de l'inconscient*, Paris, PUF, 1992, pp. 117-49. Aguirre Beltrán, 1973, passim.

34. No *Códice de Florença*, um homem ajoelhado respira uma planta alucinógena — uma datura — e começa a falar; ver Heyden, 1983, p. 133.

35. A respeito das relações do ornamental com o motivo principal, a respeito de seu papel como apoio à "celebração de um sentido ou de uma função", devemos muito aos trabalhos de Jean-Claude Bonne.

36. Seznec, 1993, pp. 308-9.

37. Ibid., p. 376.

38. Seznec, 1993, p. 312; A. W. A. Boschloo, *Annibale Carracci in Bologna. Visible Reality in Art after the Council of Trent*, Haia, 1974.

39. Seznec, 1993, pp. 313-9.

40. E, no século seguinte, "la fabula clásica sigue [...] rodeada de una multitud de comentadores y de deformadores que casi ahogan a veces a Hómero, Virgilio, Horacio, Ovidio y al dominante Cicerón", em Gallego, 1987, p. 38. A biblioteca de Diego Velázquez tinha duas edições d'*As metamorfoses* de Ovídio, uma em espanhol e outra em italiano, bem como a *Philosophia secreta* de Pérez de Moya (ibid., pp. 34-5).

41. Muñoz Camargo, 1984, pp. 47-8; Gruzinski, "Le premier centenaire de la découverte du Nouveau Monde: témoignages de la Nouvelle-Espagne", *Mémoires en devenir, Amérique latine XVI-XXè siècle*, Bordeaux, Maison des Pays Ibériques, 1994, pp. 86-9.

42. Sartor, 1992, p. 215.

43. Durán, 1967, t. I, p. 10; Carrasco, 1982, pp. 56-8. A exaltação da figura do soberano de Texcoco, Nezahualcoyotl, como sábio superior ao "divino Platão" é um exemplo disso (ver Fernando de Alva Ixtlilxóchitl, *Obras históricas*, org. Edmundo O'Gorman, México, UNAM, 1975, t. I, pp. 404-5).

44. Seznec, 1993, pp. 283, 306-7, Cartari (1556), Conti (1551).

45. As fontes do dominicano figuram em Las Casas (1967), t. I, pp. CXXIII-CLXI (*De Deorum Imaginabus de Albricus, Mithologiarum Libri* de Fulgêncio, *Os fastos* de Ovídio etc.).

46. C. Bernand e S. Gruzinski, *De l'idolâtrie. Une archéologie des sciences religieuses*, Paris, Seuil, 1988, pp. 41-74. A empreitada é anunciada e salientada em vários trechos: "Como parecerá cuando cotejaremos [...] los dioses de las otras gentes antiguas a los de estas modernas" (I, p. 369). "Resta cotejar los dioses de los unos a los de los otros" (Las Casas, 1967, t. I, p. 663).

47. Ibid., p. 632.

48. Ibid., t. I, pp. 416, 565; ver também sua *Historia de las Indias* (1986), t. I, p. 59 (o piloto Tifis), t. II, p. 54 (a fonte Aretusa).

49. Ver as observações de Angel María Garibay K. no manuscrito do Palacio, em Sahagún, 1977, t. I, pp. 36-7. É sabido o papel das *Etimologias* de santo Isidoro de Sevilha e das ilustrações de seus diferentes manuscritos para o conhecimento da mitologia.

50. Ibid., t. I, pp. 43, 50, 56 e 91.

51. Sahagún, 1979, fol. 10, rº-12, vº.

52. Outra comparação em Durán, 1967, t. I, é com o deus Marte (p. 15).

53. "Da noi sono stati chiamati col nome di dei" (Polidoro Virgílio, *Degli inventori delle cose, libri otto*, Florença, 1592).

54. Michel Jeanneret, *Perpetuum mobile. Métamorphoses des corps et des œuvres de Vinci à Montaigne*, Paris, Macula, s. d., p. 33.

55. Alessandra Russo, *Les Formes de l'art indigène au Méxique sous la domination espagnole au XVIe siècle. Le Codex Borbonicus et le Codex Durán*, memória de um Diploma de Estudos Aprofundados, datil., EHESS, 1997, p. 51.

56. Seznec, 1993, p. 311.

57. O sentido pode ser dado mais tarde por um texto explicativo ou por inscrições representadas na obra. As páginas que Luis de Cisneros dedica ao santuário de los Remedios no vale do México (*Historia del principio y origen* [...] *de la santa imagen de Nuestra Señora de los Remedios*, México, Juan Blanco de Alcaçar, 1621) fornecem um exemplo dessa literatura de descrição e de decriptação.

58. Ver a carta a Filipe II de don Pablo Nazareo (Osorio Romero, 1990, pp. 11-2).

59. Christoph Ransmayr, *O último dos mundos*, Paris, Flammarion/POL, 1988.

60. C. Ransmayr aprofundará esse tema em *Morbus Kitahara* (Frankfurt-am-Main, Fisher Verlag GmbH, 1995), cujo clima opressivo tem algo que lembra o de *Europa*, de Lars von Trier.

61. No claustro de Actopan, macacos com cabeça de diabinho estão sentados em folhagens formando o signo *nahui-ollin*, que encontramos nos *Códice Cospi* e *Borgia* (Reyes-Valerio, 1978, p. 258), e em edifícios da época colonial (Yautepec, ibid., p. 242). Ver Luis MacGregor, *Actopan*, México, INAH, 1982, p. 109.

62. Seznec, 1993, p. 315.

63. Ibid., p. 319.

64. Augusto Gentili, *Da Tiziano a Tiziano. Mito e allegoria nella cultura veneziana del Cinquecento*, Milão, Feltrinelli, 1980.

65. Philip Brady sobre Heiner Müller. *Theatremachine*, Faber, 1995, em *Times Literary Supplement*, 8 de dezembro de 1995, p. 18.

7. A INVASÃO DOS GROTESCOS OU A IMAGEM EM MOVIMENTO [PP. 158-83]

1. Palm, 1973, p. 57, citado em Arrellano (1996), p. 78.

2. Sobre Peter Greenaway, ver David Pascoe, *Peter Greenaway, Museums and Moving Image*, Londres, Reaktion Books, 1997.

3. Essa paródia d'*As metamorfoses* de Ovídio tem apenas 92 casos, pois Teseu, cansado, pôs um fim demasiado prematuro no relato do Minotauro.

4. Peter Greenaway, *Prospero's Books*, Londres, 1991, p. 57. As hamadríades são as ninfas das florestas (Virgílio).

5. Philippe Morel, *Les Grotesques. Les figures de l'imaginaire dans la peinture italienne de la fin de la Renaissance*, Paris, Flammarion, 1997, p. 84.

6. Cesare Ripa, *Iconologia* [1593], org. Piero Buscaroli, Milão, Editori Associati, 1992; André Alciat, *Les Emblèmes*, fac-símile da edição lionesa Macé-Bonhomme [1551], prefácio de Pierre Laurens, Paris, Klincksieck, 1997.

7. "In *L'ultima tempesta* una delle principali aree di interesse è quella per le scienze ermetiche dei rosacrociani. Vi sono rappresentatti Paracelso, Bruno e i principali filosofi dell'inizio del diciassettesimo secolo che erano interessati a creare una visione globale del mondo...", Alessandro Bencivenni e Anna Samueli, *Peter Greenaway. Il cinema delle idee*, Gênova, Le Mani, 1996, p. 128.

8. O maneirismo e não o barroco, como afirma um pouco rápido demais a crítica; ver ibid., p. 95.

9. André Chastel, *Le Grottesque. Essai sur l'ornement sans nom*, Paris, Le Promeneur, 1988; Nicole Dacos, *La Découverte de la Domus Aurea et la formation des grotesques à la Renaissance*, Londres, Leyde, The Warburg Institute, 1969.

10. Dispersando os artistas romanos, o saqueio da cidade pontifical (1527) deu um impulso extra ao fenômeno (André Chastel, *Le Sac de Rome*, Paris, 1972).

11. "Le grottesche sono una specie di pittura licenziosa e ridicola molto, fatta dagli antichi per ornamento di vani, dove in alcuni luoghi non stava bene altro che cose in aria; per il che facevano in quelle tutte sconciature di mostri per stranezza della natura e per gricciolo e ghiribizzo degli artefici" (Giorgio Vasari, *Le vite de'piu eccelenti architetti, pittori et scultori italiani, da Cimabue insini à giorni nostri*, Florença, Lorenzo Torrentino, 1550, reeditado em Turim, 1991, p. 73).

12. Antonio Pinelli, *La bella maniera. Artisti del Cinquecento tra regola e licenza*, Turim, Einaudi, 1993, p. 83.

13. Ibid., p. 155.

14. Ver, por exemplo, o pátio do palácio de l'Infantado, em Guadalajara, de autoria de Juan Guas, e sua decoração de grifos, águias e leões.

15. Kubler, 1984, pp. 473-4. Jonathan Brown, *L'Age d'or de la peinture espagnole*, Paris, Flammarion, 1991, pp. 9-38.

16. *Historia de la orden de San Jerónimo*, Madri, 1600-1605, in Gallego (1987), p. 68.

17. Zahira Veliz, *Artists' Techniques in Golden-Age Spain. Six Treatises in translation*, Cambridge, Cambridge University Press, 1986, p. 57.

18. Sartor, 1992, p. 70.

19. Guillermo Tovar de Teresa, *Pintura y escultura en Nueva España (1557-1640)*, México, Azabache, 1992, p. 61. Jorge Alberto Manrique, *Manierismo en Nueva España*, México, Textos Dispersos Ediciones, 1993.

20. "Eran tan dados a la curiosidad de ellos [= los templos] que los había en todos los pueblos, así grandes como pequeños, muy hermosos y curiosos y adornados de toda la mas hermosura que su entendimiento podía alcanzar y después de ser cristianos es tanto lo que en ellos se han esmerado que pone admiración" (Juan de Torquemada, em Joaquín García Icazbalceta, *Nueva colección de documentos para la historia de México*, t. II, México, Díaz de León, 1986-92, doc. XCIX, pp. 174-5, citado em Gómez Martínez [1997], p. 107).

21. "Antes no sabían pintar sino una flor o un pájaro o un labor como romano, e si pintaban un hombre o un caballo, hacíanlo tan feo que parecía un monstro" (Motolinía, 1971, p. 240.)

22. Motolinía, 1971, p. 242. "Cuantos romanos y bestiones han visto, todo lo hacen." Os regulamentos de 1557, estabelecidos a pedido dos pintores da Cidade do México, estipulam que os pintores de afrescos devem ser "examinados en las cosas siguientes de lo Romano y de follajes y figuras" (Toussaint, 1982, p. 221).

23. G. Estarda, *Ordenanzas de gremios de Nueva España*, México, 1921, citado por Turrent, 1993, p. 151.

24. Toussaint, 1982, p. 37.

25. Kubler, 1984, p. 436.

26. Encontram-se em James P. R. Lyell, *Early Book Illustration in Spain*, Nova York, Hacker Art Book, 1976, vários exemplos ricamente ornamentados da produção espanhola durante o século XVI (pp. 171, 183, 211 e 241).

27. Diversos livros impressos na Nova Espanha continham ilustrações, ornatos e letras ornamentadas incluindo grotescos. Citemos, a título de exemplo, os frontispícios da *Dialectica* (1554) e da *Physica* (1557) de Alonso de la Veracruz, publicadas no México por Juan Pablos; a gravura representando são Pedro e são Paulo no *Graduel* publicado por Antonio de Espinosa (1576); as cartas ornamentadas feitas pelos impressores Pierre Ochart e Pedro Balli. Ver García Icazbalceta (1981), Jesús Yhmoff Cabrera, *Los impresos mexicanos del siglo XVI en la Biblioteca Nacional de Mexico*, México, UNAM, 1989. Também se podem examinar alguns belos frontispícios, reproduzidos em *Impresos mexicanos del*

siglo XVI (*incunables*), México, Condumex, 1995, pp. 27 (*Vocabulario en lengua de Mechuacán*, de Maturino Gilberti, 1559), 33 (*Dialectica resolutio*, de Alonso de la Veracruz, 1554), 61 (*Provisiones y cédulas*, 1563) e 67 (*Confesionario mayor*, de Alonso de Molina, 1578).

28. Irving Leonard, "On the Mexican Book Trade, 1576", *Hispanic Review*, t. XVII, 1949, pp. 10-20.

29. Em Lyell, 1976, pp. 19-20, 23: *Tirant lo Blanch*, Valência, Nicolas Spindeler, 1490; *Constitucions fets per D. Fernando*, Barcelona, Juan Rosembach, 1494; Antonio de Nebrija, *Grammaticae introductiones*, Barcelona, Juan Rosembach, 1500.

30. Uma gravura bastante próxima há em são Bonaventura, *Instructio novitiorum*, J. Lischner, Montserrat, 1499 (em Lyell, 1976, p. 98).

31. Morel, 1997, p. 136, nº 29.

32. Ibid., p. 82, nº 138.

33. Fabienne Emilie Hellendoorn, *Influencia del manierismo-nórdico en la arquitectura virreinal religiosa de Mexico*, Delft, UNAM, 1980, p. 6.

34. Poderíamos multiplicar os exemplos desses encontros no segredo dos livros ou nas paredes dos conventos. O *Cancionero* de Ambrosio Montesino (Sevilha, 1537) justapõe uma representação do bispo lendo as Sagradas Escrituras e dois frisos ornados de figuras monstruosas. Os grotescos de Actopan esgueiram-se nas celas dos monges (MacGregor, 1982, pp. 151-2), aparecem na grande escada (p. 140) onde estão representados animais fantásticos e *putti* armados de uma maça (Hércules em criança) ou ainda na *loggia* do refeitório, sob formas mais convencionais (p. 125).

35. *Doctrina christiana en lengua huasteca*, México, Pedro Ocharte, 1571.

36. Citação de Giorgio Vasari (*Le vite de'più eccellenti pittori, scultori e archittetori*, org. por G. Milanesi, Florença, 1906, t. I, p. 193), em Pinelli, 1993, p. 133.

37. Alessandro Cecchi, "Pratica, fierezza e terribilità nelle grotesche di Marco da Faenza in Pallazo Vecchio a Firenze", *Paragone*, 1977, nº 327, p. 25.

38. Os grotescos tornaram-se o "*sogno dei pittori*" é uma "metáfora da superação da natureza" (Pinelli, 1993, p. 133).

39. Citado em Morel, 1977, p. 87.

40. Gabriele Paleotti, *Discorso intorno alle immagini sacre e profane* (1581-1582), em *Trattati d'arte del Cinquecento fra Manierismo e Controriforma*, org. P. Barocchi, Bari, 1960, t. II, livro II, cap. 37-42.

41. Veliz, 1986, p. 59. O autor de *Arte de la pintura* — publicada postumamente em 1649 — é inflexível: mesmo quando os amores, os serafins e os frutos respeitam uma decência elementar, o artista evitará abusar deles. Deve limitá-los às bordas, às molduras e aos panejamentos, em que todos saberão apreciá-los.

42. As duas tradições decorrem de escolhas deliberadas, e não de uma impotência qualquer em copiar o real. As realizações dos escultores indígenas de antes da Conquista provam que os artistas mexicanos eram perfeitamente capazes de rivalizar com o realismo figurativo dos italianos do Renascimento.

43. Se os grotescos infringem livremente as regras da composição que se inspiram em Alberti, promovendo "a descontinuidade e a desarticulação à categoria de princípio" (Morel, 1997, p. 88), a situação é outra no caso dos códices, que obedecem a regras de organização espacial perfeitamente independentes do modelo albertiano.

44. Sobre os objetos mexicanos na Itália do Renascimento, ver Detlef Heikamp, *Mexico and the Medici*, Florença, Edam, 1972; Laura Laurencich Minelli, "Museografia americanista in Italia dal seculo XVI fino a oggi", *Bulletin des Musées Royaux d'Art et d'Histoire*, Bruxelas, t. 63, 1992, pp. 233-9. O Museo d'Ulisse Aldrovandi, médico, naturalista e colecionador, aberto em Bolonha em 1549, chamou a atenção dos pesquisadores.

45. "I costumi teatrali per gli Intermezzi del 1589 — I disegni di Bernardo Buontalenti e il 'libro di conti' di Emilio de' Cavalieri", em Aby Warburg, *La rinascita del paganesimo antigo*, Florença, La Nuova Italia Editriche, 1996, pp. 59-107.

46. Em *La Guerre des images* (1990), reduzindo a imagem européia a um modelo figurativo, "realista" e antropomorfo, fundado na imitação e na ilusão, eu desprezei essa modalidade de expressão, acentuando as rupturas e as distâncias entre os mundos, arriscando-me a caricaturá-los. Também privilegiei a influência dos artistas do Norte da Europa em detrimento dos empréstimos feitos à Italia. Hoje, o passado me parece mais complexo.

47. Como as fôrmas de estuque, os decalques e outros truques do ofício para sugerir um claro-escuro. Em Pinelli, 1993, pp. 134-5.

48. Ibid., p. 156.

49. Gisbert e Mesa, 1996, p. 339.

50. Wolfgang Kayser, *The Grotesque in Art and Literature*, Nova York, Columbia University Press, 1956 (reed. em 1981). É evidente que os grotescos jamais oferecem a tradução exata dessas noções; a fantasia, a imaginação ou, ao contrário, a rotina dos ateliês teriam se oposto a isso. Mas essas formas proliferam em ambientes cujas preocupações não deveriam nos deixar indiferentes.

51. Jeanneret (s. d.), p. 124. Não confundir com o caráter fundamentalmente sincrético do pensamento medieval, concebido como uma adaptação do pensamento árabe (segundo Alain de Libera, *Penser au Moyen Âge*, Paris, Seuil, 1991). Um pensamento mestiço ilustrado pelas modalidades da tradução da obra de Avicena: "Vêem-se um judeu e um cristão colaborarem na apropriação intelectual dos textos de um persa, transmitido em árabe. É essa uma forma de mestiçagem que certamente se equivale a outras" (p. 112). Mas esse pensamen-

to, que procede pela mistura, visa constituir um saber homogêneo e unificado, diferentemente do pensamento híbrido, que é o que nos interessa aqui.

52. Barthélemy Aneau, prefácio de Ovídio, *Trois premiers livres de Métamorphose*, Lyon, Guillaume Roville, 1556, citado em Jeanneret (s. d.), p. 124.

53. "In Romanesque, as in Later Gothic the realm of marginal monstruosity is irrevocably linked with the capacity of the human imagination to create and combine" (Camille, 1992, p. 65.) Ver Jean Céard, *La Nature et les prodiges. L'insolite au XVIe siècle en France*, Genebra, Droz, 1997.

54. Para Montaigne, "o que chamamos monstros não o são para Deus, que vê na imensidão de sua obra a infinidade de formas que ele aí incluiu [...]. De toda a sua sabedoria não parte nada que não seja bom e comum e regulado, mas nós não vemos a combinação disso e a relação" (Michel de Montaigne, *Essais*, livro II, cap. 30, Paris, Le Livre de Poche, 1965, p. 379).

55. Morel, 1997, p. 80.

56. Guillaume du Bartas, *La Semaine*, Paris, Abel l'Angelier, 1583, VI, 1029-34, em Jeanneret (s. d.), p. 20; ibid., p. 126.

57. Michel Foucault, *Les Mots et les choses, une archéologie des sciences humaines*, Paris, Gallimard, 1966, pp. 40-5.

58. O neoplatonismo ofereceria uma teoria da concórdia e do amor que seduzirá esses mestiços do espírito que foram León Hebreo e seu tradutor, o inca Garcilaso.

59. Jeanneret (s. d.), p. 235.

60. Martin Kemp, "Wrought by no artist's hand: The natural, the artificial, the exotic and the scientific in some artifacts from the Renaissance", em Claire Farago (dir.), *Reframing the Renaissance. Visual Culture in Europe and Latin America, 1450-1650*, New Haven/ Londres, Yale University Press, 1995, pp. 177-96. É o caso das criações de Bernard Palissy, embora essas práticas e concepções já estejam presentes no gótico tardio (p. 181).

61. Por exemplo, Lorenzo de Anania em sua *Fabrica del mondo ovvero Cosmografia divisa in quattro trattati*, Veneza, 1576 e 1582.

62. "Imaginem [...] quam ne Apelles, si reviviscat, vel alius quispiam præstantissimus pictor penicillo melius exprimat", citado em Alessandra Russo, *Arte plumaria del Messico coloniale del XVI secolo: L'incontro di due mondi artistici*. Tese de doutoramento, datil., Universidade de Bolonha, 1996, pp. 131-2.

63. As de Sebastián Munster (*Cosmografia*, 1544) ou de Conrad Gesner (*Historiae animalium*, 1550-1558). Sobre o interesse da Itália do Renascimento pelo México, ver Maria Matilde Benzoni, *La cultura italiana e il Messico. Storia de un'immagine da Temistitan all'Independenza (1519-1860)*. Tese de doutoramento, Universidade de Milão, 1994, datil.

64. Morel, 1997, p. 83.

65. Sobre a noção de transformação e de metamorfose que o dominicano explora em sua abordagem comparativa da magia, ver Las Casas, 1967, t. I, p. 476.

66. Motolinía, 1971, p. 59.

67. Em contrapartida, parecem se dobrar a "condições formais mínimas", segundo Morel, 1997, p. 84.

68. E mesmo a hibridação. Francisco de Hollanda, em seus *Diálogos da pintura antiga* (1538), enuncia os princípios que a pintura de grotescos deve observar em suas criações mais fantasistas (Morel, 1997, p. 85). Da mesma forma, em 1567 Vincenzo Danti explica como fazer "novas misturas".

8. A LINGUAGEM DOS GROTESCOS E DOS GLIFOS [PP. 184-201]

1. Erwin Panofsky dedicou à Camera di San Paolo uma monografia que é um modelo de exploração iconológica: *La Camera di San Paolo du Corrège à Parme*, Paris, Hazan, 1996 (edição original em inglês, The Warburg Institute of London, 1961). Sobre Araldi, ver Maria Cristina Chiusa, "Alessandro Araldi: la 'maniera antico-moderna' a Parma", Parma, *Quaderni di Parma per l'arte*, ano II, fasc. 3, 1996.

2. Ele por pouco não foi vítima de um crime passional (Gruzinski, 1994, p. 139).

3. Panofsky, 1996, p. 29.

4. A segunda câmara pintada por Correggio é concebida no mesmo espírito, mas num estilo bem diferente. Embora os afrescos não explorem o repertório dos grotescos, mostram uma mensagem que conjuga a linguagem visual da Antiguidade clássica e o recurso à metáfora. "Uma espécie de filosofia subjacente confere unidade e sentido aos diversos personagens e episódios; mas essa filosofia é mais um conjunto de convicções pessoais do que o resultado de um pensamento elaborado segundo um sistema" (Panofsky, 1996, p. 122).

5. Ver M. L. Madonna, "La biblioteca. Theatrum mundi e theatrum sapientiae", em *L'Abbazia benedittina di San Giovanni Evangelista a Parma*, org. Bruno Adorni, Milão, 1979, pp. 177-94.

6. Morel, 1997, p. 50.

7. *The Hieroglyphics of Horapollo*, tradução e introdução de Georges Boas, com novo prefácio de Anthony T. Grafton, "Mythos Series", Princeton University Press, 1993. A obra foi publicada em Veneza em 1505. Ver também Patrizia Castelli, *I geroglifici e il mito dell'Egitto nel Rinascimento*, Florença, Edam, 1979.

8. Morel, 1997, p. 59.

9. Durán, 1977, t. I, p. 226.

10. Horapollo, 1993, p. 64.

11. E que talvez esteja representado nas paredes da igreja de Ixmiquilpan.

12. Rudolf Wittkower, *Allegory and the Migration of Symbols*, Nova York, Thames and Hudson, 1987, p. 117, fig. 164. A península Ibérica não ficou indiferente a essas preocupações: "Hemos de subrayar la continua y facil entrada de los libros emblemáticos en la Península ya que su contenido no despertaba suspicacias con respecto al dogma por no ofrecer con él lazos demasiados directos" (Gallego, 1887, p. 34). As pranchas de Horapollo são reproduzidas em *Chronographia o repertorio de tiempos*, de Jerónimo Chaves (1547, e Sevilha, 1588) em Gallego, 1987, p. 87. Os *Emblemas morales* de Juan de Horozco (Segóvia, 1589) demonstram também a influência de Horapollo na Espanha (ibid., p. 91).

13. E em outras práticas figurativas importadas para a América. Assim, Pedro Sarmiento de Gamboa foi perseguido pela Inquisição de Lima por ter mandado fabricar anéis cobertos de sinais do zodíaco e com a inscrição em caldeu (Bernand e Gruzinski, 1993, t. II, p. 60). Notemos também o papel da heráldica européia, que pusera os nobres mexicanos em contato com uma linguagem visual estritamente codificada em que cada forma, cada objeto, cada cor, cada segmento do espaço possuíam um significado específico. As grandes famílias da nobreza indígena receberam brasões acompanhados de "cédulas régias" que davam uma descrição detalhada de cada um deles (Guillermo Fernández de Recas, *Cacicazgos y nobiliario indígena de la Nueva España*, México, UNAM, 1961, passim).

14. Nos anos 1530, indígenas se confessavam desenhando nas folhas de papel usadas "*diversas figuras y caracteres*", para grande satisfação dos franciscanos; ver Motolinía, 1971, p. 138.

15. Wittkower, 1987, p. 116.

16. Os grotescos, hoje desaparecidos, dos claustros de Santa Giustina em Pádua expressaram uma busca intelectual vizinha à de San Giovanni Evangelista (Wittkower, 1987, pp. 126-7).

17. Gallego, 1987, p. 76.

18. Eloise Quiñones Keber, "Collecting Cultures: a Mexican Manuscript in the Vatican Library", em Farago, 1995, pp. 229-42.

19. Entre as fontes de Valadés, Ludovico Dolce, *Dialogo nel qual si ragiona del modo di accrescere et conservar la memoria* (Veneza, 1562), e Johannes Romberch, *Congestiorum artificiosae memoriae* (Veneza, 1533).

20. Sobre Valadés, ver Serge Gruzinski, "Passer les frontières", *Actes du II Colloque "Passeurs culturels"*, Lagos, outubro de 1997, no prelo; René Taylor, *El arte de la memoria en el Nuevo Mundo*, Madri, Swan, 1987.

21. O que, aliás, haviam tentado certos artistas maneiristas. Muitos deles manifestaram interesse pela alquimia, pelas práticas mágicas, pelas especulações teosóficas que encontramos nos quadros de Stradanus e de Macchietti.

22. Ransmayr, 1988, p. 212.

23. Pirro Ligorio, em seu *Libro dell'antichità*, salientou o parentesco entre os "*poeti delle trasmutazioni*" e a expansão dos grotescos. Ver Russo, 1997, p. 55.

24. Morel, 1997, p. 84.

25. Eloise Quiñones Keber, "Collecting Cultures: a Mexican Manuscript in the Vatican Library", em Farago (org.), 1995, pp. 229-42; Heikamp, 1972; H. B. Nicholson e E. Quiñones Keber, *Art of Aztec Mexico: Treasures of Tenochtitlán*, Washington, National Gallery of Art, 1983, pp. 171-3; Christian Feest, "Koloniale Federkunst aus Mexiko", em *Gold und Macht: Spanien in der Neuen Welt*, sob a direção de Christian Feest e Peter Kann, Viena, Verlag Kremayr & Scheriau, 1986, pp. 173-8; o catálogo *Terra America. Il mondo nuovo nelle collezioni emiliano-romagnole*, sob a direção de Laura Laurencich Minelli, Bolonha, Grafis, 1992.

26. Quiñones Keber, 1995, p. 233.

27. Pode-se fazer uma aproximação entre o retrato florentino do imperador Moctezuma e o do soberano Nezahualpilli realizado pelo pintor índio do *Códice Ixtlilxóchitl*. Os temas muito próximos permitem medir o que separa a visão ocidental do olhar ocidentalizado do mexicano.

28. Gisbert e Mesa, 1997, pp. 338-9.

29. Nadine Béligand, "Déités lacustres de temps pluriels: éclosion, renaissance et disparition des sirènes du lac de Chicnahuapan, vallée de Toluca (Mexique)", a ser publicado no *Journal de la Société des Américanistes*.

30. Teresa Gisbert, *Iconografía y mitos indígenas en el arte*, La Paz, Editorial Gisbert e Cía., 1980, pp. 46-51.

31. Gisbert e Mesa, 1997; Pablo Macera, *La pintura mural andina. Siglos XVI-XIX*, Lima, Editorial Milla Batres, 1993.

32. Isabel Iriarte, "Tapices con escenas bíblicas del Perú colonial", *Revista Andina*, I, julho de 1992, pp. 88-9.

33. Juan Carlos Estenssoro-Fuchs propõe associar um prato de prata peruano (Lima, 1586?), hoje conservado na igreja Saint-Nicholas de Siegen (Vestfália), à visão de um cacique, don Cristóbal. "A *huaca*, que gostaríamos de acreditar ser uma expressão essencialmente pré-hispânica, manifesta-se na forma de uma imagem monstruosa ocidental, que provavelmente, em razão das convenções figurativas, toma para don Cristóbal una verdadeira dimensão de pesadelo" (*Du paganisme à la sainteté. L'incorporation des Indiens du Pérou au catholicisme*, tese de doutorado em história, Paris, EHESS, datil., 1998, p. 385).

34. Sobre o santuário, ver Glauce Maria Navarro Burity, *A presença dos franciscanos na Paraíba através do convento de Santo Antônio*, Rio de Janeiro, Bloch, 1988.

35. Na análise que propõe sobre as transformações da arte pré-colombiana sob a dominação espanhola, G. Kubler (1985, p. 68) diferencia, segundo os

exemplos escolhidos, vários processos: justaposição, convergência, "explantes, transplantes, fragmentos". Parece-nos, ao contrário, que esses processos podem perfeitamente coexistir numa mesma obra.

36. Sobre o golfinho nos Andes, ver Gisbert e Mesa (1997), pp. 340-1: "Se trata de un elemento europeu, elaborado en América según la sensibilidad indígena".

37. Sobre a definição dos efeitos de atração e dos "efeitos de atração estranhos" dentro de sistemas dinâmicos, ver *L'Ordre du chaos* (1992), pp. 40-2; Klaus Mainzer, *Thinking in Complexity. The Complex Dynamics of Matter, Mind and Mankind*, Berlim, Springer, 1996, pp. 4-7, 244 e 276. É evidente que o campo da criação humana é infinitamente mais complexo que o dos sistemas pensados pelos matemáticos.

38. Graulich, 1982, p. 85; Sahagún, 1977, t. I, p. 169; Gerónimo de Mendieta, *Historia eclesiástica indiana*, México, Salvador Chávez Hayhoe, [1596], 1945, t. I, p. 95.

39. Bernand e Gruzinski, 1993, t. II, pp. 101-2.

40. A esse respeito, os alquimistas da "voz indígena" — *the Indian voice* — são tão pouco recomendáveis quanto os historiadores eurocentristas ou os que pretendem que o Outro pertenceria a um alhures opaco e eternamente inalcançável. Uma discussão sobre a questão e as referências bibliográficas estão em Cecilia F. Klein, "Wild Woman in Colonial Mexico: an Encounter of European and Aztec Concepts of the Other", em Farago (org.), 1995, pp. 245-7. Sobre os limites da visão européia, ver Peter Mason, *Desconstructing America: Representations of the Other*, Londres, Routledge, Chapman and Hall, 1990.

41. Sobre esse campo de estudo, ver Carmen Salazar-Soler, "Alvaro Alonso Barba: Teorías de la antigüedad, alquimia y creencias prehispánicas en las ciencias de la tierra en el Nuevo Mundo", em Ares Queija e Gruzinski, 1997, pp. 269-96; Louise Bénat-Tachot, "Ananas *versus* cacao. Un exemple de discours ethnographique dans l'*Historia general de las Indias* de Gonzalo Fernández de Oviedo", ibid., pp. 214-30.

42. Jesús Bustamante García, "Francisco Hernández, Plinio del Nuevo Mundo: Tradición clásica, teoría nominal y sistema terminológico indígena en una obra renascentista", em Ares Queija e Gruzinski, 1997, p. 261.

43. "Parece admirable que entre gentes tan incultas y bárbaras, apenas se encuentre una palabra impuesta inconsideradamente al significado y sin éthimo, sino que casi todas fueron adaptadas a las cosas con tanto tino y prudencia que oído sólo el nombre, suelen llegar a las naturalezas que eran de saberse o investigarse de las cosas significadas", em *Antigüedades de la Nueva España*, livro II, cap. 20, em Francisco Hernández, *Obras completas*, vol. VI, México, UNAM, 1984, p. 134.

44. A lista desses atraidores da Antiguidade não está encerrada. Poderíamos pensar, nessa perspectiva, nas relações entre a obra de Garcilaso de la Vega e a de Flávio Josefo, que levou o inca a conhecer a filosofia neoplatônica de Fílon de Alexandria (ver Carmen Bernand, "Mestizos, mulatos y ladinos en Hispanoamerica: un enfoque antropológico de un proceso histórico", 1997, datil., p. 41). Sobre o esquema antigo na França, ver Frank Lestringant, *L'Atelier du cosmographe ou l'image du monde à la Renaissance*, Paris, Albin Michel, 1991.

9. O LOBO, A CHUVA E O ARCO-ÍRIS [PP. 205-26]

1. Christian Duverger, *L'Esprit du jeu chez les Aztèques*, Paris, Mouton, 1978, pp. 77 ss. Pode também se tratar de uma referência ao número cinco, que corresponde ao Quinto Sol e significa o centro do universo, em López Austin, 1980, t. I, p. 75.

2. O motivo dos círculos aparece no *Códice Durán*. Figura numa ilustração do capítulo XLIII, que relata os trabalhos de embelezamento do grande templo da Cidade do México, realizados pelo soberano Ahuitzotl. Ela representa os dois santuários que coroavam a pirâmide do grande templo. Um desses santuários, o do deus da chuva (Tlaloc), está coroado por uma série de cinco círculos brancos contra um fundo preto, parecidos com os dos grotescos de Acolman. Em geral se associam esses círculos — cujo centro está claramente marcado — ao *chalchihuitl*, símbolo da água preciosa (Reyes-Valerio, 1978, pp. 275-6). O mesmo motivo é visível no arco do triunfo da capela aberta de Tlamanalco (ibid., pp. 284-6) e na representação de uma casa senhorial (Sahagún, 1979, *Libro XI, De las diferencias de los edificios*, fol. 393 vº).

3. Conviria estabelecer uma relação entre a representação estilizada da corda dos agostinianos ao pé da Crucificação e a do glifo da água, e indagar que vínculo existe entre esse símbolo mestiço, os grotescos e a morte de Cristo. Semeadas entre os grotescos, as flores de quatro pétalas podem muito bem oferecer a transcrição do signo 4-Movimento, *Nahui-Ollin*, ligado ao Quinto Sol (Reyes-Valerio, 1978, pp. 246-50).

4. N. C. Christopher Cough, *Style and Ideology in the Durán Illustrations: an Interpretative Study of Three Early Colonial Mexican Manuscripts*, dissertação de Ph.D., Columbia University, 1987, University Microfilms I., Ann Arbor; Donald Robertson, "Paste-over Illustrations in the Durán Codex of Madrid", *Tlalocan*, t. 4, 1968, pp. 340-8.

5. A ornamentação maneirista também é visível nas páginas do *Códice Magliabechiano* (Akademische Druck-u Verlagsanstalt, Graz, 1970). Ver a *manta del beçote del diablo* (fol. 7 rº) e a *manta del fuego del diablo* (fol. 5, vº).

6. Nas bíblias publicadas em Lyon por Guillaume Rouillé (Cough, 1987, p. 337).

7. Durán, 1967, t. II, p. 14. Ver também as aproximações que Garcilaso de la Vega propõe entre os incas e os judeus (Bernand e Gruzinski, 1993, t. II, p. 101).

8. Ilustração do capítulo LIII.

9. Durán, 1967, t. II, pp. 403-4. As cariátides lembram as que ornam as *Provisiones y cédulas*, publicadas no México por Pierre Ochar em 1563.

10. Duran, 1967, t. II, p. 327. A interpretação é mais delicada: é evidente que a cena não diz respeito ao texto do capítulo onde aparece, já que este relata as discussões levantadas pela entronização do soberano considerado jovem demais para cingir o diadema. Provavelmente essas criaturas conhecidas por sua lascívia encarnam aqui os inimigos huastecas contra os quais Ahuitzotl partiu em campanha, como narra Durán algumas páginas adiante. Esses índios próximos do golfo do México tinham tão má fama quanto os sátiros da Antiguidade.

11. Correspondendo ao capítulo XLIII, em Durán, 1967, t. II, p. 333. As colunas dos dois santuários repousam em bases enfeitadas com máscaras careteiras inspiradas em frontispícios europeus.

12. "Relación de Cholula", em *Relaciones geográficas del siglo XVI: Tlaxcala*, org. René Acuña, Mexico, UNAM, t. II, 1985, pp. 121-45.

13. Cholula aparece como "un pueblo muy formado y concertado [...] con las calles tan bien trazadas y derechas como un juego de ajedrez", ibid., pp. 126 e 142.

14. "It seems reasonable to think of the huge blocks of 1581 as describing a still unrealized project" (George Kubler, *Studies in Ancient American and European Art. The Collected Essays of George Kubler*, org. Thomas E. Reese, New Haven/Londres, Yale University Press, 1985, p. 93).

15. Gómez Martínez, 1997, p. 136.

16. "Relación de Cholula", 1985, p. 126.

17. Ibid., p. 142.

18. Ibid, p. 143.

19. Alfredo López Austin, *Hombre-Dios. Religión y política en el mundo náhuatl*, México, UNAM, 1973, pp. 169-71.

20. Kubler, 1985, p. 96.

21. "Relacion de Cholula", 1985, p. 143.

22. Lockhart, 1992, pp. 272-4 e 281.

23. "Relación de Cholula", 1985, p. 143.

24. Uma lenda contava que a torre de Cholula fora destruída por uma pedra de jade em forma de sapo (Graulich, 1982, p. 75).

25. E suas ruínas possuem dimensões demasiado modestas para serem confundidas com a colina imponente pintada no mapa.

26. Essa oscilação faz pensar no cubo de Necker, que tanto pode ficar com a aparência de um cubo vazio cujo interior se vê, como a de um cubo cheio cuja quina exterior se vê. Para as oscilações da imagem, ver Omar Calabrese, "Catastrofi e teoria dell'arte", em *Lectures. Analisi di materiali e temi di espressione francese*, Bari, t. XV, dezembro de 1984, pp. 45-62.

27. Um mapa de alguns anos depois (1586) mostra uma aglomeração organizada em torno da grande pirâmide.

28. Paul Kirchhoff, Lina Odena Güemes e Luis Reyes García, *Historia tolteca-chichimeca*, México, UNAM, 1976, fº 9 vº, ms. 54-58, p. 21.

29. Acrescentemos que os seis bairros que aparecem no mapa de 1581 são os equivalentes coloniais das doze divisões territoriais pré-hispânicas, ou *calpolli*. Eles indicam a existência de um duplo processo, simultaneamente de continuidade e de adaptação ao contexto colonial: "All twelve calpolli survived, condensed and rearranged over time into the six cabeceras shown in the *Relación geográfica* map" (Barbara E. Mundy, *The Mapping of New Spain. Indigenous Cartography and the Maps of the* Relaciones geográficas, Chicago/ Londres, The University of Chicago Press, 1996, pp. 126-7).

30. Sem escapar aos efeitos da dominação colonial e acolhendo as primeiras formas de industrialização e modernização, a cidade de Cholula conseguiu por muito tempo preservar sua organização social e religiosa. Numa obra maior, Guillermo Bonfil define o indígena como o produto da dominação colonial e o portador de uma indianidade que passa obrigatoriamente pelas mestiçagens e pelo hibridismo. Portanto, essa cidade sagrada nada tem de um foco de sobrevivências pré-hispânicas nem de um conservatório de fósseis culturais e sociais. Ver Guillermo Bonfil Batalla, *Cholula, la ciudad sagrada en la era industrial*, México, UNAM, 1973, pp. 256-7.

31. Sobre exemplos ibéricos, ver Lyell, 1976, pp. 3, 5 e 114: entre outras, uma vista de Alicante, gravada em 1564. Sobre o gênero de vistas topográficas, ver Georgius Braun e Frans Hogenberg, *Civitates orbis terrarum*, Antuérpia/Colônia, Philips Galle, 1572 (descrito em *Christoffel Plantijn en de Iberische Wereld*, Antuérpia, Museu Plantin, 1992, p. 250), e Svetlana Alpers, *L'Art de dépeindre. La peinture hollandaise au XVIIè siécle*, Paris, Gallimard, 1990, p. 265. Veja-se também a biblografia citada neste livro.

32. Há uma reprodução em Alpers (1990), prancha 78.

33. Duccio Sacchi, *Mappe del Nuovo Mondo. Cartografie locali e definizione del territorio in Nuova Spagna* (*Secoli XVI-XVII*), Milão, Franco Angeli, 1997, pp. 121-3.

34. Sobre as ilustrações do códice, ver J. Jorge Klor de Alva, H. B. Nicholson e Elose Quiñones Keber (orgs.), 1988, "The Work of Bernardino de Sahagún, Pioneer Ethnographer of Sixteenth-Century Aztec Mexico", *Studies on Cul-*

ture and Society, vol. II, Institute for Mesoamerican Studies, Austin, University of Texas, pp. 199-293.

35. Bernardino de Sahagún, *Códice de Florença*, fac-símile, 1579, t. III, *Libro undécimo. De los animales*, fol. 159 v°.

36. *Ursus horriacens, Ursus americanus machetes.*

37. A representação do *itzincuani* (Sahagún, 1579, t. III, fol. 161 r°) ou do *coiametl* (ibid., fol. 165 r°) oferece uma variante dessa solução: o animal parece não pertencer à paisagem que surge atrás dele como um simples cenário.

38. Pode também se tratar de dois artistas, pois nada exclui duas mãos sucessivas.

39. Sobre o alcance científico desses desenhos e as representações da natureza que apresentam, ver Jeanneret, s. d., pp. 68-79.

40. Sahagún, 1579, t. II, *Libro septimo. De la astrología y philosophía*, fol. 238 r°. Essas imagens podem ser aproximadas da imagem da neve (fol. 239 r°), que superpõe três motivos geométricos: as sete espirais das nuvens, os círculos dos flocos de neve, as placas irregulares do gelo (?).

41. "Algunas fábulas, no menos frías que frívolas que sus antepasados les dejaron del sol y de la luna y de las estrellas y de los elementos y cosas elementadas" (Sahagún, 1977, t. II, livro VII, p. 255).

42. A representação das nuvens nos *Primeros memoriales* seria inspirada na gravura de um *Juízo final*. Ver Ellen Taylor Baird, *Sahagún's Primeros memoriales: a Structural and Stylistic Analysis of Drawings*, dissertação de Ph.D., University of New Mexico, Albuquerque, University Microfilms I, Ann Arbor, 1979, p. 168.

43. Georges Didi-Huberman, *Fra Angelico. Dissemblance et figuration*, Paris, Flammarion, 1990 (fig. 12, 87 e passim).

44. Sahagún, 1963, p. 18.

45. Jeanneret, s. d., p. 76.

46. As interpretações sociológicas e técnicas, que digam respeito à formação dos pintores, à passagem das gerações, às condições da criação ou à engenhosidade das soluções, não bastam para explicar a complexidade das misturas.

47. Um exemplo no manual de extirpação de idolatrias de Juan de la Serna (*Manuel de ministros de indios* [...] em *Tratado de las idolatrías*, vol. X, México, Fuente Cultural, 1953, p. 80), comentado em Gruzinski, 1988, p. 234.

48. Reyes-Valerio, 1989, p. 161.

49. Ver o trabalho pioneiro de Donald Robertson, *Mexican Manuscript Paintings of Early Colonial Period*, New Haven, Yale University Press, 1959.

50. Cough, 1987, p. 374.

51. Segundo o cronista Augustín Davila Padilla, o dominicano Juan Ferrer sabia ler os glifos (*Historia de la fundación y discurso de la provincia de Santiago de México de la orden de los predicadores*, México, Academia Literaria, 1955, p. 286).

1. A base de cálculo do imposto foi modificada. Todos os plebeus, até então isentos, são obrigados a pagar o tributo, obrigação que se estende até a certos caciques. Ver Charles Gibson, *The Aztecs under Spanish Rule. A History of the Indians of the Valley of Mexico, 1519-1810*, Stanford, Stanford University Press, 1964, pp. 200-1.

2. Domingo Francisco de San Antón Muñón Chimalpahin Cuauhtlehuanitzin, *Relaciones originales de Chalco-Amaquemecan*, México, FCE, 1965, p. 268.

3. Gibson, 1964, pp. 168-72; Chimalpahin, 1965, p. 270.

4. Francisco del Paso y Troncoso, *Epistolario de Nueva España*, t. X, 1564-9, México, Antigua Librería Robredo, 1940, p. 129.

5. Gibson, 1964, p. 155.

6. A primeira grande vaga de congregações se conclui em 1564. O deslocamento forçado de populações indígenas provoca uma série de distúrbios: desenraizamento, ruptura com a terra natal tradicional, abandono da exploração diversificada dos recursos naturais. As populações indígenas são confinadas em quadros de vida que querem ser a réplica das aldeias espanholas (Enrique Florescano et al., *La clase obrera en la historia de México. De la colonia al imperio*, México, Siglo XXI, 1980, p. 83).

7. Biblioteca Nacional de México, Fondo de Origen, 1628 *bis*.

8. Angel María Garibay K., *Historia de la literatura náhuatl*, México, Porrúa, t. II, 1971, pp. 102 e 109; John Bierhorst, *Cantares mexicanos. Songs of the Aztecs*, traduzido do náuatle e com introdução de J. B., Stanford, Stanford University Press, 1985, pp. 327-41. O fac-símile do manuscrito da Biblioteca Nacional foi publicado com o título *Cantares mexicanos*, México, UNAM, 1994. Ver Louise M. Burkhart, *The Slippery Earth: Nahua-Christian Moral Dialogue in Sixteenth-Century Mexico*, Tucson, University of Arizona Press, 1988, p. 5, e o resumo da obra de J. Bierhorst por Xavier Nogués em *Historia mexicana*, t. 142, out.-dez. 1986, pp. 383-90.

9. Nossa tradução, como as seguintes, inspira-se na de J. Bierhorst, 1985, pp. 336-7.

10. *Poesía náhuatl, Cantares mexicanos. Manuscrito de la Biblioteca Nacional de México*, t. II e III, México, UNAM, 1993.

11. Angel María Garibay K. (no t. II de sua *Historia de la literatura náhuatl*, México, Porrúa, 1971, pp. 89-119), contudo, faz diversas citações dessas peças. É verdade que o conteúdo freqüentemente obscuro dos *Cantares* levava a seriar as questões concentrando-se sobre o fundo ameríndio, e que essa mudança de perspectiva multiplica os problemas de interpretação. Os esforços de J. Bierhorst — a quem devemos a única tradução integral e o único estudo crítico do ma-

nuscrito existentes até hoje — estão longe de ter solucionado tudo. Não teremos condições, aliás, de acompanhá-lo até o fim das pistas que oferece sem, para tanto, acatar as críticas de Miguel León-Portilla ("¿Una nueva interpretación de los *Cantares mexicanos*? La obra de John Bierhorst", em *Estudios de cultura náhuatl*, México, UNAM, vol. XVIII, pp. 385-400).

12. "Y así se fué por la mar navegando, y no se sabe cómo y de qué manera llegó al dicho Tlapallan", em Sahagún, 1977, t. I, p. 291. Sobre as fontes a respeito do fim de Quetzalcoatl, ver Graulich, 1982, p. 201.

13. A presença de conchas nas oferendas do Templo Mayor da Cidade do México mostra, porém, que os povos do altiplano não desconheciam os espaços marítimos.

14. Bierhorst, 1985, pp. 479-80; Robert Stevenson, *Music in Aztec and Inca Territory*, Berkeley, University of California, 1968, pp. 89 e 224-5; Díaz del Castillo, 1968, t. II, pp. 282 e 286-7.

15. Rafael García Granados, *Diccionario biográfico de Historia Antigua de Méjico*, t. III, *Indios cristianos. Bibliografía e índices*, 2ª ed., México, UNAM, 1995, pp. 135-6. Don Martín teria feito duas viagens à Espanha.

16. "A Ecatzin empero lo llevaron a Castilla. Prestó homenaje al gran soberano, al emperador. Porque no le fue dada muerte don Martín Ecatzin Tlacatécatl Tlapanécatl Popocatzin regresó. A los cinco años vino aquí, a Mexico Tlatelolco", em *Anales de Tlatelolco. Unos anales históricos de la nación mexicana y Códice de Tlatelolco*, org. Heinrich Berlin e Robert H. Barlow, México, Rafael Porrua S. A., 1980, p. 12. Don Martín Ehecatl — ou Ecatzin — teria sido governador de Tlatelolco de 1523 a 1526 segundo Barlow, ou de 1528 a 1531, segundo o franciscano Sahagún. Foi um dos animadores da resistência aos espanhóis durante o cerco à Cidade do México, e Cortés levou-o como refém para Honduras. Ver Robert H. Barlow, "Los caciques coloniales de Tlatelolco, 1521-1562", em *Obras* de R. H. B., t. II, México, INAH, Universidad de las Américas, 1989, pp. 359-62.

17. Ver os colóquios II e VII ("*De cuando Dios Nuestro Señor mandó al profeta Jonás que fuese a la ciudad de Nínive a predicar su destrucción*") e o *villancico* 91, *Ensalada de la flota*:

La flota está de partida
quien se quisiere embarcar
venga, que podrá ganar
tesoro y bien sin medida...

(Hernán González de Eslava, *Villancicos, romances, ensaladas y otras canciones devotas*, org. Margit Frenk, México, El Colegio de Mexico, 1989, pp. 240-1 e 391.)

18. "Oda de Joan de la Cueva", em *Flores de varia poesía*, org. Margarita Peña, México, SEP, 1987, p. 429.

19. Extraído do soneto *Pasando el mar Leandro el animoso*, em *Flores de varia poesía*, 1987, pp. 186-8. Sobre o autor do soneto, ibid., nota 102.

20. Louise M. Burkhart, "The Voyage of Saint Amaro: a Spanish Legend in Nahuatl Literature", *Colonial Latin American Review*, vol. 4, nº 1, 1995, pp. 29-57.

21. O relato é publicado em Burgos em 1552, e em seguida em Santo Domingo, em 1593.

22. Em vez de *ynmecahuehueuh* (harpas ou instrumentos de cordas), lê-se *huehuetl* (tambores); ver Burkhart, 1995, p. 54, nº 20.

23. Durán, 1967, t. I, pp. 236-7.

24. Ibid., 1967, t. I, p. 17.

25. Ibid., p. 18.

26. Ibid., p. 195.

27. "Todo fingido para dar placer y solaz a las ciudades, regocijándolas con mil géneros de juegos que [...] inventaban de danzas y farsas y entremeses y cantares de mucho contento", ibid., p. 194.

28. Ibid., p. 192.

29. É a edição do *Somptueux ordre plaisantz spectacles et magnifiques theatres dresses et exhibes par les citoyens de Rouen* [...], Rouen, Robert le Hoy e Jehan dict du Gord, 1551.

30. Valadés, 1989, entre os fol. 176 e 177.

31. Talvez dos mosaicos de Palestrina.

32. Sahagún, 1977, t. I, apêndice VI do livro II, p. 255.

33. Jeanneret, s. d., p. 151.

34. Sahagún, 1977, t. III, livro X, p. 164.

35. Pedro de Trejo, *Cancionero*, org. Sergio López Mena, México, UNAM, Instituto de Investigaciones Filológicas, 1996, pp. 10-74.

36. Gilles-Gaston Granger, *L'Irrationnel*, Paris, Odile Jacob, 1998, p. 175.

37. "Esse julgamento choca um pouco, mas é verdadeiro" (Wittgenstein, em *The Yellow Book*, curso de Cambridge, 1932-5, citado em Granger, 1998, p. 178).

38. Granger, 1998, p. 175.

39. Donde, provavelmente, nosso empenho em descobrir por todo lado "lógicas", tanto dentro como fora do Ocidente.

11. A COLONIZAÇÃO DO CÉU [PP. 244-76]

1. Durán, 1967, t. II, pp. 288-9.

2. Com o nome de *ycelteotl*.

3. Bierhorst, 1985, pp. 330-1.

4. Ibid., pp. 332-3.

5. Motolinía, 1971, pp. 112-3.

6. Alonso de Molina, *Confesionario mayor en lengua mexicana y castellana*, México, Antonio de Espinosa, 1569, fol. 92 rº.

7. *Inipillohuan, initlatocayouan, tecpan, nitiacuauan, nipilohuan* (ibid.). Outro exemplo dessa visão militar e guerreira do céu cristão figura em Bernardino de Sahagún, *Coloquios y doctrina cristiana*, 1564, org. Miguel León-Portilla, México, UNAM, 1986, pp. 95 e 182-7.

8. Bierhorst, 1985, pp. 338-41.

9. Jean-Marc Lalanne et al., *Wong Kar-wai*, Paris, Dis Voir, 1997, p. 22.

10. Bierhorst, 1985, pp. 340-1.

11. Paolo Giovio, *Elogia virorum bellica virtute*, Florença, 1551 (Paris, Biblioteca Mazarine, ms. 6765). Devo essa informação à generosidade de Maria Matilde Benzoni. Roma aparece em náuatle sob as formas *Loma* ou *Lomah* no *Cantar* LXVIII.

12. *Patele Xanto*, em Bierhorst, 1985, p. 340, 59 vº, 27.

13. Ibid.

14. Motolinía, 1971, p. 327.

15. *Concilios provinciales primero y segundo*, publicados por Francisco Antonio Lorenzana, México, Antonio de Hogal, 1769, cap. LXVI, pp. 140-1.

16. Bierhorst, 1985, p. 44; Robert Stevenson, *Music in Aztec and Inca Territory*, Berkeley, University of California Press, 1968; Gabriel Saldívar, *Historia de la música en México, épocas precortesiana y colonial*, México, Cultura, 1934.

17. O *Santoral* da Biblioteca Nacional do México, em Roberto Moreno, "Guía de las obras en lenguas indígenas existentes en la Biblioteca Nacional", *Boletín de la Biblioteca Nacional*, t. XVII, nº 1-2, 1966, p. 91; Pedro de Gante, *Doctrina cristiana en lengua mexicana* (1553), México, Centro de Estudios Históricos Fray Bernardino de Sahagún, 1981, s. p.

18. González de Eslava, 1989, p. 284.

19. Atualmente, na Pinacoteca Virreinal de San Diego; ver Tovar de Teresa, 1992, p. 86.

20. Alonso de Molina, *Vocabulario en lengua castellana y mexicana y mexicana y castellana*, Antonio de Espinosa, México, 1571, fol. 104 rº: *tepuz quiquitztli* = trombeta; fol. 90 rº: *quiquitzli* = concha que serve de corneta.

21. Ibid.

22. Heyden, 1983, p. 69.

23. Sahagún, 1969, livro VI, p. 131.

24. Graulich, 1982, p. 252.

25. *Cantar* LXXI, 28 (em Bierhorst, 1985, p. 355). O termo é utilizado em Ber-

nardino de Sahagún, *Psalmodia christiana y sermonario de los sanctos del año en lengua mexicana*, México, Pedro Ocharte, 1583, no sentido de cripta (193 vº: 13).

26. *Cantar* LXIV, 16 (em Bierhorst, 1985, p. 313); *Cantar* LXXXIV, 12 (ibid., p. 387): traduzido por "dosel de plumas" em Garibay, 1993, t. III, p. 56.

27. Andrés de Concha pintou santos no grande retábulo da igreja dominicana de Yanhuitlan em 1575: entre eles, um são Bernardino de Siena com a tiara pontifical; na *Rhetorica christiana* de Valadés, na prancha dedicada à hierarquia eclesiástica, figura um papa sentado sob um baldaquino, dentro de um nicho, com o crucifixo na mão (pp. 176-7).

28. Sahagún, 1977, t. II, livro VI, p. 159.

29. Jeanneret, s. d., p. 159.

30. *Cantar* XIX, 1 (em Bierhorst, 1985, p. 179); *Cantar* LXIV, 19 (ibid., p. 317); *Cantar* XIX, 13 (ibid., p. 181).

31. Sobre *O apocalipse* de Tecamachalco, ver Gruzinski, 1994, pp. 91-128.

32. Bierhorst, 1985, pp. 334-7.

33. Durán, 1967, t. I, p. 193.

34. Bierhorst, 1985, pp. 336-7.

35. Sahagún, 1977, t. II, p. 64.

36. Assinalamos um reliquário em forma de borboleta conservado na catedral de Ratisbonne, de feitura parisiense (1325-35).

37. Gary Tomlinson, "Ideologies of Aztec Song", *Journal of the American Musicological Society*, XLVIII, 3, 1995, pp. 364-7.

38. Molina, 1571, fol. 80 vº.

39. Bierhorst, 1985, pp. 336-7.

40. Jane H. Hill, "The Flowery World of Old Uto-Aztecan", comunicação apresentada no 86º Encontro Anual da American Anthropological Association, Chicago, 10-21 de novembro de 1987. Entre os antigos mexicanos, fulgor e cromatismo muitas vezes andam juntos. O palácio-caverna do papa é multicolorido. E as cores facilitam também as associações e as aproximações.

41. Bierhorst, 1985, pp. 338-9: *Chicnauhtlamantlini*: "os nove tipos". Ver Durán, 1967, t. II, p. 400: "los nueve dobleces del cielo".

42. Sahagún, 1583, fol. 173 vº: Bernardino de Sahagún, *Coloquios*, 1986, cap. XII, p. 94.

43. Outras fontes indicam treze céus, ou seja, a soma dos dois setores (um de nove níveis e outro de quatro). Ver López Austin, 1980, t. I, pp. 60-1, e, do mesmo autor, *Tamoanchan y Tlalocan*, México, FCE, 1996, p. 20. Sobre o termo *Chicnauhnepaniucan*, ver "lugar de los nueve pisos", ibid., p. 90.

44. Pomar, 1986, p. 23. A informação data do início dos anos 1580 e, por conseguinte, os intérpretes dos *Cantares* não podiam ignorá-la.

45. Diego Muñoz Camargo, 1984, pp. 202-3.

46. Alva Ixtlilxóchitl, 1975, t. I, p. 405.

47. Durante a festa jesuíta de 1578, nove anjos representam as diferentes hierarquias e os nove céus: "Las alas eran de plumería conforme al color de la ropa" (Pedro de Morales, *Carta*, México, Antonio Ricardo, 1579). Sobre os *voladores*, ver o *Códice Azcatitlan*, prancha 27 (*Códice Azcatitlan*, org. Robert Barlow, Paris, Biblioteca Nacional, Société des Américanistes, 1995). Sobre as *capillas posas* de Calpan, os querubins talhados são associados a glifos que poderiam ser o signo antigo do vento (Daniela Riquelme Mancilla, *La imagen del angel en el siglo XVI novohispano*, dissertação de mestrado, datil., Universidade de Paris-VIII, Vincennes Saint-Denis, outubro de 1997, passim).

48. *Cantar* LXXII, 1 (em Bierhorst, 1985, pp. 354-5); *Cantar* LXXXVII, 45 (ibid., pp. 408-9).

49. *Cantar* LVII, 28 (ibid., pp. 266-7).

50. *Cantar* LVII, 21 (ibid., pp. 266-7).

51. *Cantar* XXXVIII, 9: "*Tamoannempoyon* [...] *Moyolamox*" (ibid., pp. 210-1).

52. "*Xochinquahuitl oninac in tamoan ychan dios yecha*", *Cantar* XVIII, 50 (ibid., pp. 176-7).

53. Lopez Austin, 1996, p. 93.

54. *Cantar* LXXX, 14 (em Bierhorst, 1985, pp. 370-1), traduzido em López Austin, 1996, p. 99.

55. *Cantar* LXIV, 4 (em Bierhorst, 1985, pp. 312-5).

56. Ibid., pp. 314-5. Nessa cidade portadora do céu, ainda trêmula com a afirmação da grandeza mexica, esboça-se uma sacralização nova, ligada à presença da Mãe de Deus. O texto dos *Cantares* é contemporâneo de um culto que se desenvolve desde meados do século XVI: rumores contam então que uma imagen da Virgem de Guadalupe venerada na capela de Tepeyac multiplica os prodígios. Os *Cantares* preparam o terreno para o novo culto, inscrevendo-o nas antigas crenças. Sobre as colunas, ver também o *Cantar* LXXIX, 2 (em Bierhorst, 1985, pp. 366-7), e Garibay, 1993, t. III, pp. 36-8:

Columnas de turquesa se hicieron aquí,
en el inmenso lago se hicieron columnas
Es el dios que sustenta la ciudad.

57. Garibay, 1993, t. III, pp. 36-8, suprime *santo Patile* ("Santo Padre"), as referências a Deus (*tiox*) e, no final, corrige *tota Tiox*, "Deus nosso pai", e coloca *teotl* ("o deus").

58. *Cantar* LXVIII, 89-90, em Bierhorst, 1985, pp. 338-9.

59. David Carrasco, *Quetzalcoatl and the Irony of Empire. Myths and Pro-*

phecies in the Aztec Tradition, Chicago/Londres, The University of Chicago Press, 1982, p. 30.

60. Graulich, 1982, pp. 135-6.

61. Ibid., p. 263.

62. *Cantar* LIV-B, 1: "Cantai, Sol vermelho, Senhor dos escudos", em Bierhorst, 1985, p. 249.

63. Por exemplo, Sahagún, 1979, livro II, fol. 44 rº, a respeito do sacrifício dos cativos, *ixiptla* dos deuses *tlalocos*.

64. Gruzinski, 1990, pp. 86-7 e 267.

65. Por exemplo, Ripa, 1992.

66. *Cantar* LVIII, 9, em Bierhorst, 1985, pp. 268-9.

67. Na *Psalmodia christiana*, o franciscano Sahagún utiliza também a associação entre o astro e o Filho de Deus.

68. Mas esse pensamento mestiço é também um pensamento de classe, pois os além-túmulos que o *Cantar* faz desfilar diante dos olhos dos índios são reservados aos membros da nobreza, aos guerreiros das grandes linhagens. Assim como o céu solar dos antigos, Roma e a Casa do imperador só acolhem nauas de alta estirpe, para tristeza dos monges que pregavam — e das massas que esperavam — céus mais igualitários.

69. Na mesma época, os índios que serviam de informantes para o monge Sahagún seguiam um caminho totalmente diverso, que consistia em apresentar o Tamoanchan como um lugar histórico, localizável geograficamente na costa do golfo do México (López Austin, 1996, pp. 46-71). Enquanto os autores dos *Cantares* praticavam uma especulação celestial, os que viviam perto do franciscano dedicavam-se a apagar o que o passado mexica comportava de demasiado idolátrico.

70. Bierhorst, 1985, pp. 70-82. Seria surpreendente que a prática do canto à ocidental nas igrejas, a participação do teatro edificante propagado pelos monges, o espetáculo das danças e outros divertimentos introduzidos pelos conquistadores não tivessem influenciado a maneira indígena de cantar e dançar.

71. Niv Fichman, *Yo-Yo Ma Inspired by Bach, Struggle for Hope*, Sony, SHV 62724, 1995/1998.

72. Bierhorst, 1985, p. 28.

73. A confrontar com o adágio neoplatônico: "Em sua simplicidade, esse espírito geral triplo-um é animal, vegetal, mineral", e com "o pensamento sincrético, penetrado de animismo" do Renascimento; ver Jeanneret, s. d., p. 50.

74. Brotherson, 1992, p. 317.

75. Graulich, 1982, p. 59, e *Journal de la Société des Américanistes*, t. 2, pp. 1-42, 1905, texto estabelecido e anotado por E. de Jonghe, e chegado à França no século XVI.

76. Serge Gruzinski, *Les Hommes-Dieux du Mexique. Pouvoir indien et société coloniale, XVIè-XVIIIè siècle*, Paris, Editions des Archives Contemporaines, 1985, pp. 40-1.

77. Heyden, 1983, p. 99.

78. Garibay, 1993, t. II, XXXIII.

79. Emily Umberger, "Antiques, Revivals and References to the Past in Aztec Art", em *Res*, primavera de 1987, pp. 63-105.

80. Arthur Miller, "Indian Image and Visual Communication. Before and after the Conquest: the Mitla's Case", em Serge Gruzinski e Nathan Wachtel (orgs.), *Le Nouveau Monde, mondes nouveaux. L'expérience américaine*, Paris, Editions Recherches sur les Civilisations, École des Hautes Etudes en Sciences Sociales, 1996, pp. 199-234.

81. Entre as virtualidades técnicas e formais: o uso da caligrafia e dos diferentes estilos; na categoria de virtualidades geométricas: a sugestão da terceira dimensão ou o recurso à perspectiva calculada segundo as regras. Limitações e virtualidades restringem e orientam a capacidade de improvisação e de criação.

82. Pensamos nos *Títulos primordiales* examinados em Gruzinski, 1988, pp. 139-88.

83. Díaz del Castillo, 1968, t. I, p. 275.

84. O perfil das nuvens, a linha das orlas, as cristas das montanhas ou as turbulências da atmosfera correspondem a formas de extrema complexidade, que é impossível reduzir a modelos clássicos e familiares (reta, quadrado, triângulo etc.), ou expressar por meio de números inteiros. Toda redução, toda simplificação dessas formas fractais traem irremediavelmente a especificidade dos fenômenos aos quais elas se ligam. Um objeto fractal não corresponde a nenhuma das normas habituais da topologia; designa essas figuras medianas que se situam a meio caminho da superfície e do volume, ou do ponto e da linha. Um objeto fractal possui dimensões múltiplas, é *teragonico*, como lembra Omar Calabrese (*La Età neobarocca*, Bari, Sagittari Laterza, 1987, p. 130). Se o caráter fractal dá uma aparência desordenada às coisas, a extrema irregularidade que ela introduz não é totalmente aleatória; é, em geral, produto de um feixe de determinações que é possível detectar com instrumentos sofisticados. Ver também Benoît Mandelbrot, *Les Objets fractals*, Paris, Flammarion, 1977.

85. Gleick, 1991, p. 83.

12. A GRUTA DAS SIBILAS [PP. 277-304]

1. O humanista Francisco Cervantes de Salazar descreve *cantares* aparentemente dirigidos a um crucifixo mas, na verdade, "internamente" dedicados aos ídolos (*Crónica de la Nueva España*, México, Porrúa, 1985, p. 39).

2. María Sten, *Vida y muerte del teatro náhuatl. El Olimpo sin Prometeo*, México, SepSetentas, 1974, p. 86; em 1539, a *Junta eclesástica* proibira os *bailes con cantos* nas igrejas, "tanto por ser cosa seglar como por usarse en sus ritos gentiles". Em 1546, o vice-rei Antonio de Mendoza atacara os cantos que os índios "solían y acostumbraban en sus tiempos cantar" e as danças noturnas (Garibay K., 1971, t. II, p. 97).

3. *Concilios provinciales* [...], publicado por Antonio Lorenzana, México, 1769, p. 146.

4. Cervantes de Salazar, 1985, p. 39.

5. Durán, 1967, t. I, pp. 17 e 236.

6. Solange Alberro, *Société et Inquisition au Mexique, 1571-1700*, México, CEMCA, 1988, p. 36.

7. Durán, 1967, t. I, p. 17.

8. Ibid., p. 237: "De lo cual sienten muy poco los que hablan desde fuera".

9. Ibid.

10. Motolinía, 1971, pp. 87 e 92.

11. A execução, em 1538, do cacique de Texcoco por crime de idolatria é a exceção que confirma a regra. Se bem que esse príncipe pareça ter sido mais vítima de intrigas políticas da aristocracia indígena do que alvo da Igreja espanhola. Sobre a extirpação dos ídolos, ver Motolinía, 1971, p. 87.

12. José de Acosta, *Historia natural y moral de las Indias* (1590), org. Edmundo O'Gorman, México, FCE, 1979, p. 318.

13. Ibid.

14. O disco do conjunto Mala Punica, sob a direção de Pedro Memelsdorff, *Missa Cantinella. Liturgical Parody in Italy, 1380-1410: Matteo de Perugia-Zaccara da Teramo* (Erato, 0630-17069-2), oferece um testemunho dessa prática na Itália medieval.

15. Entre elas, estrofes de Garcilaso de la Vega.

16. Mariner Ezra Padwa, *Peter of Ghent and the Introduction of European Music to the New World*, Santa Fé, Hapax Press, 1993.

17. Motolinía, 1971, pp. 91-2.

18. Durán, 1967, t. I, p. 195: o dominicano qualifica de "*divinos*" os *cantares* destinados aos antigos deuses, como se essa categoria fosse óbvia.

19. Prática que aplicarão, sem pestanejar, os jesuítas portugueses no Brasil, um quarto de século mais tarde: "Se nos abraçarmos com alguns custumes deste gentio [...] como hé cantar cantigas de Nosso Senhor em sua lingoa pello seu toom e tanger seus estromentos de musica que elles [usam] em suas festas quando matão contrarios e quando andão bebados: e isto para os atrahir a deixarem os outros custumes essenciais e, permitindo-lhes e aprovando-lhes estes, trabalhar por lhe tirar os outros". E, mais adiante: "porque a semelhança é causa de

amor" (carta de Manuel da Nóbrega a Simão Rodrigues, Bahia, 1552, in *Monumenta Brasiliae*, Roma, Monumenta Historica Societatis Iesu, t. I, pp. 407-8.

20. Acosta, 1979, p. 317; Mujica Pinilla, 1996, pp. 237-9. Sobre a política da Igreja peruana, ver Juan Carlos Estenssoro-Fuchs, "La prédication au Pérou: de l'évangélisation à l'utopie", *Annales, Histoires, Sciences sociales*, nº 6, nov.-dez. 1996, pp. 1225-57.

21. Louise M. Burkhart, "Flowery Heaven: the Aesthetic of Paradise in Náhuatl Devotional Literature", em *Res*, 21, primavera, 1992, p. 95.

22. Jeanette Favrot Peterson, *The Paradise Garden Murals of Malinalco. Utopia and Empire in Sixteenth-Century Mexico*, Austin, University of Texas Press, 1993.

23. Hernán González de Eslava, *Teatro selecto. Coloquios y entremeses*, México, SEP, 1988, pp. 176 e 204.

24. González de Eslava, 1989, pp. 58-9.

25. Carta de Jerónimo López ao imperador, México, 20-X-1541, em *Colección de documentos*, 1971, t. II, p. 150.

26. "Avisen y sepan los ministros el gran mal que entre esta gente podría ser que hubiese disimulado vistiendo en los bailes algún indio al modo que su ídolo solía estar. Y esto con mucha disimulación festejándole y cantándole cantares apropiados a las excelencias y grandezas que de él fingían", Durán, 1967, t. I, p. 18.

27. Segundo o diário de Juan Bautista, citado em Miguel Léon-Portilla, *Los franciscanos vistos por el hombre náhuatl*, México, UNAM, 1985, p. 59.

28. Gruzinski, 1990, pp. 152-7.

29. Esse santuário está ligado a um culto das montanhas: "Avirtiendo que aquel beneficio de la lluvia les viene de aquellos montes [las gentes] tuvieronse por obligados de ir a visitar aquellos lugares y hacer gracias a aquella divinidad que allí residía".

30. Sahagún, 1977, t. III, pp. 352-3.

31. Ibid., p. 353.

32. Sobre a parcela de equívoco e de mal-entendido em toda transferência de ordem visual, ver Gruzinski, 1990, passim.

33. José A. Llaguno, *La personalidad jurídica del indio y el III concilio provincial mexicano*, México, Porrúa, 1963, p. 201.

34. Francisco Fernández del Castillo, *Libros y libreros en el siglo XVI*, México, FCE, 1982, p. 84.

35. Durán, 1967, t. I, p. 237.

36. Ibid.

37. *Arte adivinatoria*, fol. 101 vº, fac-símile em *Cantares mexicanos* (1994). Ver também Jesús Bustamante García, *Fray Bernardino de Sahagún. Una revi-*

sión crítica de los manuscritos y su proceso de composición, México, UNAM, Instituto de Investigaciones Bibliográficas, 1990, pp. 375-7.

38. Sacchi, 1997, p. 132.

39. Os índios pintavam sistematicamente a capital da província e seu território, enquanto os espanhóis teriam se contentado com uma vista esquemática do centro urbano.

40. Sacchi, 1997, pp. 130-2 e passim.

41. *Santoral mexicano*, 13 rº-15 vº, citado em Burkhart, 1992, pp. 102-3.

42. López Austin, 1980, t. I, p. 378.

43. Sahagún, 1977, t. II, livro II, cap. XXVI, 14, p. 173; Burkhart, 1992, p. 91.

44. Reyes-Valerio, 1978, passim.

45. Gruzinski, 1985, pp. 109-79. Essa fragilidade das misturas explica porque George Kubler, deliberadamente, não levou em conta o fenômeno, a pretexto de que a colonização erradicara toda forma de "sobrevivência" da arte pré-colombiana e que o pouco que sobrevivera só se perpetuara numa forma aviltada e "degradada". "In this process the original design loses articulation, hierarchy, variations and individuality in increasingly schematic stylisations" (a respeito dos pilares esculpidos de Tlalmanalco, em G. Kubler, 1985, p. 67). Isso era pensar a transformação de uma tradição exclusivamente no registro da extinção e da decadência.

CONCLUSÃO [PP. 305-20]

1. Bernand e Gruzinski, 1993, t. II, p. 492.

2. *HK, Orient Extrême Cinéma*, Paris, nº 4, outubro de 1997, p. 66.

3. Ibid., nº 0, outubro de 1996, p. 38.

4. Ibid., nº 3, julho de 1997, p. 9.

5. Jean-Marc Lalanne et al., *Wong Kar-wai*, Paris, Dis Voir, 1997, p. 13.

6. Ver também o papel da melodia *California Dreaming*, em *Chunking Express*, realizado em 1994.

7. Nascido em Shangai em 1958, Wong Kar-wai abandona a China popular e se instala em Hong Kong. A partir de 1988, começa uma série de longas-metragens que são indissociáveis dos últimos anos da colônia britânica.

8. Durante o filme, a cidade chinesa aparece, sub-repticiamente, numa forma invertida, o céu embaixo, na luz do dia, em oposição à noite lúgubre da capital argentina. O porto chinês e o porto argentino ocupam nesse filme posições antitéticas e equivalentes, como se Buenos Aires tivesse se tornado uma cópia de Hong Kong, mas nos antípodas.

9. Lalanne, 1997, pp. 10, 13, 45 e 52.

10. Ibid., p. 27.

11. Ibid., pp. 18- 9.

12. Ibid., p. 19. Gruzinski, 1991, p. 33.

13. Ibid., pp. 11, 19, 22, 27 e 41.

14. Uma seção da Documenta X (Cassel, 1997) explorava "a new form of urban coexistence". Mostrava o alucinante complexo urbano do delta do rio das Pérolas, "a city of exacerbated difference [...] based on the greatest possible difference between its parts — complementary and competitive".

15. Lalanne, 1997, p. 53.

16. Ibid., p. 45.

17. John Woo em *HK*, nº 4, outubro de 1997, p. 69.

18. Ackbar Abbas, *Hong Kong. Culture and the Politics of Disappearance*, Minneapolis, University of Minnesota Press, 1997, p. 53.

19. Ibid., p. 54.

20. Ibid., p. 11.

21. Ou pós-colonial, se é que o termo tem um sentido na Hong Kong devolvida à China.

22. Abbas, 1997, p. 8.

23. Ibid., p. 48.

24. Ibid., p. 40. Duas obras maiores abordam esse tema, *Vermelho* (1988) e *Atriz* (1991). *Vermelho* conta o destino de Flor, que depois de se suicidar em Hong Kong, nos anos 30, reaparece cinqüenta anos mais tarde em busca do amante desaparecido.

25. Ibid., p. 41.

26. Ibid., p. 35.

27. Na Sala della Scimmietta, pintada no final do século XVI; ver Carla Di Francesco (org.), *Le Sibille di Casa Romei. Storia e restauro*, Ravena, Longo Editore, 1998.

Agradecimentos

Os temas que este livro reúne foram amplamente abordados durante meu seminário na École de Hautes Études en Sciences Sociales, de 1994 a 1998. As críticas e observações de Carmen Salazar, Louise Bénat-Tachot, Sonia Rose, Juan Carlos Estenssoro, Mary del Priore e Giulia Bogliolo Bruna permitiram-me corrigir e enriquecer os campos que, juntos, nós exploramos. Vários capítulos foram objeto de apresentações e discussões em encontros organizados por Manuel Ramos e pelo Centro de Estudios de Historia de México de Condumex (México), por Berta Ares e a Escuela de Estudios Hispanoamericanos (Sevilha), por Eddy Stols e a Universidade Católica de Louvain, por Clara Gallini e a Associazione Internazionale Ernesto de Martino (Roma), por Adauto Novaes e a Fundação Nacional da Arte — Funarte (Rio de Janeiro), por Janice Theodoro da Silva, Laura de Mello e Souza e a Universidade de São Paulo. Décio Guzmán, meu primeiro leitor, e seus colegas da Universidade Federal do Pará e do Museu Emilio Goeldi (Belém) me fizeram descobrir um novo mundo, a Amazônia. As fotografias de Gilles Mermet e Marc Guillaumot me facilitaram um segundo olhar. O Instituto Nacional de Antropología e Historia (Cidade do México) e sua diretora, María Teresa Franco, abriram-me seus tesouros. Por último, Agnès Fontaine, da Fayard, acolheu este novo manuscrito e o releu pacientemente.

Bibliografia

CSIC — Centro Superior de Investigaciones Científicas
FCE — Fondo de Cultura Económica
INAH — Instituto Nacional de Antropología e Historia
UNAM — Universidad Nacional Autónoma de México

ABBAS, Ackbar. *Hong Kong. Culture and the Politics of Disappearance.* Minneapolis, University of Minnesota Press, 1997.

ACOSTA, José de. *De procuranda indorum salute* [1588]. Madri, CSIC, 1984-7.

_____ *Historia natural y moral de las Indias* [1590]. Ed. Edmundo O'Gorman, México, FCE, 1979.

AGUIRRE BELTRÁN, Gonzalo. *El proceso de aculturación.* México, Universidad Iberoamericana (1ª ed.: 1958), 1970.

_____ *Medicina y magia, El proceso de aculturación en la estructura colonial.* México, Instituto Nacional Indigenista, 1973.

ALBERRO, Solange. *Société et Inquisition au Mexique, 1571-1700.* México, CEMCA, 1988.

_____ *Les Espagnols dans le Mexique colonial. Histoire d'une acculturation.* Paris, Armand Colin/EHESS, 1992.

ALBORNOZ BUENO, Alicia. *La memoria del olvido. El lenguaje del tlacuilo. Glifos y murales de la Iglesia de San Miguel Arcángel, Ixmiquilpan, Hidalgo. Teopan dedicado a Tezcatlipoca.* Pachuca, Universidad Autónoma de Hidalgo, 1994.

ALCIAT, André. *Les Emblèmes* [1551]. Fac-símile da edição lionesa Macé-Bonhomme, prefácio de Pierre Laurens, Paris, Klincksieck, 1997.

ALPERS, Svetlana. *L'Art de dépeindre. La Peinture hollandaise au XVIIᵉ siècle.* Paris, Gallimard, 1990.

ALVA IXTLILXÓCHITL, Fernando de. *Obras históricas.* Org. Edmundo O'Gorman, México, UNAM, Instituto de Investigaciones Históricas, 1975, 2 vol.

ALVI, Geminello. *Il secolo americano.* Milão, Adelphi, 1996.

AMSELLE, Jean-Loup. *Logiques métisses. Anthropologie de l'identité en Afrique et ailleurs*, Paris, Payot, 1990.

ANDRADE, Mário de. *Macunaíma. O herói sem nenhum caráter.* Org. Telê Porto Ancona Lopez, São Paulo, Allca XX/Edusp, 1996.

ARES QUEIJA, Berta & GRUZINSKI, Serge (orgs.). *Entre dos mundos. Fronteras culturales y agentes mediadores.* Sevilha, Escuela de Estudios Hispanoamericanos, 1997.

ARRELLANO, Alfonso. *La Casa del Deán. Un ejemplo de pintura mural civil del siglo XVI en Puebla.* México, UNAM, 1996.

ARRÓNIZ, Othón. *Teatro de evangelización en Nueva España.* México, UNAM, 1979.

BAIRD, Ellen Taylon. *Sahagún's primeros Memoriales: a Structural and Stylistic Analysis of Drawings.* Dissertação de Ph.D. , University of New Mexico, Albuquerque, University Microfilms, Ann Arbor, 1979.

BARKHAN, Leonard. *The Gods Made Flesh: Metamorphosis and the Pursuit of Paganism.* New Haven, Connecticut, 1986.

BARLOW, Robert H. "El Códice de Tlatelolco". In Heinrich Berlin, *Anales de Tlatelolco. Unos anales históricos de la Nación Mexicana y Códice de Tlatelolco.* México, Rafael Porrúa, 1948, pp. 105-28.

BATE, Jonathan. *Shakespeare and Ovid.* Oxford, Clarendon Paperbacks, 1998.

BAXANDALL, Michael. *Painting and Experience in Fifteenth-Century Italy.* Oxford, Oxford University Press, 1986.

BÉNAT-TACHOT, Louise. "Ananas *versus* cacao. Un exemple de discours ethnographique dans la *Historia general de las Indias* de Gonzalo Fernández de Oviedo". In: Ares Queija e Gruzinski, 1997, pp. 193-230.

BENCIVENNI, Alessandro & SAMUELI, Anna. *Peter Greenaway. Il cinema delle idee.* Gênova, Le Mani, 1996.

BERNABÉ, J. et al. *Éloge de la créolité.* Paris, Gallimard, 1989.

BERNAND, Carmen & GRUZINSKI, Serge. "Mestizos, mulatos y ladinos en Hispano-América: un enfoque antropológico y un proceso histórico", datil., 1998.

_____ *De l'idolâtrie. Une archéologie des sciences religieuses.* Paris, Le Seuil, 1988.

_____ *Histoire du Nouveau Monde*, t. I, *De la découverte à la conquête.* Paris, Fayard, 1991.

BERNAND, Carmen & GRUZINSKI, Serge. *Histoire du Nouveau Monde*, t. II, *Les Métissages*. Paris, Fayard, 1993.

BHABHA, Homi K. *Location of Cultures*. Londres, Routledge, 1994.

BIERHORST, John. *Cantares Mexicanos. Songs of the Aztecs*. Traduzido do náuatle e com uma introdução de J. B. Stanford, Stanford University Press, 1985.

_____ *A Náhuatl-English Dictionnary and Concordance to the Cantares Mexicanos with an Analytical Transcription and Grammatical Notes*. Stanford, Stanford University Press, 1985.

BONFIL BATALLA, Guillermo. *Cholula, la ciudad sagrada en la era industrial*. México, UNAM, 1973.

BRAGA, Theodoro. *Noções de corographia do Estado do Pará*. Belém, Empreza Graphica Amazônia, 1919.

BROTHERSTON, Gordon. *Æsop in Mexico. Die Fabeln des Æsop in aztekischer Sprache. A 16th-Century Aztec Version of Æsop's Fables*. Berlim, Gebr. Mann Verlag, 1987.

_____ *Book of the Fourth World. Reading the Native Americas through their Literature*. Cambridge, Cambridge University Press, 1992.

BROWN, Jonathan. *L'Age d'or de la peinture espagnole*. Paris, Flammarion, 1991.

BROWN, Peter. *L'Autorité et le Sacré*. Paris, Noêsis, 1998.

BUARQUE DE HOLANDA, Sérgio. *Caminhos e fronteiras*. Rio de Janeiro, José Olympio, 1957.

_____ *Visão do Paraíso*. São Paulo, Brasiliense (1ª ed.: 1959), 1996.

BURITY, Glauce Maria Navarro. *A presença dos franciscanos na Paraíba através do convento de Santo Antônio*. Rio de Janeiro, Bloch, 1988.

BURKHART, Louise M. *The Slippery Earth: Nahua-Christian Moral Dialogue in Sixteenth-Century Mexico*. Tucson, University of Arizona Press, 1988.

_____ "Flowery Heaven: the Aesthetic of Paradise in Náhuatl Devotional Literature". *Res*, 21, primavera de 1992, pp. 88-109.

BUSTAMANTE GARCÍA, Jesús. *Fray Bernardino de Sahagún. Una revisión crítica de los manuscritos y su proceso de composición*. México, UNAM, Instituto de Investigaciones Bibliográficas, 1990.

_____ "Francisco Hernandéz, Plínio del Nuevo Mundo: Tradición clásica, teoría nominal y sistema terminológico indígena en una obra renacentista". In: Ares Queija e Gruzinski, 1997, pp. 243-68.

CALABRESE, Omar. "Catastrofi e teoria dell'arte", in *Lectures. Analisi di materiali e temi di espressione francese*. Bari, t. 15, dezembro de 1984, pp. 45-62.

_____ *La età neobarocca*. Bari, Sagittari Laterza, 1987.

_____ *Mille di questi anni*. Bari, Saggitari Laterza, 1992.

CAMILLE, Michael. *The Margins of Medieval Art*. Londres, Reaktion Books, 1992.

Cantares mexicanos. Edição em fac-símile, sob a direção de Miguel León-Portilla, México, UNAM, 1994.

CARRASCO, David. *Quetzalcoatl and the Irony of Empire. Myths and Prophecies in the Aztec Tradition*. Chicago/Londres, The University of Chicago Press, 1982.

CARTARI, Vincenzo. *Le imagini Colla sposizione degli Dei antichi*. Viena, 1556.

CÉARD, Jean. *La Nature et les Prodiges. L'Insolite au XVI^è siècle en France*. Genebra, Droz, 1977.

CERVANTES DE SALAZAR, Francisco. *Crónica de la Nueva España* [1560]. México, Porrúa, 1985.

CHASTEL, André. *Le Grottesque. Essai sur l'ornement sans nom*. Paris, Le Promeneur, 1988.

CHIMALPAHIN CUAUHTLEHUANITZIN, Domingo Francisco de San Antón Muñón. *Relaciones originales de Chalco-Amaquemecan*. Trad. Silvia Rendón, México, FCE, 1965.

CHIUSA, Maria Cristina. "Alessandro Araldi: la 'maniera antico-moderna' a Parma". Parma, *Quaderni di Parma per l'Arte*, ano II, fascículo 3, 1996.

Codex Azcatitlán. Org. Robert Barlow, Paris, Biblioteca Nacional, Sociedade dos Americanistas, 1995.

Codex Magliahechiano. Codices Selecti. Vol. XXIII, Graz, Akademische Druck und Verlagsanstalt, 1970 (edição em espanhol: México, FCE, 1996).

Colección de documentos para la historia de México. Publicada por Joaquín García Icazbalceta, México, Porrúa, 1971, 2 vol.

Concilios provinciales primero y segundo. Publicada por Francisco Antonio Lorenzana, México, Antonio de Hogal, 1769.

CONTI, Natale. *Mythologiae sive explicationum fabularum libri decem*. Veneza, 1551.

COUGH, Christopher. *Style and Ideology in the Durán Illustrations*. Dissertação de Ph.D., Columbia University, University Microfilms I, Ann Arbor, 1987.

DACOS, Nicole. *La Découverte de la Domus Aurea et la formation des grotesques à la Renaissance*. Londres/Leyden, The Warburg Institute, 1969.

DE MARTINO, Ernesto. *Furore, simbolo, valore*. Milão, Feltrinelli, 1980.

DÍAZ DEL CASTILLO, Bernal. *Historia verdadera de la conquista de la Nueva España* [1568]. México, Porrúa, 1968, 2 vol.

DIDI-HUBERMAN, Georges. *Fra Angelico. Dissemblance et figuration*. Paris, Flammarion, 1990.

DI FRANCESCO, Carla (org.). *Le Sibille di Casa Romei. Storia e restauro*. Ravena, Longo Editore, 1998.

Documenta X. *Short Guide/Kurzfürher*. Cantz Verlag, 1997.

DURÁN, Diego. *Historia de las Indias de Nueva España e Islas de la Tierra Firme* [1581]. México, Porrúa, 1967, 2 vol.

DUVERGER, Christian. *L'Esprit du jeu chez les Aztèques.* Paris, Mouton, 1978.

ESTENSSORO-FUCHS, Juan Carlos. "La Prédication au Pérou: de l'évangélisation à l'utopie". *Annales, Histoires, Sciences Sociales* nº 6, nov.-dez. de 1996, pp. 1225-57.

_____ *Du paganisme à la sainteté. L'incorporation des Indiens du Pérou au catholicisme.* Tese de doutorado em história e civilizações. Paris, École des Hautes Études en Sciences Sociales, 1998 (datil.).

FARAGO, Claire (org.). *Reframing the Renaissance. Visual Culture in Europe and Latin America 1450-1650.* New Haven/Londres, Yale University Press, 1995.

FARRIS, Nancy M. *Maya Society Under Colonial Rule. The Collective Entreprise of Survival.* Princeton, Princeton University Press, 1984.

FAVARETTO, Celso. *A invenção de Hélio Oiticica.* São Paulo, Edusp/Fapesp, 1992.

FAVROT PETERSON, Jeanette. *The Paradise Garden Murals of Malinalco. Utopia and Empire in Sixteenth-Century Mexico.* Austin, University of Texas Press, 1993.

FERNÁNDEZ DE OVIEDO, Gonzalo. *Cronica de las Indias. La historia general de las Indias* [...]. Salamanca, Juan de la Junta, 1547.

FERNÁNDEZ DE RECAS, Guillermo. *Cacicazgos y nobiliario indígena de la Nueva España.* México, UNAM, 1961.

FERNÁNDEZ DEL CASTILLO, Francisco. *Libros y librevos en el siglo XVI.* México, FCE, 1982.

FERRETTI, Sérgio Figueiredo. *Repensando o sincretismo.* São Paulo, Edusp/Fapema, 1995.

Flores de varia poesía. Org. Margarita Peña, México, 1987, SEP.

FLORESCANO, Enrique et al. *La clase obrera en la historia de México. De la colonia al imperio.* México, Siglo XXI, 1980.

FOSTER, George M. *La herencia de la conquista. La herencia española de América.* Jalapa, Universidad Veracruzana, 1962.

FOUCAULT, Michel. *Les Mots et les Choses. Une archéologie des sciences humaines.* Paris, Gallimard, 1966.

Fragmentos del pasado. Murales prehispánicos. México, INAH, Antiguo Colegio de San Ildefonso, UNAM, Instituto de Investigaciones Estéticas, 1998.

FRASER, Valerie. *The Architecture of Conquest: Building in the Viceroyalty of Peru 1535-1635.* Cambridge, Cambridge University Press, 1990.

GALLEGO, Julián. *Visión y símbolo en la pintura española del Siglo de Oro*. Madri, Catedra, 1987.

GALLINI, Clara. *Giochi pericolosi. Frammenti di un immaginario al quanto razzista*. Roma, Manifestolibri, 1996.

GANTE, Pedro de. *Doctrina cristiana en lengua mexicana* [1553]. México, Centro de Estudios Históricos Fray Bernardino de Sahagún, 1981.

GARCÍA CANCLINI, Néstor. *Culturas híbridas. Estrategias para entrar y salir de la modernidad*. México, Consejo Nacional para las Artes, Grijalbo, 1990.

_____ *Consumidores y ciudadanos. Conflictos multiculturales de la globalización*. México, Grijalbo, 1995.

GARCÍA GRANADOS, Rafael. *Diccionario biográfico de Historia Antigua de Méjico*, t. III, *Indios cristianos. Bibliografía e índices*. 2ª ed. México, UNAM, 1995.

GARCÍA ICAZBALCETA, Joaquín. *Bibliografía mexicana del siglo XVI*. México, FCE, 1981.

GARIBAY K., Angel María. *Historia de la literatura náhuatl*. 2ª ed. México, Porrúa, 1971, 2 vol.

_____ *Poesía náhuatl, Cantares mexicanos. Manuscrito de la Biblioteca Nacional de México*, t. II e III, 2ª ed. México, UNAM, 1993.

GARRIDO ARANDA, Antonio. *Organización de la Iglesia en el reino de Granada y su proyección en Indias*. Sevilha, Escuela de Estudios Hispanoamericanos, Universidad de Córdoba, 1980.

GELLNER, Ernest. *Relativism and the Social Sciences*. Cambridge, Cambridge University Press, 1985.

GENTILI, Augusto. *Da Tiziano a Tiziano. Mito e Allegoria nella cultura veneziana del Cinquecento*. Milão, Feltrinelli, 1980.

GERBI, Antonello. *La naturaleza de las Indias nuevas. De Cristobal Colón a Gonzalo Fernández de Oviedo*. México, FCE, 1978.

GIBSON, Charles. *The Aztecs under Spanish Rule. A History of the Indians of the Valley of Mexico, 1519-1810*. Stanford, Stanford University Press, 1964.

GILLESPIE, Susan D. *The Aztec Kings, the Construction of Rulership in Mexica history*. Tucson, The University of Arizona Press, 1989.

GIRAUD, Michel. "La Créolité: une rupture en trompe l'œil", *Cahiers d'études africaines*, 148, XXXVII-4, 1997, pp. 795-811.

GISBERT, Teresa. *Iconografía y mitos indígenas en el arte*. La Paz, Editorial Gisbert et Cía., 1980.

_____ & MESA, José de. *Arquitectura andina, 1530-1830*. La Paz, Embajada de España en Bolívia, 1997.

GLEICK, James. *La Théorie du chaos. Vers une nouvelle science*. Paris, Champs/Flammarion, 1991.

GLISSANT, Edouard. *Poétique de la relation*. Paris, Gallimard, 1990.

GÓMEZ MARTÍNEZ, Javier. *Fortalezas mendicantes.* México, Universidad Iberoamericana, 1997.

GONZÁLEZ DE ESLAVA, Fernán. *Teatro selecto. Coloquios y entremeses.* México, SEP, 1988.

_____ *Villancicos, romances, ensaladas y otras canciones devotas.* Org. Margit Frenk, México, El Colegio de México, 1989.

GONZÁLEZ TORRES, Yolotl. *El sacrifício humano entre los Mexicas.* México, FCE, 1985.

GRAFTON, Anthony. *New Worlds, Ancient Texts. The Power of Tradition and the Shock of Discovery.* Cambridge, Belknap Press of Harvard University Press, 1995.

GRANGER, Gilles-Gaston. *L'Irrationnel.* Paris, Odile Jacob, 1998.

GRAULICH, Michel. *Mythes et rituels du Mexique ancien préhispanique.* Bruxelas, Académie Royale de Belgique, 1982.

GREENAWAY, Peter. *Prospero's Books, a Film of Shakespeare's "The Tempest".* Londres, 1991.

_____ *The Pillow Book,* Paris, Dis Voir, 1996.

GRENIER, Jean-Yves. *L'Économie d'Ancien Régime. Un monde de l'échange et de l'incertitude.* Paris, Albin Michel, 1996.

GRUZINSKI, Serge. *Les Hommes-dieux du Mexique. Pouvoir indien et société coloniale, XVIe-XVIIIe siècle.* Paris, Editions des Archives Contemporaines, 1985.

_____ *La Colonisation de l'imaginaire. Sociétés indigènes et occidentalisation dans le Mexique espagnol, XVIe-XVIIIe siècle.* Paris, Gallimard, 1988.

_____ *La Guerre des images de Christophe Colomb à "Blade Runner", 1492-2019.* Paris, Fayard, 1990.

_____ *L'Amérique de la Conquête peinte par les Indiens du Mexique.* Paris, Flammarion/Unesco, 1991.

_____ "Vision et christianisation, l'expérience mexicaine". In: Jean-Michel Sallmann (dir.), *Visions indiennes, visions baroques. Les Métissages de l'inconscient.* Paris, PUF, 1992.

_____ *L'Aigle et la Sybille. Fresques indiennes des couvents du Mexique.* Paris, Imprimerie Nationale, 1994.

_____ "Las repercusiones de la Conquista: la experiencia novohispana". In: C. Bernand (dir.), *Descubrimiento, conquista y colonización de América a quinientos años.* México, FCE, 1994, pp. 148-71.

_____ *Histoire de Mexico.* Paris, Fayard, 1996.

_____ "Entre monos y centauros. Los indios pintores y la cultura del renacimiento". In: Berta Ares Queija e Serge Gruzinski (org.), *Entre dos mundos.*

Fronteras culturales y agentes mediadores. Sevilha, Escuela de Estudios Hispanoamericanos, 1997.

GRUZINSKI, Serge & WACHTEL, Nathan (org.) *Le Nouveau Monde. Mondes nouveaux. L'Expérience américaine.* Paris, Editions Recherches sur les Civilisations, École des Hautes Études en Sciences Sociales, 1996.

GUADALUPE VICTORIA, José. *Una bibliografía de arte novohispano.* México, Instituto de Investigaciones Estéticas, 1995.

GUAMAN POMA DE AYALA, Felipe. *El primer nueva corónica y buen gobierno.* Org. John Murra e Rolena Adordo, México, Siglo XXI, 1980.

GUIDIERI, Remo. *Chronique du neutre et de l'auréole. Sur le musée et les fétiches.* Paris, La Différence, 1992.

GUZMÁN, Décio de Alencar. *Les Chefferies indigènes du Rio Negro à l'époque de la conquête de l'Amazonie, 1650-1750: le cas des Indiens manao.* Memória de DEA, Paris, EHESS, 1998 (datil.).

HASSIG, Ross. *Aztec Warfare. Imperial Expansion and Political Control.* Norman/Londres, University of Oklahoma Press, 1988.

HEIKAMP, Detlef (com a contribuição de Ferdinand Anders). *Mexico and the Medici.* Florença, Edam, 1972.

HELLENDOORN, Fabienne Emilie. *Influencia del manierismo-nórdico en la arquitectura virreinal religiosa de México.* Delft, UNAM, 1980.

HERBERT, Christopher. *Culture and Anomie. Ethnographic Imagination in the Nineteenth Century.* Chicago/Londres, Chicago University Press, 1991.

HEYDEN, Doris. *Mitología y simbolismo de la flora en el México prehispánico.* México, UNAM, 1983.

HILL, Jane H. "The Flowery World of Old Uto-Aztecan". Comunicação apresentada na 86ª conferência da American Anthropological Association, 10-21 de novembro, 1987.

HILL, Jonathan. "Introduction: Myth and History". In: *Rethinking History and Myth: Indigenous South American Perspectives on the Past.* Urbana, University of Illinois Press, 1988.

HORAPOLLO. *The Hieroglyphics of Horapollo.* Trad. George Boas, pref. Anthony T. Grafton, Mythos Series, Princeton, Princeton University Press, 1993.

HORCASITAS, Fernando. *El teatro náhuatl. Epocas novohispana y moderna.* México, UNAM, 1974.

IRIARTE, Isabel. "Tapices con escenas bíblicas del Perú colonial". *Revista Andina,* I, jul. 1992, pp. 81-105.

JEANNERET, Michel. *Perpetuum mobile. Métamorphoses des corps et des œuvres de Vinci a Montaigne.* Paris, Macula, s. d.

JONES, Grant D. *Maya Resistance to Spanish Rule. Time and History on a Colonial frontier.* Albuquerque, University of New Mexico Press, 1989.

KIRCHHOFF, Paul; GÜEMES, Lina Odena & GARCÍA, Luis Reyes. *Historia tolteca-chichimeca.* México, INAH, 1976.

KLOR DE ALVA, J. Jorge; NICHOLSON, H. B. & KEBER, Eloise Quiñones (org.) *The Work of Bernardino de Sahagún, Pioneer Ethnographer of Sixteenth-Century Aztec Mexico.* Studies on Culture and Society, vol. II, Austin, Institute for Mesoamerican Studies, University of Texas, 1988.

KONETZKE, Richard. *Lateinamerika Entdeckung, Eroberung, Kolonisation.* Colônia/Viena, Böhlau, 1983.

KROEBER, Alfred L. *Culture Patterns and Processes.* Nova York/Londres, First Harbinger Books, 1963.

KUBLER, George. *Arquitectura mexicana del siglo XVI.* México, FCE, 1984.

_____ *Studies in Ancient American and European Art. The Collected Essays of George Kubler.* Org. Thomas E. Reese, New Haven/Londres, Yale University Press, 1985.

LALANNE, Jean-Marc et al. *Wong Kar-wai.* Paris, Dis Voir, 1997.

LAPLANTINE, François & NOUSS, Alexis. *Le Métissage.* Paris, Flammarion, 1997.

LAS CASAS, Bartolomeu de. *Historia de las Indias* [1559], t I. México, FCE, 1986.

_____ *Apologética historia sumaria* [1559]. Org. Edmundo O'Gorman, México, UNAM, 1967, 2 tomos.

LÉON PORTILLA, Miguel. *Los franciscanos vistos por el hombre náhuatl.* México, UNAM, 1985.

LEONARD, Irving. *Los libros del Conquistador.* México, FCE, 1996.

LESTRINGANT, Frank. *L'Atelier du cosmographe ou l'Image du monde a la Renaissance.* Paris, Albin Michel, 1991.

LÉVI-STRAUSS, Claude (dir.). *L'Identité.* Paris, PUF, 1977 (seminário).

LLAGUNO, José A. *La personalidad jurídica del indio y el III concilio provincial mexicano.* México, Porrúa, 1963.

LOCKHART, James. *The Nahuas after the Conquest. A Social and Cultural History of the Indians of Central Mexico. Sixteenth through Eighteenth Century.* Stanford, Stanford University Press, 1992.

LÓPEZ AUSTIN, Alfredo. *Hombre-Dios. Religión y política en el mundo náhuatl.* México, UNAM, Instituto de Investigaciones Históricas, 1973.

_____ *Cuerpo humano y ideología. Las concepciones de los antiguos nahuas.* México, UNAM, 1980, 2 tomos.

LÓPEZ AUSTIN, Alfredo. *Tamoanchan y Tlalocan*. México, FCE, 1996.

LORIMER, Joyce (org.). *English and Irish Settlement on the River Amazon, 1550-1646*. Cambridge, Hakluyt Society, 1989.

LUPO, Alessandro. "Síntesis controvertidas. Consideraciones en torno a los límites del concepto de sincretismo", *Revista de Antropología Social*, 5, 1996, pp. 11-37.

LYELL, James P. R. *Early Book Illustration in Spain*. Nova York, Hacker Art Books, 1976.

MACERA, Pablo. *La pintura mural andina. Siglos XVI-XIX*. Lima, Editorial Milla Batres, 1993.

MACGREGOR, Luis. *Actopan*. México, INAH, 1982.

MAINZER, Klaus. *Thinking in Complexity. The Complex Dynamics of Matter, Mind and Mankind*. Berlim, Springer, 1996.

MALDONADO, Humberto. *Hombres y letras del virreinato*. México, UNAM, 1995.

MATHES, Miguel. *Santa Cruz deTlatelolco: la primera biblioteca académica de las Américas*. México, Secretaría de Relaciones Exteriores, 1982.

MAZA, Francisco de la. *La mitología clásica en el arte colonial de México*. México, UNAM, Instituto de Investigaciones Estéticas, 1968.

MEGGED, Amos. *Exporting the Catholic Reformation. Local Religion in Early-Colonial Mexico*. Leyden/Nova York/Colônia, E. J. Brill, 1996.

MEIRA, Márcio. "O tempo dos patrões: extrativismo, comerciantes e história indígena no noroeste da Amazônia", *Cadernos de Ciências Humanas*, Museu Paraense Emilio Goeldi, 2, 1994.

_____ *Índios e brancos nas águas pretas, histórias do Rio Negro*. Seminário *Povos indígenas do rio Negro: terra e cultura*. Manaus, Universidade do Amazonas, agosto, 1996.

MELLO E SOUZA, Gilda de. *O tupi e o alaúde. Uma interpretação de* Macunaíma. São Paulo, Duas Cidades, 1979.

MELLO E SOUZA, Laura de. *Inferno atlântico. Demonologia e colonização. Séculos XVI-XVIII*. São Paulo, Companhia das Letras, 1993.

MENDIETA, Gerónimo de. *Historia eclesiástica indiana* [1596]. México, Salvador Chávez Hayhoe, 1945.

_____ *Historia eclesiástica indiana*. México, Porrúa, 1971.

MICHAUD, Philippe-Alain. *Aby Warburg et l'image en mouvement*. Paris, Macula, 1998.

MIGNOLO, Walter D. *The Darker Side of the Renaissance. Literacy, Territoriality and Colonization*. Ann Arbor, The University of Michigan, 1995.

MILLER, Arthur. "Indian Image and Visual Communication. Before and After the Conquest: the Mitla's Case". In: Serge Gruzinski e Nathan Wachtel (org.),

Le Nouveau Monde, mondes nouveaux. L'Expérience américaine. Paris, Editions Recherches sur les Civilisations, EHESS, 1996, pp. 199-234.

MOREL, Philippe. *Les Grotesques. Les Figures de l'imaginaire dans la peinture italienne de la fin de la Renaissance.* Paris, Flammarion, 1997.

MOTOLINÍA.Toribio de Benavente, vulgo. *Memoriales o libro de las cosas de la Nueva España y de los naturales de ella.* Org. por Edmundo O'Gorman. México, UNAM, 1971.

MUJICA PINILLA, Ramón. *Angeles apócrifos en la América virreinal.* México, SCE, 1996.

MUNDY, Barbara E. *The Mapping of New Spain. Indigenous Cartography and the Maps of the Relaciones Geográficas.* Chicago/Londres, The University of Chicago Press, 1996.

MUÑOZ CARMARGO, Diego. "Descripción de la ciudad y provincia de Tlaxcala" In: *Relaciones Geográficas del siglo XVI: Tlaxcala*, org. René Acuña, México, UNAM, 1984.

NETTEL, Patricia. *El precio justo o las desaventuras de un confesor en el siglo XVI.* México, Universidad Autónoma Metropolitana-Xochimilco, 1997.

NEVEUX, Hugues. "Le Rôle du 'religieux' dans les soulèvements paysans: l'exemple du pèlerinage de Niklashausen (1476)". In: *Mouvements populaires et conscience sociale.* Paris, Maloine, 1985, pp. 79-85.

_____ *Les Révoltes paysannes en Europe, XIV*[è]*-XVII*[è] *siècle.* Paris, Albin Michel, 1997.

L'Ordre du chaos. Paris, Belin, 1992.

OVÍDIO. *Les Métamorphoses.* Trad. Joseph Chamonard. Paris, Garnier Flammarion, 1992.

PADWA, Mariner Erza. *Peter of Ghent and the Introduction of European Music to the New World.* Santa Fé, Hapax Press, 1993.

PALM, Erwin Walter. "El sincretismo emblemático de los Triunfos de la Casa del Deán en Puebla", *Comunicaciones. Proyecto Puebla-Tlaxcala*, Fundación Alemana par la Investigación Científica, t. VIII. Puebla, 1973, pp. 57-62.

PANOFSKY, Erwin. *La Camera di San Paolo du Corrège à Parme.* Paris, Hazan, 1996.

PASCOE, David. *Peter Greenaway, Museums and Moving Image.* Londres, Reaktion Books, 1997.

PASO Y TRONCOSO, Francisco del. *Epistolario de Nueva España*, t. X, 1564-1569. México, Antigua Librería Robredo, 1940.

PÉREZ DE MOYA, Juan. *Philosophia secreta donde debajo de historias fabulosas se contiene mucha doctrina provechosa a todos los estudios, con el origen de los ídolos o dioses de na gentilidad* [1585, 1611]. Ed. E. Gómez de Baquero, Madri, 1910.

PHELAN, John L. *El Reino milenario de los franciscanos en el Nuevo Mundo.* México, UNAM, 1972.

PINELLI, Antonio. *La Bella Maniera. Artisti del Cinquecento tra regola e licenza.* Turim, Einaudi, 1993.

POMAR, Juan. "Relación de Texcoco". In: *Relaciones geográficas del siglo XVI: Mexico.* Org. René Acuña, México, UNAM, 1986, pp. 45-113.

_____ (org.). *Le Livre astrologique des marchands.* Paris, La Différence, 1992.

PRIGOGINE, Ilya. *Les Lois du chaos.* Paris, Flammarion, 1994.

_____ & STENGERS, Isabelle. *Entre le temps et l'éternité.* Paris, Fayard, 1988.

QUIÑONES KEBER, Eloise. "Collecting Cultures: a Mexican Manuscript in the Vatican Library". In: Farago (org.), 1995, pp. 229-42.

QUIROGA, Vasco de. *De debellandis indis.* Org. René Acuña, México, UNAM, 1988.

RANSMAYR, Christoph. *Le Dernier des mondes.* Paris, Flammarion/POL, 1988.

REICHEL-DOLMATOFF, Gerardo. *Amazonian Cosmos: the Sexual and Religious Symbolism of the Tukano Indians.* Chicago, The University of Chicago Press, 1971.

"Relación de Cholula" [1581], in *Relaciones geográficas del siglo XVI: Tlaxcala.* Ed. René Acuña, México, UNAM, 1985, t. II, pp. 121-45.

REYES-VALERIO, Constantino. *Arte indocristiano. Escultura del siglo XVI en Mexico.* México, INAH-SEP, 1978.

_____ *El pintor de conventos. Los murales del siglo XVI en la Nueva España.* México, INAH, 1989.

RIESS, Jonathan. *The Renaissance Antichrist. Luca Signorelli's Orvieto Frescoes.* Princeton, Princeton University Press, 1995.

RIPA, Cesare. *Iconologia* [1593]. Ed. Piero Buscaroli, Milão, Editori Associati, 1992 (reprodução do texto publicado em 1986 por Fógola Editore).

ROBERTSON, Donald. *Mexican Manuscript Paintings of Early Colonial Period.* New Haven, Yale University Press, 1959.

ROMERO, Ignacio Osorio. *Colegios y profesores jesuitas que enseñaron latín en Nueva España (1572-1767).* México, UNAM, Instituto de Investigaciones Filológicas, 1979.

_____ *La enseñanza del latín a los indios.* México, UNAM, 1990.

ROOSEVELT, Anna. *Amazonian Indians from Prehistory to the Present.* Tucson/Londres, The University of Arizona Press, 1997.

RUSSO, Alessandra. *Arte plumaria del Messico coloniale del XVI secolo: l'incontro di due mondi artistici.* Tese de doutoramento, Universidade de Bolonha, 1996 (datil.).

RUSSO, Alessandra. *Les Formes de l'art indigène au Mexique sous la domination espagnole au XVIe siècle. Le Codex Borbonicus et le Codex Durán.* Memória de DEA. Paris, EHESS, 1997 (datil.).

SACCHI, Duccio. *Mappe del Nuovo Mondo, Cartografie locali e definizione del territorio in Nuova Spagna (secolo XVI-XVII).* Milão, Franco Angeli, 1997.

SAHAGÚN, Bernardino de. *Florentine Codex. General History of the Things of New Spain, book 7. The Sun, Moon and Stars and the Beginning of the Years.* Trad. Arthur J. O. Anderson e Charles E. Dibble, The School of American Research University of Utah, nº 14, parte VIII, Santa Fé, 1953.

_____ *Florentine Codex. General History of the Things of New Spain, book 11. Early Things.* Trad. Arthur J. O. Anderson e Charles E. Dibble, The School of American Research e University of Utah, nº 14, parte XII, Santa Fé, 1963.

_____ *Florentine Codex. General History of the Things of New Spain, book 6. Rhetoric and Moral Philosophy.* Trad. Arthur J. O. Anderson e Charles E. Dibble, The School of American Research e University of Utah, nº 14, parte VII, Santa Fé, 1969.

_____ *Historia general de las cosas de Nueva España* [1569]. Ed. Angel María Garibay K. México, Porrúa, 1977, 4 vol.

_____ *Códice florentino* [1580]. México, AGN, 1979.

_____ *Historia general de las cosas de Nueva España.* Org. Alfredo López Austin e Josefina García Quintana. México, Banamex, 1982, 2 vol.

_____ *Coloquios y doctrina cristiana* [1564]. Ed. Miguel León-Portilla. México, UNAM, Fundación de Investigaciones Sociales A. C., 1986.

SALAZAR-SOLER, Carmen. "Alvaro Alonso Barba: teorías de la antigüedad, alquimia y creencias prehispánicas en las ciencias de la tierra en el Nuevo Mundo". In: Ares Queija e Gruzinski, 1997, pp. 269-96.

SARTOR, Mario. *Arquitectura y urbanismo en Nueva España, siglo XVI.* México, Azabache, 1992.

SCHWARTZ, Stuart et al. *Implicit Understandings, Observing, Reporting and Reflecting on the Encouters Between European and Other Peoples in the Early Modern Era.* Cambridge, Cambridge University Press, 1994.

SEZNEC, Jean. *La Survivance des dieux antiques.* Paris, Flammarion, 1993.

SOLÓRZANO Y PEREYRA, Juan de. *Politica indiana* [1647]. Madri, Imprenta Real de la Gazeta, 1776.

STEN, María. *Vida y muerte del teatro náhuatl. El Olímpo sin Prometeo.* México, SepSetentas, 1974.

STEVENSON, Robert. *Music in Aztec and Inca Territory*. Berkeley, University of California Press, 1968.

TAYLOR, René. *El arte de la memoria en el Nuevo Mundo*. Madri, Swan, 1987.

Terra America. Il mondo nuovo nelle collezioni emiliano-romagnole. Org. Laura Laurencich Minelli, Bolonha, Grafis, 1992.

TOMLINSON, Gary. "Ideologies of Aztec Song", *Journal of the American Musicological Society*, t. XLVIII, 3, 1995, pp. 364-7.

TOUSSAINT, Manuel. *Claudio de Arciniega. Arquitecto de la Nueva España*. México, UNAM, Instituto de Investigaciones Estéticas, 1981.

_____ *Pintura colonial en México*. 2ª ed. México, UNAM, 1982.

TOVAR DE TERESA, Guillermo. *Bibliografía novohispana de arte. Primera parte. Impresos mexicanos relativos al arte de los siglos XVI y XVIII*. México, FCE, 1988.

_____ *Pintura y escultura en Nueva España (1557-1640)*. México, Azabache, 1992.

TREJO, Pedro de. *Cancionero*. Org. Sergio López Mena, México, UNAM, Instituto de Investigaciones Filológicas, 1996.

TYLOR, Edward B. *Primitive Culture*. Nova York, Harper, 1951.

VAINFAS, Ronaldo. *A heresia dos índios: catolocismo e rebeldia no Brasil colonial*. São Paulo, Companhia das Letras, 1995.

_____ *Confissões da Bahia*. São Paulo, Companhia das Letras, 1997.

VALADÉS, Diego. *Rhetorica christiana* [1579]. México, UNAM/FCE, 1989.

VASARI, Giorgio. *Le Vite dè piú eccelenti architetti, pittori et scultori italiano, da Cimabue insino à giorni nostri*. Florença, Lorenzo Torrentino, 1550.

VELIZ, Zahira. *Artists' Techniques in Golden-Age Spain. Six Treatises in Translation*. Cambridge, Cambridge University Press, 1986.

VICENCIO, José Victoria. *Pintura y sociedad en Nueva España. Siglo XVI*. México, UNAM, Instituto de Investigaciones Estéticas, 1992.

WACHTEL, Nathan. *La Vision des vaincus, les indiens du Pérou devant la Conquête espagnole*. Paris, Gallimard, 1971.

WAGNER, Roy. *L'invenzione della cultura*. Milão, Mursia, 1992.

WARBURG, Aby. *La rinascità del paganesimo antico*. Florença, La Nuova Italia Editrice, 1996.

_____ *Il rituale del serpente*. Milão, Adelphi, 1998.

WARMAN, Arturo. *La danza de moros y cristianos*. México, SepSententas, 1972.

WASSON, Robert Gordon. *The Wondrous Mushroom. Mycolatry in Mesoamerica*. Nova York, Mc Graw-Hill Book Company, 1980.

WHITEHEAD, N. L. *Lords of the Tiger Spirit: a History of the Caribs in Colonial Ve-*

nezuela and Guayana, 1498-1820. Royal Institute for Linguistics and Anthropology, Caribbean Studies Series, nº 10, Dordrecht e Providence, Foris Publications, 1988.

WITTKOWER, Rudolf. *Allegory and the Migration of Symbols.* Nova York, Thames and Hudson, 1987.

YHMOFF CABRERA, Jesús. *Los impresos mexicanos del siglo XVI en la Biblioteca Nacional de México.* México, UNAM, 1989.

ZANCHI, Mauro. *Lorenzo Lotto et l'imaginaire alchimique. Les "imprese" dans les marqueteries do chœur de la basilique de Sainte-Marie-Majeure à Bergame.* Bérgamo, Ferrari Editrice, 1998.

ZERON, Carlos. *La Compagnie de Jésus et l'institution de l'esclavage au Brésil: les justifications d'ordre historique, théologique et juridique, et leur intégration dans une mémoire historique (XVIè-XVIIè siècles).* Tese de douturado em história, Paris, EHESS, 1998 (datil.).

Índice onomástico e de personagens

Ackbar, Abbas, 315
Acosta, José de, 95, 282, 287
Acteão, 151, 153, 156
Adônis, 155, 156
Agostini, Nicolò, 133
Aguirre Beltrán, Gonzalo, 45
Ahuitzotl, 208, 228
Alciat, André, 162
Aldrovandi, Ulisse, 181
Alexandre, 148
Alexandre VI, 140
Almagro, Diego de, 80
Alva Ixtlilxóchitl, don Fernando de, 260
Alvi, Geminello, 15
Ammannati, Bartolommeo, 146
Amselle, Jean-Loup, 44
Andrade, Mário de, 23, 26-9, 36, 38, 312
Andrômeda, 156
Anghiera, Pedro Mártir, 189
Anguillara, Giovanni Andrea del, 133
Antonioni, Michelangelo, 310
Anunciación, frei Domingo de la, 293
Apeles, 275
Apolo, 139, 185
Appien, 215
Aquilis, Julio de, 166
Araldi, Alessandro, 184-5
Arcimboldo, 165, 179
Arciniega, Claudio de, 139
Ariel, 161
Aron, Raymond, 74
Atahualpa, 140

Bach, Johann Sebastian, 269
Balandier, Georges, 47
Bando, Tamasaburo, 269
Bastide, Roger, 46-7
Baumgarten, Lothar, 35-7
Beatles (The), 39
Bernand, Carmen, 44

Berruguete, Alonso, 275
Betanzos, Frei Domingo de, 78
Beuys, Joseph, 36
Bierhorst, John, 231
Boas, Franz, 14
Bos, Cornelis, 170
Bronzino, Angelo, 165
Bruegel, Pieter (O Velho), 119
Buontalenti, Bernardo, 176
Bustamante, Jorge de, 133
Buti, Ludovico, 175, 194

Caliban, 161
Cardan, Jérôme, 178
Carlos Magno, 148
Carlos V, 76, 96, 98, 139, 166, 210, 239, 246, 249
Cartari, Vicenzo, 150
Catão, 137
Cattaneo, Stefano (padre), 187
Ceres, 185
Cervantes de Salazar, Francisco, 136, 277-8
Chalchiuhtlicue, 152
Chastel, André, 171
Cícero, 137, 139
Cihuacoatl, 302
Cinteotl, 206
Circe, 151
Clemente VII, 250
Cobos, Francisco de los, 166
Colombo, Cristóvão, 148
Concha, Andrés de, 166, 251
Conti, Natale, 150
Correggio, 184
Cortés, Hernán, 53, 75, 77, 87, 140, 148, 229, 233, 244, 246
Cortés, Martín, segundo marquês Del Valle, 229
Corvera, Juan Bautista, 242
Costner, Kevin, 17
Cotta, 153
Cuauhtémoc, 246
Cueva, Juan de la, 133, 234

Dafne, 130, 151
De Martino, Ernesto, 56
Dédalo, 139
Dênis, o Areopagita, 201, 259, 263
Deus (Tiox), 230, 241, 248-9, 251, 253, 261, 263-7, 280, 282, 289, 291, 299
Diana, 153, 156
Diana, princesa, 25
Díaz del Castillo, Bernal, 107, 138, 275
Dioscórides, 201
Dolce, Ludovico, 133, 136
Don Martín, 230, 232
Du Bartas, Guillaume, 179
Dürer, Albrecht, 188
Durán, Diego, 188, 199, 206-8, 236-7, 239-43, 254-5, 279-81, 287, 290, 312

Ecatzin, Martín, 233
Ehecatl, 232-3, 285
Enéias, 233
Esopo, 139
Europa, 156

Faetonte, 140
Fama (A), 140
Farnese, Alexandre, 170
Febo, 138, 140
Fernández de Oviedo, Gonzalo, 73, 75, 87, 234
Fernando, o Católico, 140, 169
Ficino, Marsilio, 189, 271
Filipe II, 138, 156, 166, 200-1, 229
Flávio Josefo, 137
Floris, Franz, 166
Foster, Georges M., 92

Gand, Pierre de, 83, 251, 283-4
Garibay, Angel María, 231
Gerson, Juan, 257
Giorgione, 219
Giovio, Paolo, 250
Giraud, Michel, 44
Glissant, Edouard, 41
González de Eslava, Hernán, 234-5, 242, 251, 283, 288-9, 298
Górgona, 130
Greenaway, Peter, 113, 115, 117-8, 121, 144, 160-2, 193, 254
Guevara, Felipe de, 189

Heitor, 148
Hemessen, Jan Sanders Van, 256
Henrique II, 239
Hércules, 140, 152
Hernández, Francisco, 200-1, 215
Hidra de Lerna, 140
Hilonomé, 143
Hinojosa, Ortiz de, 293
Horácio, 138
Horapollo, 185, 187-8
Huitzilopochtli, 125, 140, 152

Iemanjá, 196
Ísis, 151

Jesus Cristo, 143-4, 187, 205-6, 247-8, 254, 265-6, 285, 288-9, 293, 298, 301
Juno, 152, 185
Júpiter, 138-40, 151, 156
Juvenal, 137

Kroeber, Alfred Louis, 18
Kurosawa, Akira, 116
Kwan, Stanley, 317

Landi, Antonio Giuseppe, 25, 32
Laplantine, François, 44
Las Casas, Bartolomeu de, 78, 101, 104, 106-7, 148, 151-2, 182, 199
Leda, 151
Lênin, 43
León Hebreo, 136
Leone, Sergio, 309
León-Portilla, Miguel, 55
Léry, Jean de, 30
Lévi-Strauss, Claude, 18, 31, 275
López, Jerónimo, 277
Luciano, 98

Macuilxochitl, 205
Macunaíma, 26-8, 312
Madalena, 205
Malinche, 244
Marcial, 234
Mayner, Alexander, 166
Médici, Cosme de, 195
Medusa, 130, 197
Mendieta, Gerónimo, 199
Mendonça Furtado, Francisco Xavier, 32
Michelangelo, 275
Minerva, 138
Mixcoatl, Andrés, 272
Moctezuma, 138, 140, 208, 227, 233, 245
Molina, Alonso de, 247, 293
Montaigne, Michel de, 30, 53, 179
Montezuma, don Pedro de, 228
Montufar, Alonso de (arcebispo), 290, 297
More, Thomas, 98-9
Morricone, Ennio, 309
Motolinía, Toribio de Benavente, vulgo, 63-4, 66-70, 74, 76, 104, 107, 167, 182, 281

Moya, Juan Pérez de, *veja* Pérez de Moya, Juan
Müller, Heiner, 156
Muñoz Camargo, Diego, 259, 302

Nagiko, 115, 117
Nazareo, Don Pablo, 138
Nebrija, Antonio de, 169
Nero, 163
Neveux, Hugues, 54
Nezahualcoyotl, 260-1
Nossa Senhora de Guadalupe, 290-1
Nouss, Alexis, 44
Nyman, Michael, 160

Ocelotl, Martín, 272
Ochart, Pierre, 168-70
Ocirhoé, 143-4
Oiticica, Helio, 36-7
Orfeu, 161
Ovídio, 128, 130, 132-8, 141, 145-6, 150-1, 153, 155-6, 161, 178-9, 186, 191-2, 198, 201, 215
Ozomatli, 143-5, 155, 161
Ozu, Yasujiro, 117

Pã, 151
Pablos, Juan, 169, 251
Pacheco, Francisco, 166, 171
Paganino, Giovan Antonio, 187
Paleotti, Gabriele (cardeal), 146, 171, 181, 241
Panofsky, Erwin, 184
Paré, Ambroise, 178
Patti, Guesch, 93, 116
Paulo IV, 254
Paulo V, 195
Pelé, Edson Arantes do Nascimento, vulgo, 37
Peralta, Gastón de, 287
Pereyns, Simon, 166
Pérez de Moya, Juan, 154
Pérez, Alonso, 133
Pérez, Antonio, 303
Perseu, 130, 136, 141, 156
Petrarca, 119
Piacenza, Giovanna da, 184-6
Piazzola, Astor, 305
Pio II, 133
Pio IV, 254
Pio V, 146
Pio, Ercole, 187
Pizarro, Francisco, 80, 148
Platão, 260
Plaza, Tomás de la, 119, 154
Plínio, O Velho, 198, 200-1, 215
Plutarco, 45, 137
Poma de Ayala, Guaman, 81
Pomar, Juan, 259, 263
Pombal, Sebastião José de Carvalho e Melo, marquês de, 33
Popper, Karl Raimund, 60
Porfírio, 241
Prigogine, Ilya, 60
Prosérpina, 185
Próspero, duque de Milão, 161-2, 180, 193, 254

Quetzalcoatl (a Serpente Emplumada), 77, 149, 195, 198, 232, 264, 285
Quetzalcoatl-Ehecatl, 198
Quintiliano, 139
Quíron, 143

Rabelais, François, 234
Rafael, 163
Ransmayr, Christoph, 153-4, 158, 191
Ray, Nicholas, 310
Rimbaud, Arthur, 227
Ripa, Cesare, 162

Rodriguez Ferreira, Alexandre, 34
Rojas, Gabriel de, 208, 210-1, 214
Rolewinck, Werner, 215
Roosevelt, Anna Curtenius, 31
Run Run-Shao, 308

Sacchi, Duccio, 295
Sahagún, Bernardino de, 143, 152, 199, 215, 217, 220, 222, 231, 240-2, 251, 255, 259, 279-80, 284-5, 291-2, 294, 298, 300, 302
Salomão, 66
Saluste, 137
Sannazzaro, J., 133
santa Ana, 292
santa Cecília, 250-1, 262
santa Clara, 285
santa Margarida, 293
santa Maria, 89, 258, 262
santa María, 291
santa María Cipac, don Luis de, 227-9
santa Marta, 293
santo Amaro, 235
são Bartolomeu, 293
são Bernardino, 285
são Francisco, 252, 285
são Gregório, papa, 282
são João, 253, 263, 292
são João Batista (Xan Jihuan Paha), 263-8, 285-6
são Joaquim (festa de), 33
são Miguel (arcanjo), 127
são Paulo, 254
são Pedro, 249, 254
são Sebastião, 88
são Tiago, 293
são Tomé, 149
Savonarola, Girolamo, 146
Sei Shônagon, 115, 118
Sêneca, 137
Seznec, Jean, 132
Shakespeare, William, 160, 234
Signorelli, Luca, 68
Sigüenza, José de, 166
Sixto V, 146
Solorzano y Pereyra, Juan de, 95

Tang, imperador, 308
Teixeira, Pedro, 31
Teseu, 139
Tezcatlipoca, 124, 126, 197, 264, 272, 292
Tibulo, 186
Ticiano, 155-6, 220
Tito, 68, 163
Tito-Lívio, 137
Tlahuizcalpantecuhtli, 264
Tlaloc, 252, 272
Tlalocatecutli, 220
Tlateotl, 271
Tlazolteotl, 152
Toci, 292
Toledo, Francisco de, 80
Tonantzin, 291-2, 302
Tonatiuh, 124, 263-7, 285
Tovar, Juan de, 207
Trejo, Pedro de, 242
Trier, Lars von, 49, 50, 72-3
Tritonio, Antonio, 133
Tsui Hark, 309

Udine, Giovanni da, 163
Ulisses, 233

Vaga, Perino del, 163
Valadés, Diego, 190, 238, 240, 255
Valeriano, Antonio, 139, 187
Van der Wyngaerde, Anton, 215
Vargas, Luis de, 166
Vasari, Giorgio, 163

Vega, Garcilaso de la, 199
Vênus, 152, 155-6, 259, 285, 286
Villalón, Cristóbal de, 133
Villaseca, Alonso de, 135
Viñas, Antonio de las, 215
Vinci, Leonardo da, 219, 222
Virgem, 153, 168, 170, 196, 240, 262, 285, 288, 290, 292, 303, 307
Virgem de Guadalupe, 108, 291, 297, 302
Virgílio, 137, 186
Vos, Martin de, 166
Vulcano, 152

Wachtel, Nathan, 55
Wagner, Richard, 244
Warburg, Aby, 13-5, 173, 319-20
Warburg, Paul, 14
Wenders, Wim, 116
Wong Kar-wai, 249, 305-6, 309-15, 317, 320
Woo, John, 307

Xipe Totec, 142
Xiuhtecutli, 152
Xochipilli, 206
Xochiquetzal, 254-6, 259, 272, 302

Yo-Yo Ma, 269

Zuazo, Alonso, 87-9
Zumárraga, Juan de, 252, 278

Índice geográfico

Acolman (México), 148, 206, 223, 253, 255
Acolman, convento agostiniano de, 205-6, 223
Acolman, igreja agostiniana de, 148
Acoma (Novo México), 13
Alexanderplatz (Berlim), 49
Algodoal (Brasil), 23, 25-7, 29
Amazonas, 23, 29-31, 33
Amazônia, 25, 29-35
Anahuac, 182, 225
Andaluzia, 52, 75, 166
Andes, 29, 73, 80-1, 97-8, 108, 132, 178, 195-6, 284, 298
Antilhas, 73-4, 78
Antilhas Francesas, 41
Antuérpia, 119, 169
Aragão, 52
Atotonilco, convento agostoniano de, 148

Babilônia, 207
Bahia (Brasil), 89, 132
Barcelona, 133
Barcelos (Brasil), 32
Belém (Brasil), 25, 31-2, 43
Belém (Israel), 234
Belém, Teatro da Paz, 26
Bérgamo, capela de Colleoni, 152
Berlim, 47, 49, 119
Berlim, estação de Anhalt, 49
Berlim, Schönhausen Allee, 49
Bilbao, 98
Bolívia, 195
Bolonha, 146, 181
Bomarzo, 146
Bombaim, 17
Brasil, 26-8, 32, 35-6, 41, 46, 73-4, 76, 80-2, 89, 132, 195, 239, 284
Brasília, 96
Buenos Aires, 95, 305-6, 312, 320

Cacaxtla (México), 271
Califórnias, 95

Caprarola, 146, 147
Caribe, 73
Cassel, 35, 37
Castela, 52, 63, 70, 76-8, 82, 86, 95-6, 101, 107, 165, 233, 245, 258, 299
Chiapas, 16, 25
Chile, 95
China, 62, 95, 118, 193, 306, 308, 310, 313
Cholula, 208-9, 212-3, 215-6, 218, 236, 243, 252-3, 255, 263, 296
Cholula, convento franciscano de San Gabriel, 209, 214
Cholula, pirâmide de, 209, 211-2, 251, 292
Cholula, quarteirão de San Andrés, 211, 213
Cholula, quarteirão de San Miguel, 213
Cholula, templo de Quetzalcoatl, 212, 214
Cibola, Sete Cidades de, 77
Cochin, 62
Córdoba, mesquita-catedral de, 209
Cuauhtinchan, covento de, 223
Cuba, 75
Domus Aurea (Palácio de Nero), 163
Egito, 64, 67-9, 150, 293
Epazoyucan, convento de, 223
Escaut, 119
Espanha, 13, 66, 71, 75-6, 102, 133, 138, 147, 165-6, 169, 171, 189, 201, 215, 228, 233, 235, 272
Extremadura, 52, 75

Fanzola, vila Emo de, 170
Ferrara, 319
Ferrara, Casa Romei, sala das sibilas, 319
Filipinas, 62, 95
Flandres, 83, 107
Florença, 147, 172-3, 176, 194, 200, 219-20
Florença, Galeria dos Ofícios, 173, 175
Florença, Palazzo Vecchio, 170
Flórida, 93, 95, 227

Gand, 98
Gemäldegalerie (Berlim), 119
Gênova, 165
Goa, 62
Golfo do México, 233
Granada, 98, 166
Granada, Palácio Real de Alhambra, 166
Grão-Pará (Brasil), 32
Guiana, 32

Hamburgo, 14
Hispaniola, 75
Honduras, 87
Hong Kong, 116-7, 249, 305-6, 308-10, 312-19
Huejotzingo, 253, 263-4

Içana (rio), 33
Iguaçu (cataratas de), 306, 311
Índia, 39, 118
Isleta, igreja de (Novo México), 15
Israel, 66, 69, 207
Itália, 15, 107, 163-4, 166, 172, 181, 189, 193, 219, 233, 240, 249, 254, 319
Ixmiquilpan, 122-3, 125, 127-8, 135-6, 140-5, 147-8, 151, 154, 156, 158-61, 173, 176-7, 180, 192, 195, 198, 201, 206, 222, 230, 253, 309, 319
Ixmiquilpan, igreja agostiniana de, 122, 127, 170, 190
Ixmiquilpan, igreja de São Miguel Arcanjo, 177

Jaguaripe (Brasil), 89
Japão, 18, 95, 116-7, 193, 308
Jerusalém, 68, 207, 286
Jerusalém, Templo de, 66
João Pessoa (Brasil), convento de Santo Antônio, 196

Kioto, 115
Kreuzberg (Berlim), 49
Leipzig, 269
Lille, museu de Belas-Artes de, 256
Lima, 81, 96, 132, 169
Londres, 17, 41
Los Angeles, 17
Lyon, 169

Macau, 62
Malinalco, convento agostiniano de, 286
Manaus, 26
Manila, 95
Mariuá (Brasil), 32
Medellín (Espanha), 53
Mérida (México), 166
Mérida, Palácio dos Montejo, 166
Metepec (México), 195
México, 17, 29, 41, 43, 53, 64-8, 70, 72-5, 80, 87, 90, 96, 99, 107, 122, 124, 126, 132, 134-5, 138-9, 142, 147, 152, 169-70, 172, 207-8, 214, 227-8, 231-2, 252, 255, 272, 283, 287, 290, 298, 313, 317-9
México, igreja de Santo Agostinho, 251
México, catedral da Cidade do, 303
México, convento de San Francisco, 140
México, templo da Cidade do, 224, 240
México, Templo Mayor, 70
México, Universidade do, 135, 137
Michoacán (México), 89, 98
Milão, 165
Mitte (Berlim), 49
Montserrat, 170
Moscou, 43

Nagasaki, 62, 95
Nova Castela, 95
Nova Espanha, 66, 87, 94, 109, 135, 152, 166, 195, 213, 234, 252, 291
Nova França, 109
Nova Galícia, 95
Nova Holanda, 109
Nova Inglaterra, 109
Nova York, 14
Novo México, 13-5

Orvieto, 68
Orvieto, Capella Nuova, 68
Orvieto, catedral de, 68

País Basco, 52, 75
Países Baixos, 76, 119, 166, 169
Pará (Brasil), 32
Paris, 17, 41, 169, 215
Parma, 172-3, 184-9, 239
Parma, biblioteca do convento de San Giovanni Evangelista, 173-4, 187, 189, 239
Parma, convento de San Paolo, 185
Parma, Duomo, 173, 184
Parma, mosteiro de San Paolo, 184
Parma, Palazzo della Pilotta, 184
Partenon, 129
Patagônia, 306
Pavia, cartuxa de, 152
Península Ibérica, 26, 75, 95, 103, 125, 126, 136
Pequenas Antilhas, 93

Peru, 74, 77, 80, 82, 182, 195, 284
Peruggia, 190, 238
Petén (México), 109
Popocatépetl, 303
Pratolino, 146
Puebla (México), 96, 118-22, 143-5, 151, 154-5, 157-9, 161, 176-7, 180, 184-5, 191-2, 196, 200-1, 206, 208, 214-5, 222-3, 239, 319
Puebla, Casa del Deán, 118
Puebla, catedral de, 147

Quito, 31

Rio Negro (Brasil), 32-4
Roma, 118, 163, 181, 233, 249-53, 256-8, 262
Roma antiga, 193
Roma indígena, 249
Roma, Castelo Sant'Angelo, sala de Perseu, 163
Roma, Castelo Sant'Angelo, sala de Apolo, 170
Roma, grutas de são Pedro in Vincoli, 163
Roma, Palácio Farnese, 147
Rouen, 170, 239

Salvador da Bahia (Brasil), 89
São Luís do Maranhão (Brasil), 46
São Luís do Maranhão, Casa da Mina, 46
Sevilha, 215, 249
Sião, 64, 251
Sibéria, 25
Sierra de Hidalgo (México), 319

Tacuba (México), 228
Tecamachalco, 257
Teotihuacan, pirâmides de, 205
Terra de Santa Cruz (Brasil), 82
Terra do Fogo, 93
Texas, 122
Texcoco, 106, 228, 259-61
Tezcatepec, igreja de, 148
Titicaca, lago, 195
Tivoli, 146
Tlatelolco, 125, 228, 233, 287
Tlatelolco, colégio de Santa Cruz de, 99, 137, 139-40, 147
Tlaxcala, 126, 148, 246, 250, 259
Tlaxcala, estado de, 271
Tomes, 154
Tóquio, 117
Tourcoing, 43
Trachila, 191
Tullan, 209

Ubeda (Espanha), 166

Vaticano, 146, 254
Vaticano, Palácio Pontifical, sala ducal, 170
Vaupés (rio, Brasil), 33
Veneza, 219
Veneza, Galleria dell'Accademia, 219
Veracruz (México), 75

Washington, 14

Xaltocan (México), 138
Xié (rio, Brasil), 33

Yucatán (México), 166

Zacatecas (México), 128

ESTA OBRA FOI COMPOSTA PELO ESTÚDIO O.L.M. EM MINION, TEVE SEUS FILMES GERADOS PELO BUREAU 34 E FOI IMPRESSA PELA PROL EDITORA GRÁFICA EM OFF-SET SOBRE PAPEL PÓLEN SOFT DA COMPANHIA SUZANO PARA A EDITORA SCHWARCZ EM NOVEMBRO DE 2001